Alterspolitik

Eine sozio-ökonomische Perspektive

Von

Dr. Ulrich Peter Ritter

Professor für Volkswirtschaftslehre und
Hochschuldidaktik der Wirtschaftswissenschaften
an der Johann Wolfgang Goethe-Universität Frankfurt

und

Dipl.-Volksw. Jens Hohmeier

wissenschaftl. Mitarbeiter an der Professur für
Hochschuldidaktik der Wirtschaftswissenschaften
an der Johann Wolfgang Goethe-Universität Frankfurt

Mit Illustrationen
von
Thomas Plaßmann

R. Oldenbourg Verlag München Wien

Die Deutsche Bibliothek - CIP-Einheitsaufnahme

Ritter, Ulrich Peter:
Alterspolitik : eine sozio-ökonomische Perspektive / von Ulrich Peter Ritter und Jens Hohmeier. Mit Ill. von Thomas Plaßmann. - München ; Wien : Oldenbourg, 1999
ISBN 3-486-24305-5

Rosenheimer Straße 145, D-81671 München
Telefon: (089) 45051-0, Internet: http://www.oldenbourg.de

Gedruckt auf säure- und chlorfreiem Papier
Gesamtherstellung: WB-Druck, Rieden

ISBN 3-486-24305-5

INHALTSÜBERSICHT

INHALTSVERZEICHNIS

ABBILDUNGSVERZEICHNIS

TABELLENVERZEICHNIS

ÜBERSICHTSVERZEICHNIS

WERTLOSE ALTE ?!?!!
... FREUNDCHEN..
WIR KONSUMIEREN NOCH!!!
KASSE
T. PLASS

VORWORT

"Wirtschaftspolitik in einer alternden Gesellschaft" nennt sich die Vorlesung, aus der dieses Buch hervorgegangen ist. Die Beschäftigung mit diesem Thema beruht auf der Überzeugung der Verfasser, daß das Phänomen der Alterung einer Bevölkerung weitgehende gesellschaftliche Konsequenzen hat. Gemäß dem Titel der Vorlesung und dem Adressatenkreis (Studierende der Wirtschaftswissenschaften) wurden dort vorwiegend ökonomische Fragen in bezug auf das Thema behandelt, wie etwa:

- Wie können Umfang und Qualität sozialer Leistungen gesichert werden, wenn die Zahl der Erwerbstätigen im Verhältnis zu der Zahl der Nicht- und Nichtmehrerwerbsfähigen rasch absinkt?
- Welche Auswirkung hat die demographische Entwicklung für den Arbeitsmarkt?
- Wie sieht die Einkommens- und Vermögensverteilung innerhalb der älteren Generation und zwischen den Generationen aus?

Wie in der Vorlesung werden in diesem Buch zwar auch ökonomische Fragen behandelt; darüber hinausgehend haben sich die Verfasser das Ziel gesetzt, die Fragen, Herausforderungen und Probleme der demographischen Entwicklung aus einer sozio-ökonomischen Sicht herauszuarbeiten. Dementsprechend werden in den einzelnen Kapiteln auch die relevanten politischen, soziologischen, rechtlichen, medizinischen, psychologischen und ethischen Aspekte berücksichtigt. Beispielsweise wird im 8. Kapitel der Zusammenhang zwischen Gesundheit und Alter sowohl aus medizinischer Sicht diskutiert als auch hinsichtlich der finanziellen Auswirkungen einer Alterung der Bevölkerung für die Gesetzliche Krankenversicherung. Ein solches Vorgehen wird von den Autoren damit begründet, daß es möglich ist, durch die Erweiterung der Perspektive über wirtschafts- und sozialpolitische Fragestellungen hinaus sowohl eine realitätsnähere Beschreibung des Phänomens der Alterung einer Bevölkerung vorzulegen als auch die Probleme, die mit diesem Phänomen verbunden sind, besser zu beschreiben. Eine rein ökonomische Sichtweise würde sowohl die Beschreibung des Phänomens als auch die Sicht der Probleme zu stark einschränken. Allerdings ist ein solches Vorgehen mit dem Nachteil verbunden, daß durch diesen Anspruch eine umfassende Behandlung der Thematik aus einer Disziplin nicht mehr möglich ist. Dementsprechend wurden mehrere Themenschwerpunkte von den Verfassern ausgewählt, die einerseits für die Älteren und andererseits für das Gesamtsystem von besonderer Bedeutung sind.

Als Buchtitel haben die Autoren bewußt den Titel "Alterspolitik" gewählt. Dieser soll verdeutlichen, daß in diesem Buch keine "Alten- oder Seniorenpolitik" im Sinne einer Politik für alte Menschen behandelt wird, welche nur diese Bevölkerungsgruppe im Auge hat und danach fragt, wie die Situation dieser Menschen verbessert werden kann. Statt dessen behandeln wir die Situation alter und älterer Menschen sowie den Umgang einer Gesellschaft mit einer alternden Bevölkerung. Wir fragen nach den beobachtbaren Trends und Entwicklungen sowie der Notwendigkeit und den Möglichkeiten, hierauf politisch zu reagieren. Alterspolitik ist nach unserem Verständnis Gesellschaftspolitik in einer alternden Gesellschaft, wobei diejenigen Probleme, Funktionen und Handlungsalternativen betrachtet werden, die sich auf die Situation alter und älterer Menschen beziehen.

Der Untertitel "Eine sozio-ökonomische Analyse" hebt unseren Anspruch und unser Bemühen hervor, die Grenzen unserer Disziplin zu überschreiten und auch Themenkomplexe zu behandeln, welche normalerweise jenseits der Sichtweise und des Aufgabenfeldes von Ökonomen liegen.

Eine Bereicherung unseres Buches sind die Karikaturen von Thomas Plaßmann, Träger des Karikaturpreises „Die spitze Feder“ 1999. Hierfür gilt unser besonderer Dank dem stellvertretenden Chefredakteur der Frankfurter Rundschau, Herrn Dr. Jochen Siemens, und dem Künstler selbst, die sie ohne Zögern für diesen Zweck freigegeben haben.

Karikaturisten dürfen Dinge benennen, die für andere so nicht anzusprechen sind, sei es, weil das Thema mit einem Tabu belegt ist, sei es, weil die Ansicht zwar von vielen geteilt wird, aber nicht „politisch korrekt“ ist. Gute Karikaturen – wie die von Herrn Plaßmann – bringen etwas auf den Punkt, schaffen damit Raum für neue Sichtweisen und fördern die Diskussion, indem sie pointiert Stellung beziehen. Sie sind keine Illustrationen des Textes, die diesen in visueller Form wiedergeben sondern das Gegenteil: Sie zeigen das, was vorhanden ist aber vermieden werden soll.

In der Vorlesung haben Plaßmanns Karikaturen als Anregung zum Nachdenken und als Aufhänger für Diskussionen gedient. Sie verdeutlichten bzw. illustrierten eine Fragestellung oder ein Problem und dienten als Aufforderung, es vertiefend zu explorieren und wenig offensichtliche Aspekte zu entdecken. Es ist uns nun eine besondere Freude, sie auf diesem Wege unseren Leserinnen und Lesern zugänglich machen zu können.

Danken möchten wir allen denen, die uns bei unserer Arbeit unterstützt haben, vor allen denjenigen, die sich die Mühe gemacht haben, das Manuskript zu lesen sowie durch Korrekturen und Anregungen zu verbessern, insbesondere Frau Dr. Sigried Caspar, Frau Dr. Ute Schädler, Frau Dipl.-Kauffrau Beate Klöwer, Herrn Dipl.-Volkswirt Volker Schmitt und Herrn Dipl.-Kaufmann Aquil Khan. Den Herren Paata Bolotashvili und Jörg Eckert danken wir für die Hilfe bei der Herstellung des Druckspiegels. Sie wurden in der letzten Phase durch Frau Apelt-Celebi unterstützt, der wir ebenfalls danken. Besonderen Dank richten wir an unsere jeweiligen Familien- und Freundeskreise, die während der Erstellung des Buches vieles ausgehalten und auf manches verzichtet haben.

Anregungen und Kritik sind willkommen. Sie erreichen die Verfasser über die WWW-Seite der Professur http://www.wiwi.uni-frankfurt.de/professoren/ritter/ oder über e-mail ritter @wiwi.uni-frankfurt.de bzw. über die Postadresse Professur für Hochschuldidaktik der Wirtschaftswissenschaften, Prof. Dr. Ulrich Peter Ritter, Postfach 64, D-60054 Frankfurt am Main.

Schließlich möchten wir darauf hinweisen, daß aus Gründen der leichteren Lesbarkeit im Buch auf die Verdoppelung der Begriffe zur Auszeichnung weiblicher und männlicher Individuen verzichtet wird. Nach Möglichkeit haben wir jedoch geschlechtsneutrale Formulierungen verwendet.

Die Verfasser

UND WENN SIE DAS SCHÖN REGELMÄSSIG EINNEHMEN, DANN WERDEN SIE NOCH HUNDERT JAHRE ALT!
KÖNNEN SIE DAS VOLKSWIRTSCHAFTLICH VERANTWORTEN?!!
T. PLAßMANN

1. EINLEITUNG

1.1. Die Zukunft der Altersgesellschaft

Ähnlich der Situation in den meisten Industrieländern sind in der Bundesrepublik Deutschland die demographischen, soziostrukturellen, wirtschaftlichen und politischen Bedingungen, unter denen sich die Entwicklung unserer Gesellschaft vollzieht, einem langfristigen, kaum rückgängig zu machenden Wandel unterworfen: Der Entwicklung zu einer Altersgesellschaft. Gemeint ist damit das Altern der Gesamtgesellschaft, gekennzeichnet durch eine Zunahme des Durchschnittsalters der Gesamtbevölkerung und des Durchschnittsalters der erwerbstätigen Bevölkerung, des relativen Anteils der Überfünfundsechzigjährigen an der Bevölkerung und der absoluten Zahl der Alten und Hochaltrigen.[1]

Dieser demographische Prozeß wird mit vielen Problemen und Ängsten verbunden und in der Presse häufig mit den Worten "Deutschland vergreist", "Die Überalterung der Gesellschaft", "Die Graue Revolution", „Aufstand der Jungen gegen die Alten", "Der Generationenkrieg" und ähnlichem beschrieben. Diese Schlagzeilen sind sowohl aus wissenschaftlicher als auch aus politischer Sicht weder haltbar noch hilfreich. Vielmehr werden die demographische Entwicklung sowie ihre sozio-ökonomischen und politischen Konsequenzen durch das Zitat: "Die Deutschen werden immer älter und immer weniger. Die Folgen für Wirtschaft und Gesellschaft sind dramatisch, dramatischer als die der Wiedervereinigung"[2] deutlich. In diesem Sinne besteht die Aufgabe des Buches darin, zum einen die demographische Entwicklung der Bevölkerung in Deutschland und die damit verbundenen sozio-ökonomischen Konsequenzen aufzuzeigen; zum anderen werden Problembereiche und darauf aufbauend gesellschafts- und wirtschaftspolitische Interventionsmöglichkeiten identifiziert, damit ein erfolgreiches Altern des Individuums und der Gesellschaft insgesamt möglich wird. Denn angesichts dieses demographischen Wandels, der nicht nur in Deutschland, sondern in fast allen Industriegesellschaften stattfindet, wird eine Alterspolitik erforderlich, die mehr als eine Sozialpolitik für ältere Menschen darstellt. Ansatzpunkte für eine solche Alterspolitik zu skizzieren, ist die Zielsetzung dieses Buches.

---

[1] Vgl. dazu die statistischen Angaben im 2. Kapitel.

[2] Wirtschaftswoche, Nr. 13 vom 21.03.1996.

1.2. Für wen und wozu dieses Buch geschrieben wurde

Das Buch soll orientieren und informieren aber auch theoretische Grundlagen für die Diskussion alterspolitischer Fragen bereitstellen. Darüber hinaus möchte es durch seinen interdisziplinären Ansatz den Blickwinkel des Lesenden erweitern.

Es wendet sich zum einen an Studierende, die sich im Rahmen ihres Studiums mit individuellen und gesellschaftlichen Fragen des Alterns beschäftigen, also an Studierende aus den Wirtschaftswissenschaften und den Sozialwissenschaften, der Sozialpädagogik und der Sozialarbeit, der Medizin, der Geriatrie, den Gesundheitswissenschaften, aber auch den Kulturwissenschaften, den Bevölkerungswissenschaften, der Gerontologie und anderen Disziplinen. Zum anderen ist das Buch für Praktiker von Interesse, die sich im Beruf bzw. in der ehrenamtlichen oder politischen Altenhilfe mit dem Thema beschäftigen.

1.3. Aufbau des Buches

In den beiden einleitenden Kapiteln werden sowohl die demographischen Aspekte des Alterungsprozesses als auch die sozio-ökonomischen Folgen des demographischen Wandels erörtert. Im vierten Kapitel 'Eine systemische Betrachtung der Alterspolitik' wird ein theoretischer Rahmen für eine umfassende Alterspolitik vorgestellt. Darauf aufbauend werden die zentralen Fragen und Probleme einer Alterspolitik aufgezeigt und diskutiert. Im einzelnen sind dies: Die 'Versorgungsfunktion', die die zentrale Fragestellung beinhaltet, wie eine angemessene Bereitstellung von monetären und realen Leistungen bzw. Leistungsansprüchen für die älteren Menschen gewährleistet werden kann (Kapitel 5). Das sechste Kapitel 'Sinngebung und soziale Integration' behandelt die Thematik der Eingliederung älterer Menschen in das Gesellschaftssystem. Im siebten Kapitel, 'Integration in die gesellschaftliche Leistungserbringung', steht die Frage im Vordergrund, inwieweit und in welcher Form die Menschen im Alter selbst eine (Erwerbs-) Arbeit aufnehmen möchten bzw. müssen. In den anschließenden Kapiteln 'Gesundheitsfunktion' und 'Pflegefunktion' werden spezielle Fragen zur medizinischen Versorgung sowie zur Pflege und Pflegebedürftigkeit älterer Menschen behandelt. Im zehnten Kapitel wird der alterspolitische Prozeß am Beispiel des Pflegeproblems erörtert. Das abschließende Kapitel skizziert Ansatzpunkte für eine zukunftsorientierte Alterspolitik.

1.4. Prinzipien, Kriterien, Werturteile

In der Einleitung dieses Buches sollen entsprechend der erkenntnistheoretischen Position der Autoren[3] die Werturteile und möglicherweise auch ihre Vorurteile zur Sprache gebracht werden, die trotz aller Bemühung um Objektivität und um die Berücksichtigung unterschiedlicher Standpunkte und Sichtweisen die Darstellungen in diesem Buch durchziehen.

Die bei der Bearbeitung der Themen dieses Buches einfließenden Werte beinhalten die Achtung der Würde des Individuums, die Stärkung von Autonomie, Selbststeuerung, Eigenständigkeit, Selbstbestimmung und Selbstverantwortung aber auch Bürgersinn und Mitverantwortung für andere.

Die positive Beurteilung dieser Werte hat zur Folge, daß nach Ansicht der Autoren solche Strategien zu bevorzugen sind, welche:

- die Autonomie der älteren Menschen respektieren und fördern. Für die Versorgungsfunktion heißt das z. B., daß solchen Problembearbeitungen der Vorzug gegeben wird, die die finanzielle Situation der Menschen im Alter sicherstellen; für die Pflegefunktion, daß denjenigen Strategien eine besondere Bedeutung beigemessen wird, welche die Selbständigkeit möglichst weitgehend und möglichst lange fördern, ermöglichen und erhalten,
- die Selbsthilfe und Selbstorganisation unterstützen und eine produktive Integration ermöglichen, also das, was wir als Integration in die gesellschaftliche Leistungserbringung bezeichnen.[4]

---

[3] Diese Position beinhaltet, daß die Forschungstätigkeit und die Äußerungen von Wissenschaftlern von der selbstkritischen Reflexion der in ihre eigene Arbeit einfließenden, und - wie die Diskussion seit dem Eklat auf der Wiener Tagung des Vereins für Socialpolitik und Beginn des Werturteilsstreits im Jahre 1909 gezeigt hat, - unvermeidlichen Werturteile begleitet werden muß. Sie sind auch der Öffentlichkeit mitzuteilen. Damit ermöglichen die Wissenschaft Betreibenden es ihren Zuhörenden und Lesenden, sich ein eigenes Urteil zu bilden. Außerdem können diese Werturteile Gegenstand der Überprüfung in einem kritischen Diskurs werden. Vgl. Ritter, U. P. (1997), S.15-18. Weiterführende Artikel zur Werturteilsproblematik findet der Leser am besten ausgehend von dem Artikel von Aldrup, D. (1980): S. 659-666. Vgl. dazu auch: Weber, M. (1904;1968): S. 146-214, Myrdal, G. (1965) und Mydral, G. (1971). Vgl. auch Zinn, K. G. (1976): hier bes. S. 21 und S. 35.

[4] Vgl. Kap. 7.

Eher skeptisch und distanziert stehen die Autoren solchen Problembearbeitungen gegenüber, die gegenwärtig in der Bundesrepublik bevorzugt werden:

- die Ausdifferenzierung und Ausgliederung der Alten aus der Gesellschaft,
- die altersseparierenden und isolierenden Tendenzen und
- die ausschließliche Fürsorge- und Versorgungsmentalität vieler mit den Alten befaßten Institutionen.[5]

Nicht gemeint ist mit diesen Werten eine Legitimation des Rückzug des Individuums aus seiner sozialen Verantwortung oder die Entlastung des Staates von seiner sozialen Fürsorgepflicht, wie es von manchen interpretiert wird. Es bedeutet bei der Wahl zwischen den funktional äquivalenten Problembearbeitungen, daß denjenigen die Sympathie der Autoren gehört, welche die oben genannten Kriterien erfüllen.

---

[5] Vgl. Ritter, U. P. (1997): S. 306–307.

EIN MÄDCHEN !!
ALLES DRAN!
NUR MIT JOB UND
RENTE KÖNNT'S SPÄTER
SCHWIERIG WERDEN!
T. PLAßMANN

2. DEMOGRAPHISCHE ASPEKTE DES ALTERUNGSPROZESSES

Eine adäquate Auseinandersetzung mit dem Thema Alterspolitik ist nicht ohne ein Grundverständnis von Bevölkerungsstatistik möglich, da schließlich die demographischen Faktoren (Geburten- und Sterberate, Zu- und Abwanderungen) die Bevölkerungsstruktur und dementsprechend auch den Altersaufbau bestimmen. Dabei kann die Bevölkerungsdynamik, d. h. die Zunahme, Abnahme, Stagnation und die Veränderung der Bevölkerungstruktur aus zwei Perspektiven betrachtet werden. Zum einen aus Sicht des Individuums (sogenannte **Mikro-Betrachtungsweise**, vgl. Abschnitt 2.1). In diesem Fall werden anhand der demographischen Biographie der jeweiligen Person alle für die Bevölkerungsentwicklung relevanten Ereignisse, wie etwa Geburt, Heirat, Geburt der Kinder, Migration und Tod untersucht. Zum anderen aus der Perspektive von Bestandsveränderungen (sogenannte **Makro-Betrachtungsweise**, vgl. Abschnitt 2.2). Zu diesem Zwecke werden die für das Erkenntnisinteresse relevanten Merkmale (beispielsweise Geschlecht, Alter, etc.) der einzelnen Personen zusammengefaßt, da als Untersuchungsgegenstand nur die Gesamtheit der Individuen relevant ist. Diese Aggregation führt dann zur Makrostruktur einer Bevölkerung, mit deren Hilfe die Populationsdynamik, in erster Linie also die Entwicklung des Altersaufbaus sowie das Stagnieren, Wachsen oder Schrumpfen einer Bevölkerung untersucht werden. Zweifelsohne wird die Makrostruktur vom individuellen (Mikro-)Verhalten bestimmt. Es ist jedoch auch ein Einfluß des Makrobildes einer Bevölkerung auf das Mikroverhalten feststellbar.[1]

2.1. Alter und Alterung des Individuums

2.1.1. Alter und Altersgrenzen in verschiedenen Disziplinen

Der Begriff "Alter" umfaßt die beiden Bedeutungen "chronologisches Altern" und "Alt-Sein". Im Sinne des **chronologischen Alterns** bezeichnet er die Lebenszeit von der Geburt bis zum Tod. Schon seit der Antike

---

1 Zum Beispiel beeinflußt die Makrostruktur während und nach Kriegen die Chance, einen Partner bzw. eine Partnerin zu finden und dadurch auch die individuelle Fertilitätsneigung, da ein Ungleichgewicht bei den Sexualproportionen besteht.

wird dabei das Alter als Lebenszeit in mehrere Phasen aufgeteilt.[2] Heute richtet sich die jeweilige Klassifizierung der einzelnen Phasen nach dem zugrundeliegenden Erkenntnisziel. Aus **wirtschafts- und sozialpolitischer Perspektive** wird in aller Regel eine Untergliederung in Aktive (Erwerbsfähige) und Nichtaktive (Kinder, Jugendliche sowie Personen, die sich im Ruhestand befinden) bzw. in Zahler und Empfänger von Transferzahlungen im Rahmen des Generationenvertrages vorgenommen.[3] Aus **soziologischer Sicht** wird eine Aufteilung in Bildungs-, Erwerbs- und Ruhestandsphase vorgenommen, wenn (tradierte) gesellschaftliche Rollenerwartungen analysiert werden. Dazu zählen zum Beispiel Ruhestand oder Freizeit für die Älteren, Arbeitsrollen für Personen im mittleren Alter, an Universität oder Schule gebundene Rollen für die jüngeren Menschen.[4] Anhand dieser und anderer Klassifizierungen wird deutlich, daß jeder Mensch in den Ablauf der Zeit eingebunden ist, zu jedem Zeitpunkt ein bestimmtes Lebensalter aufweist und demgemäß eine altersadäquate Rolle im Sinne von Pflichten und Rechten sowie gesellschaftlichen Erwartungen innehat.

Die zweite Bedeutung des Begriffs "Alter" bezieht sich auf die letzte Lebensphase, die Altersphase bzw. das "**Alt-Sein**". In diesem Sinne bezeichnete Pythagoras in seiner schematisch chronologischen Aufteilung alle Menschen die über 60 Jahre sind als alt. Hinter dieser allgemeinen Feststellung zeigen jedoch regionale, entwicklungs- sowie kulturspezifische Unterschiede, daß die Zuordnung des Etikettes "alt" zu einer bestimmten Lebensphase von gesellschaftlichen Normen, Interpretationen und Bewertungen abhängig ist. Es ist eine vielfach erhärtete Erkenntnis der Ethnologie und Sozialgeschichte, daß Alter (im Sinne von "Alt-Sein"), nach der sozialen Rolle und den individuellen Lebensmöglichkeiten von Gesellschaft zu Gesellschaft und innerhalb dieser von Epoche zu Epoche unterschiedlich betrachtet und interpretiert wird.[5] Bis zum Beginn der industriellen Revolution, aber auch heute noch in Ländern, in denen die Groß- bzw. Mehrgenerationenfamilie im Mittelpunkt der Gesellschaft steht, hatte bzw. hat der alte, grauhaarige Mensch einen sehr hohen Status. Sein Rat und seine Empfehlungen wurden bzw. werden von den Fa-

---

[2] Zur philosophischen Betrachtung der Lebenszeit in all ihren Facetten vgl. Mittelstraß, J. (1992): S. 386-407.

[3] Eine intertemporale Umverteilung findet dabei sowohl in der Gesetzlichen Rentenversicherung als auch in der Gesetzlichen Krankenversicherung statt.

[4] Vgl. Riley, M. W.; Riley, J. W. Jr. (1992): S. 454.

[5] Hohmeier, J. (1978): S. 11-16.

milienmitgliedern geschätzt und meistens ohne Widerspruch befolgt, da auf seine Erfahrungen und sein Wissen vertraut wurde bzw. wird.[6] Werden diesbezüglich Naturvölker betrachtet, so zeigt sich, daß auch in diesen Gesellschaften der älteren Generation in der Regel eine hohe Bedeutung zukommt. Die erfahrenen älteren Menschen sind Hüter der Kultur; ihnen werden spezielle Rechte und Befugnisse eingeräumt; sie gelten als die einflußreichsten und angesehensten Menschen der Gesellschaft.[7] Aufgrund eines Wertewandels hat der alte Mensch in den heutigen westlichen Industrienationen einen völlig anderen Status. Als alt werden jene Menschen betrachtet, die aus dem Erwerbsleben ausgeschieden sind und sich in der Ruhestandsphase befinden. Sie sind häufig mit einer Situation der Rollenlosigkeit konfrontiert, da sie weder im Produktionsprozeß integriert noch als Familienoberhaupt im tradierten Sinne anzutreffen sind. Das Ansehen des Menschen nimmt somit oftmals mit dem Anstieg des chronologischen Alterns ab. Der alte Mensch wird - abgesehen von seiner Rolle als Konsument - als gesellschaftliche Belastung empfunden, da auch die Erfahrungen der Älteren in den Hintergrund treten. In den heutigen Leistungsgesellschaften steht Alt-Sein im Gegensatz zu Leistung, Erfolg, Flexibilität und Autonomie.[8]

Neben diesen kulturellen Unterscheidungen bestehen in den einzelnen Disziplinen, die sich mit dem Alter bzw. mit dem Alt-Sein beschäftigen, gleichfalls Unterschiede. Die folgenden Ausführungen beziehen sich hauptsächlich auf die Situation von westlichen Industrienationen.

Aus **medizinisch-biologischer Perspektive** kann konstatiert werden, daß es keinen bestimmten Zeitpunkt gibt, sondern allenfalls ein Zeitkorridor existiert, ab bzw. in dem ein Mensch als alt gilt. Vereinfachend kann man das Alter als ontogenetisches Gegenstück zum Phänomen der Entwicklung betrachten, d. h. die menschlichen Organe altern - im Sinne eines Funktionsverlustes - zeitabhängig und irreversibel, aber in unterschiedlichen Zeiträumen.[9] Vom medizinisch-biologischen Standpunkt ist es durchaus legitim zu behaupten, daß in den Industrieländern mit einer vergleichsweise hohen durchschnittlichen Lebenserwartung ein Mensch mit beispielsweise 65 Jahren nicht als alt klassifiziert werden kann.

---

6 Vgl. Koch, G. (1990): S. 51.

7 Vgl. Kucher, W. (1977): S. 99.

8 Vgl. Koch, G. (1990): S. 52.

9 Vgl. Baltes, P. B.; Baltes, M. M. (1992): S. 9-10.

Aus **sozial- und insbesondere wirtschaftswissenschaftlicher Sicht** wird Alt-Sein anhand einer festen Altersgrenze definiert, die auf politischen und gesellschaftlichen Entscheidungen beruht. Obgleich diese Grenze eindeutig an die Erwerbsfähigkeit und -tätigkeit gekoppelt ist, ist sie nicht einheitlich bestimmbar. Im Rahmen der sozialen Sicherung wird Alt-Sein explizit mit dem **gesetzlichen Renteneintrittsalter** und implizit mit dem Eintreten in die **Ruhestandsphase** gleichgesetzt. Wird dagegen die Arbeitslosenstatistik der Bundesanstalt für Arbeit herangezogen, oder steht die betriebliche Weiterbildung im Mittelpunkt des Erkenntnisinteresses, zählen beispielsweise Personen ab dem 45. Lebensjahr zu den älteren (erwerbstätigen) Menschen. Nach einer OECD-Definition werden als ältere Mitarbeiter diejenigen Personen bezeichnet, die in der zweiten Hälfte ihres Berufslebens stehen, noch nicht das Pensionsalter erreicht haben und gesund und arbeitsfähig sind.[10] In diesem Sinne sind Altersgrenzen als gesellschaftliche Verteilungsentscheidungen zu verstehen. Als weiterer Maßstab für die Bestimmung der Altersgrenzen in den Sozialwissenschaften ist die Erziehungsphase der nachfolgenden Generation zu nennen.

Zusammenfassend lassen sich beide Maßstäbe des Alt-Seins, der Eintritt in die Ruhestandsphase und der Abschluß der Erziehungsphase als eine von gesellschaftlicher, traditioneller Entpflichtung gekennzeichnete Lebensphase darstellen.

Disziplinübergreifend erhält das **subjektive Altern**, das heißt die Selbstwahrnehmung des eigenen Alters, einschließlich der subjektiv wahrgenommenen Leistungsfähigkeit, der persönlichen Selbstwirksamkeit und des Selbstkonzeptes, bei der Einstufung des Alters eine Komponente von besonderer Bedeutung für das Verhalten der Individuen.[11]

2.1.2. Theorien der individuellen Anpassung an das Altern

Mit Hilfe von unterschiedlichen theoretischen Ansätzen wurde im Rahmen der gerontologischen Forschung versucht, die Ausweitung der Lebensphase, d. h. die Zeitspanne, ab der ein Mensch von der Gesellschaft als alt angesehen wird, bis zu seinem Tod, zu beschreiben und zu klassifizieren, um darauf aufbauend - zumindest implizit - Politikempfehlungen zu postulieren. Unseres Erachtens handelt es sich bei diesen "Theorien" um präskriptive Ansätze, d. h. Ansätze, die "vorschreiben" und somit eine

---

[10] Vgl. Kaldor, F. J. (1983): S. 272.

[11] Vgl. Meyer, T. (1993): S. 232; sowie Weinert, F. E. (1992): S. 188-191.

normative und wertende Herangehensweise implizieren.[12] Deshalb werden sie im folgenden nur kurz skizziert und einer knappen kritischen Würdigung unterzogen.

In den 60er Jahren des 20. Jahrhunderts entstand die sogenannte **Disengagement Theorie**[13]. Obgleich diese Theorie nach wissenschaftlichen Erkenntnissen der modernen gerontologischen Forschung sowohl theoretisch als auch empirisch als falsifiziert betrachtet werden kann, soll sie hier dargestellt werden, da sie das Bild des älteren Menschen in der Gesellschaft beeinflußte und auch heute noch teilweise prägt. Die Disengagement Theorie stellt die Hypothese auf, daß es für die Gesellschaft wie auch für das Individuum angemessen ist, wenn sich die älteren Menschen freiwillig aus der aktiven Teilnahme am Gemeinschaftsleben zurückziehen, sich sozusagen abkoppeln (Disengagement) und auf den Tod warten. Von den Verfassern dieser Theorie wurde sie mit Hilfe von Längsschnittstudien aus den 40er Jahren belegt. Heute gilt sie jedoch als widerlegt. Die Kritik an dieser Theorie bezieht sich auf zwei Aspekte: Zum einen setzen sich interindividuelle Unterschiede im Aktivitätsniveau im mittleren Erwachsenenalter bis ins hohe Alter fort, so daß ein gesellschaftlicher Rückzug nicht als ein allgemeiner Prozeß betrachtet werden kann. Zum anderen kann der Verlust von bestimmten sozialen Rollen (bspw. Berufstätigkeit) durch andere Aktivitäten (z. B. ehrenamtliche Tätigkeiten) ersetzt werden.[14] In der neueren gerontologischen Forschung finden sich keine Belege dafür, daß die Älteren dann glücklicher und zufriedener sind, wenn sie sich aus gesellschaftlichen Aktivitäten zurückziehen und ihr Engagement reduzieren. Zudem ist die normative Aussagekraft dieser Theorie überaus bedenklich, weil sie ein Verhalten als normal und erwünscht nahelegt, das direkt den gesellschaftlichen und indirekt den physischen Alterungsprozeß beschleunigt bzw. erst auslöst.

---

[12] Zu dem normativen Charakter dieser Theorien vgl. auch von Kondratowitz, H. J. (1990): S. 231-243.

[13] Cumming, E.; Henry, W. (1961). Die beiden amerikanischen Gerontologen haben die Disengagement Theorie entwickelt und gelten somit als die geistigen Väter dieser Theorie. Aus soziologischer Sicht findet sich eine kurze Darstellung und kritische Würdigung der Disengagement Theorie in Tews, H. P, (1979): S. 107-112.

[14] Freud, A. M. (1995): S. 89.

Eine ebenfalls negative Sichtweise des Alters impliziert das sogenannte **Defizitmodell**[15], das davon ausgeht, daß zunehmende Einbußen und Verluste sowohl die Lernfähigkeit als auch die Intelligenz im Alter bestimmen. Diesem Ansatz lag die Annahme eines universellen (d. h. bei allen älteren Menschen) und generellen (d. h. aller kognitiver Funktionen) Abbaus der geistigen Leistungsfähigkeit zugrunde. Zudem wurde behauptet, daß die Umstellungsfähigkeit und die Auseinandersetzung mit den Anforderungen des Alltags mit zunehmendem Alter ebenfalls abnimmt. Begründet wurde das Defizitmodell der kognitiven Leistungsfähigkeit mit Hilfe von Querschnittsuntersuchungen in den ersten Jahrzehnten des 20. Jahrhunderts. Es wurde die Intelligenz von Menschen, die sich in verschiedenen Lebensaltern befanden, miteinander verglichen. Dieser Theorie zufolge, wird den älteren Menschen von der Gesellschaft nur noch zugestanden, daß sie für sich selbst das Allerschlimmste verhindern oder aufschieben können. Altern wird also im wesentlichen als ein körperlicher, seelischer und geistiger Verfall dargestellt und Altern dementsprechend als ein Anwachsen von Defiziten gegenüber dem "Idealzustand" der Jugend herausgearbeitet. Infolgedessen werden die alten und älteren Menschen als krank, hilflos, senil und unselbständig charakterisiert, die entweder vereinsamt sind und der Allgemeinheit bzw. dem Sozialstaat finanziell zur Last fallen oder von ihrer Familie aufgenommen und gepflegt werden müssen. Anhand von einigen grundlegenden gerontologischen Studien[16] wurde das Defizitmodell des Alterns ebenfalls widerlegt. Sie zeigen, daß der Leistungsabfall im Alter überschätzt wurde. Die Mehrzahl der älteren Menschen wollen nicht nur das in der Vergangenheit Erworbene (z. B. soziale, ökonomische und physische Kompetenzen) möglichst lange bewahren und vor einem Abbau schützen, sondern mit zunehmendem Alter auch neue Potentiale ausschöpfen und neue Fähigkeiten erlernen. Ein allgemeingültiger und voraussagbarer altersbedingter Verfall von bestimmten Kompetenzen kann dementsprechend nicht konstatiert werden. Allerdings spielen für die älteren Menschen die jeweiligen Umgebungsbedingungen[17] und die individuelle Lebensform eine wichtige Rolle hinsicht-

---

15 Zur Entstehung des Defizit-Modells vgl. Lehr, U. (1991): S. 67-78.

16 Vgl. u. a. Rott, C.; Oswald, F. (1989, Hrsg.) (Insbesondere die Beiträge von W. D. Oswald und U. Lehr).

17 "Umgebungsbedingungen" beinhalten nicht nur die kleinräumigen lokalen Bezüge, sondern auch die politischen und rechtlichen Rahmenbedingungen, unter denen sich das Altern vollzieht.

lich der kognitiven Leistungsfähigkeit und dem Kompetenzerhalt bzw. der Kompensation verlorengegangener Kompetenzen.[18]

In der neueren gerontologischen Forschung hat sich ein eher positives Bild vom Altern herauskristallisiert. Theoretisch fundiert wird diese Perspektive durch die Aktivitätsthese und durch das Kompetenzmodell des Alterns.

Die **Aktivitätsthese** wurde als Gegenthese zur Disengagement Theorie verfaßt. Sie behauptet eine positive Korrelation zwischen sozialer Aktivität und Lebenszufriedenheit. Neuere internationale Längsschnittstudien stellen übereinstimmend fest, daß Aktivität das wichtigste Vorhersagekriterium für eine Langlebigkeit bei psycho-physischem Wohlbefinden darstellt.[19] Ein aktives Altern ist auch bei Krankheit oder Behinderung möglich. Die Realisierung des individuellen Aktivitätspotentials im Alter hängt im wesentlichen von bestimmten Rahmenbedingungen und Einflußfaktoren wie etwa sozio-ökonomischen, ökologischen, ethischen sowie geschlechtsspezifischen Merkmalen ab. Zudem ist, gemäß diesem Konzept, für ein erfolgreiches Altern eine Substituierbarkeit von gesellschaftlichen Rollen für das alternde Individuum erforderlich. In modernen Industrienationen entstehen und verstärken sich die Aktivitäts- und Autonomieverluste alter Menschen vor allem aufgrund von "**strukturellen Diskrepanzen**". Dies bedeutet, daß die Ausgestaltung und Struktur möglicher sozialer Rollen mit der schnellen Veränderung der Form des heutigen Alterns nicht Schritt gehalten hat.[20] Nur durch die Wahrnehmung neuer gesellschaftlich akzeptierter Rollen ist ein erfolgreiches Altern möglich. Beispielsweise ist im Alter der Verlust der traditionellen Rolle der erziehenden Mutter oder des erwerbstätigen Vaters durch neue gesellschaftlich akzeptierte Rollen (z. B. ehrenamtlicher Tätigkeit) substituierbar und kompensierbar. Obgleich die Aktivitätstheorie durch empirische Studien nicht falsifiziert werden konnte, ist sie unseres Erachtens ebenfalls nicht geeignet, den Alterstrukturwandel angemessen und ausreichend zu beschreiben, da auch dieser Ansatz die interindividuellen Unterschiede im Lebensstil vernachlässigt.[21] Eine ausschließlich positive Sichtweise des Alterns verdeckt Lebenssituationen, die von den Betroffenen als negativ empfunden werden oder die problemgeladen sind und zu deren Milderung oder Bearbeitung auch die politischen Kräfte aufgefordert sind.

---

18 Vgl. Meyer, K. U. u. a. (1992): S. 727.
19 Vgl. Palmore, E. (1985): S. 19-28.
20 Vgl. Riley, M. W. Riley, J. W. Jr. (1992): S. 438.
21 Vgl. dazu auch Freud, A. M. (1995): S. 90.

Ein ebenfalls positives Bild vom Alter und vom Altern vermittelt das **Kompetenzmodell des Alterns**. Im Gegensatz zum oben beschriebenen Defizitmodell bedeutet Altern nicht die schrittweise Auflösung, sondern eine zunehmende Erweiterung, Ausdifferenzierung und Integration von Erfahrungen sowie den stetigen Auf- und Ausbau von (Alltags-)-Kompetenz.[22] Im Kompetenzmodell des Alterns wird weitgehend von Normierungen Abstand genommen, denn der Begriff "Kompetenz" legt den Akzent auf die Relation zwischen den gegebenen Anforderungen und den gegebenen Ressourcen der älteren Person. (Erfolgreiches) Altern im Rahmen dieses Modells zu beschreiben bedeutet, die gegebenen physischen, sozialen und psychischen Anforderungen sowie die entsprechenden Ressourcen und Potentiale des älteren Menschen darzustellen.[23] In Verbindung mit empirischen Studien kann mit Hilfe des Modells aufgezeigt werden, daß die Entwicklungsfähigkeit der Kompetenz im Alter in hohem Maße vom sozialen Umfeld abhängt. Einstellung und Verhalten des sozialen Umfeldes sowie altersfreundliche Umwelten[24] können diese Entwicklungsfähigkeit fördern, indem den Älteren Verantwortung und Aufgaben übertragen werden und ihre Selbstverantwortung gewahrt bleibt. Sie können sie jedoch auch behindern, sofern sich der ältere Mensch in einer Situation der "Überversorgung" befindet.[25] Diese positive Sichtweise des Alterns wird anhand von vielen Beispielen, wie etwa "Seniorengenossenschaften", "Expertenseniorenbüros" oder mit Hilfe von Erfahrungsberichten und Biographien älterer Menschen[26] über ihr eigenes produktives Altern belegt.

Obgleich die beiden zuletzt genannten Modelle eher dem heutigen wissenschaftlichen Standpunkt der gerontologischen Forschung entsprechen, besteht hier die Gefahr einer Normensetzung für ein erfolgreiches Altern. Zumindest implizit werden hilfsbedürftige oder in ihrem Lebenslauf sozial

---

[22] Vgl. Kruse, A.; Lehr, U. (1990): S. 86.

[23] Vgl. Olbrich, E. (1989): S. 315.

[24] Ein bedeutendes Merkmal altersfreundlicher Umwelten bilden technische Produkte. Inwieweit sie die Kompetenz älterer Menschen fördern, wird von Kruse erörtert. Vgl. Kruse, A. (1992): S. 668-694.

[25] Vgl. Kruse, A.; Lehr, U. (1990): S. 87.

[26] Hochleistungen von Philosophen, Schriftstellern, Historikern, Malern und Komponisten, die diese erst in ihrem 8. oder 9. Lebensjahrzehnt vollbracht haben, sind aus der Literatur bekannt. Bspw. hat Johann Wolfgang von Goethe (1749-1832) sein Altershauptwerk "Faust II" erst ein Jahr vor seinem Tod zum Abschluß gebracht. Weitere Beispiele finden sich in Lehr, U. (1994): S. 10-12.

benachteiligte alte Menschen ausgegrenzt.[27] Durch die Verwendung der beiden Ansätze des erfolgreichen Alterns werden die aus der Disengagement Theorie und dem Defizitmodell abgeleiteten negativen Stereotypen (im Sinne einer einseitigen Akzentuierung der Schwächen) durch positive Stereotypen (im Sinne einer einseitigen Akzentuierung der Stärken) ersetzt. Dadurch könnten die in der Realität vorhandenen Probleme des Alterns und der älteren Menschen in Alltagssituationen tendenziell unterbewertet und verharmlost werden.

Abschließend läßt sich feststellen: Altern ist kein gleichförmiger und gleichsinnig verlaufender Prozeß. Vielmehr finden sich höchst unterschiedliche Lebensverläufe und lebenslange Entwicklungen bestimmter Fähigkeiten sowohl zwischen den Menschen (**interindividuelle Differenzen**) als auch innerhalb einzelner Individuen (**intraindividuelle Differenzen**).[28] Zum Beispiel kann hohe geistige Lernfähigkeit mit zunehmendem körperlichen Verfall einhergehen oder - im umgekehrten Fall - Depressivität und dementieller Abbau mit hoher körperlicher Leistungsfähigkeit und Gesundheit. Altern ist insofern immer ein **mehrdimensionaler Prozeß**, in dem Menschen nicht nur im medizinisch-biologischen Sinne altern, sondern sich auch in ihren psychischen Eigenschaften und in ihrem sozialen Verhalten verändern.

2.2. Demographisches Altern

Neben der Alterung auf der Ebene von Individuen gehört die demographische Alterung, die gegenwärtig in allen westlichen Industrienationen - außer in der Republik Irland[29] aufgrund der gegenwärtig (noch) hohen Geburtenrate - stattfindet,[30] zu den wichtigsten sozialen Phänomenen der Gegenwart.

---

[27] Vgl. Kühnert, S.; Niederfranke, A. (1993): S. 92.

[28] Vgl. Baltes, P. B.; Baltes, M. M. (1992): S. 14-16.

[29] In der Republik Irland wird sich der Anteil der über 60jährigen an der gesamten inländischen Bevölkerung nach Angaben des Statistischen Bundesamtes von 14 % im Jahre 1990 auf 13,1 % im Jahre 2000 reduzieren, danach wird jedoch auch in diesem Land dieser Anteil steigen. Im Jahre 2010 (2025) wird er 14,2 % (18,4 %) betragen. Vgl. Bundesministerium für Familie und Senioren (1993): Tabelle 2, S. 258. Zur demographischen Entwicklung in Deutschland vgl. Tabelle 2.1.

[30] Zur demographischen Alterung in der Europäischen Union vgl. Mertins, G. (1997): S. 9-31, hier insb. S. 18-25.

Altern als demographischer Prozeß bedeutet, daß in Zukunft sowohl absolut als auch relativ immer mehr Ältere in unserer Gesellschaft leben werden, und daß der Anteil der Hochaltrigen (d.h. Personen, die 80 Jahre und älter sind) stetig zunehmen wird. Dieser Alterungsprozeß[31] stellt wegen seiner Konsequenzen für die sozialen Sicherungssysteme, die sozialen, personenbezogenen Dienstleistungen, den Arbeits- und Wohnungsmarkt sowie das Verkehrswesen ein wirtschafts- und insbesondere sozialpolitisches Problem dar.[32] In diesem Zusammenhang werden vor allem anhand des steigenden **Altenquotienten**[33] die Finanzierungsschwierigkeiten der Gesetzlichen Rentenversicherung genannt, und damit einhergehend die - scheinbar notwendige - Auflösung des **Generationenvertrags** postuliert.[34] Bevor im Abschnitt 2.2.3. der quantitative Aspekt des demographischen Alterns behandelt wird, beginnt der nächste Abschnitt mit einer knappen Darstellung der Bevölkerungsgröße und -struktur in Deutschland und im Abschnitt 2.2.2. werden die demographischen Parameter (Geburten- und Sterberate sowie Außenwanderung) beschrieben, da diese die Größe einer Population bestimmen.[35]

2.2.1. Bevölkerungsgröße und -struktur in der BR Deutschland

Grundlage für Bevölkerungsstatistiken bilden Volkszählungen, die nach einer Empfehlung der Vereinten Nationen regelmäßig alle zehn Jahre erstellt werden sollten. Ergänzend zu den Volkszählungen werden in der Bundesrepublik Deutschland in kürzeren Abständen Stichprobenerhebungen (Mikrozensuserhebungen) durchgeführt. Zwischen den einzelnen

---

31 Insbesondere in der öffentlichen Diskussion wird in diesem Zusammenhang häufig von einer "**Überalterung**" der Bevölkerung gesprochen. Wissenschaftlich ist dieser - unseres Erachtens sehr wertende und negativ besetzte - Begriff nicht haltbar, da es aus theoretischer Sicht nicht die optimale Altersstruktur eine Bevölkerung gibt.

32 Vgl. Deutscher Bundestag (1994): S. 15.

33 Dieser spiegelt die Relation zwischen der Zahl der 60jährigen und älteren Menschen und der Zahl der Personen zwischen 20 und 59 Jahre wider.

34 Eine intensive Auseinandersetzung mit dieser Thematik findet im Kapitel 5 statt.

35 Eine Beschreibung der Bevölkerungsentwicklung, der durchschnittlichen Veränderung von Bevölkerungsgesamtheiten bzw. Altersstrukturen, ist mit Hilfe von mathematischen Analyse- und Prognoseverfahren möglich, da die zeitliche Bestands- und Strukturentwicklung durch eine Reihe von logischen Gesetzmäßigkeiten gekennzeichnet ist. Denjenigen Lesern, die sich für mathematische Modelle der Bevölkerungsdynamik interessieren empfehlen wir bspw. Dinkel, R. H. (1989).

Volkszählungen werden die demographischen Daten fortgeschrieben (Bevölkerungsfortschreibung).

Unter **Bevölkerung** wird die Gesamtheit der Einwohner eines geographisch abgegrenzten Gebietes verstanden. Im weiteren wird der Bevölkerungsbegriff des Statistischen Bundesamtes verwendet. Dieser orientiert sich an dem Inlandskonzept.[36] Bezogen auf Westdeutschland ist die Bevölkerung im Zeitraum 1950 bis 1990 um 27 % von zirka 50 Mio. auf über 63 Mio. gewachsen, wobei das Bevölkerungswachstum aus einem Zuwanderungsüberschuß resultierte. Durch die Wiedervereinigung stieg die Wohnbevölkerung Deutschlands im Jahre 1990 nochmals um etwa 16 Mio. Menschen an. Derzeit beträgt die Bevölkerung im Bundesgebiet zirka 82 Mio. Langfristig ist davon auszugehen, daß die Bevölkerung in Deutschland abnimmt.[37]

Bevölkerungsstruktur: Die Bevölkerung eines Gebietes wird bei statistischen Erhebungen auch hinsichtlich ihrer Struktur untersucht. Merkmale sind u. a. Alter und Familienstand. Von besonderem Interesse für eine Wirtschaftspolitik in einer älterwerdenden Gesellschaft ist der **Altersaufbau** der Bevölkerung. Dieser kann mit Hilfe von "Lebensbäumen" bildlich dargestellt werden. Die Bevölkerung wird nach "Alter" und "Geschlecht" gegliedert. Das Alter wird nach Altersjahren, manchmal auch zusammengefaßt in Jahrfünfte oder Jahrzehnte, unterteilt. Dieser Altersaufbau wird als Häufigkeitspolygon in Altersstufen dargestellt, wobei auf der einen Seite das weibliche Geschlecht, auf der anderen Seite das männliche Geschlecht abgebildet wird.[38]

In der bevölkerungsstatistischen Literatur werden drei Grundtypen des Altersaufbaus einer Bevölkerung unterschieden. Die folgende Abbildung stellt die drei Referenztypen Pyramide, Glocke und Urne bzw. Pilz vor.[39]

---

36 Erfaßt wird die "(...) Bevölkerung am Ort der alleinigen bzw. Hauptwohnung (...)." Statistisches Bundesamt (1995): S. 13. Dementsprechend werden auch Ausländer die sich dauerhaft im Bundesgebiet aufhalten erfaßt.

37 Siehe dazu die Tabelle 2.1. im Abschnitt 2.2.3..

38 Vgl. Jürgens H. W. (1988): S. 5.

39 Vgl. Rinne, H. (1994): S. 90-91.

Abb. 2.1.: Grundtypen des Altersaufbaus einer Bevölkerung

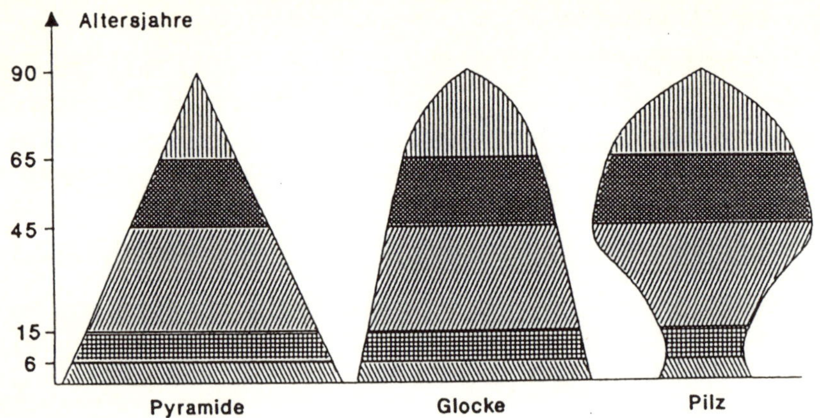

Quelle: Rinne, H. (1994): S. 91.

Wie aus Abbildung 2.2 hervorgeht, hat bzw. wird der Altersaufbau der Wohnbevölkerung in Deutschland alle drei Formen annehmen.

Abb 2.2.: Der Altersaufbau der Wohnbevölkerung im Deutschen Reich und in der Bundesrepublik Deutschland
(Altersschichtung in Stufen von je fünf Jahrgängen)

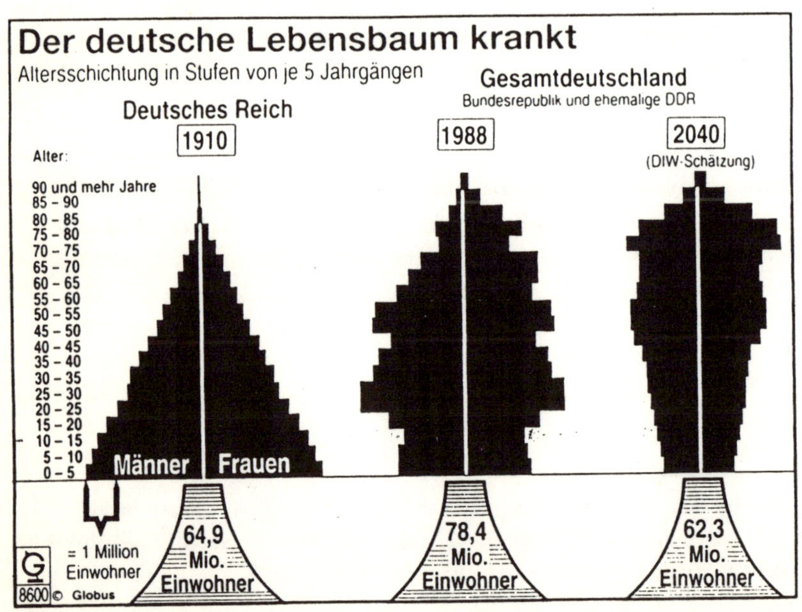

Quelle: Statistisches Bundesamt

Im folgenden Abschnitt werden die wichtigsten demographischen Parameter, die für diese Entwicklung verantwortlich sind bzw. waren, dargestellt und mit statistischen Daten belegt.

2.2.2. Messung demographischer Prozesse

Geburtenrate: Bei dem generativen Verhalten wird unterschieden in Fekundität und Fertilität. Fekundität ist das Vermögen Kinder zu bekommen, Fertilität (Fruchtbarkeit) beschreibt dagegen die tatsächlich stattfindenden Geburten.[40] Sie wird von ökonomischen[41] (wie etwa Einkommenssituation der Eltern, Bildungsstand, soziale Sicherungssysteme, Vereinbarkeit von Beruf und Familie oder von der Wohnsituation) und nichtökonomischen Faktoren beeinflußt. Zu den letztgenannten zählen vor allem religiöse, kulturelle und soziologische Einflüsse, wie bspw. die gesellschaftliche Stellung der Frau.

Als Maßstab für die Fertilität wird häufig die ***zusammengefaßte Geburtenziffer*** bzw. der ***Gesamtindex der Fruchtbarkeit*** benutzt. Diese Größe gibt die Kinderzahl an, die von tausend Frauen in ihrem Leben geboren werden, unter der Annahme, daß die Frauen bis zum Ende ihres gebärfähigen Alters leben und die altersspezifischen Geburtenziffern[42] in der Zukunft nicht variieren. Das gebärfähige Alter wird definiert als das Alter zwischen 15 und 45 Jahren. Für eine Bestandserhaltung einer Bevölkerung müßte die zusammengefaßte Geburtenziffer 2,1 betragen.[43] Derzeit beträgt in Deutschland die zusammengefaßte Geburtenziffer etwa 1,35[44], d.h. die Bevölkerung schrumpft. Als genauerer Meßwert der Fertilität gilt die ***Nettoreproduktionsrate*** (NRR). Diese beschreibt die Anzahl der Mädchen, die von einer bestimmten Anzahl von Frauen (in der Regel 1000) im Laufe ihres Lebens geboren werden. Es werden nur Mädchen in diese Berechnung aufgenommen, da ausschließlich sie später Kinder gebären können. Zudem wird die Sterblichkeit berücksichtigt, da nicht alle Frauen das Ende der Gebärfähigkeit erreichen. Bei 1000 Mädchengeburten, dies entspricht einer NRR von 1, wird die Muttergeneration bzw. die Bevölkerung genau ersetzt. Dementsprechend sinkt cet. par. die Bevölke-

---

[40] Vgl. Jürgens, H. W. (1988): S. 8.

[41] Zu den ökonomischen Faktoren, die die Fertilität beeinflussen vgl. Becker, G. S.; Barro, R. J. (1988): S. 1-26.

[42] Zahl der Geburten auf tausend Frauen gleichen Alters.

[43] Vgl. Werner, B.; Seidel, J. (1992): S. 464 und Jürgens, H. W. (1988): S. 9-10.

[44] Fernmündliche Angabe des Statistisches Bundesamtes (1996).

rung bei einer NRR von unter eins und wächst bei einer NRR von über eins.[45] In Deutschland, wie auch in den anderen westlichen Industrienationen (außer in der Republik Irland) setzt sich zum einen der Trend sinkender NRR durch, zum anderen liegt die NRR in den entsprechenden Ländern deutlich unter eins. Für Westdeutschland liegen folgende Werte der NRR vor: 1960: 1,13; 1970: 0,93; 1980: 0,74 und 1991: 0,63.[46]

Sterberate: Das Zusammenwirken von Geburten- und Sterberate wird als **natürliche Bevölkerungsbewegung** bezeichnet. Die ***zusammengefaßte Sterbeziffer*** gibt die Zahl der Gestorbenen für ein festgelegtes Gebiet in einem bestimmten Zeitraum je 1000 Einwohner an. Dabei wird in aller Regel die Bevölkerung zur Jahresmitte zugrunde gelegt. Um den Einfluß des Altersaufbaus der Bevölkerung auszuschließen, werden ***altersspezifische Sterbeziffern*** benutzt. Diese geben die Zahl der Gestorbenen eines Altersjahrgangs bezogen auf 1000 Lebende gleichen Alters und Geschlechts an. Die Sterblichkeit ist im allgemeinen in den ersten Lebensjahren (Säuglingssterblichkeit) und bei älteren Menschen am höchsten.[47]

Die altersspezifischen Sterbeziffern bestimmen die ***Lebenserwartung***. Ausgehend von einem bestimmten Alter wird festgestellt, wieviel Jahre die Gesamtheit der Personen in diesem Alter und in diesem Geschlecht im Durchschnitt noch leben wird. Dividiert durch den Ausgangstatbestand wird die durchschnittliche Lebenserwartung berechnet, d. h. der Durchschnitt wird als gewöhnliches arithmetisches Mittel über alle gleichaltrigen und gleichgeschlechtlichen Individuen gebildet.[48] Die Sterblichkeit ist in Deutschland, wie auch in anderen Industrienationen, gesunken. Das Anfang des Jahrhunderts noch sehr große Risiko, daß ein Neugeborenes im ersten Lebensjahr stirbt, ist von zirka 20 % bis Mitte der 90er Jahre auf unter 0,7 % gesunken. Im gleichen Zeitraum stieg in bemerkenswerter Weise die Lebenserwartung eines Neugeborenen. Erreichte die Lebenserwartung eines weiblichen (männlichen) Neugeborenen im Jahr 1900 nur 48 (45) Jahre, so betrug sie im früheren Bundesgebiet im Jahr 1992 bei den weiblichen (männlichen) Neugeborenen 79,6 (73,2) Jahre. Frauen werden also durchschnittlich 6,3 Jahre älter als Männer. Für das Jahr 2000 wird prognostiziert, daß die durchschnittliche Lebenserwartung der Männer bei 74,7 Jahre und der Frauen bei 81,1 Jahren liegen wird.[49]

---

[45] Vgl. Werner, B.; Seidel, J. (1992): S. 464.
[46] Vgl. Deutscher Bundestag (1994): S. 25.
[47] Vgl. Jürgens, H. W. (1988): S. 2 und S. 11.
[48] Vgl. Krämer, W. (1994): S. 123.
[49] Vgl. Jürgens, H. W. (1988): S. 12; Sommer, B. (1994): S. 497.

Die Veränderung der Sterberate wirkt in zwei Richtungen. Zum einen führt eine niedrige Säuglingssterblichkeit ex post zu einer erhöhten Geburtenrate und infolgedessen zu einer Verjüngung der Bevölkerung. Zum anderen bewirkt die reduzierte Sterblichkeit in den oberen Altersklassen ein höheres Durchschnittsalter der Bevölkerung. Die Lebenserwartung eines 60jährigen in Westdeutschland ist im Zeitraum von 1950 bis 1990 von 16,2 auf 17,7 Jahre gestiegen, d. h. um 1,5 Jahre. Bei den 60jährigen Frauen erhöhte sich die durchschnittliche Lebenserwartung sogar um 4,6 Jahre und lag 1990 bei 22,1 Jahren. Es ist also wichtig, die altersstrukturelle Mortalität (Sterblichkeit) zu betrachten, wenn man die Wirkungen der rückläufigen Sterblichkeit auf den Altersaufbau der Bevölkerung beurteilen will.[50]

Zu- und Abwanderungen: Neben der natürlichen Bevölkerungsbewegung hängt die demographische Entwicklung auch von den Wanderungen ab. Diese können in Binnenwanderungen und Außenwanderungen unterschieden werden.[51] Im Rahmen der statistischen Erhebungen in der Bundesrepublik Deutschland dient dafür die Verlegung des ständigen Wohnsitzes als Indikator. Abwanderungen (sofern es sich um jüngere Migranten handelt) können die demographische Alterung verstärken, Zuwanderungen (sofern es sich vornehmlich um jüngere Migranten handelt) dagegen abschwächen. So betrug beispielsweise für Deutschland 1993 der Anteil der zwischen 18 und 40jährigen am gesamten Außenwanderungsgewinn zirka 54 %.[52] Gleichwohl ändern die Wanderungsgewinne hinsichtlich der Altersstruktur einer Bevölkerung nichts an der Tatsache, daß der demographische Alterungsprozeß stetig fortschreitet. Zuwanderungen können ihn bestenfalls anhalten, jedoch niemals stoppen. Eine Erklärung hierfür liefert das Phänomen, daß die Zugewanderten im Laufe der Zeit ihr Geburtsverhalten weitgehend ihrer Umgebung anpassen und obendrein selbst alt werden.

Abschließend läßt sich in der folgenden Definitionsgleichung die Veränderung einer Bevölkerungsgesamtheit P zwischen zwei Zeitpunkten (dem Zeitpunkt t und t-1) darstellen:[53]

---

[50] Vgl. Feichtinger, G. (1990): S. 80-81; Deutscher Bundestag (1994): S. 26.

[51] Vgl. Jürgens, H. W. (1988): S. 12.

[52] Vgl. Roloff, J. (1996): S. 6.

[53] Vgl. Dinkel, R. H. (1989): S. 8.

$$P_t - P_{t-1} = B - D + W_Z - W_A$$

bzw.

$$P_t = P_{t-1} + B - D + (W_Z - W_A)$$

wobei:

B = Geburten zwischen t-1 und t

D = Sterbefälle zwischen t-1 und t

W_Z = Außenzuwanderungen zwischen t-1 und t

W_A = Außenabwanderungen zwischen t-1 und t

2.2.3. Dreifaches Altern

Niedrige Sterbeziffern und eine Nettoreproduktionsrate, die kleiner als eins ist, führen zu einer **schrumpfenden Bevölkerung** und zu einer **Alterung** der Bevölkerung. Dieses Phänomen ist in fast allen industrialisierten Ländern feststellbar. und wird als "**dreifaches Altern**"[54] bezeichnet. Das heißt:

1. Die Anzahl der älteren Menschen nimmt absolut zu,
2. im Verhältnis zur Gesamtbevölkerung wächst der Anteil der älteren Menschen an der Gesamtbevölkerung und
3. weiterhin ist mit einem starken Anstieg der Zahl der über 75jährigen zu rechnen.

Das demographische Phänomen des "dreifachen Alterns" impliziert also, daß immer mehr alte Menschen im Verhältnis zu immer weniger jüngeren Menschen noch immer etwas älter werden. Anhand der folgenden statistischen Daten wird dieses Phänomen sowohl in einer ex post als auch in einer ex ante Betrachtung bestätigt.

Die Zahl der in Deutschland lebenden älteren Menschen, d. h. jene, die 60 Jahre und älter waren, stieg von zirka 4,4 Mio. zu Beginn des 20. Jahrhunderts auf knapp 16,1 Mio. im Jahre 1990. Innerhalb dieses Zeitraums erhöhte sich ihr Anteil an der Gesamtbevölkerung von annähernd 8 % auf etwas über 20 %.[55] Ebenfalls stieg innerhalb der einzelnen Altersklassen

54 Vgl. Tews, H. P. (1993): S. 17.

55 Vgl. Bundesministerium für Familie und Senioren (1993): S. 257.

die Anzahl der älteren Menschen rapide an. Die folgende Graphik verdeutlicht für den Zeitraum von 1950 bis 1985 die prozentualen Steigerungsraten der älteren Altersklassen für Westdeutschland.

Abb. 2.3.: Prozentuale Veränderung ausgewählter Altersklassen in Westdeutschland

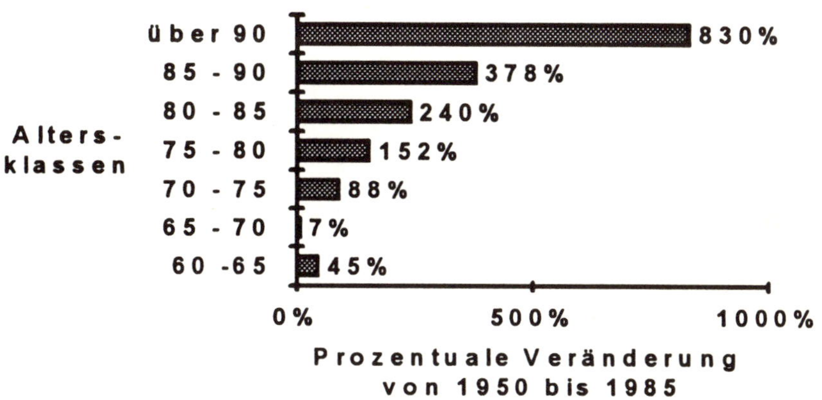

Quelle: Eigene Darstellung nach Rückert, W. (1992): S. 11

Für die Zukunft liegen für Deutschland gemäß der achten koordinierten Bevölkerungsvorausberechnung des Statistischen Bundesamtes vom 31.12.1992 folgende Zahlen vor, die den Prozeß des "dreifachen Alterns" für den Zeitraum 1992 bis 2040 demonstrieren.

Tab. 2.1.: Entwicklung der Bevölkerung in Deutschland

Am 31.12 d. Jahres	Insgesamt	Davon im Alter von ... bis unter ... Jahren unter 20		20 bis 60		60 und älter	
	Mio.	Mio	%	Mio.	%	Mio.	%
	Basisbevölkerung der Modellrechnung						
1992	80,98	17,40	21,5	47,07	58,1	16,50	20,4
	mittlere Variante (2)[1]						
2000	83,74	17,76	21,2	46,66	55,7	19,32	23,1
2010	83,43	15,51	18,6	47,13	56,5	20,80	24,9
2020	81,18	13,91	17,1	44,36	54,6	22,92	28,2
2030	77,41	13,02	16,8	38,37	49,6	26,02	33,6
2040	72,41	11,65	16,1	36,22	50,0	24,55	33,9

Tab. 2.2.: Entwicklung des Jugend-, Alten- und Gesamtquotienten in Deutschland (mittlere Variante)

Am 31.12 d. Jahres	Jugendquotient[2]	Altenquotient[3]	Gesamtquotient[4]
1992	**37,0**	**35,0**	**72,0**
2000	**38,1**	**41,4**	**79,5**
2010	**32,9**	**44,1**	**77,0**
2020	**31,4**	**51,7**	**83,0**
2030	**33,9**	**67,8**	**101,8**
2040	**32,2**	**67,8**	**99,9**

Quelle: Sommer, B. (1994): S. 501

[1] Im Gegensatz zu den beiden anderen Varianten (1 und 3), die eine jährliche Abnahme der Wanderungssalden um 100.000 bzw. 300.000 Migranten zugrundelegt, geht die mittlere Variante von 200.000 Migranten aus.

[2] Unter 20jährige je 100 20- bis unter 60jährige,

[3] 60jährige und ältere je 100 20- bis unter 60jährige

[4] Summe aus Jugend- und Altenquotient (Abweichungen aufgrund von Rundungen)

Im Jahre 1992 waren in Deutschland 16, 5 Mio. Personen über 60 Jahre, ihr Anteil an der Gesamtbevölkerung betrug an der Gesamtbevölkerung 20,4 %. Wird die ältere Generation ins Verhältnis zu der mittleren Generation gesetzt, erhält man den **Altenquotienten**. Dieser gilt als Indikator für die "Belastung" der im erwerbsfähigen Alter stehenden Bevölkerung durch die ältere Generation, die in aller Regel bereits aus dem Erwerbsleben ausgeschieden ist. Im Jahr 1992 betrug dieser Quotient 35, d.h. auf 100 Personen im Erwerbsalter kamen 35 Seniorinnen und Senioren. In den Modellrechnungen der achten koordinierten Bevölkerungsvorausberechnung wurden aufgrund der besonderen Unabwägbarkeiten der Außenwanderungen drei verschiedene Varianten zugrundegelegt. Je nachdem, welche Variante verwendet wird, erhöht sich der Anteil der über 60jährigen bis zum Jahr 2040 um mindestens 12,6 Prozentpunkte bis maximal 14,6 Prozentpunkte auf 33,0 % bzw. 35,0 %. Der Altenquotient steigt dementsprechend im Zeitraum von 1992 bis zum Jahr 2030 stetig an. Im Jahr 2000 wird dieser Quotient nach allen Modellvarianten signifikant höher liegen als zum jetzigen Zeitpunkt. Im Jahr 2020 werden in allen Varianten bereits auf zwei Angehörige der mittleren Altersgruppe eine Seniorin oder ein Senior kommen. Dies entspricht einem Quotienten von etwa 50. Im Jahr 2030 liegt der Altenquotient je nach zugrundegelegter Variante zwischen 65 und 71. Für das Jahr 2040 ergeben sich die gleichen Verhältnisse der älteren zur mittleren Altersgruppe wie im Jahr 2030. Inwieweit diese Quotienten eine wirtschaftliche Belastung darstellen, hängt von vielen ökonomischen Faktoren, wie etwa von der Höhe der Arbeitslosenquote, der Gestaltung der sozialen Sicherungssysteme und dem wirtschaftlichen Wachstum ab.[56]

[56] Zu einer kritischen Auseinandersetzung mit den sogenannten Alterslastenquotienten vgl. insb. Rosenberg, P. (1990): S. 39-44.

KÜNFTIGE RENTNER IM VORBEREITENDEN PRAKTIKUM

3. SOZIO-ÖKONOMISCHE FOLGEN DES DEMOGRAPHISCHEN WANDELS

Nachdem im zweiten Kapitel die demographischen Faktoren, die für eine Alterung der Gesellschaft verantwortlich sind, beschrieben wurden und die daraus resultierende demographische Alterung für Deutschland dargestellt wurde, widmet sich dieses Kapitel dem Strukturwandel des Alters. Neben den quantitativen Verschiebungen der einzelnen Altersgruppen führt die Alterung der Bevölkerung auch zu großen Veränderungen in Wirtschaft, Gesellschaft und Politik. Dieser Prozeß, den Tews als "**Strukturwandel des Alters**"[1] bezeichnet, wird im folgendem für Deutschland dargestellt. Daran anschließend werden in einem Überblick die materiellen und immateriellen Niveauveränderungen des Alters beschrieben. Ebenso werden regionale und politische Aspekte des Alterns skizziert, da all diese Veränderungen u. E. für eine Wirtschaftspolitik in einer älterwerdenden Gesellschaft relevant sind.

3.1. Strukturwandel des Alters

Bei den alten und älteren Menschen handelt es sich nicht um eine homogene Gruppe. Sie unterscheiden sich in mannigfaltiger Hinsicht, z. B. im Hinblick auf ihre soziale Stellung, ihre Bildung, ihren Gesundheitszustand, ihre finanzielle Situation und ihre familiäre Einbindung. Die qualitative Dimension dieses Wandels, läßt sich anhand der folgenden fünf Phänomene beschreiben, die sich auf bestimmte gesellschaftlich-strukturelle Veränderungen beziehen.[2]

3.1.1. Verjüngung

Der Altersstrukturwandel ist von einer **Verjüngung des Alters** geprägt. Die Verjüngung des Alters findet auf unterschiedlichen Ebenen statt; sie wird von positiven, negativen und eher neutralen Erscheinungen begleitet.

Zu den **positiven Verjüngungseffekten** zählen vor allem das gesteigerte Selbstwertgefühl der alten Menschen und ihre Selbsteinschätzung (sub-

---

[1] Vgl. dazu Tews, H. P. (1993): insb. S. 23-32.

[2] Die nachstehenden Ausführungen beziehen sich zwar auf die Situation der Bundesrepublik Deutschland, jedoch treffen die Aussagen - zumindest in ihrer Tendenz - auch auf den Altersstrukturwandel in anderen westlichen Industrienationen zu.

jektives versus chronologisches Alter). Zu Beginn der 70er Jahre schätzte sich die Mehrheit der über 70jährigen als alt ein. In einer repräsentativen Untersuchung aus dem Jahre 1989 waren es nur noch 26 % der 70 - 75jährigen, die sich selbst als alt bezeichneten.[3] Insgesamt betrachtet, hat sich das Alter in der Selbsteinschätzung der älteren Menschen verjüngt und um vermutlich etwa 10 Jahre nach oben verschoben. Begleitet oder vielleicht sogar gefördert wird dieses positive Selbstwertgefühl unter anderem durch den Wandel in der Werbung. Dort werden Charaktereigenschaften von älteren Menschen, die Negativklischees vermitteln könnten, in geringerem Umfang als früher eingesetzt.[4] In der Werbung werden die Älteren, allerdings in aller Regel die sogenannten "jungen Alten", d. h. die unter 75jährigen, als aufgeschlossene, flexible, einfühlsame, finanziell unabhängige und moderne Menschen dargestellt.[5] Zweifelsohne ist diese positive Darstellung der Älteren auch darauf zurückzuführen, daß immer mehr Marketingabteilungen die jungen Alten als kaufkräftige Zielgruppe erkannt haben und versuchen, diese durch gezielte Werbung zu erreichen.

Negative Verjüngungseffekte beziehen sich auf die Vorverlegung des Alters. Sie sind hauptsächlich auf dem Arbeitsmarkt anzutreffen. In vielen Betrieben herrscht zur Zeit noch die Firmenphilosophie vor, daß Arbeitssuchende ab einem bestimmten Alter, das bei etwa 40 Jahren liegt, nur ungern eingestellt werden,[6] oder daß bereits Beschäftigte in diesem Alter kaum bzw. überhaupt nicht mehr an betrieblichen Weiterbildungsmaßnahmen teilnehmen dürfen.[7] Dementsprechend sind ältere arbeitslose Personen eine Problemgruppe, wobei sich ihre Chance auf einen Arbeitsplatz mit steigender Dauer der Arbeitslosigkeit bzw. mit niedrigerem Humankapital weiter reduziert.

---

[3] Vgl. Tews, H. P. (1991): S. 18. In der gleichen Studie schätzten sich von den 60-65jährigen nur 1 % als "sehr alt" und 9 % als "alt" ein.

[4] Eine entgegengesetzte Auffassung vertritt Jürgens, H. W. (1994): S. 165-167.

[5] Vgl. bspw. Verlagsgruppe Heinrich Bauer (1993, Hrsg.): S. 6. Dort wird die Lebensführung der "neuen Alten" anhand von sieben Kriterien (Unabhängigkeit heute und in Zukunft, Selbstbewußtsein und Optimismus, soziale Kontakte, Teilnahme am politischen Geschehen, positive Sicht des Alters, Aufgeschlossenheit gegenüber der modernen Welt und Konsumfreude) beschrieben.

[6] Vgl. Deutscher Bundestag (1994): Tabelle 57, S. 187.

[7] In Deutschland haben 1994 in der Altersklasse 50-64 Jahre nur 14 % an einer beruflichen Weiterbildung teilgenommen. Dagegen 29 % der 35-49jährigen. Vgl. Wachtler, G. u. a. (1997): S. 23.

Zu den eher **neutralen Verjüngungseffekten** zählt die familienspezifische Entwicklung. Durch einen zeitlich früheren Abschluß der Erziehungsphase der eigenen Kinder und der Verlängerung der Lebenserwartung haben insbesondere Frauen, sofern sie nicht mehr in das Erwerbsleben zurückkehren, mehr Zeit, sich mit der verbleibenden und verlängerten Lebenszeit auseinanderzusetzen. Sie können ihr Alter bewußter gestalten, eventuell neue Tätigkeiten erlernen und diese bis ins hohe Alter ausüben.[8]

Anhand dieser einführenden Beispiele wird deutlich, daß die Verjüngung des Alters auf unterschiedlichen Ebenen stattfinden kann. Von besonderer Relevanz ist die gesellschaftlich-strukturelle Vorverlegung von **"Altersproblemen"**. Durch die Frühverrentung oder eine Langzeitarbeitslosigkeit kann beispielsweise eine Sinnkrise zeitlich früher auftreten. Tendenziell bewirkt die Verjüngung des Alters, daß sich die Menschen in der Lebensphase zwischen dem 50. und 60. Lebensjahr, in der sie sich subjektiv noch nicht der älteren Generation zurechnen, intensiv mit dem eigenen Alter auseinandersetzen. Dadurch erhalten die späteren Altersphasen strukturell und historisch ein anderes Gewicht. Diese Tatsache erklärt auch, warum sich immer mehr Personen der mittleren Generation, die im letzten Drittel ihrer Erwerbstätigkeit stehen, Gedanken um ihre Wohnform im Alter machen, die ihren Wünschen (Eigenständigkeit so lange wie möglich, Hilfeleistungen nur soviel wie nötig) entspricht.

3.1.2. Entberuflichung

Die **Entberuflichung im Alter** umfaßt die zeitliche Zunahme der Ruhestandsphase, d. h. der Alterszeit ohne Erwerbstätigkeit und den Prozeß der Berufsaufgabe. Die Beendigung des Erwerbslebens kann zum einen aufgrund einer freiwilligen Entscheidung der älteren Arbeitskraft erfolgen. Zum anderen kann das Ausscheiden aus der Erwerbsphase auch indirekt oder direkt von staatlicher oder betrieblicher Seite erzwungen werden.[9] Somit steht es nicht im Einklang mit den individuellen Präferenzen der älteren Arbeitskraft. Seit der Einführung einer gesetzlichen Altersgrenze besteht ein Trend zu einem immer früheren Renteneintritt. Dieser sowohl nationale als auch internationale Trend wurde zwischenzeitlich nur durch den Anstieg der Frauenerwerbsquote ein wenig verlangsamt. Aus volkswirtschaftlicher Sicht ist die Vorverlegung der Altersgrenzen und der im-

---

[8] Vgl. Beck-Gernsheim, E. (1993): S. 161. An dieser Stelle weist die Autorin aber auch auf das für Mütter spezifische Problem des "leeren Nestes" hin.

[9] Zu den Gründen, die zur Beendigung des Erwerbslebens führen, vgl. bspw. Schmähl, W. (1987): S. 8-9.

mer frühere Zeitpunkt des Ausstieg aus dem Erwerbsleben ambivalent. Einerseits findet eine Vernichtung von Humankapital und eine Verknappung von Ressourcen für den Produktionsprozeß statt. Auf der anderen Seite entlastet die Entberuflichung des Alters, zumindest kurz- und mittelfristig, den Arbeitsmarkt. Aufgrund von arbeitsmarkt- und beschäftigungspolitischen Erfordernissen kann somit die Entberuflichung des Alters als wirtschaftspolitisches Instrument zur Reduzierung der Arbeitslosigkeit betrachtet werden. Allerdings begründet sich der Erfolg dieser wirtschaftspolitischen Maßnahme nur durch die bisherige Interessensharmonie der Akteure (Staat, Gewerkschaften, Arbeitsnachfragende und Arbeitsanbietende) auf dem Arbeitsmarkt.[10] Es kann jedoch bezweifelt werden, daß diese Interessensharmonie für die Zukunft noch Gültigkeit besitzen wird, da:

- sich auf gesamtwirtschaftlicher Ebene bei der Gesetzlichen Renten- und Arbeitslosenversicherung die Finanzierungsschwierigkeiten verdichten;
- die Entwicklung der Lohnnebenkosten über hohe und steigende Sozialversicherungsabgaben als wettbewerbspolitischer Standortnachteil wahrgenommen wird und dementsprechend eine Revision im sozialen Sicherungssystem gefordert wird;
- (zumindest langfristig) die Unternehmen aufgrund des demographisch bedingten Altersstrukturwandels des Erwerbspersonenpotentials[11] einem deutlichen Druck zum Strategiewechsel in der Personalnutzung ausgesetzt sind. Die Unternehmen können in der Zukunft ihre Innovationsprozesse weniger über Personalentlassung und über die Ersetzung älterer durch jüngere Beschäftigte verwirklichen, vielmehr wird eine Umsetzung von Innovationen unter stärkerer Nutzung des betrieblich verfügbaren Erwerbspersonenpotentials unumgänglich sein.

3.1.3. Feminisierung

Charakteristisch für den Altersstrukturwandel ist auch eine **Feminisierung** im Alter. Die Altersgesellschaft ist eine Zwei-Drittel-Frauengesellschaft und bei den über 75jährigen sogar eine Drei-Viertel-Frauengesellschaft. Ursache hierfür ist die statistisch nachweisbare höhere durchschnittliche Lebenserwartung der Frauen gegenüber den Männern und die

---

[10] Vgl. Rosenow, J; Naschold, F. (1993): S. 148-149.

[11] Zur Entwicklung der Altersstruktur vgl. Thon, M. (1995): S. 295-296.

stärkere Dezimierung der Männerjahrgänge durch den zweiten Weltkrieg. Der zuletzt genannte Grund wird jedoch in den nächsten Jahrzehnten wegfallen. Das quantitative Übergewicht der Frauen in der älteren Generation hat zur Folge, daß die Frauen das Schicksal der Verwitwung mit höherer Wahrscheinlichkeit trifft.[12] Somit haben sie seltener die Möglichkeit, bspw. im Falle von Krankheit die Hilfe ihres Ehepartners in Anspruch nehmen zu können. In Verbindung mit der Verwitwung sind ältere Frauen dementsprechend stärker als die älteren Männer auf familiäre, geschlechts- und altershomogene, sowie professionelle und nicht professionelle Kontakte bzw. Hilfe angewiesen. Diese Art der Singularisierung erklärt auch, daß der Anteil der Frauen in den Altenwohnheimen und Altenheimen sowie insbesondere in den Altenpflegeheimen weit über dem Anteil der männlichen Bewohner liegt. Insgesamt sind in diesen Einrichtungen 79 v.H. der Bewohner weiblich und nur 21 v.H. männlich.[13] Eine Erklärung für diesen Sachverhalt liefert auch die Wohnsituation der alleinstehenden Frauen. Ihre Wohnungen sind zum Teil durch Substandards (z. B. keine Zentralheizung, kein Bad/Dusche oder kein Innen-WC) geprägt. Des weiteren können sich momentan ältere Frauen - aufgrund ihrer rollenspezifischen Erziehung - bei der Abhilfe von Wohnraummängeln (beispielsweise Reparaturen) noch weniger selbst helfen als die älteren Männer.[14] Eine weitere Erscheinung, die mit der Feminisierung in Verbindung gebracht werden kann und somit den Altersstrukturwandel prägt, ist, daß die älteren Frauen überproportional Angebote der Altenhilfe wahrnehmen und diese prägen. Schließlich erfordert das Phänomen Feminisierung des Alters aus sozialpolitischer Perspektive eine wirtschaftspolitische Auseinandersetzung mit dem Problem der Altersarmut.[15] Obgleich diese im Laufe der Zeit deutlich abgenommen hat, tritt Altersarmut insbesondere bei älteren Frauen auf. Trotz steigender Rentenansprüche der Frauen sind sie - aufgrund ihrer Biographie - häufiger kumulativ benachteiligt, da sie oftmals während ihrer Erwerbsphase weniger und/oder

---

[12] Ende 1985 waren in der Altersgruppe der 65- bis 75jährigen ca. 43 v.H. der Frauen verheiratet und 44 v.H. verwitwet. Dagegen lag in der Gruppe der über 84jährigen der Anteil der verwitweten Frauen bei 80 v.H. und der der verheirateten bei 6 v.H.. Obgleich es sich hierbei um ältere Daten handelt, ist davon auszugehen, daß sich das relative Gewicht nur unwesentlich geändert hat, da die relevanten demographischen Daten eine hohe Konstanz aufweisen. Zu den o. g. Daten vgl. Deutscher Bundestag (1994): Fn. 5 auf S. 142.

[13] Vgl. Infratest Burke Sozialforschung (1995).

[14] Tews, H. P. (1993): S. 30.

[15] Zum Begriff der Altersarmut vgl. 5. Kapitel.

niedrigere Rentenbeitragszahlungen getätigt haben. Dies beruht zum einen auf Unterbrechung oder vorzeitiger Aufgabe der Erwerbsarbeit aufgrund familiärer Ereignisse wie etwa Erziehung der Kinder oder Pflege von älteren Verwandten. Zum anderen wurde und wird Frauenarbeit zum Teil immer noch geringer entlohnt als eine entsprechende berufliche Tätigkeit, die ein Mann ausübt. Dementsprechend haben Frauen vergleichsweise niedrigere Rentenansprüche.

3.1.4. Singularisierung

Das Phänomen der hohen und stetig zunehmenden **Singularisierung** in der Gesellschaft ist nicht nur bei der älteren Bevölkerung, sondern auch bei der jüngeren Generation zu beobachten. Bei den Älteren ist dieses Phänomen im wesentlichen auf zwei Ursachen zurückzuführen. Der erste Grund für den hohen Anteil von alleinstehenden alten Menschen liegt in den unterschiedlichen Lebenserwartungen der beiden Geschlechter. Zudem spielen momentan noch die demographischen Auswirkungen des Zweiten Weltkrieges eine Rolle. Hier gilt die Feststellung: Mit zunehmendem Alter nimmt der Anteil Alleinstehender zu. Bei dieser Art der Singularisierung handelt es sich um eine erzwungene und trifft vor allem die älteren Frauen. Der zweite Grund, der für die stetig zunehmende Singularisierung im Alter verantwortlich ist, ist dagegen in aller Regel ein bewußt gewählter Lebensstil. Somit läßt sich Singularisierung nicht per se mit Isolation und Vereinsamung gleichsetzen. Dieser umschließt zum einen den Trend des freiwilligen Alleinlebens in jungen Jahren sowie im weiteren Lebensverlauf.[16] Zum anderen findet ein stetiger Anstieg der Ehescheidungen statt. Die Scheidungsquoten haben sich in den letzten Jahrzehnten ständig erhöht. Es erscheint durchaus möglich, daß sich diese Quote bei den nachfolgenden Altersgenerationen weiter erhöhen wird. Damit wird der Anteil der Ein-Personen-Haushalte weiter ansteigen. Diese Aussage trifft nicht nur für die älteren Frauen (Feminisierung des Alters) zu, sondern auch für ältere Männer. Dementsprechend muß die Altenhilfe die Zielgruppe der älteren und alleinlebenden Männer stärker in ihren Angeboten berücksichtigen, zumal empirische Untersuchungen ergeben haben, daß Männer mit dem Alleinleben signifikant schlechter zurecht kommen als Frauen.[17]

---

[16] Zur Individualisierung und Pluralisierung der Lebensformen in bezug auf ältere Menschen vgl. Beck-Gernsheim, E. (1993): S. 164-167.

[17] Vgl. Tews, H. P. (1993): S. 31.

3.1.5. Hochaltrigkeit

Charakteristisch für den Altersstrukturwandel ist neben der absoluten und relativen Zunahme der Zahl der älteren Menschen auch eine Zunahme der Zahl der sehr alten Menschen. In der Literatur wird dieses Phänomen mit dem Terminus **Hochaltrigkeit** bezeichnet. Zählten früher Personen über 75 Jahre erst zu den "richtigen" Alten, so werden heutzutage - aufgrund der steigenden Lebenserwartung - erst die über 80jährigen zu der Gruppe der Hochbetagten gerechnet. In dieser Gruppe befinden sich im Einklang mit den vorhandenen statistischen Daten und unserer vorherigen Beschreibung vor allem alleinstehende bzw. verwitwete Frauen. Im Rahmen der Berliner Altersstudie[18] wurde festgestellt, daß - im statistischen Sinne - Personen im Alter von 80 bis 85 Jahren den Schwellenwert für einen eher allgemeinen, d. h. alle menschlichen Funktionen und Systeme betreffenden Altersabbau, erreichen.[19] Dementsprechend ist damit zu rechnen, daß folgende Probleme für Hochbetagte einzeln oder kumulativ auftreten:

- Isolation und Vereinsamung;
- Krankheit, vor allem chronische und psychische Erkrankungen sowie zunehmende Multimorbidität (Mehrfacherkrankungen), wodurch eine medikamentöse Behandlung erschwert wird, da die Wirkung eines Medikaments eine zweite Krankheit negativ beeinflussen kann;[20]
- Autonomieverluste im Sinne von höherer kurz- oder langfristiger Hilfe- und Pflegeabhängigkeit, wobei aufgrund der Isolation und Vereinsamung die Inanspruchnahme von professionellen Diensten notwendig werden kann.

Obgleich diese negativen Seiten des hohen Alters nicht zwingend sind, sondern sich durch die jeweilige Lebensbiographie bzw. durch eine nicht altengerechte Politik bedingen, bedarf es aus Sicht der Gesellschaft einer Bearbeitung dieser Probleme.

---

[18] Mayer, K. U.; Baltes, P. B. (1996, Hrsg.).

[19] Vgl. Baltes, P. B. (1996): S. 38.

[20] Vgl. Deutscher Bundestag (1994): S. 262-270.

3.2. Niveauveränderungen (im Alter)

3.2.1. Materielle Niveaus

In einer historischen Betrachtung (bis etwa zum Ende des 19. Jahrhunderts) waren alte Menschen eine traditionell von Armut betroffene Gesellschaftsgruppe.[21] Durch die Einführung der Gesetzlichen Rentenversicherung (1889), spätestens aber seit der Rentenreform von 1957 gilt das Phänomen "Armut im Alter als Massenerscheinung" als überwunden. So kommt die Arbeitsgruppe "Altern und gesellschaftliche Entwicklung", die aus Wissenschaftlerinnen und Wissenschaftlern unterschiedlicher Disziplinen besteht, zu dem Ergebnis, daß "materielle Armut im Alter [...] nicht mehr das zentrale Problem des Alterns in der Bundesrepublik Deutschland [ist]."[22] Trotzdem existiert weiterhin (relative) Armut und soziale Ungleichheit im Alter, obwohl sich per se die Einkommens- und Vermögenssituation der älteren Menschen im Durchschnitt von Kohorte zu Kohorte[23] erheblich, zeitweise sogar überproportional verbessert hat.[24] Inwieweit dabei die soziale Ungleichheit im Alter zu- oder abgenommen hat, ist schwer zu beurteilen.[25] Zwar hat im Vergleich zur Situation vor beispielsweise 30 Jahren eine Gesamtverschiebung der materiellen Ausstattung nach oben stattgefunden (Fahrstuhl-Effekt). Diese ist nicht nur Ausdruck eines kollektiven Wohlstandszuwaches, sondern begründet sich

---

21 Vgl. Borscheid, P. (1992): insbesondere S. 53-55.

22 Mayer, K. U. u. a. (1992): S. 733.

23 Eine (Alters-)Kohorte läßt sich als "Altersgruppe in der Betrachtung des Verlaufs", als Aggregat von Individuen verstehen, die in einem Zeitintervall (z. B. in einem Jahr oder Jahrzehnt) geboren werden oder in ein bestimmtes soziales System eintreten (z. B. Schule oder Betrieb) und in Bezug auf ihren Wandel im Verhalten, auf ihre Struktur oder Einstellung hin im Zeitverlauf beobachtet werden. Es handelt sich um eine Längsschnittperspektive.

24 Intertemporale Vergleiche der materiellen Situation bedürfen zum einen einer sorgfältigen Definition des jeweils zu vergleichenden Einkommens und/oder Vermögens (werden z. B. nur Geldeinkünfte oder auch Sachleistungen berücksichtigt, wird das Brutto-, Nettoeinkommen oder das nominale oder reale Einkommen zugrunde gelegt). Zudem können sich je nach Einkommensdefinitionen bei Vergleichen zwischen verschiedenen Haushaltsgruppen (Arbeiter/Angestellte, Beamte, Rentner, Pensionäre, Selbständige) unterschiedliche Ergebnisse einstellen. Zum anderen reicht es nicht aus, Einkommenssummen oder Durchschnittswerte miteinander zu vergleichen, da die Verteilung der Einkommen von besonderer Bedeutung ist. Eine ausführliche Analyse der materiellen Situation findet im Kap. 5 statt.

25 Diese Fragestellung wird ebenfalls im Kap. 5 behandelt.

auch in den kontinuierlichen Arbeitsbiographien eines großen Teils der Älteren, in der Mehrheit allerdings Männer. Außerdem ist, als Resultat der Sozialpolitik der vergangenen Jahrzehnte, eine bessere soziale Absicherung der Älteren gegenüber früheren Kohorten festzustellen. Insgesamt ist jedoch zu berücksichtigen, daß die materielle Situation im Alter maßgeblich durch Entwicklungen und Entscheidungen in den vorangegangenen Lebensphasen geprägt wird. Dazu zählen vor allem Art und Umfang der früheren Erwerbstätigkeit, die Einbeziehung in unterschiedliche Alterssicherungssysteme, die Einkommensverwendung (Konsum versus Sparen) sowie die Vermögensübertragungen (Schenkung und Vererbung[26]). Mit hoher Wahrscheinlichkeit ist davon auszugehen, daß sich im Alter die Entwicklungen und Entscheidungen der früheren Lebensphasen auch im Hinblick auf die materielle Situation kumulieren. Armut im Alter kann sich somit als Fortsetzung einer Armutskarriere darstellen, die in der Jugend oder während der Erwerbsphase begonnen hat. Vor allem Menschen, die aus einem niedrigen sozio-ökonomischen Herkunftsmilieu stammen, sollten im Rahmen einer sozial-orientierten Alterspolitik zur Zielgruppe gehören. Dabei erscheint es sinnvoll, nicht erst im Alter bei den Auswirkungen, sondern schon während der Jugend- und Erwerbsphase bei den Ursachen anzusetzen.

Um einen ersten Einblick über das Gesamteinkommen der Älteren und seine Verteilung zu gewinnen, wird in der folgenden Tabelle das durchschnittlich verfügbare Einkommen dargestellt. Neben den Erwerbs- und Vermögenseinkünften der Haushalte sind auch die aus öffentlichen Kassen zufließenden (Transfer-) Zahlungen, wie etwa Renten, Pensionen, Sozialhilfe, Wohn- und Kindergeld enthalten. Das durchschnittlich zur Verfügung stehende Einkommen wird für unterschiedliche Haushaltsgruppen, pro Haushaltsmitglied und je Verbrauchseinheit[27] dargestellt.

---

[26] Die Bundesbank schätzt die im Erbgang übertragenen privaten Sach- und Geldvermögen auf etwa 100 bis 200 Mrd. DM pro Jahr. Vgl. Deutsche Bundesbank (1993, Hrsg.): S. 27.

[27] Bei dieser Größe werden die Haushaltsmitglieder unterschiedlich gewichtet (sogen. "Bedarfs-Äquivalenzziffern"), um die verschiedenen Kosten der Haushaltsführung je nach Haushaltsgröße und -struktur einzubeziehen.

Tab. 3.1.: Durchschnittlich verfügbares Einkommen der Privathaushalte in Westdeutschland nach Haushaltsgruppen in DM pro Monat für das Jahr 1992

Einkommen je	Haushalte von: Selbständigen in und außerhalb der Landwirtschaft		Angestellten	Beamten	Arbeitern	Arbeitslosen[1]	Rentnern[2]	Pensionären	Alle Privathaushalte
Haushalt	5992	13983	5165	5910	4119	2903	3313	5034	4766
Haushaltsmitglied	1550	5146	2196	2166	1500	1286	1971	3074	2139
Verbrauchereinheit[3]	2080	6628	2777	2815	1952	1613	2254	3496	2656

Quelle: Deutsches Institut für Wirtschaftsforschung (1994, Hrsg.): S. 769-778, Tab. 4.

1 Empfänger von Arbeitslosengeld oder -hilfe;

2 Inklusive sonstiger Personen, die i.d.R. von laufenden Übertragungen oder Vermögenseinkommen leben,

3 Gewichtung der Haushaltsmitglieder: 1,0 für den Haushaltsvorstand, 0,7 für jede weitere Person von 14 Jahren oder mehr und 0,5 für Kinder unter 14 Jahren

Anhand dieser Zahlen wird deutlich, daß im Durchschnitt ein Rentnerhaushalt zwar weniger Gesamteinkommen als ein Arbeiterhaushalt hat. Unter Berücksichtigung von Haushaltsgröße und -struktur befinden sie sich jedoch in einer besseren Einkommensposition. Allerdings verbergen sich hinter den Zahlen aus Tabelle 3.1. große Einkommensdifferenzen, wie die folgende Abbildung für die Einkommensverteilung der Rentner- und Pensionärshaushalte verdeutlicht. Die Häufigkeitsverteilung dieser beiden Haushaltsgruppen weist einen - für Einkommensschichtungen typischen - "links-steilen" Verlauf auf, das heißt die Durchschnittsangaben des Einkommens (arithmetisches Mittel) aus Tabelle 3.1. überzeichnen die Einkommenslage der Haushaltsgruppen. So verfügen etwa 20 v.H. der privaten Rentner- und Pensionärshaushalte nur über ein verfügbares Einkommen in der Höhe von bis zu 2000 DM. Die relativ geringe Zahl von Haushalten Älterer mit einer guten oder sehr guten Einkommenssituation zieht den Durchschnittswert nach oben.

Abb. 3.1.: Einkommensschichtung der privaten Rentner- und Pensionärshaushalte nach Höhe des verfügbaren Einkommens in DM pro Monat (Stand 1992).

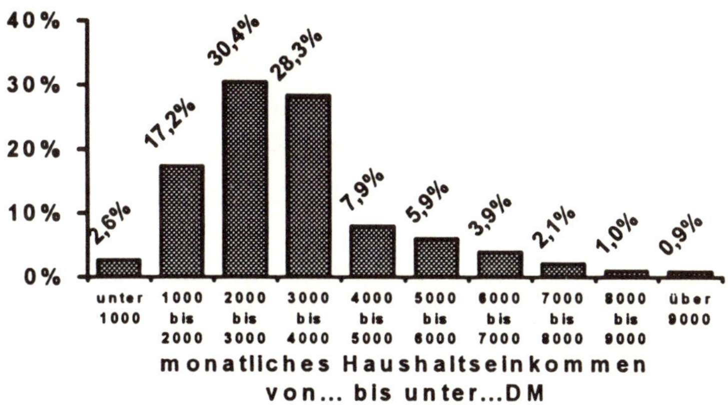

Quelle: Eigene Darstellung nach: Deutsches Institut für Wirtschaftsforschung (1994; Hrsg): S. 769-778, Tabelle 3.

Ebenfalls wird die materielle Situation der Älteren von der Infrastruktur, die für sie zur Verfügung steht, geprägt. In den letzten Jahren haben sich die **Infrastrukturangebote** für ältere Menschen erhöht, und sie sind vielfältiger geworden. Insbesondere fand eine Ausweitung in den Bereichen Arbeit bzw. Betätigung im nachberuflichen Lebensabschnitt, politische Beteiligung und Selbsthilfe sowie interessen- und hobbybezogene Angebote (zum Beispiel: soziale Kontakte und Geselligkeit, Bildungsangebote oder Reisen) statt.[28] Gleichwohl partizipieren nicht alle älteren Menschen im gleichen Maße von den Angeboten und auch die Infrastruktur ist für ältere Menschen nicht in allen Gebieten gleichmäßig oder zufriedenstellend vorhanden (regionale Disparitäten).

---

[28] Vgl. Tews, H. P. (1993): S. 35.

3.2.2. Immaterielle Niveaus

Neben einer Veränderung der materiellen Situation hat sich im Zeitablauf auch der immaterielle Status der älteren Generation gewandelt. In diesem Zusammenhang werden in der Literatur folgende Faktoren benannt und im Hinblick auf den Strukturwandel des Alters als einflußreich bezeichnet:[29]

- stetig abnehmender Anteil der Arbeiterschicht,
- langsamer Anstieg der Bildungs- und Berufsqualifikationen bei Frauen und Männern der nachfolgenden Alterskohorten,
- tendenziell besserer Gesundheitszustand der nachwachsenden Altersgenerationen.

Diese Faktoren, die das immaterielle Niveau verändern, sind für eine zukünftige Alterspolitik zweifelsohne von Bedeutung. Zum einen beeinflussen sie die Einkommens- und Vermögenssituation der Älteren. Zum anderen haben sie positive Auswirkungen auf die Nachfrage nach Infrastrukturangeboten (z. B. Bildung, Kultur, etc.) und eröffnen in diesen Bereichen neue Beschäftigungsmöglichkeiten.

Damit in diesem Sinne ein altengerechtes Handeln von Gesellschaft, Politik und Wirtschaft möglich ist, bedarf es einer Offenlegung der Präferenzen und Bedürfnisse der älteren Menschen hinsichtlich der wichtigsten Lebensgüter.

3.3. Auswirkungen auf die regionale Entwicklung

Der demographische Wandel bewirkt auch eine räumliche Differenzierung des Alterungsprozesses. Ursachen sind einerseits die regional unterschiedlichen Ausgangslagen und andererseits die unterschiedlichen inländischen Umzugsbewegungen jüngerer und älterer Menschen. Zum Dritten wirken der Zuzug aus dem Ausland und die Abwanderung in das Ausland auf die regionale demographische Entwicklung ein.

Da vor allem junge Familien ihren Wohnsitz in der Nähe von Arbeitsmöglichkeiten suchen, entsteht das Phänomen der sogenannten **Landflucht**. Diese führte im 19. und frühen 20. Jahrhundert zur Entwicklung der Großstädte und Ballungsgebiete mit einer vergleichsweise jungen Bevölkerung. Heute profitieren von dem **Verstädterungsprozeß** die **Klein- und Mittelstädte** und insbesondere das **Umland** der Kernstädte.

---

[29] Vgl. Tews, H. P. (1993): S. 35.

Das städtische Umland und die um die Kernstädte liegenden Verdichtungsräume weisen besonders hohe Alterungsraten auf. So steigt im Bundesdurchschnitt der Anteil der Übersechzigjährigen an der Gesamtbevölkerung zwischen 1980 und 2030 um ca. 75 v. H. Mit ca. 90 v. H. wächst dieser Anteil im hoch verdichteten Umland weitaus stärker. Dagegen ist mit nur 45 v. H. der Zuwachs des Altenanteils in den Kerngebieten unterdurchschnittlich.[30] Diese Alterung der Bevölkerung im **Umland** der Städte ist darauf zurückzuführen, daß jahrzehntelang das Phänomen der Suburbanisierung, d.h. des Dranges aus den Großstädten und Ballungsgebieten in das Umland, zunächst zu einer Verjüngung geführt hatte. Jetzt bleiben jedoch die Älteren zurück, während die Jungen weiterziehen.

Trotz des stärkeren Wachstums des Anteils der Übersechzigjährigen in den Umland- und Verdichtungsräumen bleibt das Problem der stärkeren Alterung der Bevölkerung in rein **ländlichen Räumen** bestehen. Es ist darauf zurückzuführen, daß die Älteren im allgemeinen am ursprünglichen Wohnort zurückbleiben. Wie das Beispiel entvölkerter Landschaften und Dörfer in Italien, Frankreich, Spanien und Portugal zeigt, kann dies zu schwerwiegenden Folgen führen. In Dörfern, in denen Läden veröden, das Handwerk und andere Dienstleistungen abwandern und Häuser aufgegeben werden, ist die Sicherung der Versorgung und die Erhaltung der Infrastruktur, wie sie für die Bundesrepublik Deutschland vom Grundgesetz gefordert wird (Gleichwertigkeit der regionalen Lebensverhältnisse), nicht mehr sichergestellt. Erschwerend kommt hinzu, daß die tägliche Mobilität mit dem Alter abnimmt und die Dienstleistungen für alte Menschen häufig Bringdienste sind, bei denen die Leistungsübergabe in der Wohnung des Bedarfsträgers erfolgt.[31] Hatte der Deutsche Bundestag noch Ende der achtziger Jahre festgestellt, daß die Unterschiede der Lebensbedingungen zwischen Stadt und Land zunehmend geringer werden[32], so ist für die Zukunft zumindest in von den Verdichtungsräumen weiter entfernten ländlichen Regionen mit einer Verschlechterung zu rechnen. Denn hier wird der Strukturwandel und die Fortsetzung der De-Industrialisierung dazu führen, daß die Jungen abwandern. Hinzu kommt, daß sich die Lebenssituation für die Alten auf dem Lande auch dadurch erschwert, daß die familiären Netze immer brüchiger werden, weil die Stabilität der Familien abnimmt und die Zahl der Kleinfamilien und Singles steigt. Ältere Men-

---

30 Vgl. Bucher, H. (1994): S. 71.

31 Vgl. Deutscher Bundestag (1994): S. 43.

32 Vgl. Deutscher Bundestag (1988): S. #.

schen können sich deshalb im Falle des Bedarfs von hauswirtschaftlicher Unterstützung und Pflege nicht mehr auf ihre Familien verlassen.

Wie Abbildung 3.2 [33] zeigt, ist damit zu rechnen, daß die verdichteten und hoch verdichteten Räume bis zum Jahre 2030 überdurchschnittlich altern werden; aber auch der ländliche Raum altert schneller als die Kernstädte. Dies dürfte erhebliche Konsequenzen für die kommunale Entwicklung der Umlandgemeinden haben. Die Auswirkungen der Verschiebungen in der Altersstruktur beschränken sich nicht auf die Notwendigkeit zur Einrichtung von Alten- und Pflegeheimen, sondern betreffen die gesamte Wohnungsbau- und Infrastrukturpoltitik. Das auf die Kernstadt ausgerichtete Verkehrssystem muß auf die Bedürfnisse des Nahverkehrs ausgerichtet werden. Anzustreben ist auch eine Flexibilisierung der Nutzung öffentlicher Bauten, so daß z. B. Schulen und Kindergärten bei einer Veränderung der Altersstruktur für die Altennutzung umgewandelt werden können.

Abb. 3.2.: Modellrechnung zur Entwicklung der Zahl alter Menschen bis zum Jahr 2040 in Regionen mit großen Verdichtungsräumen

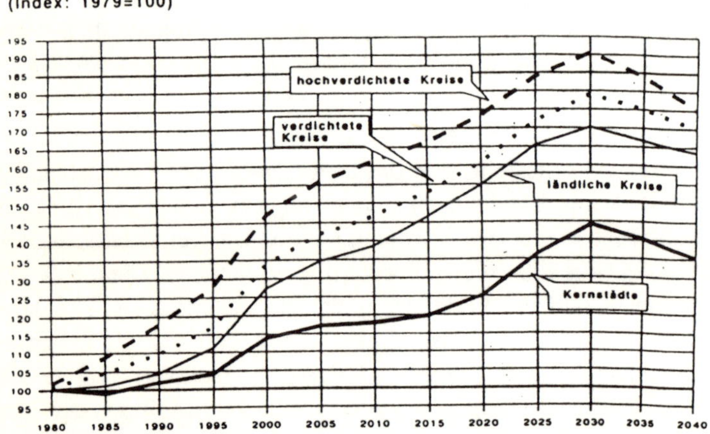

Quelle: BfLR-Bevölkerungsprognose 1989-2040 / 'Langer Ast' und laufende Raumbeobachtung der BfLR, entnommen aus: Bucher, H. J. (1994): S. 71.

---

33 Bucher, H. (1994): S. 71.

Neben den Wanderungen der Jugendlichen und Erwerbstätigen tragen die **Altenwanderungen**, d.h. die Umzugsbewegungen älterer Menschen zur räumlichen Differenzierung des Alterungsprozesses bei. Dies gilt, obwohl die räumliche Mobilität der Menschen mit zunehmendem Lebensalter abnimmt. Während im Durchschnitt der Gesamtbevölkerung die Mobilitätsrate, d. h. der Anteil der Wandernden an der Gesamtbevölkerung bei 3 v. H. liegt und dieser Anteil bei den Altersjahrgängen zwischen 18 und 30 Jahren mit 8 bis 12 v. H besonders hoch ist, sinkt der Anteil der Wandernden an der Bevölkerung über fünfzig Jahre auf etwa 1 v. H.[34] Dennoch bewirkt sie durch ihre Selektivität sowohl in den Herkunfts- wie in den Zielregionen erhebliche Struktureffekte.

Unterscheiden läßt sich hier die sogenannte Ruhestands- oder Ruhesitzwanderung und die Netzwerkwanderung. Insgesamt wechselten im Jahre 1992 8,3 v. H. der Überfünfundfünfzigjährigen ihren Wohnsitz.[35] Der Anteil der **Ruhesitzwanderung** an der Altenwanderung war mit 17 v. H. relativ gering. Hier handelt es sich um die Umzugsbewegung von wirtschaftlich besser gestellten Älteren, die aus Großstädten und Ballungsgebieten sowie den älteren Industriezentren ihren Wohnsitz in landschaftlich attraktivere Gebiete wie die Nord- und Ostseeküste, das Alpenvorland, das Bodenseegebiet und in die Naherholungsgebiete der Ballungsgebiete verlegen. Häufig machen sie dabei ihren Zweitwohnsitz nach und nach zu ihrem Erstwohnsitz.[36]

Mit einem Anteil von 43 v. H. an der Alterswanderung dominiert bei älteren Menschen die versorgungsorientierte **Netzwerkwanderung**. Damit ist gemeint, daß ältere Menschen in die Nähe von Kindern und Verwandten oder auch in ein Heim ziehen, wo sie ihre Versorgung insbesondere auch beim Eintreten von Pflegebedürftigkeit sichergestellt wissen. Insgesamt hat das "Hineinaltern in die Fläche" Auswirkungen auf die Auslastung und Erreichbarkeit der bestehenden Infrastruktur. Da sich mit wachsender Entfernung von den Kernstädten die Versorgungslage und die Erreichbarkeit verschlechtern, müssen in Zukunft auch die personale und materielle Infrastruktur einen Suburbanisierungsprozeß durchmachen. [37]

Klärungsbedürftig erscheint im Augenblick noch die Frage, wie sich die **Wiedervereinigung** auf die regionale Verteilung der Alterung auswirken

---

[34] Vgl. Deutscher Bundestag (1994): S. 33.

[35] Vgl. hierzu und zum Folgenden Friedrich K. u.a. (1994): S. 414.

[36] Vgl. Deutscher Bundestag (1994): S. 35.

[37] Bucher, H. (1994): S. 72.

wird. Vermutlich wird sie die Unterschiede zwischen Stadt und Land und stärker industrialisierten und weniger industrialisierten Räumen ebenso verstärken wie die Unterschiede zwischen Ost und West. Schon vor 1989 waren in der ehemaligen DDR viele Jüngere in neu geschaffene Industriestandorte und in Großstädte abgewandert. Deshalb gab es schon damals eine höhere Konzentration älterer Menschen in kleineren Gemeinden und Städten. Nach 1989 wanderten vor allem aus den wirtschaftlich schwächeren Gebieten Ostdeutschlands jüngere Menschen hauptsächlich in die Ballungsgebiete Westdeutschlands ab. Nur 5 v.H. der Abgewanderten waren 50 Jahre und älter.[38]

Insgesamt ist mit einer stärkeren Alterung der Bevölkerung auf dem Land und insbesondere auch der ländlichen Regionen Ostdeutschlands zu rechnen. Für die strukturschwachen Regionen Ostdeutschland wie z.B. Mecklenburg-Vorpommern wird es darauf ankommen, inwieweit es der Politik von Land, Kreisen und Gemeinden sowie der privaten Initiative gelingt, neben dem Tourismus durch den Ausbau einer altengerechten Infrastruktur ihre Attraktivität zu erhalten oder sogar zu verbessern.

Noch offen ist zur Zeit die Frage, wie sich der Wertewandel, die veränderte Bildungsstruktur und der Wandel der Einkommenssituation älterer Menschen auf die Altenwanderungen auswirken werden. Werden die stärker Gebildeten in Zukunft stärker die Kernstädte bevorzugen und die Besitzenden ihren Wohnsitz ins Ausland verlegen? Wie werden sich die nachrückende Generationen verhalten? Werden sie Ländern mit milderem Klima und niedrigerem Preisniveau den Vorzug geben, wenn sie das Rentenalter überschreiten? Werden sie die Großstädte der Bundesrepublik oder ländliche Regionen bevorzugen?

Auch der Zuzug aus dem Ausland kann die prognostizierte Altersstruktur modifizieren. Wenn es in den Verdichtungsräumen alterungsbedingt zu einer verstärkten Nachfrage nach Dienstleistungen aller Art kommt, könnten sie für Einwanderer attraktiv werden; dies könnte sich verjüngend auswirken.

3.4. Politische Auswirkungen des Alterungsprozesses

Potentiell sind die Älteren zu einem gewichtigen politischen Machtfaktor geworden. Ihr Anteil an den Wählerstimmen und an der Mitgliedschaft in Parteien, Verbänden und Organisationen ist schon jetzt deutlich angestie-

---

[38] Sozialwissenschaftliches Forschungszentrum Berlin-Brandenburg e. V. Gesellschaft für sozialwissenschaftliche Forschung und Publizistik (1995): S. 53 ff.

gen. In Zukunft wird der Anteil der Älteren sich hier weiter erhöhen. Bei der Bundestagswahl 1990 stellten die Übersechzigjährigen bereits 26 v.H. der Wahlberechtigten. Ihr Anteil an den faktisch wirksamen Stimmen lag bedingt durch die Wahlenthaltung vieler Jüngerer bei fast 30 v.H.[39]

Die tatsächlichen und vermuteten Auswirkungen des Alterungsprozesses der politischen Wählerschaft beschäftigen die Öffentlichkeit, die Medien, die politische Diskussion, aber auch die Wissenschaft. In der öffentlichen Diskussion reicht das Spektrum der Meinungen von der Befürchtung der Altenherrschaft und eines Rentnerstaates verbunden mit der Forderung nach einer politischen Entmündigung hochaltriger Wähler[40] bis zu der These von der Rechtlosigkeit und der Ausbeutung alter Menschen.

Wissenschaftliche Untersuchungen zeigen zunächst, daß die Alten bislang nur potentiell ein Machtfaktor sind. Daß dies auch real der Fall ist, wird aus zwei Gründen bestritten:

1. **Die Unterrepräsentanz älterer und alter Menschen in Parlamenten, Parteien und anderen politischen Gremien**. Als Beispiel sei hier der deutsche Bundestag genannt. Hier läßt sich seit den sechziger Jahren eine starke Abnahme der Älteren beobachten. Der Anteil der Überfünfundsechzigjährigen an der Gesamtzahl der Abgeordneten ging von 9,6 v. H. (1961) auf 3,3 v. H. im dreizehnten Deutschen Bundestag (1994 -1998) zurück. Der Anteil der Übersechzigjährigen lag bei 10,9 v. H., während der Bevölkerungsanteil der Übersechzigjährigen 1992 bei 20,4 v. H. lag.[41] Ältere Frauen sind noch stärker unterrepräsentiert als die älteren Männer. Ihr Anteil ist nur halb so groß wie derjenige der Männer, obwohl ihr Anteil an den jeweiligen Altersklassen der Gesamtbevölkerung mit steigendem Alter zunimmt.

2. **Die Unterrepräsentanz der Älteren in den Führungsgremien von Organisationen und Verbänden**. Diese ist durch zahlreiche Untersuchungen belegt. So stellt Holz fest, daß die Senioren durchgängig unterrepräsentiert sind.[42]

Gleichzeitig und im Gegensatz dazu altert die Mitgliederstruktur von Parteien und Verbänden. Inzwischen ist hier der Anteil der Übersechzigjährigen weit höher als der Anteil der Übersechzigjärigen an den Wahlbe-

39 Vgl. Kohli, M.; Neckel, S; Wolf, J. (1997): S. 5-6.

40 Vgl. Schüller, H., (1995): S. 179-181.

41 Vgl. Kohli, M; Neckel, S; Wolf, J. (1997): S. 8.

42 Vgl. Kohli, M; Neckel, S; Wolf, J. (1997): S. 9.

rechtigten. Er liegt für die CDU bei 33,3 v. H., für die SPD bei 30,1 v. H., für die FDP bei 22,3 v. H. und für die PDS bei 40 v. H.[43] Mit Ausnahme der FDP (überproportionaler Anteil der Jüngeren) und der PDS (überproportionaler Anteil der Älteren) spiegelt sich die Altersstruktur der Bevölkerung in der Altersstruktur der Mitglieder der Parteien wider. Allerdings handelt es sich nicht um eine 1 :1 Entsprechung, wie die folgende Abbildung zeigt:

Abb. 3.3.: Altersstruktur der SPD-Mitglieder im Vergleich zur Gesamtbevölkerung im Jahr 1991 (Angaben in Prozent)

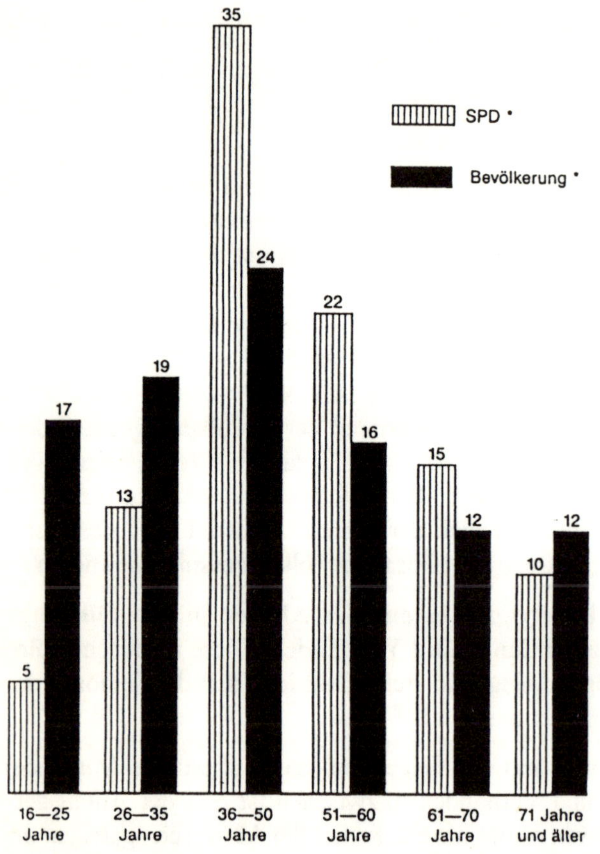

Quelle: SPD-Parteistudie (1992), entnommen aus: Ristau, M. und Mackroth, P. (1993): S. 124.

---

43 Vgl. Kohli, M; Neckel, S; Wolf, J. (1997): S. 6.

Ältere Menschen zeigen ein vergleichsweise hohes **politisches Interesse**. Tabelle 3.2 gibt die Ergebnisse einer Meinungsumfrage in Westdeutschland wieder. Danach interessierten sich im Durchschnitt 49 v. H. der Bevölkerung für Politik; bei den Sechzig- bis Vierundsiebzigjährigen lag dieser Prozentsatz mit 56 v. H. höher als bei jeder anderen Altersgruppe.

Tab. 3.2.: Politisches Interesse der Bevölkerung in Gesamtdeutschland nach Altersgruppen

Frage: "Einmal ganz allgemein gesprochen: Interessieren Sie sich für Politik?"
Angaben in v. H.

	Alte Bundesrepublik Januar - April 1991						
	Bevölkerung insgesamt	**14 - 29 Jahre**	**30 - 59 Jahre**	**60 - 74 Jahre**	**75 Jahre u. älter**	**60 Jahre u. älter Männer**	**60 Jahre u. älter Frauen**
Ja	49	40	53	56	46	68	43
Nicht besonders	40	44	39	35	39	29	41
Gar nicht	11	16	8	9	15	3	16
Summe	100	100	100	100	100	100	100
n =	4.991	1.602	2.551	671	167	313	525

Quelle: Allensbacher Archiv, IfD-Umfragen 9013, 5045. Entnommen aus Deutscher Bundestag (1994): S. 194.

Auffällig ist das geringere politische Interesse der Frauen und das abnehmende politische Interesse der Übersiebzigjährigen.

Das vergleichsweise hohe politische Interesse älterer Menschen schlägt sich auch in ihrer **Wahlbeteiligung** nieder. Die Wahlbeteiligung der Übersechzigjährigen war in der westdeutschen Nachkriegsgeschichte auf Bundesebene immer höher als bei den Jungwählern bis zu 30 Jahren. Sie betrug im Durchschnitt 80 v. H., wobei allerdings bei den Übersiebzigjährigen ein Rückgang zu verzeichnen war. Dadurch ist der Stimmenanteil der Älteren höher als der jeweilige Bevölkerungsteil und damit auch ihr potentieller politischer Einfluß.

Von politischem Interesse und hoher Wahlbeteiligung ist es aber noch ein weiter Schritt zum **aktiven politischen Engagement**. Obgleich mehr als 50 v. H. der Älteren ein Interesse an der Politik bekunden, ist nur zirka 1 v. H. der Älteren aktiv in der Politik tätig, indem sie ein Amt oder eine Funktion übernehmen. Knapp 50 v. H. der älteren Bevölkerung schließen sich der Meinung an, daß es ausreicht, wenn man regelmäßig zur Wahl geht. Anderweitige politische Aktivitäten seien nicht erforderlich. Dieses politische Disengagement ist u. a. darauf zurückzuführen, daß 73 v. H. der Älteren das Gefühl haben, keinen oder nur einen geringen Einfluß auf die Politik und die politischen Parteien bzw. Politiker ausüben zu können.[44] Vergleichbar gering ist ebenfalls das Engagement der Älteren in Bürgerinitiativen sowie die Mitgliedschaft in Parteien. Im Jahre 1986 waren nur 4 v. H. der Sechzigjährigen und Älteren Mitglied einer politischen Partei.[45] Die Grauen Panther, die Partei speziell für die Interessen älterer Menschen, hat laut eigenen Angaben rund 20.000 Mitglieder, dies entspricht 0,121 v. H. der älteren Bevölkerung. Nach "anfänglichem Gründungsrummel"[46] im Jahre 1975 ist es sehr schnell ruhig um die Grauen Panther geworden, zumal die beiden etablierten Volksparteien, die SPD und die CDU in den achtziger Jahren, zur Glanzzeit der Grauen Panther, innerhalb ihrer eigenen Partei Plattformen für ihre älteren Mitglieder institutionalisierten. Das damit verbundene Ziel der beiden Volksparteien scheint in erster Linie die Einbindung bereits vorhandener Mitglieder in die Parteiarbeit gewesen zu sein. Ein Indikator für diese Behauptung ist die geringe Entscheidungskompetenz, die diesen neuen Gremien und Gruppen zugestanden wurde. Die Senioren-Union (diese spezifische Bundesvereinigung der CDU wurde im April 1988 gegründet) bspw. verfügt über keine eigene Infrastruktur und ist in ihren Handlungen somit auf Ressourcen der Mutterorganisation CDU angewiesen. Sie besitzt ebenfalls kein formell gesichertes Anhörungs- oder gar Mitspracherecht in den Ausschüssen der CDU.[47] Für die spezifische Bundesvereinigung der SPD (Arbeitsgemeinschaft SPD 60 plus) sieht die Situation ähnlich aus, obgleich sie über eigene Ressourcen sowie über eine eigene, unabhängige In-

---

[44] Vgl. Stadié, R. (1987): S. 28.

[45] Vgl. Deutscher Bundestag (1994): S. 195.

[46] Veil, M. (1990): S. 121.

[47] Vgl. Neckel, S. (1993): S. 555-556. Vgl. auch Ristau, M.; Mackroth, P. (1993): S. 125.

frastruktur verfügt und - im Gegensatz zur Senioren-Union - in Hans-Ulrich Klose einen einflußreichen Vorsitzenden hat.

Auf der anderen Seite ist auf lokaler Ebene eine zunehmende Artikulation altenpolitischer Interessen durch Organisationen und Institutionen älterer Menschen nicht überhörbar und ebenfalls nicht übersehbar. Inwieweit allerdings die statistisch nachweisbare Zunahme der Seniorenbeiräte als allgemeine Politisierung des Alters interpretiert werden kann, ist mehr als fraglich, da schon ihre Existenz unter der älteren Bevölkerung nicht durchgängig bekannt ist. Während einer Befragung älterer Menschen in Schleswig-Holstein wußten 69 v. H. der Befragten nicht, ob es einen Seniorenbeirat am Ort gibt.[48] Zudem wird die politische Bedeutung derartiger Gruppen durch fehlerhafte Untersuchungsmethoden oft überschätzt. Proklamierte Ziele altenpolitischer Verbände werden umstandslos als politische Realität beschrieben.[49] Viele Aktive nehmen in mehreren Gruppen oder Verbänden gleichzeitig Aufgaben war und verzerren durch diese Überschneidung die Angaben über die Zahl der politisch aktiven Älteren.[50]

Dennoch läßt sich feststellen, daß in Zukunft die Wahlen zunehmend von den Senioren entschieden werden. Der Anteil der Übersechzigjährigen wird von gegenwärtig 25 v. H. auf 30 v. H. zur Jahrtausendwende und 40 v. H in Jahre 2030 ansteigen.[51] Die Auswirkungen, die dies auf die Politik hat, werden deshalb sehr stark vom **Wahlverhalten** älterer Menschen abhängig sein sowie von ihren **politischen Präferenzen** und Einstellungen. Auch hierzu liegen zahlreiche Untersuchungen vor,[52] die jedoch kein eindeutiges Bild ergeben. So besagt die **Lebenslaufhypothese,** daß mit steigendem Alter konservative Präferenzen und Einstellungen generell zunehmen. Die Bundeswahlstatistik scheint diese Hypothese zu bestätigen. Sie zeigt, daß bei den Älteren eine deutliche Präferenz für bürgerlich-konservative Parteien besteht. Seit 1960 ist bei den Bundestagswahlen der Stimmenanteil der Älteren bei der CDU/CSU höher und bei der SPD (seit der Wahl von 1983) niedriger als ihr Bevölkerungsanteil.[53]

---

[48] Vgl. Reggentin, H.; Dettbarn-Reggentin, J. (1990): S. 14-15 und S. 35.

[49] Vgl. Neckel, S. (1993): S. 544.

[50] Vgl. Neckel, S. (1993): S. 544.

[51] Vgl. Kohli, M.; Neckel, S; Wolf, J. (1997): S. 6.

[52] Vgl. Kohli, M.; Neckel, S.; Wolf, J. (1997): S. 11-15.

[53] Alber, J. (1994): S. 159.

Wird also die alternde Gesellschaft eine konservative Gesellschaft sein? Dagegen stellt die **Generationenhypothese** die Zwangsläufigkeit dieser Entwicklung in Frage. Sie verweist auf die in zahlreichen Untersuchungen belegte Stabilität des Wahlverhaltens: Ältere bleiben trotz zunehmenden Alters ihrer Partei treu. Der wirkliche Test für diese Hypothese wird erst dann möglich, wenn sich das Wahlverhalten der in das höhere Alter einrückenden 68er-Generation beobachten läßt.[54]

Für die Zukunft stellt sich die Frage, ob es den Parteien gelingen wird, die älteren Menschen politisch einzubeziehen, wie es beispielsweise die SPD durch die Arbeitsgemeinschaft 60 plus und die CDU durch die Seniorenunion versucht, also durch Senioren-Abteilungen innerhalb bestehender Parteien. Oder kommt es zu der Gründung von Interessensparteien älterer Menschen wie in den Niederlanden oder wie es durch die Grauen Panther schon einmal erfolglos versucht wurde? Gehört die Zukunft einer partizipativen Interessenvertretung, in denen sich Betroffene selbst für ihre Interessen einsetzen oder bleibt es bei dem eher advokatorischen Prozeß, bei dem Funktionäre für die Interessen der alten Menschen eintreten, wie es gegenwärtig die Parteien aber auch andere Organisationen und Verbände tun, z.B. die Wohlfahrtsverbände, der Verband der Kriegs- und Wehrdienstopfer, Behinderten und Sozialrentner mit einer Million Mitgliedern und der Bund der Ruhestandsbeamten ausüben? Oder werden die älteren Menschen als Wechselwähler jeweils derjenigen oder denjenigen Parteien ihre Stimme geben, deren Parteiprogramm bzw. zu erwartende Politik ihren Interessen am ehesten entgegenkommt?

Klar allerdings sollte das politische Ziel sein: Statt der Interessenvertretung einzelner Generationen und der Verschärfung der Konflikte ist nach integrativen Lösungen zu suchen. "Politik in einer alternden Gesellschaft ist Politik für *alle* Lebensalter."[55]Sie muß das Konfliktpotential nüchtern ins Auge fassen, sich in der ganzen Breite der Politikbereiche rechtzeitig darauf einstellen und die bestehenden Solidaritätsbeziehungen zwischen den Altersgruppen und Generationen aufnehmen.[56]

---

[54] Gluchowski, P.; Mnich, P. (1993): S. 22-23.

[55] Kohli, M.; Neckel, S.; Wolf, J. (1997): S. 31.

[56] Vgl. Kohli, M.; Neckel, S.; Wolf, J. (1997): S. 31.

WISSEN SIE, WAS ICH MONAT FÜR MONAT ALLEIN AN RENTEN-BEITRAG ZAHLE ?!
WENN'S SIE TRÖSTET... DER ARZT GIBT MIR NOCH HÖCHSTENS ZWEI JAHRE!
Café

4. EINE SYSTEMISCHE BETRACHTUNG DER ALTERSPOLITIK

Für die Gliederung und Darstellung der einzelnen Bereiche der Alterspolitik gibt es verschiedene Gliederungskriterien und -gesichtspunkte. Ansetzen kann man bei den Zielen der Alterspolitik, bei ihren Trägern, bei den Instrumenten aber auch bei den Problemen oder gesellschaftlichen Funktionen. Wir haben uns für einen Ansatz entschieden, der über die rein volkswirtschaftliche Sicht hinausgeht. Ausgangspunkt ist die Fragestellung: Welche Aufgaben muß eine Gesellschaft wahrnehmen, welche Funktionen müssen erfüllt werden, und wie sollte eine Gesellschaft organisiert sein, damit sie angesichts der demographischen Alterung der Bevölkerung ihren Mitgliedern eine befriedigende Zukunft sichern kann? Welche Probleme müssen bearbeitet werden, welche Ziele sollten verfolgt werden, welche Instrumente und institutionellen Lösungen bieten sich an?

Diese sehr allgemein gehaltenen Fragestellungen lassen erkennen, daß Alterspolitik immer ein Bestandteil der allgemeinen Gesellschaftspolitik ist. Im Gegensatz zum traditionellen Ansatz einer Wirtschafts- oder Alterspolitik, die im Rahmen einer mikroökonomischen Betrachtung das einzelne Individuum bzw. den einzelnen älteren Menschen und dessen Verhaltensweise analysiert (beispielsweise die individuelle Absicherung von Risiken) oder die im Rahmen einer institutionenökonomischen Untersuchung Organisationen und Unternehmen analysiert, um anschließend wirtschafts- bzw. alterspolitische Empfehlungen auszusprechen, haben wir uns für eine systemische Betrachtung und damit für eine Sichtweise entschieden, welche die systematischen Zusammenhänge und wechselseitigen Bedingtheiten betont. Für eine systemische Alterspolitik wird dementsprechend "gutes Altern" nicht auf der Ebene von Individuen und Gruppen definiert, sondern "gutes Altern" im Kontext des gesamten Systems, der Gesellschaft, bestimmt. Diese wiederum betrachten wir als ein offenes und evolutionsfähiges System.

Die Heraustrennung einer Alterspolitik aus der allgemeinen Gesellschaftspolitik ist also künstlich. Dennoch wird sie hier vorgenommen, um spezifische Aspekte, Fragen und Probleme darstellen zu können. Im Rahmen einer systemischen Alterspolitik kann dementsprechend folgendes Forschungsziel postuliert werden: Es sind Strategien zur Bearbeitung gesellschaftlicher Probleme zu identifizieren, mit denen nicht nur die alten und älteren Menschen, sondern das Gesamtsystem leben kann.

4.1. Begründung der Vorgehensweise

Was ist mit einer systemtheoretischen Sichtweise gemeint und welche methodischen Konsequenzen lassen sich daraus ableiten? Auf diese beiden Fragen sollen die folgenden beiden Absätze eine Antwort geben.

Erkenntnisobjekt der Systemtheorie[1] ist das Verhalten, der Aufbau und die Organisation von Systemen. Unter einem System wird im folgenden eine Gesamtheit von Elementen verstanden, die miteinander in Beziehung stehen, um eine bestimmte Aufgabe oder Funktion zu erfüllen. Ein Element eines Systems kann so beschaffen sein, daß es selbst alle Charakteristika eines Systems aufweist, jedoch nur in einem größeren (System-) Zusammenhang eine sinnvolle Funktion erfüllt. Ein solches Element wird in der Systemtheorie als Subsystem bezeichnet, das wiederum Subsysteme enthalten kann, die aus der Sicht des Gesamtsystems dann Sub-Subsysteme sind. Die einzelnen Subsysteme und ihre Sub-Subsysteme, ihre Beziehungen untereinander und die Beziehungen zu ihrer Umwelt[2] bilden das System. Somit läßt sich der Systembegriff, je nach Erkenntnisinteresse, auf eine Vielzahl von Ganzheiten - wie etwa Gesellschaften oder Unternehmen - anwenden. Anhand der Aufteilung System/Subsystem wird deutlich, daß ein System stets durch die Betrachtenden definiert wird. Zur Untersuchung betriebswirtschaftlicher Fragestellungen ist es dementsprechend sinnvoll, das Unternehmen als offenes System abzugrenzen. Aus makroökonomischer Sicht stellt das einzelne Unternehmen jedoch nur ein Subsystem des Systems Wirtschaft dar. Dieses wiederum kann man als Subsystem des Systems Gesellschaft ansehen.

Wird ein System von außen betrachtet, dann zeigt sich, daß es bestimmte Aufgaben wahrnimmt. Es bearbeitet beispielsweise Probleme der Menschen im Gesamtzusammenhang einer Gesellschaft.

Was aber sind Probleme von Systemen? Wer erkennt sie und entscheidet darüber, ob und wie sie bearbeitet werden und in welchem Umfang hierfür Ressourcen bereitgestellt werden oder nicht? Auf diese einfachen und naheliegenden Fragen ist eine einfache Antwort nicht möglich. Wir müssen deshalb weiter ausholen.

---

[1] Wenn hier von "Systemtheorie" gesprochen wird, so meinen wir die Theorie komplexer sozialer Systeme. Vgl. hierzu z. B. Willke, H. (1993) und Luhmann, N. (1985).

[2] Als Beziehungsgefüge sind Systeme als Netz zusammengehöriger Operationen zu verstehen, die durch die Differenz zu den Umweltbeziehungen abgegrenzt werden. Vgl. Willke, H. (1993): S. 56.

Zunächst ist festzustellen, daß es sich bei Systemproblemen um Funktionsprobleme handelt, also um unbefriedigende Bearbeitungsstrategien bei der Erfüllung von Aufgaben. Angesichts eines Systemproblems bzw. Funktionsdefizits kann ein System verschiedene Verhaltensweisen zeigen: Es kann

1. das Problem so bearbeiten, daß ein befriedigender Zustand hergestellt wird.
2. das Problem nicht bearbeiten. Dies kann letztlich zur Zerstörung des Systems führen.

Wenn der unbefriedigende Zustand nicht bearbeitet wird, so lassen sich unterschiedliche Verhaltensweisen beobachten. Eine Gesellschaft kann

- ein Scheinproblem stellvertretend für das eigentliche Problem bearbeiten.
- das Problem nicht beachten, verleugnen, verstecken.
- ein Problem nicht erkennen.

Wann aber liegt ein unbefriedigender Zustand im Sinne eines erkannten Problems vor? Voraussetzung dafür ist, daß Veränderungstendenzen in dem System sichtbar werden bzw. daß Mitglieder der Gesellschaft oder außenstehende Beobachtende den Zustand für unbefriedigend halten.

Hier ist auf den Unterschied der systemtheoretischen von anderen Betrachtungsweisen hinzuweisen. Währende die traditionelle Mikroökonomie nur Probleme von Individuen kennt, und die Neue Politische Ökonomie darüber hinaus auch die Probleme von Gruppen von Individuen analysiert, betrachtet die Systemtheorie nur Systemprobleme.[3] Die Unterscheidung zwischen diesen Problemtypen bereitet oft sehr große Schwierigkeiten, da in der Alltagssprache dieser Unterschied nicht gesehen wird. Allerdings genügt nicht die Behauptung oder Feststellung, daß etwas ein Problem sei, daß etwas als Problem gilt und daß allgemein behauptet wird, etwas sei ein Problem und müsse gelöst werden. Erforderlich ist der Nachweis, daß es sich nicht um ein **individuelles Problem** oder ein **Gruppenproblem** handelt, sondern um ein Systemproblem, d. h. um ein Funktionsproblem des Systems.

Was sind individuelle Probleme und welcher Zusammenhang besteht zwischen diesen und Systemproblemen? Hier gibt es unterschiedliche Auffassungen und Theorien. Drei Positionen sollen dargestellt werden, die sich

[3] Vgl. hierzu Kap. 9.

bei der Beantwortung dieser Frage stark unterscheiden: die Position des methodologischen Individualismus, die holistische und die evolutionssystemische. Für den **methodologischen Individualismus** gibt es keine Systemprobleme an sich. Er erklärt die Entstehung sozialer Probleme durch individuelle Verhaltensweisen, die auf individuellen Nutzen-Kosten-Kalkülen beruhen. Im Sinne eines naturwissenschaftlichen Erkenntnisideals versuchen die Vertreter dieser Schule, komplexe Gegebenheiten auf möglichst elementare Grundsachverhalte zurückzuführen, um sie aus ihnen zu erklären. Das Individuum wird als stabile Einheit betrachtet, das seine eigenen Bedürfnisse kennt und anerkennt. Es tritt als einziger Handlungsträger in der Gesellschaft auf.[4] Dementsprechend können nur Individuen unbefriedigende Zustände wahrnehmen und das Bedürfnis empfinden, diese zu verändern.

Aus der Sichtweise des methodologischen Individualismus könnte man sich die Entwicklung von Institutionen aus individuellen Problemen etwa wie folgt vorstellen:

Abb. 4.1.: Das Individuum als Ausgangspunkt von Systemproblemen

Individuum ➔ Problem ➔ Gruppe (➔ Politik) ➔ Institution

Wenn Individuen Probleme nicht für sich allein lösen können, entwickeln sie zusammen mit anderen, die gleichgerichtete Bedürfnisse bzw. Interessen haben, zur Bearbeitung dieses Problems entweder selbst eine Institution oder sie versuchen, eine Institution zu finden, die für sie das Problem bearbeitet. Hierzu dient u. a. das politische System.[5]

Die entgegengesetzte Position geht davon aus, daß die Gesellschaft bzw. die Umwelt das Individuum und sein Verhalten bestimmt. Individuelles Verhalten entwickelt sich nach überindividuellen Gesetzen. Erklärbar ist es durch Bewegungsgesetze oder Funktionserfordernisse der Gesellschaft. Handelndes Subjekt ist die Gesellschaft. Individuen sind deren ausführende Organe. Diese Position wird als **holistisch, ganzheitlich, systemanalytisch** oder auch **strukturfunktionalistisch** bezeichnet.[6] Entsprechend dieser Position haben nur Systeme Probleme. Individuelle Probleme ergeben sich aus Systemproblemen. So ergeben sich individuelle Bedürfnisse

---

[4] Vgl. zum Individualismus etwa Kirsch, G. (1990): S. 105-186.

[5] Zum Prozeß der Entstehung und Bearbeitung politischer Probleme vgl. Meier, A. ; Slembeck, T. (1994): S. 37-50.

[6] Vgl. Weise, P. u. a. (1993): S.37-42.

aus der gesellschaftlichen Umwelt und individuelle Probleme werden durch Mängel in der Funktionsweise des Gesellschaftssystems veranlaßt.

Abb. 4.2.: Das System als Ausgangspunkt von individuellen Problemen

Gesellschaft ➔ Systeme ➔ Systemproblem ➔ individuelles Problem

Gegenüber diesen beiden kontroversen Positionen wird hier eine dritte vertreten, die wir als **evolutionssystemisch**[7] oder **systemisch evolutionär** bezeichnen wollen, weil sie sich an der evolutionären Systemtheorie orientiert. Sie sieht Gesellschaft als ein System, das sich als Versuch zur Lösung bzw. Bearbeitung von Problemen entwickelt und verändert. Gesellschaft wird hier verstanden als ein System, dessen Subsysteme Aufgaben wahrnehmen bzw. Leistungen erbringen, die von den Mitgliedern dieses Systems (Personen, Subsysteme) benötigt werden.

Dieser Ansatz postuliert, daß nicht nur Individuen bzw. "personale Systeme" Bedürfnisse bzw. Probleme[8] habe sondern auch Systeme sowie deren Subsysteme. Diese Systemprobleme sind nicht einfach als eine Summierung von Individualproblemen zu verstehen, sondern als Probleme eigener Art. Somit berücksichtigt diese Position auch die holistische Denkweise, die, wie oben erwähnt, von der Vorstellung ausgeht, daß soziale Phänomene eine Eigendynamik entwickeln und durch Eigenschaften gekennzeichnet sind, die sich nicht ausschließlich auf Charakteristika beziehungsweise Verhaltensweisen der an diesen Sozialphänomenen beteiligten Individuen reduzieren lassen. Das Ganze (griech. holos) ist eben mehr bzw. etwas anderes als die Summe seiner Teile.

Beispielsweise lassen sich die "Bedürfnisse" eines unterkapitalisierten Systems "Unternehmen" nach Kapitalzufuhr von außen nicht als Summe der individuellen Kapitalbedürfnisse einzelner Mitarbeiter oder Manager interpretieren, sondern nur als ein Bedürfnis, das von diesem System als Ganzes ausgeht bzw. das durch dieses hervorgebracht wird. Die Probleme von Systemen und ihren Subsystemen werden an Individuen durch die Rollenerwartungen und die Rollen, die einzelne Individuen in den Systemen bzw. Subsystemen innehaben, vermittelt. Sie werden dadurch jedoch nicht zu individuellen Problemen. Die Aufgabe der Rollenträger in Syste-

---

7 Vgl. Bühl, W. L. (1990), Popper, K. R. (1984): S. 214-267, Ritter, U. P. (1997): S. 227-242 und Ritter, U. P. (1997): S. 301–321.

8 Da wir Probleme als einen unbefriedigenden Zustand definiert haben, können wir dies auf individueller Ebene mit Bedürfnissen gleichsetzen.

men besteht darin, für das System die Bearbeitung von Problemen in Angriff zu nehmen.

Während der methodologische Individualismus die Beeinflussung der Individuen durch die Gesellschaft systematisch verkennt und der Holismus die Bedeutung von Individuen und Gruppen unterschätzt, erkennt also der evolutions-systemische Ansatz einerseits beide Möglichkeiten an und fügt ihnen andererseits eine dritte Möglichkeit hinzu: das Bearbeiten von Systemproblemen über Rollenträger, wie in Abbildung 4.3. angedeutet wird.

Abb. 4.3.: Die Transformation von Systemproblemen in Rollenträgerprobleme

System ➔ Aufgabe ➔ Problem ➔ Rolle ➔ Rollenträger ➔ Problembearbeitung

Warum wird von einer evolutions-systemischen und nicht einfach von einer systemischen Betrachtungsweise gesprochen? Weil es sich bei dem Weg von der Problementstehung zur Problembearbeitung nicht um einen abgeschlossenen und abschließbaren Prozeß handelt, an dessen Ende das Problem beseitigt, verschwunden oder erledigt ist, sondern um einen irreversiblen Fluß von Ereignissen, in dem fortlaufend neue oder andere Probleme entstehen oder vorläufig bearbeitete Probleme in gleicher oder anderer Form und Ausprägung wiederkehren.

Die Bemühungen, die ein Individuum, mehrere Individuen oder aber auch Subsysteme unternehmen, um Bedürfnisse zu befriedigen, werden mit der Erwartung verknüpft, daß dadurch das Problem gelöst bzw. in einer akzeptablen Form bearbeitet wird. Solche Erwartungen oder Vermutungen stellen Hypothesen dar, die sich bei ihrer Umsetzung bestätigen können oder aber widerlegt bzw. falsifiziert werden. Popper stellt die Schritte dieses Prozesses, welche die Evolution nicht nur in der Natur sondern auch in sozialen Systemen beschreiben, in der folgenden Weise dar:

“Alle Organismen[9] sind ständig, Tag und Nacht, mit dem Lösen von Problemen beschäftigt[...] Problemlösen geht immer nach der Methode von Versuch und Irrtum vor: Neue Reaktionen, neue Formen, neue Organe, neue Verhaltensweisen, neue Hypothesen werden versuchsweise entwikkelt und durch Fehlerelimation kontrolliert.

[9] Hier und im folgenden ist das Wort Organismus bzw. Organ durch die Worte System, Institution oder Organisation zu ersetzen, um diese Schritte in eine Theorie der Evolution sozialer Systeme zu übersetzen.

Die Fehlerelimination geschieht entweder durch völlige Ausschaltung nicht erfolgreicher Formen (die Ausmerzung untüchtiger Formen durch die natürliche Auslese) oder durch (versuchsweise) Entwicklung von Steuerungsmechanismen, die unbrauchbare Organe abändern oder unterdrücken[...]

Wir schreiben "P" für Problem, "VL" für vorläufige Lösungen, "FE" für Fehlerelimination; dann können wir den Grundablauf der Ereignisse bei der Evolution folgendermaßen beschreiben:

$$P \rightarrow VL \rightarrow FE \rightarrow P.$$

Doch diese Abfolge ist kein Zyklus; das zweite Problem unterscheidet sich im allgemeinen vom ersten; es ist das Ergebnis der neuen Situation, die sich zum Teil aufgrund der versuchten Lösungen und der sie kontrollierenden Fehlerelimination ergeben hat. Um das anzuzeigen, muß das oben dargestellte Schema umgeschrieben werden:

$$P_1 \rightarrow VL \rightarrow FE \rightarrow P_2$$

Doch auch in dieser Form fehlt noch ein wichtiges Element: die Vielfalt der versuchten Lösungen, die Vielfalt der Versuche. Das endgültige Schema muß also etwa so aussehen:

$$\begin{array}{ccccc} & & VL_1 & & \\ & \nearrow & & \searrow & \\ P_1 & \rightarrow & VL_2 \uparrow & FE \rightarrow & P_2 \\ \searrow & & & \nearrow & \\ & & \vdots & & \\ & & VL_n & & \end{array}$$

Evolution ist als ein Prozeß des Umgangs mit Problemen zu verstehen, d. h. der Formulierung von Erwartungen bzw. Hypothesen nach der Methode von Versuch und Irrtum: Neuere Reaktionen, neue Formen, Organisationen, Institutionen, neue Verhaltensweisen, neue Hypothesen werden versuchsweise entwickelt und durch Fehlerelimination kontrolliert. " [10]

Dabei geht Popper also davon aus, daß die Erprobung (Versuch, die Lösungsvorschläge zu widerlegen bzw. zu bestätigen) und die Fehlerelimination nicht dazu führen, daß das Problem P_1 verschwindet, sondern daß ein neues Problem P_2 entsteht. Dabei ist P_2 wesentlich von P_1 unterschieden und häufig selbst Ergebnis der Evolution.

---

[10] Popper, K. R. (1984): S. 253–254.

Im Sinne einer an Popper orientierten evolutorischen Sicht lassen sich z. B. Wirtschaftssysteme aber auch Organisationen, Institutionen und andere Regelungen, die ein Gesellschaftssystem ausmachen, als Versuche zur Lösung von Problemen verstehen, die ihre Entstehung der Methode des Versuchs und der Irrtumsberichtigung verdanken.[11]

4.2. Grundsätzliche theoretische Überlegungen zu einer funktionalen Betrachtung von Alterspolitik

Betrachtet man im oben bezeichneten Sinne soziale Systeme als soziale Gebilde zur Bearbeitung von Problemen, so kann die Problembearbeitung selbst als Aufgabe oder Leistung bzw. als **Funktion** des Systems bezeichnet werden.

Wenn aus Sicht eines außerhalb des Systems stehenden Beobachtenden verschiedene Kulturen und Gesellschaftssysteme verglichen werden, dann kann diese Person feststellen, daß bestimmte Aufgaben unbefriedigend, andere sehr befriedigend wahrgenommen werden. Zudem kann dabei beobachtet werden, daß die gleiche Aufgabe in den verschiedenen Gesellschaften unterschiedlich bearbeitet wird. Diese unterschiedlichen **Problembearbeitungsstrategien** sind jedoch im Hinblick auf die Lösung der Aufgabe gleichwertig, d. h. sie sind **äquifunktional** bzw. sie stellen **funktionale Äquivalente** dar.

Äquivalente in diesem Sinne sind Leistungen des gleichen Systems oder anderer Systeme, die diesen entsprechen oder diesen gleichwertig sind. Funktionale Äquivalente stellen also auf Entsprechungen innerhalb bestimmter Funktionen ab. Allerdings ist die empirische Feststellung der Äquivalenz von Leistungen nicht ohne einen theoretischen Bezug bzw. einen funktionalen Bezugspunkt und wohl auch nicht ohne Wertungen der Forschenden möglich.[12] Es bedarf der Klärung bzw. Beantwortung der Frage: "Im Hinblick auf wen und auf was ist eine Leistung als äquivalent zu betrachten?" Im folgenden wird eine Leistung als äquivalent identifiziert, wenn sie im Hinblick auf die Aufgabenerfüllung in dem Sinne als befriedigend angesehen wird, in dem das System keine Veränderungen vornimmt, die auf diese Aufgaben ausgerichtet sind.

---

[11] Vgl. hierzu auch Ritter, U. P. (1995 a): S. 230–231 und Ritter, U. P. (1998).

[12] Die empirische Verifikation funktionalistischer Aussagen als ein noch ungelöstes Problem. Ronge behandelt ein interessantes Beispiel: den Einlagensicherungsfond deutscher Banken als funktionales Äquivalent für staatliche Regulierung. Vgl. Ronge,V. (1979): S. 96–204.

Eine äquivalenzfunktionale Betrachtungsweise hat den Vorteil, daß Ähnlichkeiten von prinzipiell unterschiedlichen Leistungen und Bearbeitungsstrategien in bezug auf die Erfüllung der gleichen Aufgabe bzw. Funktion erkannt werden können, die sonst nicht wahrgenommen werden: Was hat z. B. die Einrichtung einer herzchirurgischen Abteilung gemeinsam mit der Veranstaltung eines Vaskulartrainings eines Yogi oder Sportklubs.

Was hat Valium gemeinsam mit einer Meditation? Es lassen sich funktionale Äquivalente der Problembearbeitung erkennen, die nicht offensichtlich sind. Damit ergeben sich Kosten-Ertrags-Überlegungen, die bisher nicht beachtete Dimensionen enthalten. Zugleich können aber auch neue Problembearbeitungsstrategien entdeckt werden, die sonst nicht in unserem Betrachtungshorizont auftauchen.

Die Bestimmung von Funktionen hat demnach die Aufgabe, einen begrenzten, weil problembezogenen Vergleichsbereich äquivalenter Leistungsmöglichkeiten zu eröffnen. **Funktionsvergleiche** "stellen Erkenntnisgewinn in Aussicht in der Form (und nur in der Form) des Vergleichs von Verschiedenem: A und B sind funktional-äquivalent, sofern sie beide geeignet sind, das Problem x zu lösen, d. h., in die Form der Herstellung von A oder von B mit den jeweils verschiedenen Folgeproblemen zu transformieren. Diese Formgebung impliziert eine Überbrückung sachlicher Verschiedenheiten - und mit ihr eine Überbrückung von sozialen Verschiedenheiten der Situation des Erlebens und Handelns."[13]

Die äquifunktionale Betrachtung der Alterspolitik erweitert deren Perspektive. Die Vielfalt der untersuchten Alternativen nimmt zu; das in Erwägung zu ziehende Handlungspotential wächst; die Beurteilungsgesichtspunkte gestalten sich neu. Damit stellt sich die Frage: Welche Funktionen des Gesellschaftssystems sind für die Alterspolitik besonders relevant?

4.3. Gesellschaftliche Grundfunktionen für die Alterspolitik

Als Arbeitshypothese wird von dem noch zu spezifizierenden allgemeinen Ziel der Alterspolitik ausgegangen: "Die Sicherung eines befriedigenden Lebensabends". Im Hinblick auf dieses Ziel werden sechs gesellschaftliche Grundfunktionen ausgewählt, also Funktionen, die im Prinzip jede Gesellschaft wahrnimmt. Innerhalb derer funktional äquivalente Problembear-

[13] Luhmann, N. (1971): S. 89.

beitungen möglich sind und die für die Alterspolitik von besonderer Bedeutung sind.[14]

Übersicht 4.1.: Gesellschaftliche Grundfunktionen[15]

- **Versorgung**
- **Ökonomische Integration (in den Produktionsprozeß)**
- **Soziale Integration**
- **Sinnstiftung und personale Integration**
- **Gesundheit**
- **Pflege**

Quelle: Eigene Darstellung.

Diese Grundfunktionen oder Leistungen des Gesellschaftssystems sind daraufhin zu untersuchen, ob sie in einer gesellschaftlich befriedigenden Form erbracht werden bzw. wo und inwieweit sich ein politischer Handlungsbedarf ergibt. Dieser Ansatz wurde als Grundlage für die Gliederung dieses Buches gewählt. Dabei soll unter diesen Funktionen folgendes verstanden werden:

1. Die **Versorgungsfunktion** meint die materielle Sicherung der Lebenshaltung. (Als Mindestbedingung sollte das sozio-ökonomische Existenzminimum für alle Älteren gelten.)

---

[14] Es wird nicht postuliert, daß diese Liste der Grundfunktionen vollständig ist. Beispielsweise gehört auch noch eine Funktion “menschenwürdiges Sterben” dazu. Denn unseres Erachtens muß jede Gesellschaft ihren Mitgliedern kulturell fundierte und gesellschaftlich akzepierte Formen des Umgangs mit Sterben und Tod anbieten. Dies in den Katalog der hier zu behandelnden Funktionen aufzunehmen, hätte jedoch den Rahmen dieser Arbeit gesprengt.

[15] Die Ableitung dieser Grundfunktionen erfolgte anhand von problemorientierten vergleichenden Studien. Bei dieser Form des Vergleichs wird davon ausgegangen, daß Gesellschaftssysteme in verschiedenen Ländern und Kulturen häufig ähnliche Probleme zu bearbeiten haben, dabei jedoch unterschiedliche Wege einschlagen. Der problemorientierte Vergleich untersucht und vergleicht diese Problembearbeitungsformen. In einem konkreten Vergleich des Umgangs mit Alten in unterschiedlichen Kulturen und Wirtschaftssystemen (westliche Industrieländer, islamische und katholische Entwicklungsländer, Ethnien) wurde ein theoretisches Analyseraster entwikkelt, das sechs gesellschaftliche Grundfunktionen unterscheidet. Vgl. Ritter, U. P. (1997): S. 301-329.

2. Mit **Sinnfindung und personaler Integration** ist die Einbindung der Alten über eigene Ziele in die Gesellschaft gemeint.Wird es ihnen ermöglicht, daß sie Ziele haben und in ihrem Leben einen Sinn finden?
3. Die Frage nach der **sozialen Integration** bezieht sich auf die Einbindung alter Menschen in gesellschaftliche Zusammenhänge außerhalb des Produktionsbereichs, d. h. Einbindung in die Familie, Nachbarschaften, Vereine oder andere Formen von Gemeinschaft.
4. Mit **ökonomischer Integration** ist die Eingliederung der alten und älteren Menschen in den Prozeß der gesellschaftlichen Leistungserbringung gemeint: Bietet ihnen das Gesellschaftssystem die Möglichkeit, durch sinnvolle Tätigkeit bei der Produktion von Gütern und Dienstleistungen entsprechend ihren Möglichkeiten, Fähigkeiten und Präferenzen mitzuwirken?
5. Die **Gesundheitsfunktion** bzw. die **Gesunderhaltungsfunktion** enthält gesellschaftliche Leistungen zur Erhaltung der Gesundheit (Präventivmedizin) und zur Wiederherstellung der Gesundheit infolge von Krankheit (medizinische Versorgung). Davon ist zu unterscheiden:
6. Die **Pflegefunktion**, d. h. die Betreuung bei Hilfsbedürftigkeit bei Siechtum oder Krankheit.

Die erwähnten vergleichenden Studien haben gezeigt, daß zwischen den Gesellschaftssystemen große Unterschiede darin bestehen, **wie** deren Systeme und Subsysteme diese Funktionen erfüllen, d. h. in welcher Art und Weise und in welchen Formen, aber auch darin, wie gut sie diese Funktionen erfüllen, d. h. inwieweit die Funktionserfüllung als befriedigend angesehen wird in dem Sinne, daß weder große Veränderungstendenzen feststellbar sind, noch von den Gesellschaftsmitgliedern bzw. von außenstehenden Beobachtenden Anlässe für Veränderungen gesehen werden.

Für die Bundesrepublik Deutschland wurde festgestellt, daß in diesem Sinne befriedigende Lösungen zum Zeitpunkt der Untersuchung nur im Bereich der Versorgungsfunktion existierten. Andererseits gibt es sowohl in der Bundesrepublik selbst wie auch in anderen Ländern zahlreiche Beispiele, Ansatzpunkte und Entwicklungen, die geeignet sind oder sein können, die genannten Defizite aufzuheben, zu beseitigen oder erträglicher bzw. akzeptabler zu gestalten.[16] Hierauf wird bei der Darstellung der Funktionen in den folgenden Kapiteln einzugehen sein. Dabei wird auch aus der Sicht des Gesamtsystems zu prüfen sein, inwieweit befriedigende Gestaltungen und Bearbeitungen anzutreffen sind oder andere funktionale Äquivalente vorgeschlagen werden können.

---

[16] Vgl. Ritter, U. P. (1997): S. 322-329.

ÜBERHAUPT!... MUSS MAN DENN UNBEDINGT SIEBZIG JAHRE ALT WERDEN...?
RENTEN-KOMMISSION

5. DIE VERSORGUNGSFUNKTION

5.1. Die Versorgung alter und älterer Menschen mit materiellen Ressourcen als alterspolitische Grundfunktion

5.1.1. Begründung der Versorgungsfunktion

Die gesellschaftliche Aufgabe bei der Versorgungsfunktion liegt in der angemessenen Bereitstellung von monetären und realen Leistungen bzw. Leistungsansprüchen, die den Individuen ein Leben ermöglicht, welches auf Selbständigkeit, Selbstbestimmung und Kompetenzerhaltung beruht, denn diese gelten als die bedeutendsten Lebensziele der älteren Menschen.[1] Obgleich diese Lebensziele auch von den subjektiven Lebensumständen beeinflußt werden, wie etwa persönliche Biographie und persönliche Befindlichkeit, bedingen auch die objektiv gegebenen materiellen Lebensumstände, das heißt die Verfügbarkeit finanzieller Ressourcen in Form von disponiblen Einkommen und Vermögen sowie die Möglichkeit reale Leistungen zu erhalten, die Lebenssituation der Älteren. Auf den materiellen Lebensumständen liegt in unserem Gesellschaftssystem der Fokus der Versorgungsfunktion. Somit stellt sich für das Gesamtsystem und insbesondere für die älteren Menschen die Frage: **Wer erhält von wem, wieviel und welche realen bzw. monetären Leistungen bzw. welche Leistungsansprüche stehen ihr bzw. ihm zu?**

Für die Notwendigkeit, Maßnahmen für die Versorgung älterer Menschen zu treffen, gibt es eine Vielzahl von Begründungen: Psychologische, ethisch-philosophische, religiös-moralische, biologisch-physiologische, ökonomische und sozialrechtliche. Nur die drei zuletzt genannten Rechtfertigungen werden im folgenden kurz erörtert.

Grundlage der Versorgungsfunktion bilden die **biologisch-physiologischen Tatbestände**: Zum einen benötigt jedes Individuum und somit auch der ältere Mensch ein Mindestmaß an materiellen bzw. finanziellen Ressourcen um zu überleben. Andererseits nimmt in aller Regel im Alter, insbesondere im hohen Alter, die Leistungsfähigkeit der Menschen stärker ab als ihr Konsumbedarf.

Aus **ökonomischer Perspektive** bedeutet dies, daß die Fähigkeit der Menschen abnimmt, durch Eigenproduktion bzw. Erzielung von Er-

[1] Vgl. Mayer, K. U. u. a. (1992): S. 727.

werbseinkommen selbst die für die Versorgung erforderlichen Leistungen zu erbringen, während gleichzeitig der Bedarf an Gütern und Dienstleistungen steigt, gleichbleibt oder zumindest nicht im gleichen Ausmaß sinkt. Die erforderlichen Leistungen zum Unterhalt müssen deshalb von anderen erbracht werden. Hierfür gibt es durchaus auch eine ökonomische Rechtfertigung: Als die älteren Menschen im erwerbsfähigen Alter standen, haben sie in der Regel weniger konsumiert als es ihren Leistungen entsprach. Die Differenz wurde gespart[2] bzw. im Rahmen eines Sozial- bzw. Generationenvertrages[3] für die nicht erwerbsfähigen Jugendlichen und Alten bereitgestellt. Aufgrund des Generationenvertrages haben sie den Anspruch erworben, daß die folgende Generation in ähnlicher Weise verfährt.

Aus **sozialrechtlicher Sicht** läßt sich die Versorgungsfunktion des Gesellschaftssystems aus dem Sozialstaatsgedanken ableiten, der in der Bundesrepublik seit Ende des Zweiten Weltkrieges die wirtschaftspolitische Konzeption der Sozialen Marktwirtschaft prägt. "Die Bundesrepublik ist ein demokratischer und sozialer Bundesstaat" (GG, Art. 20), und "die verfassungsmäßige Ordnung in den Ländern muß den Grundsätzen des republikanischen, demokratischen und sozialen Rechtsstaates im Sinne dieses Grundgesetzes entsprechen" (GG, Art. 28, Abs. 1). Dementsprechend wird in Deutschland die Gewährleistung sozialer Sicherheit im Alter als ein kaum bestrittenes Ziel der Sozialpolitik angesehen. Allerdings besteht hinsichtlich des Niveaus und des Finanzierungsmodus der sozialen Sicherheit sowie des zu berücksichtigenden Personenkreises ein Meinungsstreit in Gesellschaft, Politik und Wirtschaft. Die Forderungen reichen von einer höchstmöglichen Absicherung im Alter für alle älteren Menschen bis hin zu einer ausschließlichen Gewährleistung einer Mindestsicherung für Ältere, die bestimmte Charakteristika (wie etwa Hauptwohnsitz in Deutschland oder Erreichung einer bestimmten Altersgrenze) in ihrer Lebensbiographie aufweisen.

5.1.2. Prinzipielle Formen der Alterssicherung

Eine finanzielle und materielle Absicherung im Alter kann auf verschiedenen Wegen realisiert werden: Während der Erwerbsphase kann das Indi-

---

[2] Die private Ersparnis ist eine Form der Altersversorgung, in der ein Individuum während des Erwerbslebens privates Vermögen ansammelt, um daraus im Alter seinen Konsum zu finanzieren. Diese Art der Altersversorgung entspricht dem individualistischen Weltbild der Lebenszyklushypothese Modiglianis. Vgl. Modigliani, F. (1966).

[3] Vgl. dazu Abschnitt 5.2. und 5.3.

viduum **eigenverantwortlich** für sich selbst eine Alterssicherung aufbauen, indem es beispielsweise Vermögen bildet, Versicherungen abschließt oder eigene Kinder aufzieht, die dann später für ihre Eltern im Alter sorgen. Eine andere Form der Absicherung mit monetären bzw. realen Leistungen im Alter kann die **Gemeinschaft** (z. B. Familie, Freunde, Nachbarschaft oder Netzwerke) bereitstellen, indem sie für ihre Mitglieder Verantwortung übernimmt. Ebenfalls können auch **Wohlfahrtsverbände** und **kirchliche bzw. gemeinnützige Organisationen** diese Funktion übernehmen. Eine weitere Form der Alterssicherung können auch die **Unternehmen** bieten, indem sie ihren ehemaligen Beschäftigten eine Betriebsrente zahlen. Schließlich kann die Absicherung mit monetären bzw. realen Leistungen im Alter vom **Staat** (Bund, Länder, Gemeinden einschließlich der Gemeindeverbände) bzw. von den **öffentlichen Zwangsverbänden** sichergestellt werden. Welche Formen der Alterssicherung dabei gegenwärtig und vor allem in Zukunft für Deutschland von Bedeutung sind bzw. sein werden, wird weiter unten ausführlich diskutiert.

Bevor im weiteren die Versorgungsfunktion aus historischer Perspektive skizziert wird, um darauf aufbauend mögliche Quellen der Altersversorgung in einer sozialen Marktwirtschaft darzustellen, soll zunächst die Frage der angemessenen Versorgung im Alter diskutiert werden.

5.1.3. Inhaltliche Bestimmung der Versorgungsfunktion

In Deutschland ist aus sozialpolitischer und -rechtlicher Perspektive das Minimum einer angemessenen Versorgung dann gewährleistet, wenn die entsprechende Person bzw. der entsprechende Haushalt nicht als "arm" bezeichnet wird.

Unter welchen Voraussetzungen jemand als "arm" charakterisiert wird, hängt von dem jeweiligen Bewertungsmaßstab ab, so daß es sich bei dem Begriff "Armut" um eine normative Größe handelt. In der ökonomischen Literatur wird grundlegend zwischen zwei Konzepten unterschieden:

Die eine Ausprägung, die "**absolute Armut**" orientiert sich am **physiologischen Existenzminimum**. Hier liegt die Überlegung zugrunde, daß bei der Unterschreitung einer bestimmten Mittelausstattung das Überleben auf Dauer nicht gesichert ist. Der auch als Subsistenzstandard bezeichnete minimale Lebensstandard, der dieses Kriterium erfüllt, wird in der Regel über die Einkommenshöhe bestimmt, die zur Befriedigung der Grundbedürfnisse[4] als notwendig erachtet wird. Die physiologische Existenzgefährdung durch Mangel an Nahrung, Unterkunft und Kleidung darf für die Bundesrepublik als beseitigt gelten.[5] Dagegen ist, insbesondere aus empirischer Sicht und in der sozialpolitischen Diskussion, die "**relative Armut**" von größerer Bedeutung.[6] Diese orientiert sich am **sozio-kulturellen Existenzminimum**. Relative Armutsdefinitionen implizieren, daß es keine allgemein gültige Festlegung eines Schwellenwertes gibt, ab dem jemand als "arm" bezeichnet werden kann. Armut muß immer zeit- und gesellschaftsbezogen betrachtet werden.[7] Sie bezieht sich auf den konkreten, historisch erreichten Lebensstandard einer Bevölkerung. Gemäß diesem Konzept dienen in Deutschland in aller Regel Leistungen der **Sozialhilfe** (Hilfe zum Lebensunterhalt (HzL) und Hilfe in besonderen Lebenslagen) als operationalisierter Maßstab für die Bestimmung der Armutsgrenze bzw. des sozio-kulturellen Existenzminimums, das einen Mindeststandard der Teilnahme am gesellschaftlichen Leben sicherstellen soll. 1993 betrugen die Regelsätze der Sozialhilfe (HzL) im Bundesdurchschnitt 509 DM für den Haushaltsvorstand und für jedes weitere erwachsene Haushaltsmitglied 80 v. H. davon. Zu diesen Regelsätzen werden sog. Mehrbedarfszuschläge gewährt; in der Regel betragen diese bei Personen über 60 Jahren 20 v. H. des Regelsatzes. Des weiteren werden Hilfen in besonderen Lebenslagen gewährt, die oft von Älteren in Anspruch genommen werden. Dazu zählen unter anderem: Krankenhilfe, Hilfe zur Weiterführung des Haushalts, Hilfe zur Überwindung besonderer sozialer Schwierigkeiten sowie die Altenhilfe.[8] Demnach befinden sich jene Menschen in Armut, deren Familien- bzw. Haushaltseinkommen unterhalb der Sozialhilfeleistung liegen. Gerade die jüngste Entwicklung in der Praxis der deutschen Sozialhilfe zeigt jedoch, daß eine solche Bestimmung nicht objektiv, sondern nur politisch fixierbar ist. Zudem reichen diese - i. d. R. monetären -

---

[4] In der entwicklungspolitischen Literatur zählen dazu "[...] food, shelter, health, and protection." Todaro, M. P. (1989): S. 89.

[5] Vgl. Hauser, R.; Hübinger, W. (1993): S. 69. Dies trifft auch für die Gruppe der sehr alten Menschen zu. Vgl. dazu die empirische Untersuchung von Wagner, G. u. a. (1996): S. 281-284.

[6] In der Begriffsdefinition wird diese Form der Armut auch als "tertiär" bezeichnet. Dagegen entspricht die "primäre Armut" der Definition der absoluten Armut. Die "sekundäre Armut" ist eine Form, in der die betroffene Person nicht in der Lage ist, Güter über den täglichen Verbrauch hinaus zu erwerben. Vgl. Schäuble, G. (1984): S. 243.

[7] Vgl. Büschges G. (1988): S. 27.

[8] Vgl. Statistisches Bundesamt (1994a, Hrsg.): S. 7-8.

Leistungen für eine angemessene Versorgung im Alter nicht aus. Die folgende Tabelle verdeutlicht dies.

Tab. 5.1.: Ausgabenniveau und -struktur von Zweipersonen-Rentnerhaushalten mit geringem Einkommen 1993 in Westdeutschland

privater Verbrauch	in DM/Monat
persönl. Ausstattung, Reisen	76
Kleidung, Schuhe	109
Gesundheit, Körperpflege	117
Möbel, Hausrat	128
Bildung, Freizeit	137
Haushaltsenergie	158
Verkehr, Nachrichten	250
Nahrungs- u. Genußmittel	533
Wohnungsmiete	586
Insgesamt	2094

Quelle: Sozialpolitische Umschau (1994): Daten der Wirtschaftsrechnung Nr. 404.

Aus diesem Grunde wird ein anderes Meßkonzept der relativen Armut favorisiert. Gemäß diesem Konzept wird die Armutsgrenze - unter Berücksichtigung der Haushaltsgröße - an den Strukturen einer gegebenen Einkommensverteilung bestimmt. Demnach befinden sich Personen in "strenger" ("milder") Armut, wenn sie in Haushalten leben, deren Einkommen weniger als 40 v.H. (60 v.H.) des Durchschnittseinkommens beträgt,[9] wobei noch näher bestimmt werden müßte, was unter dem Durchschnittseinkommen zu verstehen ist. Dieses Verfahren bietet den Vorteil, daß neben der unter dem sozio-kulturellen Existenzminimum lebenden Bevölkerung auch die "armutsnahen" Gruppen berücksichtigt werden können.[10] Wird relative Armut als der Anteil der Personen definiert, denen weniger als 50 v.H. des durchschnittlichen Nettoäquiva-

---

9 Vgl. Bäcker, G. u. a. (1989): S. 151.

10 Vgl. Hauser, R. u. a. (1981): S. 25.

lenzeinkommens[11] zur Verfügung steht, so bewegte sich in Westdeutschland die Armutsquote der über 65jährigen Personen, die in Privathaushalten lebten, im Zeitraum von 1990 bis 1993 zwischen 7 und 9 Prozent.[12] Diese Quote dürfte jedoch deutlich höher liegen, wenn Heimbewohner und ältere Obdachlose berücksichtigt würden. Allerdings liegen hierfür keine statistischen Angaben vor.

Neben dieser "materiellen Armut", die sich auf die finanzielle Situation (hier nur Einkommen und Vermögen) der Älteren bezieht, spielen zumindest die Wohnungsversorgung, das Infrastrukturangebot sowie die gesundheitliche Situation, einschließlich der Hilfs- und Pflegebedürftigkeit eine wesentliche Rolle für die materielle Sicherheit im Alter. Des weiteren gibt es noch die **"immaterielle Armut"**, wie bspw. Isolation, fehlende emotionale Wärme, Nicht-Teilhabe am gesellschaftlichen und kulturellen Leben. Diese Funktionsdefizite der gesellschaftlichen Subsysteme werden an anderer Stelle dieses Buches behandelt.

5.2. Die Versorgung alter und älterer Menschen mit materiellen Ressourcen als gesellschaftliches Phänomen

5.2.1. Der traditionelle Generationenvertrag

Obwohl sich die Versorgung alter und älterer Menschen im Laufe der Zeit grundlegend gewandelt hat,[13] ist der Ursprung der Versorgungsfunktion im Alter im Generationenvertrag traditioneller Prägung zu sehen. Dieser bestand bei vielen Ethnien[14] sowie in Europa bis zum Beginn der Industrialisierung aus einer Mischung von individuellen und kollektiven Strategien. Die **individuelle Verantwortung** für die Versorgung im Alter hatte zur Folge, daß der ältere Mensch - sofern es der Gesundheitszustand zuließ - bis ins hohe Alter bzw. bis zum Tod für den eigenen Lebensunterhalt altersadäquate Arbeiten verrichtete. Die **kollektive Verantwor-**

---

[11] Das Einkommen wird als nach der Anzahl der Haushaltsmitglieder gewichtetes Nettoeinkommen pro Kopf (Äquivalenzeinkommen) gemessen. Für den Haushaltsvorstand wird ein Gewicht von 1, für alle weiteren Personen über 14 Jahre (unter 14 Jahre) ein Gewicht von 0,7-0,8 (0,45-0,75) benutzt.

[12] Vgl. Rolf, G.; Wagner, G. (1996): S. 24.

[13] Zur sozialen Sicherung in unterschiedlichen Gesellschaftssystemen vgl. einführend bspw. Petersen, H.-G. (1989): 30-37. Zur Geschichte der Alterssicherung vgl. grundlegend Borscheid, P. (1989).

[14] Zur Versorgung der Älteren bei den Ethnien oder den Naturvölkern vgl. Ritter, U. P. (1997): S. 309-313.

tung bestand darin, daß die jüngeren Mitglieder der Sippe bzw. Familie ihre älteren Mitglieder mit realen Leistungen (insbesondere Essen und Wohnen) versorgten. Im folgenden wird für Europa der traditionelle Generationenvertrag dargestellt. Außerdem werden die Gründe, die für seine Auflösung verantwortlich sind, aufgezeigt.

Schon im Spätmittelalter hat es erste Versuche einer staatlichen Altersversorgung gegeben. Diese orientierten sich an den Ordnungsvorstellungen des kirchlichen Ämterwesens, in dem die Altersversorgung einiger hoher kirchlicher Würdenträger geregelt war. Die alten und dienstunfähig gewordenen **Beamten** erhielten jüngere Helfer zur Seite gestellt, die sie von ihren Amtspflichten entlasteten und mit denen sie nach einem vorher vereinbarten Vertrag ihre Einkünfte teilen sollten. Allerdings waren von dieser Regel nur sehr wenige Menschen, ausschließlich Adelige, Beamte, Lehrer und Pfarrer betroffen, da deren Wissen mit ihrer Person verbunden war und sie deswegen eine besondere gesellschaftliche Stellung innehatten.[15]

Der überwiegende Teil der Bevölkerung bestand jedoch aus **Bauern**, deren Altersversorgung aus realen Leistungen bestand und familienintern geregelt war. Dies stellte bis weit ins 19. Jahrhundert das dominierende Alterssicherungssystem dar. Im Rahmen eines solchen "**traditionellen Generationenvertrages**"[16] herrschte zwischen den - damals drei - Generationen die stillschweigende Übereinkunft, daß innerhalb der (Groß-) Familie die arbeitenden Familienmitglieder die noch nicht oder nur zum Teil mitarbeitenden Kinder und die nicht mehr bzw. nur noch teilweise mitarbeitenden Alten aus dem erwirtschafteten Einkommen versorgen. Es bestand einerseits die moralische Verpflichtung der Eltern, für ihre Nachkommen in deren Kindheitsphase zu sorgen. Als Gegenleistung erwarteten sie dann von ihren Kindern, daß diese für ihre materielle Versorgung im Alter aufkommen. Andererseits bestand für die Älteren die moralische Verpflichtung, durch Hofübergabe und Rückzug auf das Altenteil eine neue Rolle in der Familiengemeinschaft einzunehmen. Diese Zäsur fehlte allerdings bei einer schrittweisen Übergabe, wo mit nachlassender Arbeitsfähigkeit die anfallende Arbeitsleistung des Hofes zwischen den Generationen umverteilt wurde.

---

[15] Vgl. Borscheid, P. (1989): S. 52 u. S. 59.

[16] In der wirtschaftswissenschaftlichen Literatur wird der Generationenvertrag traditioneller Prägung, die historisch gewachsene Form der Alterssicherung, auch als **intrafamiliärer Transfer** bezeichnet, der je nach Familiengröße und -struktur einen begrenzten Risikoausgleich bietet. Vgl. z. B. Börsch-Supan, A. (1997): S. 199.

Die Versorgung der Alten war eine **soziale Norm**, der weder ein expliziter Vertragsabschluß noch ein staatliches Arrangement vorausgingen. Sie wurde rechtlich im Rahmen der Hausgemeinschaft geregelt, innerhalb derer das Haus, die Felder und die Hausherrenstellung übertragen wurde. Allerdings war dies durchaus als Zwangsgemeinschaft zu verstehen, zu der es aufgrund der vorherrschenden Naturalwirtschaft in der Landwirtschaft keine Alternative gab.[17]

In den **Städten** bildete sich bei den **Handwerkern** ein anderes Versorgungssystem heraus. Begrenzte Wohnverhältnisse und in der Regel eine lebenslange Ausübung des Berufes bestimmten die Altersversorgung. Es fehlte der Platz für einen Drei-Generationen-Haushalt und geringe Gewinne ließen keine Freistellung zu. Mittlere sowie kleinere Handwerker arbeiteten im allgemeinen bis zu ihrem Tod und waren für ihren Lebensunterhalt im Alter selbst verantwortlich. Konnten sie aus gesundheitlichen Gründen ihr Handwerk im Alter nicht mehr ausüben, so gab es verschiedene andere Möglichkeiten der Altersversorgung: Die Ehefrau konnte durch Nähen, Spinnen oder Waschen den Arbeitsverlust ihres Mannes zum Teil finanziell kompensieren. Des weiteren konnte der ältere Handwerker durch zahlreiche Nebenverdienstmöglichkeiten ein Einkommen erzielen. Hierzu reservierten die Kommunen bis zum 20. Jahrhundert für diese Berufsgruppe bestimmte Arbeitsplätze, wie beispielsweise Glöckner, Bote oder Nachtwächter. Schließlich existierten noch kollektive Sozialeinrichtungen wie etwa Zunftbüchse oder Armenfürsorge, die eine (minimale) Altersversorgung sicherstellten, sofern für den älteren Handwerker keine familieninterne Unterstützung gegeben war und er darüber hinaus sein Erspartes, wozu auch das Mobiliar gehörte, aufgebraucht oder verkauft hatte.[18]

Insgesamt läßt sich feststellen, daß bis Ende des 18. Jahrhunderts die Altersversorgung von den Erwerbstätigen nicht als ökonomische Belastung gesehen wurde. Die Aufrechterhaltung des traditionellen Generationenvertrages im Sinne einer sozialen Norm war gewährleistet, da zum einen - infolge der hohen Geburtenrate - die Altersabsicherung durch die arbeitenden Familienmitglieder gesichert war. Zum anderen gab es aufgrund der niedrigen durchschnittlichen Lebenserwartung verhältnismäßig wenig alte und insbesondere hochbetagte Menschen. Es gab kaum ältere Menschen in den ländlichen Regionen bzw. in den Städten, die nicht im

---

[17] Vgl. Borscheid, P. (1989): S. 71.

[18] Vgl. Borscheid, P. (1989): S. 91-92.

Rahmen einer familieninternen Alterssicherung versorgt waren bzw. die sich nicht selbst versorgten.

5.2.2. Der wohlfahrtsstaatliche Generationenvertrag des Industriezeitalters und seine Entstehungsgeschichte

Der Generationenvertrag traditioneller Prägung im Sinne einer gegenseitigen, stillschweigenden Verpflichtung innerhalb des Familienverbandes verlor mit Beginn der Industrialisierung (die in Europa je nach Land zwischen 1750 und 1800 einsetzte), des Bevölkerungsanstieges und der kriegsbedingten Entwurzelung der Familie durch den siebenjährigen Krieg in Europa (1756-1763) zunehmend an Bedeutung. Durch den Anstieg der Arbeiterzahlen und die Betonung der körperlichen Leistungsfähigkeit war eine Erwerbstätigkeit bis ins hohe Alter nicht mehr möglich. Die Industrialisierung führte zudem zu einer Landflucht, die eine De-Institutionalisierung der ländlichen (Groß-)Familie zur Folge hatte. Schließlich stieg die durchschnittliche Lebenserwartung, so daß immer mehr alte und ältere Menschen versorgt werden mußten. Die Alterssicherung wurde aus dem Familienverband ausgelagert und es entstanden wohlfahrtsstaatliche Sicherungssysteme. Dies wurde auch als Herrschaftsinstrument benutzt, um sich die Disziplin zu sichern und soziale Kontrolle auszuüben, ein Motiv, das sich auch Ende des 19. Jahrhunderts bei der Einführung des gesetzlichen Sozialsystems in Deutschland unter Bismarck wieder findet.[19] In Deutschland wurde von staatlicher Seite mit der Einführung der **Gesetzlichen Rentenversicherung** (GRV) im Jahre 1889 der intrafamiliäre Drei-Generationen-Vertrag in einen solidargemeinschaftlichen Zwei-Generationen-Vertrag umgewandelt.

Der **wohlfahrtsstaatliche Generationenvertrag des Industriezeitalters** ist im Sinne eines kollektiven Sicherungssystem der Altersversorgung durch folgende Eigenschaften geprägt: Das Alterssicherungssystem kann steuer- oder beitragsfinanziert sein; es kann versicherungsmathematisch "fair" sein oder Einkommensumverteilungen hervorrufen. Ebenfalls kann das Risiko der Langlebigkeit ausgeglichen werden oder nicht. Hinsichtlich der Finanzierung kann ein solches System nach dem Umlage- oder dem Kapitaldeckungsverfahren aufgebaut sein. Schließlich kann es sich um eine private oder staatliche Organisationsform handeln, die auf Freiwilligkeit oder auf gesellschaftlichen (gesetzlichen) Zwang basiert.[20] Je nach dem welche Eigenschaften das kollektive Sicherungssystem aufweist,

---

[19] Vgl. Ehmer, J. (1990): S. 93.

[20] Vgl. Börsch-Supan, A. (1997): S. 201.

gestaltet sich die finanzielle Sicherheit im Alter. Wird bspw. das Risiko der Langlebigkeit nicht berücksichtigt, kann es zu dem Phänomen der Armut bei Hochbetagten kommen. Unterliegt das Alterssicherungssystem keinem gesetzlichen Zwang, so werden sich nicht alle Personen versichern. Dadurch kann das Phänomen der Armut bei bestimmten sozialen Gruppen von älteren Menschen auftreten, da diese sich während der Erwerbsphase nicht versichern konnten oder nicht wollten.

Gleichwohl ist jedoch zu beachten, daß nicht alle Kombinationsmöglichkeiten sinnvoll sind. Beispielsweise ist ein Sicherungssystem instabil, das auf Freiwilligkeit beruht und dabei Einkommensumverteilungen vornimmt. Ebenfalls ist eine umlagefinanzierte Altersversorgung nur im Rahmen einer Zwangsversicherung möglich, die ihrerseits eine staatliche Rahmenordnung benötigt.[21]

5.3. Die Gesetzliche Rentenversicherung (GRV)[22]

In Deutschland ist die GRV der Prototyp des wohlfahrtsstaatlichen Generationenvertrages des Industriezeitalters. Dieser Solidarvertrag zwischen den Generationen ist (noch) das tragende Element der bestehenden staatlichen Altersversorgung in Deutschland. Damit ist gemeint, daß der Generationenvertrag das dominierende Konstruktionselement des Rentenversicherungssystems, aber auch der gesamten Altersversorgung darstellt.[23] Zudem ist die GRV als Pflichtversicherung für alle abhängig beschäftigten Angestellten, Arbeiter und Arbeiterinnen die quantitativ bedeutendste Institution der Alterssicherung.[24] Bei dem Generationenvertrag handelt es sich per definitionem jedoch nicht um einen juristischen und schriftlich fixierten Vertrag, sondern lediglich um eine nicht hinterfragte Selbstverständlichkeit.

1996 betrug der Anteil der Zahlungen der Rentenversicherung 60,4 v.H. der an inländische private Haushalte geflossenen Sozialleistungen.[25] Im

---

[21] Vgl. Breyer, F. (1990): S. 35.

[22] Wegen ihrer qualitativen und quantitativen Bedeutung für die Versorgung der älteren Menschen wird die GRV ausführlich dargestellt.

[23] Vgl. Schenke, K.; Schmähl, W. (1980): S. 180.

[24] Die Dominanz der GRV zeigt sich auch in dem hohen Anteil der Renten der GRV am Bruttoeinkommen der Rentnerinnen und Rentner. Ausführliche Zahlenangaben befinden sich in: Bundesministerium für Arbeit und Sozialordnung (1994, Hrsg): Alterssicherung in Deutschland 1992 (ASID '92) Bd. I: Strukturdaten zur Einkommenssituation von Personen und Ehepaaren ab 55 Jahren, Bonn.

[25] Vgl. VRD (1997).

Jahre 1986 waren etwa 90 v.H. der Männer vom 55. Lebensjahr an, sowie gut 66 v.H. der 55 Jahre und älteren Frauen in der GRV versichert,[26] wobei insbesondere bei den Frauen deutliche quantitative Unterschiede in den Alterskohorten existieren (Kohorteneffekt). So erhielten 1986 nur rund 41 v.H. der Frauen vom 85. Lebensjahr Leistungen aus der GRV, dagegen erwarteten oder bezogen 79 v.H. der Frauen im Alter zwischen 55 und 65 Jahren Alterseinkommen aus der GRV.[27]

5.3.1. Ausgestaltung

Seit der Reform von 1957 finanzieren sich die Rentenversicherungsträger nicht mehr nach dem Kapitalstockverfahren, sondern nach dem Umlageverfahren. Nach diesem Finanzierungsprinzip werden die Leistungen der GRV jeder Periode aus dem laufenden Beitrags- bzw. Steueraufkommen der gleichen Periode finanziert.[28] Neben einem Bundeszuschuß in Höhe von 20,6 v. H. (1996) werden in Deutschland die Rentenausgaben durch laufend erhobenen Beiträge gedeckt. Diese laufenden Beiträge werden i.d.R. je zur Hälfte aus beitragsbezogenen Zahlungen der sozialversicherungspflichtigen Arbeitnehmer und Arbeitgeber finanziert. 1997 lag der Beitragssatz in der Arbeiter- und Angestelltenrentenversicherung bei 20,3 v. H. des Bruttoarbeitsentgeltes. Er ist bis zur Beitragsbemessungsgrenze von 8.200 DM (alte Bundesländer) bzw. 7.100 DM (neue Bundesländer) zu entrichten.[29] Für 1998 wird ein weiterer Anstieg des Beitragssatzes erwartet.

Grundvoraussetzung für den Bezug einer Rente aus der GRV ist eine vorher sozialversicherungspflichtige Beschäftigung sowie die Erfüllung bestimmter Wartezeiten. Die versicherte Person muß während einer bestimmten Anzahl von Monaten (i. d. R. 60) Beiträge zur GRV geleistet haben oder Ersatzzeiten (Kindererziehung und Hochschulausbildung wer-

---

[26] Vgl. Deutscher Bundestag (1994): S. 143.

[27] Vgl. Der Bundesminister für Arbeit und Sozialordnung (1990, Hrsg.): S. 18 u. 19.

[28] Ein Kapitaldeckungs- oder Kapitalstockverfahren (einengend auch als Anwartschaftsdeckungsverfahren bezeichnet) arbeitet nach dem Prinzip eines Kapitalfonds. Es werden die Beiträge der einzelnen Versicherten ertragsbringend angelegt und so bemessen, daß aus ihnen im Durchschnitt unter Berücksichtigung des zwischenzeitlich erzielbaren Kapitalertrages die späteren Leistungen finanziert werden können. Vorreiter bei der Einführung dieser Finanzierungsart war Chile, das 1981 ein privat organisiertes, kapitaldeckungsfinanziertes Alterssicherungssystem einführte. Vgl. World Bank (1994, Hrsg.): S. 87 u. 204.

[29] Die statistischen Angaben zur Rentenversicherung stammen aus: VDR (1997).

den in gewissem Umfang angerechnet) vorweisen können, die wie Beitragszeiten gerechnet werden.[30] Die Rentenzahlungen der GRV sichern das Alterseinkommen ihrer - zu einer Solidargemeinschaft zusammengefaßten - Mitglieder. Sie haben Lohnersatzfunktion, wenn Mitglieder aus dem Erwerbsleben wegen Alters (Altersrente) ausscheiden, bei verminderter Erwerbsfähigkeit (Invalidenrenten) oder nach dem Tod des Versicherten (Hinterbliebenenrenten).

Die Rentenzahlungen der GRV sind zwar grundsätzlich beitragsbezogen, jedoch wird aus sozialpolitischen Gründen vom Prinzip der Beitragsäquivalenz[31] teilweise abgewichen. Aus versicherungsmathematischer Sicht ist dies nicht fair: Im Rahmen der GRV finden Umverteilungen innerhalb der jungen Generation durch die Anrechnung von Ersatzzeiten, innerhalb der älteren Generation durch Frühverrentung[32] sowie zwischen den Generationen durch den historischen Anstieg der Beitragssätze statt.[33] Eine weitere Umverteilung erfolgt durch die Belastung der GRV mit versicherungsfremden Finanzierungslasten, wie etwa den Kriegsfolgelasten, der Integration von Aussiedlern, Spätaussiedlern und Übersiedlern im Rahmen des Fremdrentengesetzes.[34] Das aktuellste Beispiel für die Verletzung des Äquivalenzprinzips fand im Rahmen der Deutschen Wiedervereinigung statt. Bei den Rentenzahlungen, welche die ehemaligen DDR-Bürger jetzt erhalten, wurde versicherungstechnisch davon ausgegangen, daß sie während ihrer Erwerbsphase in das westdeutsche Rentensystem eingezahlt haben und die Einkommen in der ehemaligen DDR dem Niveau der westdeutschen Einkommen entsprachen. Unter dem Postulat der Tauschgerechtigkeit wäre es sachlich richtig gewesen, wenn sich die politisch Verantwortlichen darauf geeinigt hätten, die Rentenzahlungen der ostdeutschen Rentnerinnen und Rentner in Form von versicherungsmathematisch adäquaten Bundeszuschüssen aus dem allgemeinen Steueraufkommen zu finanzieren. Dadurch wäre auch das Prinzip "finanzverfas-

---

30 Vgl. Andel, N. (1992): S. 232 u. 235.

31 Beitragsäquivalenz bedeutet, daß die Höhe der geleisteten Beiträge, die vom Bruttoarbeitsentgelt abhängig sind, über die Rangstelle des Versicherten entscheidet. D. h., wer mehr Beiträge entrichtet hat als ein anderer, bezieht später eine höhere Rente.

32 Frühverrentung ist zwar eine Umverteilung innerhalb der älteren Generation. Allerdings findet sie zu Lasten der jüngeren Generation statt.

33 Vgl. Börsch-Supan, A. (1997): S. 202. Die Beitragssätze sind von 14 v.H. des Bruttoarbeitsentgeltes im Jahre 1957 auf 20,3 v.H. im Jahre 1997 gestiegen. Gleichzeitig hat sich die Beitragsbemessungsgrenze in diesem Zeitraum für Westdeutschland von 750 DM auf 8.200 DM erhöht. Vgl. VDR (1997).

34 Vgl. Glismann, H. H.; Horn, E.-J. (1996): S. 402.

sungsgemäßer Finanzierung staatlicher Aufgaben" gewährleistet, das den Verzicht des Staates auf die Finanzierung allgemeiner staatlicher Aufgaben (hier die Wiedervereinigung) aus Beitragseinnahmen der Sozialversicherungen fordert.[35]

5.3.2. Umfang der Leistungen

Im Jahre 1994 wurden in Deutschland von den Rentenversicherungsträgern der GRV insgesamt knapp 13 Mio. Altersrenten und fast 5,5 Mio. Witwer- und Witwenrenten ausgezahlt. Die folgende Tabelle gibt einen Überblick über die durchschnittlichen Rentenzahlbeträge.

Tab. 5.2.: Durchschnittliche monatliche Rentenzahlbeträge der Alters- sowie Witwen- und Witwerrenten 1994 in DM

\RV-Träger Rentenart\	RV insgesamt	Arbeiter RV	Angestellten RV	Knappschaftl. RV
Altersrenten aBL, Frauen u. Männer	1.231	1.017	1.452	2.505
Altersrenten nBL, Frauen u. Männer	1.224	1.174	1.241	1.494
Altersrenten aBL, Männer	1.847	1.578	2.129	2.646
Altersrenten nBL, Männer	1.681	1.561	1.752	1.998
Altersrenten aBL, Frauen	773	611	1.005	1.203
Altersrenten nBL, Frauen	1.015	992	1.042	976
Witwenrente aBL	1.020	883	1.212	1.412
Witwenrente nBL	750	736	721	974
Witwerrente aBL	332	284		538
Witwerrente nBL	288	276	303	351

Abkürzungen: RV = Rentenversicherung; aBL = alte Bundesländer; nBL = neue Bundesländer und Ost Berlin

Quelle: Statistisches Bundesamt (1994): Statistisches Jahrbuch, S. 123.

---

[35] Vgl. Lampert, H. (1997): S. 54.

Die durchschnittliche Höhe aller Altersrenten betrug 1.229,87 DM, die der großen und kleinen Witwenrenten 969,04 DM und die der Witwerrenten 316,63 DM. Allerdings "überzeichnen" diese Durchschnittsangaben (arithmetisches Mittel) das Versorgungsniveau der älteren Menschen, da die Verteilung der Zahlungshöhe der Altersrenten - insbesondere bei den Frauen - einen "links-steilen" Verlauf hat. So liegen zum Beispiel ein Drittel der Altersrenten bei den Frauen unter 500 DM pro Monat.[36] Gleichzeitig darf bei der Interpretation der Zahlen aus der Tabelle jedoch nicht ohne weiteres von niedrigen GRV-Renten auf ein niedriges Einkommen der Rentnerin oder des Rentners bzw. ihres oder seines Haushaltes geschlossen werden, da diese Personen unter Umständen aus anderen Quellen der Altersversorgung ein weiteres Einkommen erzielen. Zu diesen Quellen der Altersversorgung zählen unter anderem die Beamtenversorgung oder das Einkommen aus der Alterssicherung des verstorbenen Ehegatten. So verfügen Männer mit einer eigenen GRV-Rente unter 500 DM im Durchschnitt über ein Nettogesamteinkommen von 3.050 DM pro Monat (1.650 DM pro Monat) in Westdeutschland (Ostdeutschland). Frauen mit einer eigenen GRV-Rente von monatlich 500 DM verfügen durchschnittlich über ein monatliches Nettoeinkommen von 2.370 DM (Westdeutschland) bzw. 1.410 DM (Ostdeutschland). Witwen mit einer Witwenrente von weniger als 300 DM pro Monat verfügen durchschnittlich über ein monatliches Nettogesamteinkommen von 1.740 DM bzw. 1.190 DM in den alten bzw. neuen Bundesländern.[37]

Neben den Zahlungen von Versicherten- und Hinterbliebenenrenten, die 1996 gut 330 Mrd. DM betrugen, umfaßt das gesetzlich vorgeschriebene Leistungspektrum der GRV noch Zahlungen von Zuschüssen an die Krankenversicherung der Rentner (KVdR) sowie die Durchführung von Rehabilitationsmaßnahmen. 1996 betrugen die Zuschüsse an die KVdR 21,5 Mrd. DM und für die Rehabilitationsmaßnahmen wurden 10,4 Mrd. DM ausgegeben.[38] Demnach hat die GRV nicht nur Lohnersatzfunktion; sie finanziert für die alten und älteren Menschen zum Teil auch noch die medizinische Versorgung.

---

[36] Zur Verteilung der GRV-Renten auf Rentenzahlbetragsklassen (100 DM) in West- und Ostdeutschland vgl. Verband Deutscher Rentenversicherungsträger (1994, Hrsg.): S. XX u. XXII.

[37] Vgl. Rosenberg, P. (1996): S. 87-88.

[38] Vgl. VDR (1997).

5.3.3. Zukunft der Gesetzlichen Rentenversicherung

Die Problematik der GRV wird in der theoretisch orientierten wirtschaftswissenschaftlichen Diskussion seit längerem, in der wirtschafts- und gesellschaftspolitischen Diskussion seit etwa Anfang der 90er Jahre eingehend behandelt. Vordergründig wird die demographische Entwicklung in Deutschland, das "**dreifache Altern**"[39] der Bevölkerung für die Notwendigkeit einer Reform der umlagefinanzierten GRV verantwortlich gemacht. Allerdings bedeutet eine Verdoppelung des Altersquotienten nicht, daß das Rentenniveau halbiert oder der Beitragssatz zur GRV verdoppelt werden müßte. Viel gewichtiger für die finanzielle Entwicklung der GRV ist die Zahl der Beschäftigten und damit die der Beitragszahlenden und die Entwicklung der Bruttoarbeitsentgelte. Deswegen muß neben der demographischen Entwicklung auch der ökonomische und gesellschaftliche Wandel berücksichtigt werden.

Ökonomischer Wandel: In der sozial- und arbeitsmarktpolitischen Diskussion werden vor allem die hohen Lohnnebenkosten, die prekäre Situation auf dem Arbeitsmarkt sowie der Wandel der Arbeitsverhältnisse (Ausweitung der sozialversicherungsfreien "610 DM - Jobs" und Zunahme der ("Schein-")Selbständigen) als Argumente für einen notwendigen Umbau oder Abbau der GRV und anderer Sicherungssysteme angeführt.[40] Aus arbeitsmarktpolitischer Sicht wird die GRV zunehmend als "Reparaturbetrieb" einer verfehlten Arbeitsmarktpolitik herangezogen.[41] Mit den in den letzten Jahren sehr großzügig angebotenen Frühverrentungsmöglichkeiten wurde das Ziel verfolgt, junge Menschen in den Arbeitsmarkt zu integrieren. Diese Frühverrentungen wurden größtenteils von den Beitragszahlenden der GRV und nicht aus allgemeinen Steuermitteln finanziert.[42] Bei der Diskussion um die hohen Lohnnebenkosten, die zum Teil auch aus den gestiegenen Sozialabgaben (insbesondere der GRV und GKV) resultieren, ist zu beachten, daß es sich hierbei um Kostenbestandteile handelt, die in den Tarifverhandlungen einkalkuliert werden. Sie gefährden nur dann Wachstum und Beschäftigung, wenn eine Überwälzung auf die Löhne nicht gelingt; dieses ist in der Realität jedoch nicht zu beobachten.[43]

---

[39] Vgl. Abschnitt 2.2.3.

[40] Vgl. bspw. Berthold, N.; Schmid, C. (1997): S. 143, S. 146-147 u. S. 151-152.

[41] Vgl. dazu die Ausführungen im Abschnitt 3.1.2.

[42] Vgl. Rosenow, J.; Naschold, F. (1994).

[43] Vgl. Rolf, G.; Wagner, G. (1996): S. 26.

Durch den Wandel der Arbeitsverhältnisse entstehen aufgrund fehlender Versicherungspflicht **Versorgungslücken im Alter**. Betroffen sind davon insbesondere die geringfügig Beschäftigten, deren Anzahl 1994 in Deutschland auf etwa 5,3 Mio. Personen geschätzt wurde.[44] Außerdem die sogenannten "Scheinselbständigen", deren Zahl das Institut für Arbeitsmarkt- und Berufsforschung in Nürnberg auf etwa 700.000 Personen[45] schätzt. Zudem hat die sogenannte "Schwarzarbeit" zugenommen, die ebenfalls nicht von der GRV erfaßt wird. Auch können Sozialhilfeempfänger, deren Zahl in den letzten Jahren nachweislich gestiegen ist, keine ausreichende eigenständige Alterssicherung aufbauen, da Sozialhilfeleistungen keine Versorgungsleistungen für das Alter umfassen.

Gesellschaftlicher Wandel:[46] Das bestehende System der GRV orientiert sich an einem traditionellen familienpolitischen Leitbild. Ungeachtet der in Deutschland beobachtbaren Pluralisierung der Lebensstile orientieren sich die Beitrags- und Leistungsbemessungsregelungen der GRV immer noch an der lebenslangen reinen Einverdiener-Ehe sowie an einer modifizierten Einverdiener-Ehe. Bei der zuerst genannten Art der Ehe wird davon ausgegangen, daß nur der Mann kontinuierlich vollzeiterwerbsfähig ist, die zuletzt genannte Art unterstellt, daß auch die Frau einer Erwerbstätigkeit nachgeht, diese aber zugunsten der Familienarbeit (z. B. Kindererziehung) unterbricht oder einschränkt.[47] Aus diesem Grund ist die Rentenberechnung vor allem auf die traditionelle männliche Lebensbiographie ausgelegt, den fiktiven (und in der Realität kaum noch vorfindbaren) "Eckrentner", der nach 45 Versicherungsjahren im Alter von 65 Jahren Rentenzahlungen der GRV in Anspruch nimmt.[48] Die Orientierung der GRV an diesem traditionellen familienpolitischen Leitbild verursacht erhebliche verteilungspolitische und allokative Probleme. Zum einen findet im Rahmen der Hinterbliebenenrente eine Subventionierung der Nichterwerbstätigkeit eines Ehepartners statt. Zum anderen ist es unter Gerechtigkeitsaspekten problematisch, daß das phasenweise Ausscheiden eines Elternteils aus der Erwerbsfähigkeit in Form der Kindererziehungszeiten belohnt, ein gleichzeitiges Nebeneinander von Beruf und Kind jedoch nicht adäquat berücksichtigt wird. Eine faire Behandlung findet auch nicht zwischen nicht-ehelichen und ehelichen Gemeinschaften statt. Aus allokativer Perspektive impliziert das bestehende System der GRV negative Arbeits-

---

[44] Vgl. Kolb, J.; Trabert, L. (1996): S. 9.

[45] Vgl. Heuser, U. J.; Willeke, S. (1997): S. 13.

[46] Vgl. zu diesem Abschnitt auch Veil, M. (1992).

[47] Vgl. Rolf, G.; Wagner, G. (1996): S. 26.

[48] Zur Berechnung der Monatsrente vgl. bspw. Andel, N. (1992): S. 232-233.

anreizwirkungen für verheiratete Frauen, die durch die Gewährleistung der Hinterbliebenenrente noch verstärkt werden. Aufgrund der unbedingten Hinterbliebenenrente besteht für sie kein Anlaß zur Aufnahme einer Erwerbstätigkeit, um im Alter finanziell abgesichert zu sein.[49]

Abschließend ist festzuhalten, daß aufgrund des demographischen, ökonomischen und gesellschaftlichen Wandels die GRV als dominierendes Element der staatlichen Alterssicherung reformbedürftig ist. Inwieweit dies durch systemimmanente oder systemverändernde Reformen geschieht, ist zur Zeit noch offen. In den folgenden Abschnitten werden einige der zentralen Veränderungsvorschläge vorgestellt und diskutiert. Gleichzeitig sind unseres Erachtens aber auch noch neue Bearbeitungsstrategien zu entwickeln, die für die älteren Menschen eine angemessene Versorgung mit monetären und realen Leistungen bzw. Leistungsansprüchen gewährleisten. Dieses ist ebenfalls Gegenstand der nächsten Abschnitte.

5.4. Funktionale Äquivalente der Versorgungsfunktion

Sowohl die historische Betrachtung hinsichtlich der Versorgung älterer Menschen mit materiellen Ressourcen[50] als auch der Perspektivenwechsel auf die Ausgestaltung der Alterssicherungssysteme bei den Ethnien und Naturvölkern[51] hat gezeigt, daß eine ausschließlich wohlfahrtsstaatliche Lösung dieser gesellschaftlichen Aufgabe nicht zwangsläufig notwendig ist. Vielmehr haben sich in den unterschiedlichen Gesellschaftssystemen eine Vielzahl von Bearbeitungsstrategien herauskristallisiert, die wiederum von unterschiedlichen Subsystemen wahrgenommen wurden.

Prinzipiell kann die Versorgung der älteren Menschen mit materiellen Ressourcen durch die Bereitstellung von realen bzw. monetären Leistungen bzw. Leistungsansprüchen gewährleistet werden. Die daraus resultierenden Möglichkeiten sind Gegenstand der nächsten zwei Abschnitte. Anschließend wird die Relevanz dieser Möglichkeiten für die Versorgung der älteren Menschen in Deutschland diskutiert.

5.4.1. Monetäre Leistungen und Leistungsansprüche

Die monetären Leistungen bzw. Leistungsansprüche können durch **Markteinkommen aus eigener Arbeit** erworben werden. Weiterhin kön-

---

[49] Vgl. Rolf, G.; Wagner, G. (1996): S. 27.

[50] Vgl. dazu Abschnitt 5.1.2.

[51] Vgl. Ritter, U. P. (1997): S. 309-313 u. 323-327.

nen die älteren Menschen einer Erwerbstätigkeit nachgehen, sofern diese ihren Möglichkeiten und Fähigkeiten entspricht und auf dem Arbeitsmarkt eine Nachfrage existiert.[52] Auch können die älteren Menschen ein **Markteinkommen aus Vermögenserträgen und aus der Eigennutzung von Vermögen** erzielen. Zinsen, Dividenden und Einkommen aus Beteiligungen können ebenso zur Alterssicherung herangezogen werden wie die Eigennutzung von Immobilien (z. B. Hausbesitz oder Eigentumswohnungen). Ebenfalls ist der **Verzehr des eigenen Vermögens** denkbar, da eine Mitnahme materieller Ressourcen ins Jenseits nicht möglich ist und dies auch nicht durch eine jenseitsorientierte Ethik vermittelt wird. Somit besteht für die Eigentümer mittlerer bis größerer Vermögenswerte die reale Möglichkeit, ihre Altersversorgung auch durch Vermögensverzehr zu bestreiten. Gleiches gilt auch für ältere Menschen, die nur Eigentümer von kleinen Vermögenswerten sind. Allerdings stellt sich insbesondere hier das Problem der Ungewißheit über Lebensdauer und finanzielle Belastung durch Krankheit und Pflege, sofern diese Ungewißheit nicht im Rahmen von sozialen Sicherungssystemen bzw. privaten Versicherungen zufriedenstellend abgesichert worden ist. Monetäre Leistungsansprüche können auch durch Versicherungen realisiert werden. Im Rahmen einer **privaten Versicherung** können im Alter die Erträge - bspw. aus einer Lebensversicherung - zu konsumptiven Zwecken genutzt werden. Dies ist ebenfalls durch **staatliche Zwangsversicherungen** im Rahmen eines Umlage- oder Kapitaldeckungsverfahrens möglich. Auch kann der Staat eine Versorgung der Älteren aus allgemeinen Haushaltsmitteln finanzieren. In diesem Fall handelt es sich um eine **steuerfinanzierte Alterssicherung**. Außerdem können **Betriebsrenten** für eine Alterssicherung in Frage kommen. Diese stellen i. d. R. eine gestaffelte Leistung des jeweiligen Arbeitgebers nach Betriebszugehörigkeit dar. Betriebsrenten können somit entweder als nachgezahlter Lohn oder als Vermögensverzinsung bzw. Vermögensverzehr aufgefaßt werden. Schließlich können die älteren Menschen durch **privat oder karitativ bereitgestellte monetäre Transfers** versorgt werden. Hierzu zählen intrafamiliäre Geldtransfers sowie finanzielle Zuweisungen an ältere Menschen durch Wohlfahrtsverbände und gemeinnützige Vereinigungen.

5.4.2. Reale Leistungen

Reale Leistungen im Sinne von Gütern und Dienstleistungen können ebenfalls von unterschiedlichen Akteuren bzw. Subsystemen für die Älteren

[52] Diese Möglichkeit der Altersabsicherung wird eingehend im 7. Kapitel diskutiert.

bereitgestellt werden. Zum einen kann die reale Leistungserbringung durch **andere** erfolgen. Zum anderen kann der ältere Mensch durch **Eigenarbeit** selbständig Güter und Dienstleistungen für sich erstellen. Gleichwohl können auch Güter und Dienstleistungen für die Älteren zur Verfügung gestellt werden, die weder direkt der Eigenarbeit noch unmittelbar der Leistungserbringung durch andere zugeordnet werden können. Hierbei handelt es sich um reale Leistungen, die im Rahmen von **Selbsthilfeorganisationen** und **Seniorengenossenschaften** produziert werden.[53] Werden die Güter und Dienstleistungen dagegen von anderen bereitgestellt, existieren im einzelnen folgende prinzipielle Möglichkeiten: Gebietskörperschaften (Bund, Länder und Gemeinden) können **staatliche Transfers in Form von Sachleistungen** für die Älteren kostenlos oder zu subventionierten Benutzungsgebühren bereitstellen. Dazu zählen Infrastruktureinrichtungen wie etwa medizinische Versorgung, öffentlicher Personennahverkehr, spezielle Wohnformen, etc.. Des weiteren kann die Versorgung der Älteren auch durch **intrafamiliäre Transfers in Form von Sachleistungen** erfolgen. Diese können unter anderem Wohnrecht auf Lebenszeit und "freie" Kost, Hilfe im Haushalt und Pflege durch andere Familienmitglieder beinhalten. Schließlich können Sachleistungen für ältere Menschen auch von Einheiten kollektiver Interessenswahrung sowie von gemeinnützigen Unternehmen, Gruppen und Organisationen altruistischer Fremdhilfe erbracht werden. Dazu zählen unter anderem Gewerkschaften, Wohlfahrtsverbände sowie kirchliche und karitative Institutionen. Diese können beispielsweise für die älteren Menschen Pflege- und Unterstützungsleistungen im Haushalt anbieten, sowie Essen oder eine altengerechte Wohnungseinrichtung bereitstellen.

5.4.3. Quantitative Bedeutung der funktionalen Äquivalente für die Älteren in Deutschland

Die **finanzielle Situation** der alten und älteren Menschen wird in unserem Gesellschaftssystem maßgeblich von ihrer Erwerbs- und Familienbiographie bestimmt. Im Alter setzt sich das (laufende) Einkommen zum größten Teil aus Anwartschaften aus Versicherungen zusammen. Dabei nehmen die Rentenzahlungen der GRV, wie die Zahlen in Abschnitt 5.3.2 verdeutlichen, eine dominierende Stellung ein. 1992 verfügten in Westdeutschland die Rentnerhaushalte insgesamt über 409,6 Mrd. DM verfügbares Einkommen.[54] Mit 218,8 Mrd. DM hatten die Rentenzahlungen den größten

---

53 Vgl. dazu das 7. Kapitel, insb. Abschnitt 7.6.1.

54 Die Zahlenangaben entstammen aus DIW (1994): S. 771, Tabelle 2.

Anteil (über 50 v.H.) am verfügbaren Einkommen. Dagegen betrug das Bruttoeinkommen aus unselbständiger Arbeit und aus Unternehmertätigkeit jeweils nur knapp 60 Mrd. DM. Das Bruttovermögenseinkommen der Rentnerhaushalte lag bei 65,5 Mrd. DM. Dies entspricht einem Anteil von etwa 16 v.H. am verfügbaren Einkommen.[55] Neben diesen Einkommensquellen tragen noch Betriebsrenten zum laufenden Einkommen bei. Bis zum Jahre 1981 nahmen Verbreitungsgrad und Leistungshöhe der betrieblichen Altersversorgung kontinuierlich zu. Danach stagnierte diese Entwicklung.[56] In jüngster Zeit sinkt jedoch ihr Verbreitungsgrad, insbesondere bei Neueinstellungen. Denn die hohe Arbeitslosigkeit erleichtert die Einstellung neuer Arbeitskräfte, ohne daß der Anreiz einer betrieblichen Altersversorgung notwendig ist. Insgesamt haben in Westdeutschland (Ostdeutschland) weniger als 50 v. H. (20 v.H.) der Arbeitnehmer eine betriebliche Zusatzversorgung.[57] Zudem sind die Betriebsrenten ungleichmäßiger verteilt als die Rentenzahlungen der GRV. Sie verstärken die Einkommensunterschiede im Alter - zumindest im Hinblick auf die absolute Höhe des Alterseinkommen. Männer, die Betriebsrenten erhalten beziehen im Durchschnitt eine Rente aus der GRV, die etwa 50 v.H. über der Durchschnittsrente derjenigen liegt, die keine Betriebsrente erhalten. Schließlich kann das laufende Einkommen der Rentnerhaushalte noch durch privat oder karitativ organisierte monetäre Transfers aufgestockt werden. Hierzu liegen jedoch keine statistischen Angaben vor. Zudem muß hierbei berücksichtigt werden, daß diesen monetären Leistungen kein verbrieftes Anspruchsrecht gegenübersteht, so daß diese Zahlungen immer vom "goodwill" anderer abhängig sind.

Neben diesen Geldströmen wird der Umfang der monetären Leistungsansprüche im wesentlichen auch noch durch die Vermögenssituation der alten und älteren Menschen geprägt. Das mittels der Einkommens- und Verbrauchsstichprobe (EVS) hochgerechnete Bruttogeldvermögen der privaten Haushalte belief sich Ende 1993 auf etwa 2 Billionen DM.[58] Hiervon hatten die Haushalte der über 55jährigen einen Anteil von ca. 915 Mrd. DM. Dies entspricht einem Prozentsatz von gut 45 v.H. am gesamten Bruttogeldvermögen. Im Durchschnitt hatten die Haushalte der 55 bis 65jährigen ein Bruttogeldvermögen von knapp 78.000 DM und die der

[55] Zum durchschnittlich verfügbaren Einkommen und zur Einkommensschichtung der privaten Rentnerhaushalte vgl. die Angaben im Abschnitt 3.2.1.

[56] Vgl. Bundesministerium für Familie und Senioren (1992, Hrsg.): S. 108.

[57] Vgl. o.V. (1997): Betriebsrenten: Versiegende Quelle, in: Die ZEIT Nr. 42 vom 10.10.1997, S. 28.

[58] Vgl. Statistisches Bundesamt (1995, Hrsg.).

über 65jährigen von gut 50.000 DM. Das durchschnittliche Geldvermögen der Haushalte steigt bis zu einem Alter von etwa 55 Jahren an, danach nimmt es mit zunehmendem Alter wieder ab.[59] Aus sozialpolitischer Perspektive ist insbesondere zu berücksichtigen, daß die Geldvermögensbestände ungleicher verteilt sind als andere monetäre Einkommensquellen (Bruttoerwerbseinkommen und Rentenzahlungen der GRV). Verstärkt wird diese soziale Ungleichheit für die Gruppe der Älteren noch dadurch, daß das Vermögen bei den älteren Menschen im Verhältnis zu den jüngeren Bevölkerungsschichten noch ungleichmäßiger verteilt ist.[60] Ähnliche Aussagen können hinsichtlich der Verteilung der Erträge aus Vermietung und Verpachtung gemacht werden. Auch bei diesen Einkommensquellen gilt, daß die Erträge einkommensabhängig verteilt sind.

"Grundsätzlich zeigt sich eine positive Korrelation von hohem Einkommen und dem Besitz von Wohneigentum sowie von privaten individuellen und betrieblichen Lebensversicherungen (Direktversicherungen)."[61]

Eine Quantifizierung der **realen Leistungen** für die Versorgung im Alter ist aufgrund fehlender statistischer Daten kaum möglich. Im folgenden werden daher nur einzelne Aspekte beleuchtet.

Insbesondere mietfreies Wohnen im entschuldeten **Wohnungseigentum** ist auch in Deutschland eine tragende Säule der Absicherung für das Alter. Obgleich die Wohneigentümerquote im europäischen Vergleich in Deutschland[62] insgesamt eher niedrig ist, lagen 1988 die Eigentümeranteile der Haushalte der 40- bis 60jährigen über dem bundesrepublikanischen Durchschnitt. Allerdings wird hier ein Kohorteneffekt deutlich, denn mit zunehmendem Alter nahm die Wohneigentümerquote kontinuierlich ab, wie aus der folgenden Tabelle ersichtlich wird.

59 Vgl. Statistisches Bundesamt (1995, Hrsg.).

60 Vgl. Wittmann, H. (1990): S. 53.

61 Deutscher Bundestag (1994): S. 152.

62 Vgl. Deutscher Bundestag (1994): S. 227, Tabelle 67.

Tab 5.3.: Haus- und Grundbesitz älterer Menschen im Vergleich zu allen privaten Haushalten in Westdeutschland 1988

	alle privaten Haushalte	Haushalte mit Bezugspersonen 65 bis 70 Jahre	Haushalte mit Bezugspersonen der über 70jährigen
Haushalte insgesamt	24,684 Mio.	2,108 Mio.	4,770 Mio.
davon mit Haus- und Grundbesitz am 31.12.88 in %	46,7	52,6	36,3

Quelle: Statistisches Bundesamt (1991, Hrsg.).

In monetären Größen läßt sich das Immobilienvermögen der Älteren folgendermaßen darstellen. Anfang 1994 verfügte im Durchschnitt ein westdeutscher (ostdeutscher) Haushalt über Grund- und Hausvermögen in Höhe von 215.000 DM (59.000 DM), wobei der Verkehrswert der Immobilien noch weitaus höher geschätzt wird.[63] Ende 1993 hatten die Haushalte der über 55jährigen mit 2,92 Billionen DM einen Anteil von gut 44 v. H. am gesamten Immobilienvermögen. Allerdings lag die Gruppe der über 65jährigen mit einem durchschnittlichen Immobilienvermögen von 166.400 DM weit unter dem Durchschnittsvermögen der 55- bis 65jährigen (237.820 DM) und der Gruppe der 45- bis 55jährigen (266.040 DM).[64] Diese Unterschiede sind zum einen darauf zurückzuführen, daß die jüngere Altersgruppe von ihren älteren Familienmitgliedern bereits zu Lebzeiten Immobilien übertragen bekommen hat. Zum anderen werden Immobilienvermögen in Geldvermögen umgewandelt, da liquides Vermögen bei älteren Menschen eine höhere Priorität besitzt.[65]

Reale Leistungen (Pflegeleistungen, Reparaturdienste, Hilfe bei der Haushaltsführung, etc.), die eine Versorgung im Alter gewährleisten, können auch durch **bürgerschaftliches Engagement** erbracht werden, so daß weder der ältere Mensch noch der Staat bzw. die Sozialversicherungsträ-

---

[63] Vgl. o.V. (1995): 280.000 DM in jedem Haushalt, in: FAZ vom 15.02.1995, Nr. 39, S. 15. Die FAZ beruft sich hier auf Berechnungen der Verlagsgruppe Gruner & Jahr, die auf unveröffentlichten amtlichen Daten beruhen.

[64] Vgl. Statistisches Bundesamt (1995, Hrsg.).

[65] Vgl. Wahl, S. (1988): S. 9.

ger hierfür finanzielle Mittel aufbringen müssen. Gleichwohl ist es Aufgabe des Staates die dazu notwendigen Infrastrukturmaßnahmen durchzuführen. Im 7. Kapitel wird ein solches Modell anhand der Seniorengenossenschaft vorgestellt und diskutiert.[66] Vorab kann jedoch schon festgehalten werden, daß diese Form der Versorgung für die Gesellschaft und insbesondere auch für die älteren Menschen ein weites Feld neuer Versorgungsmöglichkeiten im Alter eröffnet. [67]

5.5. Ansatzpunkte einer Alterspolitik

5.5.1. Allgemeine Überlegungen

Die bisherigen Ausführungen zu diesem Kapitel haben verdeutlicht, daß die Versorgungsfunktion als ein Bereich der Alterspolitik mehr als nur eine Reform der GRV beinhaltet und beinhalten muß. Gleichwohl erscheint eine Anpassung des Rentenrechts an die veränderten Rahmenbedingungen notwendig und sinnvoll, zumal diese Absicherung für den überwiegenden Teil der älteren Bevölkerung immer noch die dominierende Einkommensquelle darstellt. Aus diesem Grunde werden Ansatzpunkte einer Rentenreformpolitik am Anfang diskutiert. Ein weiterer - zweifelsohne wichtiger - Ansatzpunkt für ökonomische Sicherheit im Alter stellt die Erwerbsphase des Individuums dar. Neben Anwartschaften zur Rentenversicherung ermöglicht eine kontinuierliche Erwerbstätigkeit (sofern die Entlohnung über dem sozio-kulturellen Existenzminimum liegt) auch die Bildung von privatem Geld- und Sachvermögen, das im Alter für Konsumzwecke verwendet werden kann. Dieser Aufgabenbereich liegt primär in der Verantwortung der Arbeitnehmer und Arbeitgeber sowie aus ordnungspolitischer Sicht in der Verantwortung des Staates. In diesem Zusammenhang ist über neue Entlohnungsverfahren nachzudenken. So könnten die Erwerbstätigen (bspw. in Form von Aktien) am Produktivvermögen des Unternehmens beteiligt werden. Des weiteren kann die Versorgung im Alter auch gewährleistet sein, wenn der ältere Mensch auch nach Erreichen des gesetzlichen Rentenalters weiterhin einer Beschäftigung nachgehen kann. Chancen und Probleme einer solchen Strategie werden im 6. Kapitel behandelt.

---

66 Vgl. Abschnitt 7.6.1.

67 Erste Erfahrungen hierzu wurden zuerst in den USA gesammelt, sowie in den 90er Jahren in Baden-Württemberg. Zur USA vgl. etwa Peter, R. (1991): S. 345-348 und Findlay, J. M. (1993): S. 160-213. Zu Baden-Württemberg vgl. Ministerium für Arbeit, Gesundheit und Sozialordnung Baden-Württemberg (1994, Hrsg.).

5.5.2. Renten(reform)politik

Die Reformszenarien der GRV lassen sich in einem ersten Schritt in systemimmanente und **systemändernde** Reformen unterteilen. Zu den populärsten Vorschlägen eines systemändernden Umbaus der GRV zählt die Einführung eines Kapitaldeckungsverfahrens, entweder auf privater Basis oder im Rahmen der GRV, sowie der Wechsel zu einer steuerfinanzierten Grundrente. Systemimmanente Änderungen zielen dagegen auf eine Modifizierung des gegenwärtigen Systems der GRV ab. Hierbei umfassen die Zielsetzungen unter anderem den Ausbau der Mindestsicherung, die eigenständige Sicherung der Frau, die Einbeziehung der Renten in die Besteuerung, die Einführung einer demographischen Komponente in die Rentenformel, die Erhöhung des Bundeszuschusses zur GRV oder Bildung eines Teilkapitalstocks. Im folgenden werden einzelne Vorschläge vorgestellt.

5.5.2.1 Systemverändernde Konzepte[68]

Die **Grundrente** ist ein wirtschaftsliberales Konzept, das aufgrund der demographischen Entwicklung und des ökonomischen und gesellschaftlichen Wandels favorisiert wird. Hinter diesem Konzept steht die Idee, daß jeder Person unabhängig von ihrer jeweiligen Erwerbs- und Lebensbiographie ab einem bestimmten Lebensjahr eine steuerfinanzierte Grundrente zur Verfügung steht, sofern gewisse Bedingungen erfüllt sind.[69] Die Höhe des Altersgeldes bewegt sich dabei auf oder knapp über dem Niveau der Sozialhilfe. Darüber hinausgehende Versorgungswünsche sind eigenständig auf dem Markt über Lebens- bzw. Zusatzversicherungen zu regeln. Diese Art der Eigenverantwortung entspricht auch dem Subsidiaritätsgedanken[70] und wird mit Hilfe dieser Überlegung gerechtfertigt.[71]

Die Idee einer steuerfinanzierten Grundrente ist nicht neu. In verschiedenen Ländern der Europäischen Union gibt es bereits im Rahmen der Alterssicherung Kombinationen von Grund- und Zusatzrenten. Beispielswei-

---

[68] Im folgenden werden keine **'Integrierten Steuer- und Transfersysteme'** behandelt, da diese Art der Absicherung primär nicht auf Alterssicherung abzielt. Zum Überblick über eine integrierte Grundsicherung vgl. Schildbach, S. (1997): S. 21-28.

[69] Vgl. Hauser, R.; Wagner, G. (1992): S. 603.

[70] Als Recht und Pflicht verlangt das Subsidiaritätsprinzip, daß die Aufgaben, wo immer es möglich ist, vom einzelnen oder von der kleineren Gemeinschaft durchzuführen sind. Vgl. Andel, N. (1992): S. 221.

[71] Vgl. Miegel, M.; Wahl, S. (1985): S. 64.

se unterteilt sich das Rentensystem in **Dänemark**[72] in eine steuerfinanzierte Volksrente und eine Arbeitsmarktzusatzrente (ATP-Zusatzrente).[73] Anspruch auf die Volksrente haben grundsätzlich nur dänische Staatsbürger, die das gesetzliche Rentenalter von 67 Jahren erreicht haben, sowie Ausländer, die gewisse Bedingungen erfüllen.[74] Allerdings beziehen nur jene Personen den vollen Betrag, die zwischen dem 15. und 67. Lebensjahr 40 Jahre im Land gelebt haben. Dem ATP-Zusatzrentensystem gehören nur die abhängig Beschäftigten zwischen dem 16. und dem 67. Lebensjahr an. Es werden nur Arbeitnehmer erfaßt. Bei diesem System wird nach einer Mischform aus Umlage- und Kapitaldeckungsverfahren ein einkommensunabhängiger fester Beitrag erhoben. Dieser richtet sich nach den wöchentlich geleisteten Arbeitsstunden und wird zu 1/3 von den Arbeitnehmenden und zu 2/3 von den Arbeitgebern getragen.[75] Außerdem können in Dänemark Personen zwischen dem 60. und dem 67. Lebensjahr eine Teilrente beziehen, sofern sie noch eingeschränkt arbeiten.[76] Die Finanzierung der Teilrente findet jedoch nicht über das Rentensystem, sondern über die Arbeitslosenversicherung statt. Des weiteren bestehen neben diesen Rentensystemen noch kollektive Zusatzrentenregelungen im privaten und öffentlichen Sektor.

Als **Vorteil einer steuerfinanzierten Volksrente** wird vor allem die Vermeidung von Armut im Alter angesehen.[77] Zudem erscheint sie menschenwürdiger als das gegenwärtige System der Sozialversicherungen in Deutschland. So erspart eine Volksrente den alten und älteren Menschen den bürokratischen Aufwand, um bspw. Sozialhilfe mit ihren vielfältigen Zusatzzahlungen zu beantragen. Gerade auch ältere Menschen empfinden das Empfangen von Sozialhilfe oftmals als einen demütigenden Vorgang und nehmen sie aus diesem Grund nicht in Anspruch. Durch die Einführung einer Volksrente könnte die versteckte Armut im Alter vermieden bzw. wenigstens reduziert werden. Andererseits würde die vollständige Einführung einer steuerfinanzierten Mindestrente jedoch aus sozial- und wirtschaftspolitischer Sicht auch **Probleme** aufwerfen.[78] Neben der Übergangsproblematik, die weiter unten im Rahmen des Kapitaldeckungsverfahrens diskutiert wird, ist vor allem problematisch, daß das

---

[72] Zum Rentensystem in Dänemark vgl. ausführlich Pöhler, K. (1993).

[73] ATP steht als Abkürzung für Arbejdsmarkedets Tillægspension.

[74] Zu den Anspruchsvoraussetzungen vgl. Pöhler, K. (1993): S. 21-24.

[75] Vgl. Pöhler, K. (1993): S. 15.

[76] Vgl. Pöhler, K. (1993): S. 28-29.

[77] Vgl. z.B. Schmitz, H. (1983): S. 172.

[78] Vgl. dazu auch Hauser, R.; Wagner, G. (1992): S. 603-605.

bewährte Ziel der Lebensstandardsicherung im Alter nicht gewährleistet ist. Aus sozialpolitischer Sicht spricht gegen eine Grundrente, daß die Einkommensverteilung im Alter im Bereich oberhalb des Grundrentenniveaus, das identisch mit dem Satz der Sozialhilfe ist, ungleicher wird, da das Vermögen ungleicher als das Erwerbseinkommen bzw. als die daraus abgeleiteten Renten verteilt ist. Für Personen mit Einkünften aus Vermietung, Verpachtung, Vermögen und Kapitalanlagen stellen sich sicherlich keine größeren Probleme zur Finanzierung eines angemessenen Lebensabends. Aber "die weit überwiegende Zahl der Arbeitnehmerhaushalte ist aufgrund ihres niedrigen Arbeitseinkommens weder fähig noch bereit, solche hohen Vermögensbeiträge anzusammeln"[79]. Hinzu kommt noch eine überwiegend ablehnende Haltung in der deutschen Bevölkerung gegenüber diesem Konzept.[80] Gleichwohl wäre eine Ergänzung des bundesrepublikanischen Systems durch eine Mindestrente organisatorisch möglich und aus sozial- und wirtschaftspolitischen Gesichtpunkten diskussionswürdig.

Eine zweite Alternative zum gegenwärtigen System der umlagefinanzierten GRV wäre die Einführung eines **Kapitaldeckungsverfahrens**. Seine Befürworter[81] postulieren, daß bei dieser Finanzierungsart die gesetzliche Altersversorgung vom demographischen Wandel unabhängig ist und ein höheres Wachstum ermöglicht. Zweifelsohne besteht aus mikroökonomischer Perspektive (auf der Ebene des Individuums oder des einzelnen Haushalts) ein Unterschied zwischen Umlage- und Kapitaldeckungsverfahren, da beim letzteren Verfahren der einzelne einen Kapitalstock anspart und diesen im Alter aufbraucht, so daß - wenn alles andere gleich bleibt - die demographische Entwicklung keinen Einfluß hat, sofern dadurch nicht die Rendite bzw. der interne Zinsfuß der Kapitalanlage beeinflußt wird. Aus makroökonomischer Sicht sind die Differenzen zwischen beiden Finanzierungsarten gleichwohl von geringerer Bedeutung. Es existiert kein Versicherungssystem, das überleben kann, wenn längerfristig die Gesamtausgaben die Gesamteinnahmen übersteigen. Hierzu sei auf Mackenroth verwiesen, der folgende These vertritt: "Nun gilt der einfache und klare Satz, daß aller Sozialaufwand immer aus dem Volkseinkommen der laufenden Periode gedeckt werden muß."[82] Zwar unterstellt der Mak-

---

[79] Bäcker, G. u. a. (1989): S. 283.

[80] Vgl. Schmähl, W. (1988): S. 18.

[81] Z. B. Homburg, S. (1997): S. 61-85; Berthold, N.; Schmid, C. (1997): S. 143-167.

[82] Mackenroth, G. (1952): hier S. 267.

kenrothsche Satz erstens eine geschlossene Volkswirtschaft[83] und zweitens ignoriert er eine eventuell vorhandene Abhängigkeit des Sozialprodukts vom Alterssicherungsverfahren.[84] Es werden jedoch beide Einschränkungen bzw. Annahmen von den Verfassern als nicht so gravierend angesehen, daß die Gültigkeit dieser These in Frage gestellt wird,[85] denn "es [ist] eine empirisch völlig offene Frage, ob die vom Aufbau eines Kapitalstocks erhofften Wachstumswirkungen tatsächlich eintreten [...]."[86] Darüber hinaus ist das Kapitaldeckungs- dem Umlageverfahren hinsichtlich der Inflationsanfälligkeit und dem Wechselkursrisiko[87] unterlegen. Schließlich würde die vollständige Ablösung des Umlageverfahrens durch ein Kapitaldeckungssystem in der Übergangszeit zumindest die heutigen Erwerbstätigen doppelt belasten. Zum einen müßten sie für die gegenwärtige Rentnergeneration die Rentenzahlungen finanzieren (u. a. wegen Vertrauensschutz) und zum anderen für sich selbst einen adäquaten Kapitalstock aufbauen.[88] Allerdings werden in der wirtschaftspolitischen Literatur ebenfalls Wege aufgezeigt, die auch in Deutschland einen Übergang vom Umlage- zum Kapitaldeckungsverfahren ermöglichen sollen.[89]

5.5.2.2 Systemimmanente Konzepte

Neben diesen systemverändernden Reformen der GRV werden in der wirtschaftswissenschaftlichen Literatur auch **systemimmanente Änderungen**[90] diskutiert, die die Funktionsfähigkeit der GRV gewährleisten sollen. Einige Reformvorschläge werden im folgenden vorgestellt.

---

83 Das heißt, es wird nur eine rein nationale Ökonomie ohne außenwirtschaftliche Verflechtung betrachtet.

84 Mackenroth unterstellt, daß die laufende Wertschöpfung von der Art und Höhe der Rentenfinanzierung unabhängig ist und kein Zusammenhang zwischen Sparen, Realkapitalbildung und Wirtschaftswachstum besteht.

85 Eine andere Auffassung wird unter anderem vertreten von Börsch-Supan, A. (1997): S. 20-204; Berthold, N.; Schmid, C. (1997): S. 150-151.

86 Rolf, G.; Wagner, G. (1996): S. 28.

87 Das Wechselkursrisiko tritt dann auf, wenn internationale Anlagemöglichkeiten gewählt werden, mit dem Ziel länderspezifische Risiken (wie z.B. demographische Entwicklung) zu begrenzen.

88 Der Umfang des Kapitalstocks müßte gegenwärtig etwa 10 Billionen DM betragen, um die Rentenansprüche vollständig durch ein Kapitaldeckungsverfahren zu befriedigen. Vgl. Husmann, J. (1996).

89 Vgl. Neumann, M. (1997).

90 Vgl. dazu auch Hauser, R.; Wagner, G. (1992): S. 606-610.

Die Weiterentwicklung und Anpassung des gegenwärtigen Systems der GRV kann sowohl die Finanzierung als auch die Ausgabengestaltung der GRV betreffen. Auf der **Einnahmenseite** könnte kurzfristig die prekäre finanzielle Situation dadurch verbessert werden, daß versicherungsfremde Leistungen aus allgemeinen Haushaltsmitteln finanziert werden. Demnach müßte der Bundeszuschuß um etwa 50 Mrd. DM erhöht werden, wodurch der Beitragssatz zur GRV um etwa 4 Prozentpunkte gesenkt werden könnte.[91] Als langfristige Option kann die Gruppe der Beitragszahler ausgeweitet werden. Personen die bisher noch nicht pflichtversichert sind, wie z. B. Selbständige, Beamte, Hausfrauen und -männer können als Pflichtversicherte in die GRV einbezogen werden. Eine andere Strategie besteht darin die Beitragsbemessungsgrundlage zu verbreitern, so daß nicht nur das Bruttoarbeitseinkommen versicherungspflichtig ist, sondern bspw. auch Einkünfte aus Vermietung und Verpachtung. Des weiteren sind wirtschaftspolitische Maßnahmen denkbar und auch schon in Erwägung gezogen worden, die die **Ausgabenseite** der GRV betreffen. Dazu zählen: Reduzierung des Rentenniveaus, Reduktion der anzurechnenden Ersatzzeiten und versicherungsmathematisch bestimmte Zu- und Abschläge bei einem vorzeitigen bzw. späteren Austritt aus dem Erwerbsleben.

Neben diesen eher punktuellen Reformvorschlägen existieren in der ökonomischen Literatur auch umfassende Konzeptionen für die Weiterentwicklung und Anpassung des derzeitigen Systems der GRV. Im folgenden wird exemplarisch das von Gabriele Rolf und Gerd Wagner konzipierte Konzept des **"Voll Eigenständigen Systems der Altersvorsorge (VES)"**[92] vorgestellt. Grundlage des Systems sind folgende Annahmen:

1) Es besteht Versicherungspflicht für alle Wohnbürger, auch für Nichterwerbstätige;
2) Splitting der in einer Ehe erworbenen Rentenanwartschaften;
3) Einführung eines Mindestbeitrags; dadurch erhält jede Person einen Rentenanspruch;
4) Ausfallzeiten (z.B. Kindererziehung und Pflegetätigkeiten) werden von dem Staat übernommen;
5) Aufgrund der unter 2) getroffenen Annahme kann die bisherige Hinterbliebenenversorgung prinzipiell entfallen. Auszahlungen von Hin-

---

91 1 Prozentpunkt des Beitragssatzes entspricht etwa 12,5 Mrd. DM Einnahmen der GRV. Vgl. VDR (1997).

92 Vgl. Rolf, G.; Wagner, G. (1992): S. 281-291; Rolf, G.; Wagner, G. (1994): S. 336-345.

terbliebenenrenten werden nur noch an junge, kindererziehende Angehörige vorgenommen.

Nichterwerbstätige sind gemäß Annahme 1) zur Beitragszahlung verpflichtet. So kommt zum Beispiel für Schüler und Studierende das Amt für Ausbildungsförderung auf, für Arbeitslose entrichtet die Bundesanstalt für Arbeit die Beiträge.[93] Durch die Einbeziehung von Nichterwerbstätigen bei der Beitragszahlung soll ein verstärkter ökonomischer Zwang auf diese ausgeübt werden, damit sie eine Erwerbstätigkeit anstreben.[94] Durch das VES entfällt für Frauen ein Hindernis zur Erwerbsarbeit. Mit der verstärkten Erwerbsbeteiligung besteht auch ein Anreiz, Männer stärker an der Haus- und Familienarbeit zu beteiligen. Die Verteilung der Renten im VES viel gleichmäßiger als nach geltendem Recht.[95] Durch die Versicherungspflicht für alle und die damit einhergehend wachsende Nachfrage der Frauen nach Arbeit wird das Budget der GRV spürbar entlastet.[96] Von der GRV wird die bestehende Kopplung der Rentenhöhe an die bisher eingezahlten Beiträge beibehalten. Entzieht sich eine Person der Beitragszahlung, hat diese im Alter nur Anspruch auf Sozialhilfe. Werden jedoch Beiträge abgeführt, so liegt die Mindestrente über dem Sozialhilfeniveau.[97]

Abschließend kann festgehalten werden, daß bei einer Neuformulierung der Rentenpolitik, die aufgrund des demographischen, ökonomischen und gesellschaftlichen Wandels ansteht, die wirtschaftspolitischen Akteure die zuvor genannten Aspekte beachten sollten. Das historisch gewachsene System der GRV ist ein wesentlicher Teil der Alterssicherung. Für den größten Teil der älteren Menschen ermöglicht dieses System eine zufriedenstellende Versorgung mit materiellen Ressourcen. Das bewährte Ziel der Lebensstandardsicherung im Alter wird überwiegend erreicht. Dies drückt sich auch in der relativ hohen Zufriedenheit der deutschen Bevölkerung mit dem Netz der sozialen Sicherheit aus. Eine Reduzierung der gesetzlichen Alterssicherung auf eine bloße Mindestsicherung entspricht nicht den Wünschen der Menschen.[98]

---

[93] Vgl. Rolf, G.; Wagner, G. (1994): S. 339.

[94] Vgl. Hauser, R.; Wagner, G. (1992): S. 609.

[95] Vgl. Rolf, G.; Wagner, G. (1996): S. 31.

[96] Vgl. Rolf, G.; Wagner, G. (1994): S. 341.

[97] Vgl. Rolf, G.; Wagner, G. (1994): S. 340.

[98] Vgl. dazu ausführlich die empirische Datenlage in Rinne, K.; Wagner, G. (1995).

5.5.3. Altengerechte Infrastrukturpolitik

Eine altengerechte Infrastruktur umfaßt viele, zum Teil interdependente Bereiche. Dazu zählen unter anderem Altenhilfeeinrichtungen, ambulante Dienstleistungen[99], Wohnungsbau sowie die regionale und kommunale Verkehrsinfrastruktur. Im folgendem wird nur ein Gebiet einer altengerechten Infrastrukturpolitik behandelt - der **Wohnungsbau**. Der Sinn dieser exemplarischen Darstellung besteht darin, daß ein Eindruck gewonnen werden kann, welche Aspekte bei einer Alterspolitik zu beachten sind und inwieweit eine Bearbeitung dieser Aufgaben für das Gesamtsystem und seine Subsysteme sinnvoll ist. Der Wohnungsbau wurde deshalb ausgewählt, weil hier sowohl die Interdependenz zwischen verschiedenen Infrastrukturmaßnahmen als auch die alterspolitischen und volkswirtschaftlichen Vorzüge einer derartigen Politik deutlich werden.

Ein altengerechter Wohnungsbau umfaßt neben dem Neu- und Umbau von Wohnungen für Ältere weitere Infrastrukturbereiche. Insbesondere sind ambulante Dienste für pflegebedürftige alte Menschen sowie ein altengerechter öffentlicher Personennahverkehr notwendig, damit die Älteren so lange wie möglich in ihrer bisherigen Wohnung leben können und nicht in einer institutionellen Alteneinrichtung (z.B. Altenwohnheim) leben müssen. Dadurch haben sowohl die Gebietskörperschaften als auch Sozialversicherungsträger **und** die älteren Menschen geringere Ausgaben, da der Verbleib in der eigenen Wohnung i. d. R. weniger Kosten verursacht als eine Unterbringung in institutionellen Alteneinrichtungen.[100] Diese Art der Versorgung entspricht auch den Lebenszielen der Älteren, denn meistens wollen diese so lange wie möglich in ihren eigenen "vier Wänden" wohnen bleiben.[101] Dementsprechend sind die am Wohnungsmarkt für ältere Menschen beteiligten Akteure (die Träger der freien Wohlfahrtspflege, die Gebietskörperschaften, die Wohnungsunternehmen, die älteren Menschen selbst sowie ihre Interessenvertretungen) gefragt, neue Möglichkeiten einer altengerechten und sozialpolitisch vertretbaren Wohnungspolitik aufzuzeigen und zu verwirklichen. Eine Bearbeitungsstrategie könnte hier der "**integrierte Wohnungsbau**" darstellen. Im allgemeinen wird unter integriertem Wohnen ein stadtteilbezogenes Zusammenleben von jungen und alten Menschen verstanden. Es leben mehrere Generationen aus verschiedenen sozialen Gruppen in einer mit Gemeinschafts-

---

99 Ein (wichtiger) Bereich der ambulanten Dienstleistungen sind ambulante Pflegeleistungen. Dieser Aspekt wird im 9. Kapitel ausführlich behandelt.

100 Dieser Aspekt wird im 9. Kapitel behandelt.

101 Vgl. Infratest Sozialforschung, Sinus und Horst Becker (1991): S. 28-40.

einrichtungen verbundenen Wohnanlage zusammen. Anregungen zu solchen Projekten können aus Erfahrungen des Auslandes gewonnen werden. Insbesondere die skandinavischen Länder und die Niederlande haben bereits mehrfach solche Wohnprojekte für und mit älteren Menschen realisiert.[102]

Dazu ist eine ex-ante Formulierung von sozialpolitischen und wohnungspolitischen Zielen notwendig. Ergänzend haben die politischen Parteien die Möglichkeit sowie die Aufgabe, in der parlamentarischen Diskussion die Rahmenbedingungen durch ordnungspolitische Maßnahmen (z. B. Veränderung der Raumordnungspolitik) zu ermöglichen und gegebenenfalls auch noch durch prozeßpolitische Maßnahmen (z. B. steuerliche Begünstigungen) zu fördern.

Des weiteren sind auch technische Möglichkeiten zu identifizieren, die den Wohnkomfort und die Wohnsicherheit der älteren Menschen in ihrer eigenen Wohnung erhöht. Ein Beispiel hierfür sind die **"intelligent homes"**[103]. Da das Leben im Alter seine eigenen Bedürfnisse hat (z. B. kleinere Wohnung) und da sich die physiologischen Fähigkeiten der Menschen (Sehvermögen, Gehör sowie Bewegungsapparat) mit zunehmendem chronologischem Alter verändern können, bedarf es oftmals nur einiger architektonischer Veränderungen der bisherigen Wohnung, damit ein komfortables und sicheres Wohnen in den "eigenen vier Wänden" gewährleistet ist. Beispielsweise fällt das Erkennen und Unterscheiden von Blau- und Grüntönen im Alter besonders schwer. Die Kenntnis dieser Tatsache ist für eine altengerechte Farbenwahl im Wohnraum zu berücksichtigen.

Neben diesen technischen Aspekten sind auch betriebswirtschaftliche und rechtliche Perspektiven zu berücksichtigen. Es sind die finanziellen Möglichkeiten zu identifizieren und gegebenenfalls staatlich zu fördern, so daß eine altengerechte Umwandlung der bisherigen Wohnung oder der Erwerb von Wohneigentum für ältere Menschen möglich ist. Unter Umständen sind dazu auch Gesetzesänderungen notwendig.

Insgesamt kann festgehalten werden, daß es sowohl aus volkswirtschaftlicher wie auch aus alterspolitischer Sicht sinnvoll erscheint, über neue

---

102 Vgl. Deutscher Bundestag (1994): S. 238-239. Ein erfolgreiches Projekt des integrierten Wohnungsbau wurde in der Stadt Kempten fertiggestellt. Vgl. dazu Brech, J. u.a. (1994).

103 Vgl. allgemein zum "Intelligent Home" Heimer, T. (1993): Zur Ökonomik der Entstehung von Technologien: eine theoretische und empirische Erörterung am Beispiel des Intelligent Home, Marburg, Diss..

Wohnformen im Alter nachzudenken. Neue Bearbeitungsstrategien in diesem Bereich können andere Subsysteme hinsichtlich der Versorgungsfunktion im Alter entlasten und somit auch zur Funktionsfähigkeit des Gesamtsystems beitragen. Gleiche Überlegungen können und sollten auch für andere Bereiche der Infrastrukturpolitik angestellt werden. Zum Beispiel erhöht ein altengerechter Aus- und Umbau des öffentlichen Personennahverkehrs zum einen die Autonomie der Älteren. Zum anderen können dadurch insbesondere von staatlicher Seite (z. B. bei der Sozialhilfe) und von seiten der Sozialversicherungsträger Ausgaben gespart werden, sofern dadurch eine Unterbringung der älteren Menschen in institutionellen Alteneinrichtungen vermieden bzw. zumindestens zeitlich herausgeschoben werden kann. Eine altersgerechte ambulante medizinische und pflegerische Versorgung verstärkt diese Kostenersparnis, da eine stationäre Behandlung i. d. R. kostenintensiver ist als eine ambulante Behandlung.

5.5.4. Ergänzende Ansatzpunkte zu und von den anderen Grundfunktionen

Neben den zuvor beschriebenen Ansatzpunkten, die eine angemessene Bereitstellung von realen und monetären Leistungen bzw. Leistungsansprüchen für die älteren Menschen sicherstellen kann, wird die Versorgungsfunktion auch im Rahmen anderer Grundfunktionen sowie von anderen Subsystemen gewährleistet. Hierbei besteht die Aufgabe des Staates darin, zum einen durch ordnungs- bzw. prozeßpolitische Maßnahmen die anderen Subsysteme zu unterstützen. Zum anderen kann der Staat versuchen,44444444 das Verhalten der einzelnen Gesellschaftsmitglieder dahingehend zu beeinflussen, daß die Älteren durch bürgerschaftliches Engagement oder durch andere Subsysteme versorgt werden.[104] Zum Beispiel sollte es möglich sein, "im Bereich der Essen-, Einkaufs-, Betreuungs-, Reinigungs-, und Pflegedienste für Ältere sowohl über neugeknüpfte kleine Netze der Wohlfahrtorganisationen als auch über die ökonomischen Hebel neuer Märkte die Probleme zumindest partiell zu lösen. Eine Vernetzung im Sinne einer wechselseitigen Befruchtung von professionellen und unentgeltlich-freiwilligen Formen des Helfens ist dabei Voraussetzung des Gelingens."[105] In diesem Zusammenhang können Einheiten kollektiver Interessenwahrung (Gewerkschaften, Interessenverbände alter Menschen, etc.) für ihre älteren Mitglieder auch Leistungen kollektiver Selbsthilfe erbringen, sofern ihre Tätigkeiten über die Interessenver-

---

[104] Vgl. dazu auch die Ausführungen im 7. Kapitel.

[105] Klose, H.-U. (1992): S. 17.

tretung hinausgehen. Ebenfalls können gemeinnützige Unternehmen sowie Gruppen und Organisationen altruistischer Fremdhilfe (dazu zählen unter anderem die Wohlfahrtsverbände) Güter und Dienstleistungen für (bedürftige) ältere Menschen bereitstellen.

Inwieweit diese Subsysteme hinsichtlich der Versorgungsfunktion gesellschaftliche Verantwortung für die älteren Menschen übernehmen können und sollen, kann jedoch nur in einem gesellschaftlichen Diskurs erarbeitet werden.

BIN
WERTLOS

6. SINNGEBUNG UND SOZIALE INTEGRATION

Neben einer angemessenen Bereitstellung von monetären und realen Leistungen bzw. Leistungsansprüchen, die den älteren Menschen ein Leben ermöglicht, welches auf Selbständigkeit, Selbstbestimmung und Kompetenzerhaltung beruht, ist für ein erfolgreiches Altern auch eine soziale Integration der älteren Generation in die Gemeinschaft notwendig. Die Möglichkeiten für eine erfolgreiche soziale Integration der alten und älteren Menschen durch eine Beteiligung an gesellschaftlichen Aktivitäten, sind Gegenstand des Kapitels. Bevor diese im einzelnen dargestellt und diskutiert werden, erscheint es sinnvoll, die Begriffe „soziale Integration" und „personale Integration" zu erörtern und ihre Interdependenz aufzuzeigen.

Integration bedeutet soviel wie Eingliederung, Einordnung, Zusammenschluß oder Bildung übergeordneter Ganzheiten. Im Kontext einer Alterspolitik beinhaltet die soziale Integration die Eingliederung der älteren Menschen in die Gesellschaft bzw. in deren Subsysteme. Personale Integration oder Sinngebung ist dagegen eine Voraussetzung für eine soziale Integration, und bezeichnet den Prozeß eines Menschen, der selbst bereit ist, aktiv am Gemeinschaftsleben teilzunehmen. Dementsprechend hat eine erfolgreiche soziale Integration zwei Seiten. Sie setzt einerseits voraus, daß der ältere Mensch selbst bereit ist, aktiv am Gemeinschaftsleben teilzunehmen. Zum anderen müssen die einzelnen Subsysteme den Älteren die Möglichkeit bieten, sich zu integrieren und als gleichberechtigte Mitglieder an den Aktivitäten teilzunehmen.

6.1. Sinnfindung und personale Integration

Unter personaler Integration verstehen wir die Eingliederung eines Menschen in ein Gesellschaftssystem durch Sinngebung, d. h. dadurch, daß er in seiner Mitgliedschaft in der Gesellschaft, in seinem Leben als soziales Wesen und in seinem Handeln als solches einen Sinn erkennt. Verstanden als gesellschaftliche Funktion heißt dies, daß die Gesellschaft ihn einschließt (und nicht ausgrenzt) und ihm so eine persönliche Sinngebung ermöglicht. Im Kontext der Alterspolitik bedeutet dies: Das Gesellschaftssystem eröffnet allen Mitgliedern, insbesondere aber auch den alten und älteren Menschen Wege und Möglichkeiten zur Sinnfindung, damit diese sich in das Gesellschaftssystem einklinken können.

In unserer Gesellschaft gibt es Anzeichen für Defizite bei der Erfüllung dieser Funktion. Gerade im Hinblick auf alte Menschen scheint eher eine Behinderung stattzufinden. Darauf deuten u. a. die hohen Suizidraten älterer Menschen hin. Sie lagen 1988 bei der überfünfundsechzigjährigen Bevölkerung fast doppelt so hoch wie in den Altersgruppen unter 65 Jahren. In der Gruppe der Überfünfundsiebzigjährigen war sie noch einmal um das Doppelte höher.[1] Die Suizidforschung läßt erkennen, daß ein gewichtiger Grund für diese stark erhöhten Suizidraten in einem Sinnverlust zu suchen ist. Diese Menschen haben die Fähigkeit verloren, sich Ziele zu setzen bzw. etwas zu erreichen, zu bewirken oder zu vermeiden. Sie fühlen sich nutzlos oder überflüssig; damit können sie sich nicht mehr als wertvoll und wichtig erkennen. Psychologen bezeichnen dies auch als mangelnde Anpassung durch die Unfähigkeit zu (neuer) Sinnfindung, ein Prozeß, der sehr stark von der Lebensgeschichte und dem sozialen Kontext der Menschen geprägt wird. So treten bei Verwitwung, Alleinleben, Isolation, einem hohen Lebensstandard, einer Kindheit in zerbrochenen Familien oder Krisen (auch finanzieller Art) Suizide statistisch gehäuft auf. Dagegen sind sie bei Verheirateten, großer Kinderzahl, religiöser Bindung eher selten.[2]

Eine mißlungene Anpassung kann u. a. durch das Gefühl, nicht mehr gebraucht zu werden, und ein verringertes Selbstwertgefühl bedingt sein.[3]

Das Wort "Integration" beinhaltet in unserer Vorstellung ein aktives Handeln. Jemand integriert jemanden oder wird integriert bzw. in etwas einbezogen. Bei der personalen Integration aber, also der Einbeziehung einer Person in die Gesellschaft, handelt es sich um einen Prozeß, den nur das Individuum selbst bewirken kann, wobei die Sinnerfahrung hohe affektive und emotionale Anteile in sich birgt ebenso wie die Erfahrung des Sinnverlusts oder der Sinnlosigkeit.[4]

Man sagt, wir Menschen seien die einzigen Lebewesen, die Sinn brauchen (und sei er noch so begrenzt), um leben zu können. Wir brauchen Sinn, um von Tag zu Tag Ordnung, Zusammenhang und Bedeutung zu finden in dem, was wir tun, um Zukünftiges mit Vergangenem zu verknüpfen und um nicht ganz in Alltagsgeschäft und Banalität zu versinken.[5] Das

---

[1] Vgl. Schmitz-Scherzer, R. (1997): S. 31.
[2] Vgl. Schmitz-Scherzer, R. (1997): S. 32.
[3] Vgl. Schmitz-Scherzer, R. (1997): S. 33.
[4] Vgl. Schmitz-Scherzer, R. (1997): S. 14-15.
[5] Ernst, H. (1994): S. 22.

Leben ist sinnvoll, wenn es darin Ziele gibt. Als Dauerzustand ist Ziellosigkeit den Menschen unerträglich. Die Ziele, die unserem Leben Sinn geben, stellen für uns einen Weg dar, Glück und Zufriedenheit zu erreichen. Sinnkrisen und Sinnverlust können zu Depressionen, schweren gesundheitlichen Schäden und letztlich zu beabsichtigtem oder unbeabsichtigtem Selbstmord führen, wenn sie nicht für eine Neuorientierung genutzt werden können.

Sinn bezieht sich auf den Wert bzw. die Bedeutung, die eine Person einer Sache, einem Vorgang, einem Ereignis, einem Erlebnis, einer Aktivität oder einer Leistung beimißt. Die Frage nach dem Sinn des Lebens fragt nicht nur nach Zweck und Bedeutung und damit nach dem Wert der eigenen Person; sie beinhaltet zugleich den Aspekt der Forderung: Das Leben soll sich "lohnen" und bejaht werden können, und zwar nicht im Sinne irgend einer Fremdbestimmung, als Mittel für bestimmte, fremde Zwecke sondern im Sinne einer "Befreiung zu sich selbst", so daß Neuentwürfe von Handlungsalternativen möglich werden.[6]

Das Sinnsystem einer Person, von dessen Existenz viele psychologische Untersuchungen ausgehen, beinhaltet kognitive, emotionale und affektive Elemente. Es umfaßt Wissen über den Bezug der eigenen Person zu ihrer Welt bzw. Umwelt und ihr Selbstbild sowie dessen Veränderung in der Zeit. Es ist Grundlage für den Prozeß der Sinngebung und der Suche nach dem Sinn des eigenen Lebens in Auseinandersetzung mit der sozialen Umwelt und deren Gestaltung.[7]

Das Sinnsystem einer Person gibt ihr Ziel und Orientierung; es verleiht ihrem Leben Inhalt und Bedeutung. Es ist Teil ihres Selbstkonzepts und bestimmt ihr Selbstwertgefühl, d. h. das bewußte Erleben des Wertes der eigenen Persönlichkeit. Selbstwirksamkeit ist damit ein wichtiges Element der Sinngebung. Gemeint ist damit das Gefühl der Menschen, ihr Leben zu kontrollieren, das eigene Geschick lenken oder doch zumindest beeinflussen zu können. "Wer sich dagegen ausgeliefert und machtlos fühlt, ist schnell der Überzeugung, Spielball von sinnlos operierenden Mächten zu sein."[8]

Über den Prozeß der Sinnfindung klinkt sich das Individuum in die Gesellschaft ein, ein einzigartiger, individueller Prozeß: "Man kann sagen, daß die Instinkte durch die Gene weiter vermittelt werden, die Werte

---

6 Vgl. Hergemöller, B. U. (1985): S. 21-22.
7 Vgl.Schmitz-Scherzer, R. (1997): S. 15-16.
8 Ernst, H. (1994): S. 23.

durch die Tradition, der Sinn aber, der einzigartig ist, kann nur durch die persönliche Entdeckung gefunden werden."[9]

Einen solchen persönlichen Prozeß kann eine Gesellschaft weder veranlassen noch herbeiführen. Sehr wohl kann sie ihn jedoch einerseits behindern und erschweren andererseits auch erleichtern und fördern, indem sie Gelegenheiten schafft, in denen eine solche Sinnfindung stattfinden kann.

Als Ökonomen möchten wir hier nicht über die Möglichkeiten, Sinn zu finden, über die Sinnkrise und über die Frage nach der Herkunft von Sinn im allgemeinen sprechen. Hierzu verweisen wir auf die zu diesem Kapitel angegebene Literatur.

Uns geht es nur darum, an dieser Stelle auf die Notwendigkeit und die Bedeutung und damit auf die Aufgabe und Leistung eines Gesellschaftssystems hinzuweisen, allen Mitgliedern, insbesondere aber auch den alten und älteren Menschen, Wege und Möglichkeiten zur Sinnfindung zu öffnen und offenzuhalten. Wir hatten dies als eine wichtige Funktion für ein befriedigendes Altern identifiziert. Denn die Möglichkeit der Sinnfindung ist erforderlich, um das Leben lebenswert erscheinen zu lassen.

Das aber bedeutet, daß der Einbeziehung bzw. Wiedereinbeziehung älterer und alter Menschen in die gesellschaftliche Leistungserbringung und in andere soziale Netze eine große Bedeutung beizumessen ist. Der gesellschaftliche Prozeß der Differenzierung der Systeme und damit der Entstehung altenspezifischer, auf die Ausgrenzung älterer und alter Menschen hinauslaufender Systembildung ist mit seinen schädlichen Auswirkungen durch integrierende und hier speziell die Generationen und Altersgruppen wieder zusammenführende Prozesse zu ergänzen bzw. zu überwinden. Wenn Alterspolitik darauf abzielt, ein gutes Altern zu ermöglichen, wie wir es postuliert haben, dann hat die personale Integration hierfür einen sehr hohen Stellenwert.

6.2. Soziale Integration

Die Frage nach der sozialen Integration alter und älterer Menschen wurde in der gerontologischen Literatur lange Zeit parallel zu der Kontroverse zwischen der Disengagementtheorie und der Aktivitätsthese diskutiert. Beide theoretischen Konzepte gehen davon aus, daß eine Wechselwirkung zwischen Lebenszufriedenheit und sozialer Integration besteht. Allerdings waren die Aussagen der beiden Konzepte diametral entgegengesetzt. Ver-

---

[9] Frankl, V. E. (1978): S. 38, übersetzt durch die Verfasser.

treter der Disengagementtheorie behaupteten, daß in Übereinstimmung mit der gesellschaftlichen Erwartung ein gleitender und freiwilliger Rückzug der Älteren aus dem Gesellschaftsleben eine größtmögliche Lebenszufriedenheit nach sich ziehen würde. Eine soziale Desintegration der älteren Menschen wurde postuliert und gefordert. Dagegen sind die Vertreter der Aktivitätsthese der Meinung, daß ein altersbedingter Verlust von sozialen Rollen und Aufgaben die Lebenszufriedenheit im Alter mindert. Somit wurde eine soziale Integration der älteren Menschen postuliert und gefordert.[10]

Unseres Erachtens hat die soziale Integration bzw. Reintegration der älteren Menschen eine wichtige Funktion sowohl für die älteren Menschen als auch für die Gesellschaft als Ganzes. Zum einen besteht ein positiver Zusammenhang zwischen einer Einbindung in die Gesellschaft durch altersadäquate Rollen und dem physischen und psychischen Wohlbefinden der Älteren. Vor allem die äußeren Lebensumstände und Aspekte der psychischen und sozialen Situation, wie bspw. die soziale Integration oder das Gefühl des 'Nicht-mehr-Gebrauchtwerdens' haben bei den älteren Menschen einen zunehmenden Einfluß auf die Manifestation und den Ablauf von Krankheiten.[11] Darüber hinaus hat schon Aristoteles postuliert, daß der Mensch ein sprachliches (zoon logon echon) und ein politisches (zoon politikon), in der Stadt bzw. in der Gemeinschaft lebendes soziales Wesen ist.[12] Das heißt, für seine Lebens- und Überlebensfähigkeit sind soziale Kontakte lebenswichtig. Zum anderen können aus Sicht der Gemeinschaft durch eine erfolgreiche soziale Integration ihrer älteren Mitglieder (Sozial-)Ausgaben gespart werden. Damit wird nicht nur der angespannten finanziellen Lage der öffentlichen Hand, sondern auch dem Subsidiaritätsprinzip[13] Rechnung getragen. Nicht nur der Staat, in der Rolle des Versorgungsstaates, sondern auch die Gemeinschaft bzw. ihre Subsy-

---

[10] Zur Disengagementtheorie und zur Aktivitätsthese sowie zu deren Gültigkeit vgl. Abschnitt 2.1.2.

[11] Vgl. Gerok, W.; Brandstädter, J. (1992): S. 371.

[12] Vgl. Rentsch, T. (1992): S. 289.

[13] Dieses Prinzip verlangt zum einen, daß keine Sozialgebilde (z. B. der Zentralstaat oder die Bundesländer) Aufgaben übernehmen, die kleinere Sozialgebilde (z. B. eine Versicherungsgemeinschaft, soziale Netzwerke oder die Familie) oder einzelne aus eigener Kraft und Verantwortung mindestens gleich gut leisten können. Zum anderen verlangt das Subsidiaritätsprinzip aber auch, daß die größeren Sozialgebilde den kleineren jene (finanzielle oder infrastrukturelle) Hilfe geben, die sie brauchen, um ihre Aufgaben erfüllen zu können.

steme sollten für eine soziale Integration der älteren Menschen Verantwortung übernehmen.

Bevor im weiteren der Blickwinkel auf eine soziale (Re-)Integration der alten und älteren Menschen gerichtet ist, wird zunächst der Begriff 'soziale Integration' erörtert, um darauf aufbauend das gesellschaftliche Phänomen der sozialen Desintegration der älteren Generation aufzuzeigen sowie die damit verbundenen Probleme herauszuarbeiten.

6.2.1. Zum Begriff der sozialen Integration

Wie in der Einleitung zu diesem Kapitel ausgeführt wurde, bedeutet Integration soviel wie Eingliederung, Einordnung, Zusammenschluß oder Bildung übergeordneter Ganzheiten. Im Kontext einer Alterspolitik beinhaltet die soziale Integration die Eingliederung der älteren Menschen in die Gesellschaft bzw. in die einzelnen Subsysteme. Dazu zählen unter anderem das Familienleben, die Vereinsmitgliedschaft, die aktive Einbindung in Einheiten kollektiver Selbsthilfe, in Einheiten kollektiver Interessenswahrung bzw. in gemeinnützige Unternehmen. Eine erfolgreiche soziale Integration ist ein zweiseitiger Prozeß. Er setzt einerseits voraus, daß der ältere Mensch selbst bereit ist, aktiv am Gemeinschaftsleben teilzunehmen.[14] Andererseits müssen aber auch die einzelnen Subsysteme den Älteren die Möglichkeit bieten, sich zu integrieren und als gleichberechtigte Mitglieder an den Aktivitäten teilzunehmen.

Eine soziale Integration des Einzelnen basiert im wesentlichen auf sozialen Kontakten zu anderen Menschen. Damit solche sozialen Kontakte auch wirklich zur sozialen Integration beitragen, sollten die Kontakte einige der folgenden Merkmale aufweisen:

- jemandem zuhören;
- mit jemandem sprechen;
- jemandem helfen;
- sich untereinander beraten;
- an jemanden denken;
- auf jemanden warten;
- für jemanden arbeiten;
- zusammen etwas (er-)arbeiten,
- einander lieben, hassen oder gleichgültig sein.[15]

---

[14] Vgl. dazu die Ausführungen im Abschnitt 6.1.

[15] Vgl. Rentsch, T. (1992): S. 289.

Sofern die verschiedenen Subsysteme die soziale Integration der älteren Menschen gewährleisten und fördern wollen, sollten sie im Rahmen ihrer Aktivitäten diese Fähigkeiten und Bereitschaften zu guter Kommunikation berücksichtigen. Eine erfolgreiche Eingliederung der älteren Menschen kann nur dann stattfinden, wenn die Älteren das Gefühl haben, daß sie von der anderen Seite akzeptiert, verstanden, geschätzt sowie gebraucht werden und gleichzeitig nur jene Aufgaben zugeteilt bekommen bzw. jene Tätigkeiten ausüben, die ihren individuellen Stärken, Fähigkeiten und Wünschen entsprechen. Dies kann am besten durch die Übernahme altersadäquater Aufgaben und Rollen sichergestellt werden. Neben diesen Voraussetzungen, die zu einer erfolgreichen Integration beitragen und sich primär auf die Organisationsstruktur der verschiedenen Subsysteme beziehen, ist es von staatlicher Seite notwendig, eine altengerechte Infrastruktur bereitzustellen, damit die älteren Menschen auch die Möglichkeit haben, an den Aktivitäten der verschiedenen Subsysteme aktiv teilzunehmen. In vielen Bereichen existieren diesbezüglich Defizite.

6.2.2. Soziale Desintegration der Älteren als gesellschaftliches Phänomen

Eine soziale Desintegration ist für den Einzelnen immer mit einem sozialen Vakuum verbunden. Es besteht das Dilemma, daß der Einzelne in den verschiedenen Subsystemen der Gesellschaft weder Aufgaben noch Verantwortung hat bzw. übernehmen kann. Der Einzelne wird ausgegrenzt und seine sozialen Beziehungen reduzieren sich auf ein Minimum, obgleich seine Lebenszufriedenheit im wesentlichen von dem Vorhandensein sozialer Beziehungen abhängig ist.

Das Ausmaß der sozialen Desintegration älterer Menschen war und ist nicht in allen Gesellschafts- und Kulturkreisen identisch und hängt vor allem von ökonomischen, sozialen und politischen Umständen des Gesellschaftssystems ab.

In modernen (Wirtschafts)Gesellschaften tritt das Phänomen der sozialen Desintegration älterer Menschen vergleichsweise deutlich hervor. Zwischen den Stärken, Fähigkeiten und Wünschen einer wachsenden Anzahl alter und älterer Menschen hinsichtlich einer Partizipation an den gesellschaftlichen Aktivitäten und den unangemessenen Rollenstrukturen, die diese Gesellschaften bzw. ihre Subsysteme für die Anwendung, Belohnung und Erhaltung dieser Fähigkeiten, Stärken und Wünschen bereitstellen, besteht eine signifikante Diskrepanz. Dementsprechend wird der Platz der älteren Menschen in der Gesellschaft zutreffend als **'Rolle der**

Rollenlosigkeit' (strukturelle Diskrepanz) bezeichnet. „Veränderungen in der gesellschaftlichen Rollenstruktur sind hinter den sich rasch verändernden Fähigkeiten und Bedürfnissen der älteren Menschen zurückgeblieben.“[16] Die soziale Integration oder Reintegration der älteren Menschen ist ebenso zu einem Funktionsproblem geworden wie die (Re-)Integration der Älteren in den gesellschaftlichen Prozeß der Leistungserbringung.[17] Ältere Menschen werden aus der Gesellschaft nicht nur dadurch desintegriert, daß sie ab einem bestimmten chronologischen Alter in den Ruhestand versetzt werden, sondern in unserer heutigen Gesellschaft existiert eine Vielzahl von Mechanismen, die die ältere Generation sowohl explizit als auch implizit aus sozialen Gemeinschaften aussondert bzw. ausgrenzt. Anhand einiger Beispiele soll diese These belegt werden. Nach der Berufsaufgabe fällt für viele ältere Menschen die Möglichkeit weg, an sozialen Aktivitäten des Unternehmens (Betriebssport, Betriebsausflug, Stammtisch, etc.) teilzunehmen. Des weiteren befinden sich - aufgrund ökonomischer Überlegungen - viele Altenheime in infrastrukturschwachen Gebieten. Dadurch besteht für viele ältere Menschen nicht mehr die Möglichkeit, generationsübergreifende gesellschaftliche Aktivitäten wahrzunehmen. In diesem Zusammenhang ist auch der teilweise nicht altengerechte öffentliche Personennahverkehr zu nennen. Dieser stellt zum Teil für ältere Menschen ein unüberwindbares Hindernis dar, soziale Kontakte außerhalb der eigenen Wohnung wahrzunehmen. Durch technische Veränderungen der öffentlichen Verkehrsmittel, wie etwa die vollständige Umrüstung der Busse und Straßenbahnen auf Niederflurfahrzeuge, eine übersichtlichere Gestaltung der Fahrkartenautomaten und mehr altengerechte Sitzplätze in Bussen und Straßenbahnen, könnte das Unsicherheitsempfinden von älteren Menschen reduziert werden, so daß diese den öffentlichen Personennahverker als Mittel zum Zweck (hier die Aufrechterhaltung von sozialen Kontakten) wieder benutzen könnten.[18]

Staudinger und Dittmann-Kohli kommen hinsichtlich der sozialen Desintegration zu dem Ergebnis, daß „körperliche Behinderungen und die kulturell verbreitete Abneigung, ältere Menschen überhaupt in gesellschaftliche Aktivitäten einzubinden,“[19] Hauptgründe für die soziale Isolation im

---

[16] Riley, M. W.; Riley, J. W. Jr. (1992): S 443.

[17] Vgl. dazu die Ausführungen im 7. Kapitel.

[18] Vgl. allgemein zum Thema "Der ältere Mensch als Verkehrsteilnehmer": Bundesministerium für Familie und Senioren (1992, Hrsg.): S.88-98.

[19] Staudinger, U. M.; Dittmann-Kohli, F. (1992): S. 424.

Alter darstellen. Verstärkt wird diese soziale Desintegration durch den beobachtbaren Struktur- und Wertewandel der Familie.

Der Wandel der Familienstruktur[20] und die damit einhergehende Rollenlosigkeit älterer Menschen, die für die ältere Generation als Ganzes bzw. für die Gesellschaft zu strukturellen Diskrepanzen führt, kann sehr gut anhand eines interkulturellen oder historischen Vergleichs illustriert werden. In vorindustriellen Gesellschaften fand die soziale Integration der Älteren vor allem im Rahmen der Familie, der Sippe oder des Clans statt. Die Großeltern, die Großtanten oder die Großonkels übten eine tragende Rolle - mit all ihren Lasten und Ehren - bei der Kindererziehung aus. Heute wird diese Rolle bzw. familiäre Aufgabe nur noch vereinzelt von älteren Menschen wahrgenommen. Diese nicht mehr vorhandene familiäre Integration hat mehrere Ursachen. Erstens haben sich die Verwandtschafts- und Familienmuster im Laufe der Zeit geändert. Die Großfamilie, die zudem in einem Mehrgenerationenhaushalt zusammenlebte, existiert heute kaum noch. Die Familien haben sich durch eine Verringerung der Geschwister- und Kinderzahl verschmälert, so daß nicht mehr alle älteren Menschen den Status der Großmutter oder des Großvaters bzw. der Großtante oder des Großonkels innehaben. Zweitens ist aufgrund der Mobilitätsanforderungen der modernen Wirtschaftsgesellschaften oftmals eine direkte Betreuung der Enkel, der Großnichten oder Großneffen durch die älteren Familienmitglieder nicht mehr möglich. Denn die Großeltern oder die Großtanten und Großonkels wohnen häufig nicht mehr in der gleichen geographischen Region. Schließlich ist drittens ein Wertewandel bei der Kindererziehung festzustellen. Von vielen Eltern wird eine Kinderbetreuung in einem Kinderhort, in einer Krabbelstube oder einer ähnlichen Einrichtung präferiert. Somit erscheint es schwierig, in unserer heutigen Gesellschaft und insbesondere in den urbanen Gebieten, den Sinnverlust, der im Alter durch den Verlust sozialer Rollen und familiärer Integration entsteht, durch eine (Re-)Integration der älteren Menschen in die Kindererziehung entgegenzuwirken. Es ist zwar sinnvoll, diese Form der (Re-)Integration zu fördern. Es handelt sich jedoch hierbei nur um ein funktionales Äquivalent, das unseres Erachtens alleine nicht ausreicht, die Problematik der sozialen Desintegration der Älteren in unserer Gesellschaft per se zu lösen. Dementsprechend müssen andere Formen der sozialen (Re-)Integration der älteren Generation identifiziert und entwickelt werden.

---

[20] Aus makroökonomischer Perspektive können mit Hilfe der Geburten- und der Sterberate Merkmale der Familienstruktur bestimmt werden. Vgl. dazu Abschnitt 2.2.2.

Im letzten Abschnitt dieses Kapitels werden weitere funktionale Äquivalente skizziert, die neben einer familiären Integration auch andere Dimensionen der sozialen Integration berücksichtigen. Dabei sollten die funktionalen Äquivalente auch dahingehend überprüft werden, inwieweit sie aus theoretischer Sicht dem Idealbild einer sozialen Integration[21] gerecht werden.

6.2.3. Funktionale Äquivalente

Im letzten Abschnitt wurde deutlich, daß die soziale Desintegration der älteren Menschen ursächlich in der strukturellen Diskrepanz, in der Rolle der Rollenlosigkeit begründet ist. Neben einer (wieder) stärkeren Integration in Familie und Verwandtschaft, durch die Übernahme von altersadäquaten Rollen (z. B. Kindererziehung, Hilfe und Unterstützung im Haushalt oder Garten), erscheint es aber auch notwendig, andere Arten von Interventionen aufzuzeigen, die die strukturelle Diskrepanz verringern kann. Neue Aufgabenbereiche für ältere Menschen existieren in vielfältiger Hinsicht:

Im **Bildungswesen**; indem der ältere Mensch entweder selbst eine Lehrtätigkeit ausübt (Erwachsenen Lesen und Schreiben beibringt, eine Hausaufgabenbetreuung für Schülerinnen und Schüler anbietet, etc.) oder selbst noch einmal als Lernender zur (Volkshoch-)Schule bzw. zur Universität geht.[22]

Im **Freizeitbereich**; zum einen kann der ältere Mensch selbst eine kulturelle, sportliche oder ähnliche Dienstleistung für andere anbieten oder aktiv an den Angeboten von Vereinen, Clubs oder privatwirtschaftlichen Organisationen teilnehmen. Neben den speziellen Bereichen die für ältere Menschen (bspw. Seniorenveranstaltungen) angeboten werden, sind auch generationsübergreifende Tätigkeiten in Betracht zu ziehen. Ältere Menschen können unter anderem im Jugendbereich von Sportvereinen tätig sein oder in Erzählkaffees selbst erlebte historische Ereignisse, Geschichten oder Märchen erzählen. Schließlich können sie auch an Veranstaltungen aktiv teilnehmen, die von jüngeren Menschen angeboten werden (z. B. Tanzkurse oder Laientheater).[23]

---

[21] Vgl. dazu die Ausführungen im Abschnitt 6.2.1.

[22] Vgl. Mayer, K. U. (1992): S. 535-536.

[23] Vgl. Riley, M. W.; Riley, J. W. Jr. (1992): S. 447.

Im **politischen Bereich**; hier bietet sich vor allem eine vor- und außerparlamentarische Beteiligung von älteren Menschen auf kommunaler Ebene an.[24]

Im **sozialen Bereich**; hier sind ebenfalls die Gestaltungsmöglichkeiten vielfältig. Ältere Menschen können im Rahmen von Selbsthilfegruppen oder karitativen Einrichtungen arbeiten oder im Rahmen von sozialen Netzwerken tätig sein, die außerhalb von Arbeit und Familie stehen. Hierzu zählen unter anderem Nachbarschaftsgruppen, Hobbygemeinschaften oder Personen, die über Computer und Internet miteinander (regelmäßig) kommunizieren. Durch eine Teilnahme in sozialen Netzwerken können Bekanntschaften und Freundschaften entstehen. Diese beziehen sich zwar nur auf Lebensabschnitte und Lebensbereiche, aber dadurch kann das Leben im Alter einen neuen, qualitativ höheren Stellenwert erhalten.[25] Die Menschen (somit auch die Älteren) werden für eine bestimmte Zeit in eine Gemeinschaft eingebunden und sozial integriert.[26]

Unserer Meinung nach werden diese funktionalen Äquivalente in Zukunft für eine soziale Integration der älteren Menschen eine wichtige Funktion einnehmen. Denn durch die gegenwärtig schon sehr hohe durchschnittliche Lebenserwartung und den Wandel der Familienstrukturen sowie die Entberuflichung im Alter haben soziale Kontakte außerhalb von Familie und Erwerbsarbeit einen hohen Stellenwert, sofern es keine Gesellschaftspolitik der Ausgrenzung der älteren Generation aus dem Gemeinschaftsleben geben soll. Wie im Abschnitt 6.1 dargelegt setzt eine erfolgreiche soziale Integration zum einen den Willen des älteren Menschen voraus, sich zu integrieren. Zum anderen müssen aber auch die Subsysteme den Älteren die Möglichkeit bieten, sich zu integrieren. Schließlich kann der Staat die soziale Integration dadurch fördern bzw. nicht behindern, indem eine altengerechte Infrastruktur aufgebaut wird. Insofern ist der Staat mehr als nur Versorgungsstaat. Gleichwohl ist es unserer Meinung nach wahrscheinlich, daß eine erfolgreiche soziale Integration aus sozialpolitischer und finanzwirtschaftlicher Sicht die öffentlichen Ausgaben und insbesondere die Ausgaben der Sozialversicherungen für alte und ältere Menschen reduzieren wird. Formen sozialer Integration ergeben sich auch aus der Integration der älteren Generation in die gesellschaftliche Leistungserbringung, die Gegenstand des folgenden Kapitels ist.

---

[24] Vgl. bspw. Reggentin, H. (1997): S. 99-121.

[25] Vgl. Fooken, I. (1997): S.29.

[26] Vgl. o. V. (1994): S. 37.

VIELLEICHT KANN ICH MICH IN UNSERER GESELLSCHAFT NOCH IRGENDWIE NÜTZLICH MACHEN!?
ACH OMA, DENK DOCH NICHT IMMER ANS STERBEN!
T. Pfaffmann

7. INTEGRATION IN DIE GESELLSCHAFTLICHE LEISTUNGSERBRINGUNG

7.1. Gesellschaftliche Leistungserbringung als soziales und als wirtschaftliches Phänomen

Zur Erhaltung des Gesellschaftssystems und seiner Mitglieder ist aus volkswirtschaftlicher Sicht die Erbringung von Leistungen erforderlich. Die mittels dieser Leistungen erstellten Notwendigkeiten bzw. erwünschten Dienstleistungen und Güter werden gemeinhin als Erstellung des Bruttosozialprodukts oder Produktion bezeichnet. Zur Herstellung der Produktion müssen Leistungen erbracht werden, die wiederum Tätigkeiten voraussetzen. Diese werden im allgemeinen als „Arbeit“ bezeichnet. In der Umgangssprache sowie in der sozialwissenschaftlichen Literatur werden die Worte „Arbeit“ und „Erwerbstätigkeit“ häufig synonym verwendet. Bei genauer Betrachtung kristallisiert sich jedoch heraus, daß sich Erwerbs- oder Berufstätigkeit auf eine Arbeit unter vertraglichen Bedingungen bezieht, wobei die materielle Entlohnung ein Hauptcharakteristikum darstellt.[1]

„The annual labour of every nation is the fund which originally supplies it with all the necessaries and conveniences of life which it annually consumes, and which consists always either in the immediate produce of that labour, or in what is purchased with that produce from other nations."[2] In diesem berühmten Satz von Adam Smith zur Arbeit als Quelle des Reichtums der Nationen wird nicht nach bezahlter und unbezahlter Arbeit unterschieden, denn auch Letztere trägt zum Reichtum der Nationen bei.

Aus den bisherigen Ausführungen wurde deutlich, daß das Bruttosozialprodukt kleiner ist als die gesamte gesellschaftliche Leistungserbringung, denn diese umfaßt auch solche Leistungen, die nicht in das Bruttosozialprodukt eingehen wie z. B. die im Haushalt anfallenden Tätigkeiten einschließlich der Krankenbehandlung und Pflege aber auch ehrenamtliche Tätigkeiten und die Nachbarschaftshilfe. Wenn im folgenden von ökonomischer Integration bzw. Eingliederung in die gesellschaftliche Leistungserbringung gesprochen wird, so wird der erweiterte Ar-

---

[1] Vgl. Jahoda, M. 1983: S. 24 - 25.

[2] Smith, A. (1776;1960): S. 1.

beitsbegriff zugrunde gelegt, der neben der Erwerbsarbeit alle anderen Arbeitsleistungen umfaßt.

7.2. Integration in die gesellschaftliche Leistungserbringung als alterspolitische Grundfunktion

Unter Integration in den Prozeß der gesellschaftlichen Leistungserbringung ist zum einen die Eingliederung der älteren Erwerbspersonen in ein vertraglich abgesichertes Beschäftigungsverhältnis zu verstehen. Zum anderen fällt darunter die Fähigkeit des Systems, den älteren Menschen nach Abschluß ihrer Haupterwerbstätigkeit, also nach dem gesetzlichen (normalen oder durchschnittlichen) Renteneintrittsalter, auch andere, gesellschaftlich und individuell sinnvolle Beschäftigungsmöglichkeiten bereitzustellen.

Die Relevanz der alterspolitischen Grundfunktion „Eingliederung in den gesellschaftlichen Prozeß der Leistungserbringung" hat zwei Seiten, eine volkswirtschaftliche und eine soziale.

Die **volkswirtschaftliche Seite** begründet die Notwendigkeit der Integration damit, daß sich ältere Menschen in der ihnen zuwachsenden Lebenszeit nicht auf den Konsum beschränken können. Angesichts der wachsenden Zahl älterer Menschen und der Verschlechterung des Verhältnisses von Erwerbstätigen zu nicht mehr Erwerbstätigen werden die Älteren in Zukunft einen Teil der von ihnen in Anspruch genommenen Güter und Dienstleistungen selbst erstellen müssen.

Die **soziale Relevanz** der Integration durch eine Beteiligung an der gesellschaftlichen Leistungerstellung ergibt sich aus dem Selbstwertgefühl, das sie vermittelt, den menschlichen Kontakten, die sie ermöglicht und herbeiführt, sowie den allgemeinen Kompetenzen der Lebensbewältigung, zu deren Erhaltung sie beiträgt. Eine Integration der älteren Menschen in den Prozeß der gesellschaftlichen Leistungserstellung gewährleistet, daß sie mit systematischen Aufgaben konfrontiert werden und dabei ihre Kompetenz gefördert und gefordert wird. Arbeit strukturiert ihren Alltag. Somit werden die Älteren in soziale Beziehungen - Kooperation ebenso wie Konflikt und Abhängigkeit – integriert. Den Älteren wird ihr gesellschaftlicher Ort aufgezeigt und eine gesellschaftliche Identität ermöglicht.[3]

---

[3] Vgl. Kohli, M. (1992): S. 233.

Somit lautet die zentrale Fragestellung: Bietet das Gesellschaftssystem den älteren Menschen die Chance, durch gesellschaftlich sinnvolle Tätigkeiten an dem Prozeß der gesellschaftlichen Leistungserstellung entsprechend ihrer Motivation, ihren Möglichkeiten und ihren Fähigkeiten mitzuwirken und dabei eventuell ein zusätzliches Einkommen zu erzielen bzw. durch ihre Produktionstätigkeit reale Güter, Dienstleistungen und/oder Ansprüche auf zukünftige Gegenleistungen (z. B. Gutschriften von Pflegezeiten im Rahmen eines Service Credit Systems) zu erwerben. Aus der Sicht der evolutionären Systemtheorie stellten sich die folgenden zwei Fragen:

1. Inwieweit sind die Strukturen des Gesamtsystems bzw. der einzelnen Subsysteme evolutionsfähig?
2. Können die sich wandelnden Umweltbedingungen diese Integration leisten?

Es ist jedoch zu beachten, daß (bezahlte und insbesondere sozialversicherungspflichtige) Erwerbsarbeit im Unternehmen nicht die einzige Vergesellschaftungsform ist. Mitarbeit in anderen Organisationen, wie etwa in sozialen Netzwerken, in intermediären Institutionen (Vereinen, Parteien, Kirchen...) oder in Familie und Verwandtschaft sowie im Rahmen einer Nachbarschaftshilfe können diese gesellschaftliche Funktion ebenfalls erfüllen. Durch die Option, solche Tätigkeiten wahrnehmen zu können, fällt der ältere Mensch nach Beendigung seiner Haupterwerbstätigkeit nicht in eine Rollenlosigkeit. Es wird vermieden, daß er zum reinen Konsumenten und Hilfeempfänger abgestempelt wird.

7.3. Integration, Desintegration und Reintegration

Bei einer historischen Betrachtung von „Altern“ wird deutlich, daß die Ausgliederung von alten Menschen aus dem Prozeß der Leistungserbringung ein Konstrukt jüngerer Zeit ist. Die vorindustrielle Zeit ist dagegen durch **Integration** gekennzeichnet. In den traditionellen, nicht industriell produzierenden Gesellschaften, deren prägendes Merkmal das Selbstversorgungsprinzip und die Familie bzw. Sippe als Produktions- und Lebensgemeinschaft war, fehlte eine eindeutige Abgrenzung zwischen Arbeit und Nichtarbeit. Dementsprechend gab es auch keine Trennung zwischen Arbeitsleben und Ruhestand. Ebensowenig gab es eine Unterscheidung zwischen der Leistungserbringung für den Tausch mit Dritten

(Drittarbeit[4]) und für den eigenen Bedarf (Eigenarbeit). Auch hinsichtlich des Ausscheidens aus dem Produktionsprozeß gab es keine Altersgrenze. Solange der älter werdende Mensch in der Lage war, einen positiven Beitrag zur gesellschaftlichen Leistungserbringung zu leisten, tat er dies auch. Gleichzeitig fand in den meisten traditionellen Gesellschaften ein allmählicher Übergang von physisch schweren zu körperlich leichteren, altersadäquaten Beschäftigungen statt. Altwerden bedeutete nicht ökonomische Desintegration sondern Funktionswandel: Die Alten übernahmen andere Aufgaben in Familie und Gesellschaft, für die sie aufgrund ihrer Lebenserfahrung besonders qualifiziert waren und in denen die mit dem Alter verbundene Abnahme der physischen Leistungsfähigkeit sie weniger behinderte[5]. Außerdem gab es auch Kulturen, in denen ältere Menschen aufgrund des ihnen zugeschriebenen Erfahrungswissens, ihrer Abgeklärtheit und ihrer Weisheit wichtige gesellschaftliche Aufgaben und Funktionen wahrnahmen, insbesondere im politischen Bereich (alte Männer waren Häuptlinge und Führer und übten ihre Macht bis ins hohe Alter aus) und im familiären Bereich (z. B. war Geburtenhilfe überwiegend Domäne der alten Frauen).[6] Simmons kommt anhand einer vergleichenden Studie von 71 unterschiedlichen Stämmen, Völkern und Gesellschaften zu dem Resultat, daß die Interessen der alten und älteren Menschen recht uniform waren. Einerseits wollten sie ihre in jüngeren Jahren erworbenen Rechte, ihre Besitzstände, ihr Ansehen und ihre Fähigkeiten erhalten. Zum anderen wollten sie noch am Leben der anderen aktiv teilhaben. Die Teilnahme an den Aktivitäten der anderen wurde dem Nichtstun und Desinteresse vorgezogen.[7] Somit läßt sich feststellen, daß in vorindustriellen Gesellschaften eine Ausgliederung der alten Menschen aus dem gesellschaftlichen Leistungserstellungsprozeß weder üblich war noch bei den Betroffenen als wünschenswert galt.

Im mittelalterlichen Handwerksbetrieb war die Produktion für Dritte noch in den Haushalt des Meisters eingegliedert. Die strikte Trennung von Eigen- und Drittleistungen nahm erst im Merkantilismus mit der Entwicklung des Privaten, und damit auch des Privathaushalts und mit der Herausbildung der Manufakturen einen größeren Aufschwung. In den industriellen Gesellschaften erfolgte dann eine Beschränkung des

---

[4] Da der logische Gegenbegriff zu Eigenarbeit, nämlich Fremdarbeit, besetzt ist, sprechen wir im folgenden bei der Arbeit für Nicht-Familien- bzw. Haushaltsmitglieder von „Drittarbeit".

[5] Ritter, U. P. (1997), S. 327.

[6] Vgl. Elwert, G. (1992): S. 264-272.

[7] Vgl. Simmons, L. W. (1970/1945). S. 50 – 130.

Begriffs „Arbeit“ auf die Erwerbsarbeit. Erst jetzt kommt es zur **Desintegration**, wird Alter zu einer „kollektiv sozialen Problemlage“ und die Einführung von am chronologischen Alter orientierten Verrentungsgrenzen bzw. Ausgliederungen aus dem Produktionsprozeß als notwendig erachtet.[8]

Die Konstituierung des Alters durch Pensionssysteme und damit des Alters als einer festgelegten Phase der Nichterwerbsfähigkeit, verbunden mit der Ausgliederung aus dem Produktionsprozeß, hatte ihre Anfänge im europäischen Absolutismus. In Deutschland erfolgte die eigentliche Wende, die Arbeitsfähigkeit von den gesellschaftlichen Erwerbsmöglichkeiten abtrennte, mit der Einführung des Regelpensionssystems durch den Reichskanzler Otto von Bismarck. Im Jahre 1889 verabschiedete der Deutsche Reichstag das Gesetz über die Alters- und Invaliditätsversicherung. Mit der Einführung der Renten und Pensionen wurde nun der Verlust der Erwerbstätigkeit propagiert, während früher das Bestreben dominierte, die Erwerbsfähigkeit möglichst lange zu erhalten.[9] Dieser säkulare Rückgang der Erwerbstätigkeit fand nicht nur in Deutschland, sondern in den meisten westlichen Industrienationen statt. War vor 100 Jahren die Erwerbstätigkeit älterer Menschen die Regel, so ist sie heute - wie aus der folgenden Tabelle deutlich wird – in allen vier betrachteten Ländern fast verschwunden, wobei sie in den USA in diesem Zeitraum mit 15,2 v. H. fast doppelt so hoch war wie in der Bundesrepublik.

---

[8] Vgl. Deters, J. (1987): S. 4.

[9] Vgl. Ehmer, J. (1990): S. 80.

Tab. 7.1.: Erwerbstätigkeit der Männer im Alter von 65 und mehr Jahren, 1880 - 1985 (Angaben in Prozent)

\ Land Jahr*\	Deutsches Reich / BRD	Frankreich	Großbritanien	USA
1880 - 89	59,0	--	--	76,6
1890 - 99	58,0	66,7	64,8	73,8
1900 - 09	51,0	66,2	60,6	68,4
1910 - 19	--	--	56,0	63,7
1920 - 29	47,4	67,4 (62,2)	58,4	60,1
1930 - 39	28,6	53,7	47,5	58,3
1940 - 49	--	54,8	--	42,2
1950 - 59	--	36,2	31,0	41,5
1960 - 69	24,0	28,3	23,7	26,6
1970 - 79	10,8	13,9	15,6	20,7
1980 - 89	5,1	5,3	8,2	15,2

*Abweichende Zählungsjahre: Deutsches Reich: 1882, 1895, 1907, 1925, 1933; BRD: 1965, 1975, 1985; Frankreich: 1896, 1906,1921,1926,1936,1946,1954; 1965, 1975, 1985 Großbritannien: 1891, 1901, 1911, 1921,1931, 1951, 1965,1975,1985; USA: 1880, 1890, 1900, 1910, 1920, 1930, 1940, 1950, 1965, 1975, 1985; keine Daten vorhanden

Quelle: Ehmer, J. (1990): S. 137

Als Resümee dieser knappen historischen Betrachtung läßt sich festhalten, daß sich die Ausgliederung von alten und älteren Menschen aus dem Produktionsprozeß historisch entwickelt hat und keinesfalls einen natürlichen Prozeß darstellt. Es ist wichtig, dies zu betonen, denn damit ist die Ausgliederung aus dem Produktionsprozeß auch als evolutionssystemisch wandelbar zu begreifen. Zudem eröffnet eine solche Herangehensweise die Möglichkeit, nach neuen, historisch adäquaten Tätigkeiten für alte und ältere Menschen zu forschen.

Der Umfang der Desintegration, also der Ausgliederung der Älteren aus dem Produktionsprozeß wird deutlich, wenn die derzeitigen Erwerbsquoten betrachtet werden. Die folgende Tabelle zeigt die Erwerbsquoten in den alten Bundesländern für Frauen und Männer untergliedert nach Altersgruppen für die letzten 30 Jahre. Dabei wird insbesondere die Abnahme der Jugend- sowie Alterserwerbsarbeit deutlich. Beide Größen haben sich in den letzten 30 Jahren bei den Männern und den ledigen Frauen halbiert. Die geringere Jugenderwerbstätigkeit wird zum einen durch eine steigende Bildungsbeteiligung, zum anderen durch arbeitsmarktpolitische Maßnahmen (Umschulungen etc.)verursacht. Der Rückgang der Alterserwerbstätigkeit ist vor allem auf die massive Frühverrentung und die Einführung der flexiblen Altersrente ohne versicherungsmathematisch faire Abschläge zurückzuführen.

Tab. 7.2.: Erwerbsquoten in den Westdeutschland (in Prozentangaben) 1960 bis 1990

Alters-Gruppe	Männer				Frauen							
					ledig				verheiratet			
	in den Jahren											
	1960	1970	1980	1990	1960	1970	1980	1990	1960	1970	1980	1990
15 - 20	87	65	48	43	85	63	41	37	65	60	62	40
20 - 25	91	86	82	80	92	84	77	79	51	53	64	83
35 - 40	98	99	98	98	88	88	91	93	37	40	50	63
55 - 60	94	94	93	81	78	84	87	74	30	37	41	39
60 - 65	67	69	44	35	39	41	26	21	16	17	11	11
15 - 65	92	89	83	83	85	74	61	68	34	38	45	54

Quelle: Ritter, U.P.; Hohmeier, J.; Schädler, U. (1996): S. 50.

Diese „Entberuflichung des Alters" führt, wie bereits erwähnt, einerseits zu einer langen Alterszeit ohne Berufstätigkeit resultierend aus früher Berufsaufgabe und erhöhter durchschnittlicher Lebenserwartung und andererseits zu einem Prozeß der Berufsaufgabe. Dieser umfaßt die individuelle Einstellung sowie gesellschaftliche Zwänge und Möglichkeiten, die bei der Berufsaufgabe für die Älteren eine Rolle spielen.[10]

---

[10] Vgl. Abschnitt 3.1.2.

Somit ist nachvollziehbar, daß es zum einen in Deutschland gegenwärtig viele ältere Menschen gibt, die so früh wie möglich aus dem Erwerbsleben ausscheiden möchten. Zum anderen empfinden andere ältere Arbeitskräfte die gegenwärtige Regelaltersgrenze von 63 bzw. 65 Jahren als sogenannte "Ruhestandsguillotine". Diese Erwerbstätigen würden gerne in ihrem Beruf, auch jenseits der Regelaltersgrenze, weiterarbeiten. Schließlich gibt es noch eine dritte Gruppe von älteren Menschen. Diese wollen zwar nicht an ihrem bisherigen Arbeitsplatz weiterarbeiten, weil sie den psychischen und/oder körperlichen Belastungen nicht mehr standhalten können oder wollen, möchten sich aber gleichzeitig nicht völlig dem Mußegang hingeben, sondern würden gerne eine andere (Erwerbs-)Tätigkeit ausüben.

Unabhängig von den Wünschen der Betroffenen besteht in der gegenwärtigen volkswirtschaftlichen Situation nur selten eine für die älteren Menschen bzw. für die Rentnerinnen und Rentner Wahlfreiheit bezüglich ihres Arbeitsangebotes. Zum einen existieren für die (älteren) Arbeitskräfte gesetzliche Regelungen in bezug auf Arbeitsaltersgrenzen und Beitragszeiten der Sozialversicherungen, zum anderen wird die Wahlfreiheit durch arbeitsmarktpolitische und unternehmensinterne Entscheidungen eingeengt.

Denn gerade in wirtschaftlichen Krisenzeiten liegt für Arbeitgeber, aber auch für Gewerkschaften und Politiker die Lösung nahe, Arbeitsmarktprobleme im Betrieb bzw. auf gesamtwirtschaftlicher Ebene derart zu „lösen“, daß durch betriebliche und gesetzliche Regelungen ein frühzeitiges Ausscheiden aus dem Berufsleben möglich wird. Die Unternehmensleitung erhofft sich auf diesem Wege ein „Gesundschrumpfen“ ihres Betriebes. Dieser Stellenabbau erscheint aufgrund von technischem Fortschritt (Rationalisierung), sinkender Nachfrage und/oder zunehmender inländischer bzw. ausländischer Konkurrenz notwendig. Um keine Entlassungen vorzunehmen, wird der ältere Mitarbeitende durch einen „goldenen Handschlag“, d. h. durch finanzielle Zuwendungen vom Betrieb für einen frühen Berufsaustritt belohnt und dadurch unter Umständen zu einem vorzeitigen Berufsende bewogen.[11] Zudem werden durch indirekte staatliche Zuschüsse die Betriebe zu dieser Art des Stellenabbaus ermuntert. Sie erhalten teilweise auch direkte staatliche Zuschüsse, sofern sie für die jüngeren Beschäftigten eine Beschäftigungsgarantie aussprechen. Die Politiker erhoffen sich dadurch zumindest eine Stagnation bei den Arbeitslosenzahlen.

---

[11] Vgl. Lehr, U. (1986): S. 40.

Ältere Menschen befinden sich häufig in einem Dilemma: Die Gesellschaft schließt sie praktisch von der Möglichkeit zur Arbeit aus. Ihre Konkurrenz um Arbeitsplätze wird ungern gesehen. Ihre Arbeitskraft wird als minderwertig eingeschätzt. Die Abfindung, mit der sie aus der Arbeitswelt verabschiedet werden, soll sie dazu bringen, freiwillig vorzeitig in den Ruhestand zu treten. Die Funktion von Arbeit, Mittel für den Unterhalt und die Erfüllung von Wünschen und Bedürfnissen bereitzustellen, wird durch Rentenzahlungen abgedeckt. Ist es aber damit getan? Tritt jetzt die große Phase der Selbstverwirklichung, der Erfüllung früher versagter Wünsche und ähnliches wirklich ein oder hat Arbeit für das Individuum auch noch eine andere Funktion?

Die Abfindung enthält nicht nur die Botschaft "Mach Dir ein gutes Leben!", sondern auch die Botschaft "Du wirst nicht mehr gebraucht". Arbeit ist eben nicht nur Mühe und Leid, wie es die neoklassische Arbeitsmarkttheorie suggeriert, sondern auch Sinnstiftung. Sie vermittelt dem Individuum die Botschaft: Du bist etwas wert. Du wirst gebraucht. Deine Tätigkeit ist nützlich. Die Verneinung dieser Botschaft stellt für manche gewissermaßen einen Verstoß aus der Gesellschaft dar. Nicht nur die Selbstachtung des einzelnen wird damit in Frage gestellt, sondern auch die Wertschätzung, die er bzw. sie in der Gesellschaft genießt.

Besonders bei der Entscheidung der älteren Arbeitskräfte über eine Frühverrentung und ein Ausscheiden aus dem Erwerbsleben spielen diese nichtmonetären Einflußgrößen für viele eine wichtige Rolle. Mit Hilfe dieser Faktoren erscheint es möglich, zum einen den Trend zur Frühverrentung in Deutschland zu erklären, zum anderen die Motivation und die Beweggründe für den Ruhestand aufzuzeigen. Der Abbau der Alterserwerbstätigkeit war zwischen den Akteuren (Unternehmen, ArbeitnehmerInnen und Staat) tendenziell konfliktfrei, weil er zu großen Teilen den Interessen der älteren Beschäftigten entsprach und gleichzeitig aus arbeitsmarktpolitischer Sicht der Regierung wie auch aus personalpolitischer Sicht den Unternehmen wünschenswert erschien. Aufgrund von sogenannten "Push"- und "Pullfaktoren", also das Individuum ausstoßenden oder herauslockenden Kräften, läßt sich dieser konfliktfreie Abbau aus der Perspektive des arbeitenden Individuums näher beschreiben.[12]

---

[12] Vgl. Bäcker, G.; Naegele, G. (1993): S. 138-139.

... ES WIRD ZEIT FÜR DICH ZU GEHN ...
GEBURTSTAGSSTÄNDCHEN

Zu den wichtigsten **"Pushfaktoren"**, möglichst frühzeitig aus dem Erwerbsleben auszuscheiden, zählen:

- **Gesundheitliche Gründe**, vor allem bei körperlich belastenden Tätigkeiten.
- Die **betrieblichen Erwartungen** an die älteren Arbeitskräfte sind oft durch ein negatives Altersbild (Leistungsdefizite, Inflexibilität,..) geprägt[13], und daraus resultiert ein weiterer Grund,
- **Unzufriedenheit und Enttäuschung** mit den Arbeitsbedingungen, speziell in der Spätphase des Erwerbslebens.
- **Arbeitsplatzverknappung** aufgrund von Rationalisierungsmaßnahmen, Einschränkung der Produktion, Abwanderung des Betriebes in eine andere Region bzw. in das Ausland, und damit eng verbunden,
- **moralischer Druck der Gesellschaft** aufgrund der Arbeitsplatzverknappung in Zeiten hoher Arbeitslosigkeit[14] sowie
- **Resignation und Zukunftsängste** der Älteren vor einem drohenden Arbeitsplatzverlust oder vor neuen Technologien.

Diese "Pushfaktoren", die im Zeitablauf noch an Gewicht gewonnen haben, führen dazu, daß die Alternativkosten der Arbeit mit zunehmendem Alter steigen, bzw. daß der Wert der Arbeit mit zunehmendem Alter sinkt. Dies liegt in erster Linie an den Bedingungen der Arbeit, die in der Regel auf die Bedürfnisse der jüngeren Arbeitskräfte zugeschnitten sind, und wird zudem von der desolaten Arbeitsmarktsituation geprägt.

Zu den wichtigsten **"Pullfaktoren"**, die Arbeitnehmer dazu veranlassen, möglichst frühzeitig in den Ruhestand zu treten, zählen:

- Die durchschnittlich **bessere materielle Ausstattung** (Geld, Vermögen und Besitzgegenstände) älterer Menschen.[15]
- Die **positivere Einstellung zum Ruhestand** aufgrund von veränderten Gesellschaftsnormen und -werten, insbesondere im Vergleich zu Arbeitslosigkeit.

[13] Vgl. Lehr, U. (1990): S. 98-100.

[14] Vgl. Rosenmayr, L.; Rosenmayr, R. (1978): S. 101.

[15] Vgl. Tews, H. P. (1993): S. 34-35.

Ein früher Ruhestand wird von der Gesellschaft als verdient betrachtet, im Gegensatz zu den langen Ausbildungszeiten an den deutschen Universitäten (Internalisierung eines Rechtsanspruchs)

- **Die Veränderung der Infrastruktur für ältere Menschen.**[16] Das Aktivitätsspektrum im Ruhestand hat sich erweitert aufgrund eines - im Durchschnitt - höheren Bildungsniveaus sowie einer gesteigerten Mobilitätserfahrung und kann von den Älteren auch in Anspruch genommen werden.

Anhand dieser Ausführungen wird deutlich, daß vor allem die Pushfaktoren die älteren Arbeitskräfte aus der Erwerbsarbeit herausdrücken. Gleichzeitig wird der Ruhestand als gesellschaftlich akzeptable und wünschenswerte Lebensform für die Älteren angesehen. Unter volkswirtschaftlichen und insbesondere unter finanzwirtschaftlichen Aspekten wird andererseits heute der Ruhestand (Gleichgesetzt mit „Nichtstun" und „Entspannen" bzw. „Erholen") von der Gesellschaft und ihren Akteuren nicht mehr unumstritten als positive Errungenschaft der Moderne angesehen. Dabei ist jedoch zu beachten, daß die „Sicherheit" der künftigen Renten im Prinzip nicht nur von der Relation der Erwerbsfähigen zu den Rentenbeziehern abhängig ist, sondern auch vom Verhältnis der tatsächlich Erwerbstätigen zu den Nichterwerbstätigen. Nicht nur der demographische sondern auch der ökonomische und gesellschaftliche Wandel gefährden das Rentensystem. So z. B. die Tatsache, daß der Arbeitsmarkt immer weniger sozialversicherungspflichtige Arbeitskräfte aufnimmt bzw. aufnehmen kann.[17]

Der geschilderte Prozeß der Desintegration dürfte zu einem Abschluß gekommen sein. Er hat sich selbst ad absurdum geführt. Aber was könnte gemeint sein, wenn jetzt von einer Reintegration gesprochen wird? Soll der geschilderte Prozeß vollständig rückgängig gemacht werden. Ist der Ruhestand abzuschaffen? Soll etwas Neues an seine Stelle treten? Welche Alternativen stehen hierfür zur Verfügung? Welche Probleme treten auf ? Diese Fragen werden Gegenstand der folgenden beiden Unterkapitel sein.

---

[16] Vgl. Tews, H. P. (1993): S. 35-36.
[17] Vgl. Stephan, C. (1996): S. 52-53.

7.4. Integrationsformen

Für die Einbeziehung älterer Menschen in den Prozeß der gesellschaftlichen Leistungserbringung stehen drei prinzipiell unterschiedliche Formen mit allerdings zahlreichen Varianten und Kombinationsmöglichkeiten zur Verfügung:

- Eigenarbeit
- Ehrenamtliche Tätigkeiten und Freiwilligenarbeit und
- Nachberufliche Erwerbstätigkeit

7.4.1. Eigenarbeit

Unter Eigenarbeit verstehen wir die Leistungserbringung zur Deckung des eigenen Bedarfs an Gütern und Dienstleistungen. Im engeren Sinne bezieht sich Eigenarbeit auf einen einzelnen Haushalt. Daß diese Eigenleistungen einen sehr großen Beitrag zur Erstellung des Sozialprodukts leisten, zeigen Modellrechnungen über die Einbeziehung der Hausfrauentätigkeit in die Berechnung des Bruttosozialprodukts. Trotz unterschiedlicher methodischer Ansätze ergeben diese, daß der in der offiziellen Berechnung des BSP nicht enthaltene Beitrag der Haushaltsökonomie zu diesem in einer Relation von eins zu drei steht.[18]

Im weiteren Sinne umfaßt die Eigenarbeit auch Leistungen im Rahmen von Familie, Verwandtschaft, Freundeskreis oder Nachbarschaft. Wir werden hier den Schwerpunkt der Ausführungen auf die Familie beschränken. Um produktive Rollen für die Älteren in den Familien aufzuzeigen, ist es notwendig, zunächst einmal die Familienstrukturen darzustellen. Die folgenden Ausführungen beziehen sich auf Deutschland, wobei zweifelsohne starke Parallelen zu anderen westlichen Industrienationen vorhanden sind.

Zunehmend mehr verheiratete Männer und, wenn auch in geringerem Umfang, Frauen (Feminisierung des Alters[19]) haben die Möglichkeit gemeinsam alt zu werden. Im Jahre 1870 lebte ein Ehepaar aufgrund einer geringen Lebenserwartung im Durchschnitt nur 23,4 Jahre zusammen, während 1970 diese Durchschnittszahl schon 43 Jahre betrug.[20] Des weiteren ist ein Rückgang der Geburtenzahl zu verzeichnen, wobei

---

[18] Vgl. Schettkat, R. (1982): S. 64.

[19] Zur Feminisierung des Alters vgl. 3.1.3.

[20] Vgl. Beck-Gernsheim, E (1993): S. 159.

sich die wenigen Geburten auf eine relativ frühe Zeitspanne im Familienzyklus konzentrieren. In Verbindung mit der durchschnittlichen Zunahme der Lebenserwartung bildet heute die "nachelterliche Phase" den längsten Zeitabschnitt im Familienzyklus nach einer Eheschließung.[21] Allerdings wird diese Aussage relativiert durch ein erhöhtes Scheidungsrisiko, wobei Ehescheidungen nach der Silberhochzeit keine Seltenheit mehr darstellen.[22] "Alt werden" ist somit nicht zwangsläufig mit "zusammen in der Ehe alt werden" verbunden. Aufgrund einer gestiegenen und weiter steigenden geographischen Mobilität, die für das Funktionieren unserer heutigen modernen arbeitsteiligen Wirtschaft erforderlich ist, und wegen des Bestrebens nach haushaltsmäßiger Unabhängigkeit bzw. Freiheit der jungen Familienmitglieder gegenüber den älteren Familienmitgliedern existiert in vielen Familien schon recht früh die Situation des "leeren Nestes", d. h. die (Ehe)-Partner leben zu einem früheren Zeitpunkt in ihrem Familienzyklus wieder ohne ihre Kinder zusammen.[23] Insbesondere für zahlreiche "Nur-Hausfrauen" ändert sich ihre Rolle; es eröffnen sich ihnen dadurch neue Chancen und Möglichkeiten.

Der hier beschriebene Wandel der Familienstruktur kann sich hinsichtlich einer Integration in den Prozeß der gesellschaftlichen Leistungserbringung negativ auswirken, da infolge der geringeren Familiengröße und des Phänomens des "leeren Nestes" für die älteren Familienmitglieder weniger produktive Tätigkeiten im Sinne von „gegenseitigem Helfen bzw. Unterstützen“ vorhanden sind. Beispielsweise waren früher, als die Geburten- und Sterbezahlen höher lagen, die Großeltern die knappe Ressource; dagegen gibt es heute eher einen Mangel an Enkeln.[24] Somit fällt eine traditionelle Rolle der Großeltern, das „Kinderhüten“ (Hausaufgabenbetreuung, Spielen, Geschichten vorlesen,...), für eine Vielzahl von Älteren weg. Des weiteren ist zu berücksichtigen, daß die von den Großeltern gewünschte und erhoffte enge Beziehung zu den Enkeln aufgrund der hohen geographischen Mobilität der jüngeren Generation oft nicht zustande kommt, oder von seiten ihrer Kinder bewußt vermieden wird. Ebenfalls können aufgrund der veränderten Familienstrukturen unter-

[21] Vgl. Beck-Gernsheim, E. (1993): S. 159.

[22] 1989 wurden auf dem Gebiet der heutigen BR Deutschland 14.193 Ehen nach 26 und mehr Ehejahren geschieden; dies waren 8 % aller Ehescheidungen. Vgl. Statistisches Bundesamt (1992): S. 42.

[23] Vgl. Beck-Gernsheim, E. (1993): S. 161.

[24] Vgl. Beck-Gernsheim, E. (1993): S. 163.

stützende Tätigkeiten im Haushalt, Garten oder am Haus an Bedeutung verlieren.

Allerdings ist auch eine entgegengesetzte Entwicklung möglich, ja sogar in vielen Fällen wahrscheinlich. Die Verringerung der Geschwisterzahl, die steigende Frauenerwerbstätigkeit sowie die steigenden Scheidungsraten auf der einen Seite und auf der anderen Seite das Fehlen von öffentlichen Infrastruktureinrichtungen (Ganztagsschule, Hausaufgabenbetreuung, Kindergärten,..) bewirken, daß viele Erziehende auf die Hilfe der älteren Generation bei der Betreuung ihrer Kinder angewiesen sind. Dies kann sowohl innerhalb der Familie als auch im Rahmen von Nachbarschaftshilfe oder im Freundeskreis geschehen.

Sofern ältere Menschen in ihre (Mehrgenerationen-)Familie integriert sind und eine emotional enge Beziehung zu den anderen Familienmitgliedern haben, wird ihnen die Aufgabe ihres Berufs leichter fallen; sie werden den Wunsch nach Ruhestand stärker artikulieren, da ein "intaktes" Familienleben für die Rentnerin und den Rentner in der Regel die Übernahme "wichtiger" Aufgaben impliziert.[25] Dabei ist es unerheblich, ob sie „unter einem Dach wohnen“ oder nur in der Nähe. Dadurch haben ältere Menschen, die nach dem Ausscheiden aus dem Erwerbsleben in unserer modernen Gesellschaft keine Rolle mehr haben, eine neue "wichtige" Rolle gefunden.[26] Denn emotionale Sicherheit aufgrund zwischenmenschlicher Beziehungen zu Partnern, Kindern, Enkeln und Verwandten entspricht zum einen dem Bedürfnis nach Geborgenheit und Nähe, zum anderen spielt das Gefühl gebraucht zu werden und Verantwortung für andere zu übernehmen ebenfalls eine große Rolle.[27] Dadurch kann der negative Effekt der Rollenlosigkeit, der durch die Aufgabe einer Erwerbsarbeit ausgelöst wird, (zumindest teilweise) kompensiert werden und eine Integration in den Produktionsprozeß erreicht werden. Es ist jedoch zu beachten, daß sowohl Geborgenheit und Freiheit als auch die Übernahme von „neuen“ produktiven Tätigkeiten in der Familie für die älteren Menschen wichtig sind, und diese keine einander ausschließenden Lebensansprüche darstellen dürfen.[28]

Die Familienstruktur übt auch einen indirekten Einfluß auf eine erfolgreiche Integration der alten und älteren Menschen in den Prozeß der Erbringung von Eigenleistungen aus. Alleinstehende und Doppelverdiener

[25] Vgl Staudinger, U. M.; Dittmann-Kohli, F. (1992): S. 430.

[26] Vgl. Riley, M. W.; Riley, J. W. Jr. (1992): S. 443.

[27] Vgl. Infratest Sozialforschung, Sinus und Becker, H. (1991): S. 39.

[28] Vgl. Infratest Sozialforschung, Sinus und Becker, H. (1991): S. 40.

(kleine Familien) besitzen im Alter eher die finanziellen Möglichkeiten nicht mehr zu arbeiten. Sie können somit eher nicht nur ihren Wünschen nach Freizeit und Konsum (z. B. Reisen) nachgehen sondern auch nach-Tätigkeiten in intermediären Institutionen, nach politischem Engagement oder der Beteiligung am Ausbau und Aufbau von sozialen Netzwerken außerhalb von Arbeit und Familie.[29]

7.4.2. Ehrenamtliche Tätigkeiten und Freiwilligenarbeit

In Deutschland arbeiten schätzungsweise 5,8 Millionen Menschen ehrenamtlich und freiwillig in Vereinigungen und Organisationen. Soweit altersspezifische Daten vorliegen, zeigt sich, daß überwiegend Personen, die sich im jüngeren und mittleren Erwachsenenalter befinden, solche Tätigkeiten ausüben.

---

[29] Vgl. Mayer, K. U. (1992): S. 534.

Tab. 7.3.: Engagementbereiche von Frauen und Männern in drei Altersgruppen

Bereiche	Männer in %	Rang	Frauen in %	Rang
		24 - 34 Jahre (n = 412)		
Soziales / Gesundheit	8,7	2	10,2	1
Sport	11,7	1	3,4	2
Partei / Gewerkschaft	6,8	3	2,7	3
		55 - 64 Jahre (n =)		
Soziales / Gesundheit	10,4	1	9,8	1
Kulturelle Vereine	8,4	3	2,7	3
Partei / Gewerkschaft	10,1	2	0,3	6
		65 - 70 Jahre (n = 93)		
Soziales / Gesundheit	3,2	2	14,0	1
Kulturelle Vereine	5,4	1	3,2	2
Partei / Gewerkschaft	2,2	3	2,2	3

Quelle: Deutscher Bundestag (1994): Bürgerbefragung zu sozialem Engagement in Göttingen, Karlsruhe, Worms und Würzburg (n= 1883), Forschungsinstitut für öffentliche Verwaltung, Köln, Speyer 1984: S. 196

Wie aus der Tabelle 7.3. zu entnehmen ist, engagieren sich Männer im Alter zwischen 55 und 64 Jahren überwiegend in den Bereichen Soziales und Gesundheit sowie im Rahmen von Parteien und Gewerkschaften. Die Frauen, die zu dieser Altersgruppe gehören, arbeiten auf ehrenamtlicher Basis fast ausschließlich in den Bereichen Soziales und Gesundheit. Ebenfalls ist dieser Tabelle zu entnehmen, daß die Frauen in der nächst höheren Altersklasse (65 - 70 Jahre) prozentual in noch stärkerem Maße in diesen Bereichen engagiert sind. Vergleicht man die entsprechenden Prozentzahlen für die Männer in der Altersklasse 55 - 64 Jahre mit den der nächsthöheren Altersklasse, so wird deutlich, daß ihr Engagement mit zunehmendem Alter abnimmt. Beispielsweise reduzieren sich ihre ehrenamtlichen Tätigkeiten in den Bereichen Soziales und Gesundheit um 7,2 Prozentpunkte, im Rahmen der Gewerkschafts- und Parteiarbeit sogar um fast 8 Prozentpunkte. Bei einer geschlechtsspezifischen Betrachtung von ehrenamtlichen Tätigkeiten im sozialen Bereich wird deutlich, daß ältere Frauen stärker in der Alten- und Nachbarschaftshilfe aktiv sind, während sich das Engagement der älteren Männer eher auf die Behindertenhilfe konzentriert.

Berücksichtigt man das soziale Milieu, so zeigt sich, daß sowohl jüngere als auch ältere Personen mit einem höheren sozialen Status in der Regel stärker in sozialen Netzwerken ehrenamtlich engagiert sind als Personen mit einem niedrigeren sozialen Status. Insbesondere wirkt sich hier das Wohnungsumfeld in Vororten und Trabantenstädten negativ auf ein ehrenamtliches Engagement aus.

Die Vielschichtigkeit möglicher ehrenamtlicher Mitarbeit von alten und älteren Menschen im sozialen Bereich zeigt die folgende Übersicht, ohne den Anspruch auf Vollständigkeit zu haben.

Übersicht 7.1.: Formen ehrenamtlicher Tätigkeiten älterer Menschen in sozialen Netzwerken

Alte und ältere Menschen können im Rahmen von bestehenden oder neu zu gründenden sozialen Netzwerken prinzipiell:[30]

- als Helfende und Organisatoren in Altenselbsthilfezentren aktiv werden,
- ehrenamtlich handwerkliche Leistungen, z. B. im Rahmen der „Kompanie des guten Willens“ der Allgemeinheit bzw. Bedürftigen zur Verfügung stellen,
- eine ehrenamtlich wirtschaftliche Beratungstätigkeit in einer Senioren Expertengruppe ausüben,
- als ehrenamtliche Helfende in Organisationen, wie etwa der Lebensabendbewegung oder zur Betreuung von Seniorenreisen tätig sein,
- im Rahmen von karitativen Organisationen (z. B. Diakonisches Werk, Caritas oder Arbeiterwohlfahrt) bei der Betreuung von Hilfebedürftigen mitarbeiten,
- als Ehrenamtliche in Sozialstationen mithelfen,
- als Betreuende und/oder bei der Gründung von Modellen zum gemeinschaftlichen Wohnen von jüngeren und älteren Menschen mitwirken,
- als Beratende und Helfende in Projekten, wie bspw. „Erfahrungswissen Älterer nutzen“ (Modellprojekt des Berliner Senats) ehrenamtlich tätig sein oder
- als Leistungserbringende im Rahmen von Seniorengenossenschaften.

Quelle: Eigene Darstellung.

Obgleich diese Liste nicht vollständig ist, wird durch die Betrachtung dieser unterschiedlichen Organisationen und der entsprechenden Zielsetzungen deutlich, daß es eine Vielzahl ehrenamtlicher Tätigkeiten gibt, die alte und ältere Menschen nach Abschluß ihrer Haupterwerbstätigkeit ausüben können. Allerdings erhält die staatliche Fürsorgepflicht, insbesondere die Sozialpolitik dadurch keinen „Freibrief“ beim Abbau von Sozialleistungen. Vielmehr sind solche sozialen Netzwerke wie auch

[30] Vergleiche auch Übersicht 7.4 und 7.6.

Selbsthilfegruppen als zusätzliches und ergänzendes Angebot zum bestehenden Sozialstaat zu betrachten. Mit anderen Worten:

Durch die ehrenamtliche Mitarbeit von alten und älteren Menschen im sozialen Bereich sollte es unter Umständen zum Umbau, es soll aber nicht zum Abbau des Sozialstaates kommen.

7.4.3. Nachberufliche Erwerbstätigkeit

Aufgrund der rechtlichen Regelungen, der betrieblichen Praxis bei der Einstellung von Arbeitskräften sowie der derzeitigen Wirtschafts- und Arbeitsmarktsituation, die durch hohe Arbeitslosigkeit und Stellenabbau gekennzeichnet ist, scheint für die Mehrheit der Älteren nur die Möglichkeit zu bestehen, aktives Altern in einer Situation zu praktizieren, welche nach bestehenden Werten und Normen als „Ruhestand" bezeichnet wird. Ein Berufsende kann für einzelne mit 55/58/60 Jahren durchaus sinnvoll sein, z. B. aufgrund :

- der persönlichen Bedeutsamkeit des Berufes,
- des Gesundheitszustandes,
- der familiären Situation, einem ausgeprägtem Freizeitinteresse und sonstigen außerfamiliären Aktivitäten,
- einer sehr guten finanziellen Absicherung im Alter.

Für andere kann wiederum ein frühes Berufsende aufgrund vielschichtiger Ursachen zu einer großen finanziellen und/oder seelischen Belastung werden.[31] Im weiteren wird nun besonders darauf eingegangen, welche Faktoren die Ruhestands- bzw. Arbeitsangebotsentscheidung der Älteren beeinflussen. Hinweise hierzu können zunächst diejenigen Berufe geben, in denen Ältere noch nach Erreichen der Ruhestandsgrenze von 65 Jahren weiterhin erwerbstätig sind. Auffällig ist hier, daß von den 65-69jährigen nur 7 v. H. der Männer und 3 v. H. der Frauen beruflich aktiv sind[32]. Bemerkenswert ist, daß 63 v. H der Erwerbstätigen über 65 Jahre **Selbständige** sind, während die Anzahl der abhängig Beschäftigten weitaus geringer ist.

Aus den Zahlen der Erwerbstätigen über 65 wird nicht ersichtlich, ob diese Tätigkeiten als Voll- oder Teilzeitarbeit ausgeführt werden. Jedoch ist aus der hohen Anzahl der Selbständigen abzuleiten, daß diese ihre

---

[31] Vgl. die Darstellung der Push- und Pullfaktoren in Abschnitt 7.4.1.

[32] Vgl. Statistisches Bundesamt (1991 b, Hrsg.): S. 88.

Arbeitszeit individuell flexibel, und damit auch ihren Bedürfnissen entsprechend gestalten können.

Tab. 7.4.: Die häufigsten Berufe 65jähriger und älterer Erwerbstätiger 1989 im früheren Bundesgebiet

Beruf	Erwerbstätige insgesamt		Davon 65 Jahre u. älter	
	1000	%	1000	%
Landwirte	387	1,4	21	8,4
Landwirt. Arbeitskräfte, Tierpfleger	400	1,4	50	19,5
Groß- u. Einzelhandelskaufleute				
Einkäufer	689	2,5	25	9,9
Verkäufer	1187	4,3	8	3,1
Unternehmer, Organisatoren, Wirtschaftsprüfer	857	2,1	21	8,0
Ärzte, Apotheker	269	1,0	14	5,3
Gästebetreuer	389	1,4	9	3,7
Reinigungsberufe	565	2,0	3	1,0
Zusammen	4752	17,1	151	58,9
Insgesamt	27742	100,0	256	100,0

Quelle: Statistisches Bundesamt (1991b, Hrsg.): S. 91.

Aus der Tabelle ergibt sich, daß die älteren Erwerbstätigen sich auf sehr wenige Berufsgruppen konzentrieren. Bei einer Betrachtung der Gesamtzahl der Erwerbstätigen binden diese Berufsgruppen jedoch nur eine geringe Anzahl von Beschäftigten. Der hohe Anteil der Selbständigen in diesen Gruppen ist zum einen auf die oftmals geringen Rentenzahlungen und zum anderen auf das Fehlen einer Berufsaustrittsgrenze zurückzuführen.

Es wird sich noch zeigen müssen, inwieweit das Urteil des Bundesarbeitsgerichts[33] über die Aufhebung der gesetzlich fixierten Ruhestandsgrenze die individuelle Entscheidung, weiterhin erwerbstätig zu sein oder in den Ruhestand zu gehen, die Arbeitnehmer dazu veranlaßt, nach dem 65. Lebensjahr weiter zu arbeiten. Einen Einfluß auf diese Entscheidung wird sicherlich auch der bisher ausgeübte Beruf haben, also insbesondere die Frage, ob er als Belastung oder Bereicherung angesehen wird. Des weiteren besteht bei einem Teil der älteren Erwerbstätigen eine sehr hohe Berufsbindung im Sinne einer Identifikation mit Betrieb und Arbeitsplatz. Ein anderer Teil ist aus finanziellen Gründen gezwungen zu arbeiten[34]. Diejenigen **älteren abhängig Beschäftigten,** die weiterhin erwerbstätig sind, beschränken sich in der Regel auf wenig qualifizierte Bereiche wie: Aushilfsarbeiten in Urlaubs- und Stoßzeiten, Telefondienste, Aufsicht bei Ausstellungen und Veranstaltungen, etc.[35]

Der in der Praxis zu beobachtende Trend zum Vorruhestand macht deutlich, daß der Ruhestand zunehmend als eigenständige Lebensphase gesehen wird, die von der bisherigen Erwerbstätigkeit abgekoppelt ist. Solange der überwiegende Teil der Älteren den Ruhestand als wohlverdient ansieht und froh ist, aus dem Erwerbsleben auszuscheiden und bei den Betrieben Überlegungen über mögliche Mehrkosten für altengerechte Arbeitsplätze dominieren, werden die unterschiedlichen Formen der Arbeitsgestaltung für Ältere auch kaum variieren. Dies würde zumindest bei Männern für eine Beibehaltung der "Normalbiographie" sprechen.

Einen Mittelweg zwischen der Weiterbeschäftigung Älterer und dem Ruhestand soll der gleitende Übergang eröffnen. Hier sind in der Gleitphase die **Modalitäten der Arbeitszeitverkürzung** (tägliche, wöchentliche, monatliche und/oder Jahresarbeitszeit) und mögliche **Veränderungen der Arbeitsstrukturierung** zu berücksichtigen. Obgleich die Möglichkeit des gleitenden Übergangs in Form von Altersteilzeit und Teilrente seit 1992 im deutschen Rentenrecht enthalten ist, war die Inanspruchnahme verschwindend gering. Seit 1992 haben nur etwa 2000 Personen von insgesamt 1,2 Millionen Rentenzugängen das Teilzeitmodell, das auf Vorschlag von Bundesarbeitsminister Norbert Blüm (CDU) eingeführt wurde, in Anspruch genommen. Auch in der chemischen Industrie, in der Zigarettenindustrie (die immer als positive Beispiele für das Modell des gleitenden Übergangs angesehen wurden) und in einzel-

---

[33] Vgl. o.V. (1991): S. 15.

[34] Vgl. Bäcker, G.; Naegele, G. (1993): S. 92.

[35] Vgl. Infratest Sozialforschung, Sinus und Becker, H. (1991): S.27.

nen Großunternehmen werden die seit vielen Jahren bestehenden Betriebs- oder Tarifvereinbarungen zur Altersteilzeit kaum in Anspruch genommen. Dies liegt vor allem daran, daß der Vorruhestand in Verbindung mit einer Abfindung, oder ein Übergangsgeld und Rente für die Arbeitnehmerinnen und Arbeitnehmer aus finanzieller Sicht attraktiver ist als der gleitende Übergang in Form von Altersteilzeit.[36] Dennoch könnte es sein, daß dieses Modell in Zukunft an Bedeutung gewinnt, wenn es z. B. über Vereinbarungen zwischen Arbeitgebern und Gewerkschaften attraktiver gestaltet wird.

7.5. Die Problematik der Reintegration

Wenn man aus dem bisher Gesagten das Postulat nach einer Reintegration älterer Menschen ableitet, dann ist eine solche Vorstellung bzw. Forderung für sich genommen nicht unproblematisch. Eine Reihe von Fragen sind noch zu klären. Im folgenden sollen drei Komplexe herausgegriffen und diskutiert werden: die inhaltliche Bestimmung des Begriffs „produktives Altern", die Leistungsfähigkeit älterer Menschen und die für die Leistungserbringung verfügbare Zeit.

7.5.1. Produktives Altern

Der Begriff „produktives Altern" klingt verführerisch, umfaßt er doch alles, was in diesem Kapitel über die Bedeutung der Integration in die gesellschaftliche Leistungserbringung gesagt wurde und stellt es in ein sehr positives Licht: Er hebt hervor, daß ältere Menschen durchaus nicht „zum alten Eisen" gehören müssen und keineswegs gesellschaftlich unproduktive, reine Leistungsempfänger sind. Er betont nicht nur die im Alter vorhandenen kognitiven, sondern gleichermaßen die alltagspraktischen Fähigkeiten und Fertigkeiten. Er plädiert für deren Einsatz zugunsten von Individuum und Gesellschaft.[37]

Daß alte Menschen produktiv auch im herkömmlichen ökonomischen Sinn sein können und auch sind, ist durch zahlreiche, auch international vergleichende Studien belegt.[38] Für Deutschland erwähnen Kohli und Kühne die in der Tabelle aufgeführten Werte für ausgewählte Tätigkeiten.

---

[36] Vgl. Hoffmann, W. (1996): S. 21.

[37] Vgl. Kruse, A.; Lehr, U. (1996): S. 7.

[38] Vgl. Kohli, M.; Künemund, H. (1996): S. 43–76.

Tab. 7.5.: Ausgewählte Tätigkeiten

	60 - 64 Jahre			65 - 69 Jahre		
	Gesamt (n=806)	Männer (n=297)	Frauen (n=510)	Gesamt (n=868)	Männer (n=289)	Frauen (n=579)
Erwerbstätigkeit oder freiwilliges Engagement	11,2 %	14,8 %	9,1 %	12,8 %	18,5 %	9,9 %
Betreuung von Kindern oder Pflegebedürftigen	35,1 %	28,4 %	39,0 %	31,2 %	31,9 %	30,2 %

Quelle: Kohli, M.; Kühnemund, H. (1996): S. 83.

Ob, wie und in welchem Umfang alte Menschen produktiv sein sollen oder sogar müssen, ist eine andere Frage. Der Begriff des produktiven Alterns kann normativ umgemünzt werden. Aus der Feststellung, daß alte Menschen durchaus produktiv sind, ist es ein kurzer Weg zu dem Postulat, daß sie produktiv sein müssen. Das läßt nicht nur die Forderung nach einer immer weiteren Heraufsetzung des gesetzlichen Ruhestandsalters oder eine Art Arbeitsverpflichtung für alte Menschen plausibel erscheinen, sondern kann auch dazu führen, daß der Produktivitätsbegriff der Ökonomie zum Maßstab genommen wird. Die Leistungen alter Menschen können damit den Spielregeln der Arbeitswelt unterworfen werden. Sie werden in die Leistungsgesellschaft einbezogen und der ökonomischen Ratio unterworfen. Aus der postulierten Integration bzw. Reintegration älterer Menschen in die gesellschaftliche Leistungserbringung wird eine Aufhebung der Entpflichtung des Alters.

Um sich von diesen Konsequenzen abzusetzen, ist im Zusammenhang mit der Verwendung des Begriffs „produktives Altern“ dem Produktivitätsbegriff ein die ökonomische Definition erweiternder Inhalt zu geben, der die direkte Beziehung zu bezahlter Arbeit und ihren Normen aufhebt. Dieser Begriff muß es vermeiden, die typischen Werte der westlichen Mittelklasse der mittleren Jahre fortzuschreiben und damit einen großen

Teil der älteren Menschen physisch, psychisch, mental und sozial zu überfordern. Marget Baltes fordert deshalb, daß der Produktivitätsbegriff so definiert wird, daß er Ziele ermöglicht wie inneren Frieden, soziale Nützlichkeit, Status, Kontinuität, die Berücksichtigung spezifischer Schwächen und Stärken sowie solche Möglichkeiten, die für diese Lebensperiode einzigartig sind.[39] Detlef Knopf wendet sich gegen ein auf ökonomische Nützlichkeitskriterien reduziertes Produktivitätskonzept und weist in diesem Zusammenhang darauf hin, daß Menschen in der nachberuflichen Lebensphase die Möglichkeit gegeben werden muß, in Verantwortung für sich selbst und für die Gesellschaft aktiv ihre Umwelt gestaltend tätig zu werden. Nicht unter ökonomischem Leistungsdruck kann die Produktivität der Alten am besten freigesetzt werden, sondern dort, wo sie sich als einzelne oder als Gruppe oder in einem Projekt Bereiche ihrer sozialen Umwelt neu erschließen.[40]

7.5.2. Leistungsfähigkeit und Leistungsbereitschaft

„Produktives Altern kann nicht bedeuten, daß es das Altern nicht mehr gibt, keine Krankheiten und Verluste, die doch so eng mit dem Alter verknüpft sind.“[41] Die viel zitierten jungen Alten und der im Durchschnitt so viel bessere Gesundheitszustand älterer und alter Menschen kann nicht darüber hinwegtäuschen, daß es zum Teil auch zunehmende Verluste und Einschränkungen im Alter gibt und daß diese bei Art und Umfang der Tätigkeit im Alter berücksichtigt werden müssen. Margret und Paul Baltes haben deshalb ein Modell erfolgreichen Alterns entwikkelt, das dieser Tatsache Rechnung trägt:

---

[39] Vgl. Baltes, M. (1996): S.402–407.

[40] Vgl. Knopf, D. (1997): S. 11.

[41] Vgl. Baltes, M. (1996): S. 405.

Übersicht 7.2.: Modell der selektiven Optimierung mit Kompensation für ein erfolgreiches Altern

Selektion:	Beschränkung und bewußte Auswahl der räumlichen und sozialen Umwelten und persönlichen Zielsetzungen.
Kompensation:	Ausgleich von Mängeln durch besondere Leistungen auf anderen Gebieten, z. B. Kompensierung körperlicher Mängel durch besondere soziale und geistige Leistungen.
Optimierung:	Ausüben und Trainieren ausgewählter Fähigkeiten und Fertigkeiten

Quelle: Baltes, M. M. (1996): S. 405.

Die drei Prozesse der Selektion, Kompensation und Optimierung sollen es alternden Menschen erlauben, ihr Altern trotz zunehmender Begrenzungen aktiv zu beeinflussen und zu gestalten. Der Verlust an biologischen Entwicklungs- und Kapazitätsreserven soll durch Spezialisierung und Kanalisierung der Energien unter Nutzung alterspezifischer und individueller Entwickungsmöglichkeiten aufgefangen und transformiert werden.[42] Auf diesem Wege sollen die Fertigkeiten und Fähigkeiten erlangt werden, in der vorgegebenen Umwelt ein möglichst selbständiges, selbstverantwortliches und persönlich zufriedenstellendes Leben zu führen.

Unter Berücksichtigung altersbedingter Begrenzungen und der Einbeziehung der genannten Strategien des Umgangs mit dem Alter ist die Frage nach der Leistungsfähigkeit älterer und alter Menschen positiv zu beantworten. So verweist Margret Baltes darauf, daß unter den heute 65jährigen und älteren etwa 80 v. H. in der Ausführung der grundlegenden Alltagsaktivitäten nicht oder kaum eingeschränkt sind, und daß generell ein Rückgang der Gebrechen zu verzeichnen ist. Die heutigen Alten sind nicht nur gesünder als in früheren Zeiten; für die Zukunft ist auch damit zu rechnen, daß die Periode im Alter, die durch Krankheit und Gebrechen belastet ist, durchschnittlich immer kürzer wird. Zwar

[42] Vgl. Baltes, M. M.; Baltes, P. B. (1992): S. 21–28.

wird sich absolut die Zahl gebrechlicher alter Menschen erhöhen. Nichtsdestoweniger wird in Zukunft das Bild des Alters hauptsächlich von gesunden alten Menschen geprägt.[43]

Allerdings ist noch eine weitere Tatsache hervorzuheben und zu berücksichtigen: Alter ist nicht gleich Alter. Es bestehen sehr große interindividuelle, d. h. zwischen einzelnen Personen gleichen Alters – und intraindividuelle Unterschiede, d. h. im Hinblick auf die altersmäßige Beeinträchtigung der körperlichen und geistigen Funktionen einer einzelnen Person. Diese Unterschiede vergrößern sich mit zunehmendem Alter, ein Prozeß, den man auch als differentielles Altern bezeichnet.[44] Die Konsequenz ist, daß das chronologische Alter deshalb als wenig geeignet erscheint, als umfassender Maßstab für alterspolitische Aussagen und Empfehlungen zu dienen. M. M. Baltes und P. B. Baltes empfehlen deshalb die Abkehr von Maßnahmen, die an das chronologische Alter geknüpft sind, wie z. B. Pensionierungsregeln und bezeichnen es als eine der wichtigsten Zukunftsaufgaben, eine bessere Übereinstimmung zwischen der Individualität des Alterns und gesellschaftlichen Ressourcen und Möglichkeiten zu schaffen.[45]

7.5.3. Freie Zeit als Ressource für ein produktives Altern

Das Zeitbudget älterer Menschen ist in mehrfacher Hinsicht gewachsen: durch die Verlängerung der Lebensdauer, die Vorverlegung des Ruhestandes und die Verbesserung des Gesundheitszustandes. Deshalb wird häufig von der Verschwendung eines riesigen, brachliegenden Potentials ungenutzter Zeit gesprochen. Wie groß ist dieses aber wirklich? Diese Frage soll auf der Ebene einzelner Individuen untersucht werden. Die Antwort erscheint sehr einfach: Die freie Zeit nach dem Ausscheiden aus dem Arbeitsprozeß entspricht der bisherigen Arbeitszeit zuzüglich der zeitlichen Aufwendungen für den Arbeitsweg. Im untenstehenden Beispiel wären dies täglich 9,75 und wöchentlich 48,75 Stunden.[46]

---

[43] Vgl. Baltes, M. M. (1996): S. 395–396.

[44] Vgl. Baltes, M. M.; Baltes, P. B. (1992): S.15; vgl. Abschnitt 2.1.7.

[45] Vgl. Baltes, M. M.; Baltes, P. B. (1992): S.16.

[46] Offe, C.; Heinze, R. G. (1990): S. 23.

Übersicht 7.3.: Durchschnittliche erwerbsgebundene Zeit pro Arbeitstag

Tarifliche Arbeitszeit	7,5 Std.
Mehrarbeitsstunden pro Tag	0,3 Std.
Wegezeit (2 x 20 Min.)	0,7 Std.
Unbezahlte Arbeitspausen	0,75 Std.
Summe	9,25 Std.

Quelle: Offe, C.; Heinze, R. G. (1990): S. 23.

Selbst wenn man eine Verkürzung der Arbeitszeit um täglich etwa 0,5 Stunden in Abzug bringt, stünden einem vollzeitbeschäftigten Arbeitnehmer nach dem Ausscheiden aus dem Erwerbsleben täglich zusätzlich 9,25 Stunden freier Zeit zur Verfügung.

In der Tat wird in der Literatur mit der Zahl von 9,4 Stunden täglich bzw. 47 Wochenstunden operiert[47], aber ist das eine realistische Zahl und wie wird die neu gewonnene freie Zeit tatsächlich genutzt? Hier kommen die meisten empirischen Untersuchungen zu sehr ernüchternden Ergebnissen, die Detlef Knopf in den folgenden Worten zusammenfaßt: „Die Wirklichkeit der Freizeitgestaltung im Alter ist also ernüchternd: Was im bisherigen Leben nicht aktiv in der Freizeit betrieben wurde, wird auch im Ruhestand nur selten nachgeholt oder reaktiviert.[...]So scheint gemeinhin die arbeitsfreie, entpflichtete Zeit im Ruhestand nicht als Entfaltungsgelegenheit wahrgenommen, sondern eher von den vorherigen Zustand bewahrenden („maintenance") Aktivitäten geschluckt zu werden."[48]

Was wären also realistischere Werte? Tokarski nennt in einer späteren Studie andere Zahlen. Bei einem Vergleich der Freizeitbudgets älterer Menschen mit denjenigen anderer Altersgruppen zeige sich, daß „über 60jährige mit 6,3 Stunden am Werktag die meiste Zeit für Freizeit aufwenden (Selbständige nur ca. 2,7 und Arbeitnehmer sowie Hausfrauen ca. 3,7)."[49] Will man sich einen Eindruck von dem tatsächlichen Potential an freier Zeit machen, das älteren nicht mehr Erwerbstätigen zur Verfügung steht, stellen diese Werte vermutlich eine Obergrenze dar.

---

[47] Vgl. Tokarski, W. (1989): S. 97.

[48] Knopf, D. (1997): S. 14, S. 17.

[49] Tokarski, W. (1991): S. 163.

Fragt man nach dem Anteil dieser freien Zeit, der für ehrenamtliche oder andere unentgeltliche, gesellschaftlich nützliche Tätigkeiten bereitgestellt werden kann, so läßt sich aus den Studien über die Zeitbudgets ehrenamtlich Tätiger ein gewisser Eindruck gewinnen. Hier kam im Sommer 1992 eine repräsentative Befragung von Bürgerinnen und Bürgern im Alter zwischen 50 und 69 Jahren zu dem Ergebnis, daß von den Nicht-Erwerbstätigen, die ein Ehrenamt, Pflegedienste, Mitarbeit in Parteien usw. ausüben, in den Neuen Bundesländern wöchentlich etwa sechs ein halb und in den Alten Bundesländern etwas mehr als acht Stunden geleistet werden. Diese stellten in den Neuen Bundesländern 25 v. H. und in den Alten Bundesländern 23 v. H. der Gesamtbevölkerung in dieser Altersgruppe dar. Sie gehören vermutlich überwiegend zu jener Gruppe der 55 - 75jährigen, die in den alten Bundesländern 25 v. H. der Gesamtbevölkerung in dieser Altersstufe ausmachen und die nach Infratest als die aktiven jungen Alten bezeichnet werden.[50]

7.6. Funktionale Äquivalente

Es gibt eine Vielzahl von Möglichkeiten, Ältere und Alte in den Prozeß der gesellschaftlichen Leistungserbringung einzugliedern. Die Möglichkeiten sind im Hinblick auf die Grundfunktion äquivalent, ohne in jeder Hinsicht gleichwertig zu sein. Wichtig daran ist vor allem, daß sie sich nicht gegenseitig ausschließen, sondern durchaus nebeneinander bestehen können. Da hier nicht alle Alternativen in aller Ausführlichkeit dargestellt werden können, werden die Seniorengenossenschaft und das System der Zeitgutscheine exemplarisch ausführlich behandelt, weil an diesem Beispiel viele prinzipielle Fragen verdeutlicht werden können.

7.6.1. Selbsthilfeinitiativen, soziale Netzwerke und Bürgergenossenschaften

In einer Zeit der viel zitierten Krise des Wohlfahrtsstaates sind alle Formen sozialer Organisation von besonderem Interesse, die es erlauben, staatliche Leistungen der Fürsorge und Betreuung durch andere Formen institutionalisierter Hilfe zu ersetzen. Unter Kostengesichtpunkten erscheinen alle Arten der direkten Leistungserbringung als besonders förderungswürdig. Besonders akut wird diese Entwicklung angesichts des

---

[50] Vgl. Bundesministerium für Arbeit und Sozialordnung (1993): S. 36; Infratest Sozialforschung, Sinus und Becker, H. (1991): S. 81–92.

Verlusts traditioneller Integrationsformen und kleiner Netze, die in Familie, Nachbarschaft und religiöser Gemeinschaft begründet sind.

7.6.1.1. Selbsthilfegruppen, Selbsthilfeinitiativen und kleine Netze (soziale Netzwerke)

Selbsthilfegruppen sind freiwillige Zusammenschlüsse von Menschen, die gleichgelagerte Probleme haben und sich gegenseitig ohne professionell geschulte Kräfte helfen. Diese Definition trifft auch auf **Selbsthilfeinitiativen** zu, wobei Erstere sich einer Problembearbeitung widmen, bei der es sich um eine Daueraufgabe handelt. Selbsthilfeinitiativen sind dagegen auf die Erreichung eines bestimmten Ziels oder die Beseitigung eines bestimmten Problems hin gerichtete Gruppierungen. Sie sollen sich nach der Zweckerreichung auflösen. Es handelt sich im allgemeinen von der Zahl der Personen her um verhältnismäßig kleine Gruppen, die durch gemeinsame Probleme und Interessen verbunden sind. Es gibt eine Vielzahl von Selbsthilfegruppen und Selbsthilfeinitiativen mit sehr unterschiedlichen Problemschwerpunkten.[51]

Die Beteiligung in Selbsthilfegruppen ebenso wie in Selbsthilfeinitiativen kommt grundsätzlich auch als Form der Leistungserbringung für ältere Menschen in Frage. Aufgrund ihrer Lebenserfahrung sind alte Menschen hier sehr geschätzt. Voraussetzung für ein ernsthaftes, intensives Engagement der Mitglieder dieser Gruppen ist die Spezifizität der gemeinsamen Interessen und die Höhe des Nutzens bzw. der Befriedigung, die sich aus der Betätigung in der Gruppe ergeben.[52] Hier ist Alter oder Altern als gemeinsame Basis nicht ausreichend. Sehr wohl können sich jedoch Gruppierungen zu spezifischen Altersproblemen, Alterskrankheiten oder Altersinteressen als tragfähig erweisen.

Im Gegensatz zu den besonderen Problemen in Selbsthilfegruppen sind Probleme und Interessen in **sozialen Netzwerken** nur sehr diffus bestimmt. Sie bauen auf Solidarität und Hilfsbereitschaft auf, bezwecken soziale Unterstützung und beruhen auf einem verwandtschaftlichen (familiäre Netze) oder lokalen Lebenszusammenhang (Nachbarschaftsnetze). Ergänzt werden diese Beziehungen durch Bekannte, Vereinszugehö-

---

[51] Vgl. Trojan, A. und Deneke, C. (1985): S. 43-46.

[52] Vgl. Olson jr., M. (1965). Ein sehr kurzer Überblick über das Entstehen und Bestehen von Kollektiven bzw. Interessengruppen findet sich bei Kirsch, G. (1993): S. 139-168, Dobias, P. (1980) und Frey, B. S.; Kirchgässner, G. (1994) diskutieren die Thematik eher aus wirtschaftspolitischer Sicht.

rigkeit und Freundschaften, wobei diese verwandtschaftliche und nachbarschaftliche Beziehungen nicht nur ergänzen, sondern auch ersetzen können und gegebenenfalls auch ersetzen müssen.

Aus alterspolitischer Sicht sind zwei Merkmale sozialer Netzwerke besonders interessant: zum einen bieten sie Alten und älteren Menschen die Gelegenheit, zur gesellschaftlichen Leistungserbringung nach ihren Möglichkeiten und Fähigkeiten einen Beitrag zu leisten. Zum anderen geben sie ihnen auch ein Anrecht darauf, entsprechende Leistungen in Anspruch zu nehmen.

Wichtige Strukturmerkmale dieser Netzwerke sind aus der Sicht des Gemeinwesens die soziale Integration und soziale Kontrolle, die Herstellung und Aufrechterhaltung kollektiver lokaler und (sub)kultureller Identität und die Herstellung eines Gleichgewichts sozialer Austauschrelationen auf verschiedenen, untereinander austauschbaren Ebenen. Aus der Sicht der Mitglieder der sozialen Netzwerke sind u. a. die in der folgenden Übersicht aufgegliederten Funktionen wichtig:[53]

Übersicht 7.4.: Wichtige Funktionen sozialer Netzwerke aus der Sicht ihrer Mitglieder

Vermittlung sozialer Kontakte und Sicherung des Informationsflusses;
Beziehungskonstanz, Vertrauen, Erwartbarkeit und Verläßlichkeit;
Reziprozität (Gegenseitigkeit);
emotionale Unterstützung;
zeitliche, soziale und gefühlsmäßige Erreichbarkeit,
kognitive Orientierung, Vermittlung von Einsicht, Anregungen zur Problemlösung, Tips und Hinweise;
instrumentelle Hilfen wie Dienstleistungen und materielle Unterstützung.

Quelle: v. Kardoff, E. (1989): S. 40.

Die im folgenden ausführlich behandelten Seniorengenossenschaften stellen eine institutionalisierte Form dieser sozialen Netzwerke dar.

[53] Vgl. v. Kardorff, E. (1989): S. 39-40.

7.6.1.2. Das Modell der Bürgergenossenschaft als eine Organisationsform der Selbsthilfe

7.6.1.2.1. Begriff und Geschichte

Die Seniorengenossenschaften gehen auf ein Modellprogramm des Landes Baden-Württemberg aus den Jahren 1990 - 1994 zurück, das dazu beitragen sollte, daß rüstige Senioren sich um gebrechliche oder pflegebedürftige Menschen kümmern und dadurch selbst einen Anspruch auf Versorgungsleistungen erwerben. Der Grundgedanke besteht darin, daß sie die Erbringung jener Hilfen und Pflegedienstleistungen, für die nicht die Beschäftigung von examinierten Pflegekräften vonnöten ist, auf eine breitere Grundlage stellen. Es handelt sich weniger um medizinische Versorgung, denn diese kann von Laien nur in begrenztem Umfang übernommen werden, als um Tätigkeiten, die im Rahmen der allgemeinen Haushaltsführung erforderlich sind. Dazu zählen z. B. Kochen, Reinigen und Einkaufen. Es handelt sich also um Aufgaben, die traditionellerweise in einem Mehrgenerationenhaushalt von den jüngeren oder belastbareren Älteren für die weniger belastbaren oder hochaltrigen Familienmitglieder übernommen wurden. Im Gegensatz zu nichtfamiliären Wohngemeinschaften und Selbsthilfegruppen soll diese Leistungserstellung aus dem Rahmen des Bekanntenkreises herausgelöst und unter Mithilfe öffentlicher Stellen institutionalisiert werden. Es sollen die Leistungen, die die Sozialversicherung garantiert, durch gemeinschaftliche Formen der Herstellung sozialer Sicherheit ergänzt werden. Es geht also nicht um eine alternative Sicherungsform, sondern um eine Art Koproduktion von sozialen Diensten.[54]

Dabei haben sich die Ideen des „Zeittauschs“ und der „Zeitgutschrift“ weitgehend etabliert und als starker Anreiz für die Selbststeuerung erwiesen. Als Grundlage dienen häufig die ausgefeilten theoretischen Überlegungen und praktischen Erfahrungen mit dem „time-dollar“ oder „Service-Credit-System“ zurück, das unten ausführlicher dargestellt wird.

Die Mehrzahl der Seniorengenossenschaften zielt auf Mitglieder ab, die sich im Ruhestand befinden, weil man bei ihnen einerseits vermutet, daß sie über genügend freie Zeit verfügen und andererseits, daß sie ein stärkeres Problembewußtsein haben, da sie aufgrund ihres Alters stärker mit den Problemen der „Unselbständigkeit“ bzw. „dem eingeschränkten

---

[54] Vgl. Schmidt, R. (1995): S. 169.

Leistungsvermögen" und der „Angewiesenheit auf fremde Hilfe" konfrontiert sind. Prinzipiell können jedoch auch junge Menschen Mitglieder werden, sofern sie die Bereitschaft zu einem entsprechendem Engagement haben. Sofern die Seniorengenossenschaften nicht nur alte und ältere Mitglieder haben, kann der verstärkte Kontakt zwischen Personen unterschiedlicher Altersgruppen dazu beitragen, die Kluft zwischen den Generationen zu überwinden.

Deshalb erscheint es als problematisch, daß sich der Begriff „Seniorengenossenschaft" durchzusetzen scheint. Es wäre wahrscheinlich besser, von Selbsthilfe- oder Bürgergenossenschaften zu sprechen, um den generationenübergreifenden Anspruch zu dokumentieren. In Baden-Württemberg hat man in einem Anschlußprogramm an das Förderprogramm für Seniorengenossenschaften im Rahmen einer „Initiative Drittes Lebensalter" sogenannte „Bürgerbüros" gefördert. Detlef Knopf meint deshalb auch: "Die Entfaltung bürgerschaftlichen Engagements außerhalb alterssegregierender (die verschiedenen Gernerationen voneinander trennender) Institutionalisierungsformen scheint mittelfristig chancenreicher zu sein als solche Vorhaben, die mit ausdrücklichem Altersbezug arbeiten." [55] Die Verwendung des Begriffs „Senioren" verhindert es eher, daß sich auch Menschen im mittleren Lebensalter engagieren. Darüber hinaus verstärkt sie in unangemessener Weise altersspezifische Ansätze, statt eine altersintegrative Arbeit zu fördern. Die in Baden-Württemberg aus der \`Initiative Drittes Lebensalter\` hervorgehenden \`Bürgerbüros\` und \`Bürgertreffpunkte\` werden deshalb als Informations-, Wissens- und Kontaktbörsen aufgebaut, die auf altersbezogene Signale weitgehend verzichten.[56] Faktisch ist es allerdings auch mit dem Namen "Seniorengenossenschaften" gelungen, jüngere Mitglieder zu gewinnen. So waren einer Befragung aus dem Jahre 1992 zufolge fast die Hälfte der Mitglieder der Seniorengenossenschaften jünger als 65 Jahre und ein Viertel jünger als 55 Jahre.[57] Wir schlagen deshalb den Begriff "Bürgergenossenschaften" vor.

7.6.1.2.2. Die Bürgergenossenschaft im ökonomischen Kontext

Aus ökonomischer Perspektive steht die Frage im Vordergrund, wie die Produktivität des Dritten Lebensalters für die Gesellschaft und insbesondere für die alten und älteren Menschen selbst genutzt werden kann.

[55] Vgl. Knopf, D. (1997): S. 36.

[56] Vgl. Knopf, D. (1997): S. 36.

[57] Vgl. Otto, U. (1992): S. 220.

Denn bei der jetzigen und insbesondere bei der „nachwachsenden“ Altersgeneration lassen sich neben einem besseren Gesundheitszustand ein Anstieg der prinzipiell vorhandenen freien Zeit, ein steigendes Bildungsniveau, höhere berufliche Bildung und bessere allgemeine Kenntnisse beobachten.[58] Andererseits bietet sich insbesondere für Ältere in Selbsthilfezusammenschlüssen die Möglichkeit des Aufbaus neuer sozialer Netze zum Ausgleich verlorengegangener anderweitiger Bindungen (Entberuflichung des Alters) und Beziehungen (Singularisierung des Alters).[59]

Zum einen geht es also um eine stärkere Einbindung der Ressourcen der Älteren in die gesellschaftliche Leistungserbringung; zum anderen profitieren die Älteren im Rahmen einer solchen Genossenschaft voneinander, indem sie zu Mitproduzenten und Mitgestaltern ihrer eigenen Lebenskultur statt zu Konsumierenden vorgegebener Dienstleistungen werden. Das wesentliche Charakteristikum dieser Bürgergenossenschaften ist, „daß innerhalb eines überschaubaren sozialen Gefüges Dienstleistungen gegeneinander getauscht werden; daß für eine individuell erbrachte Dienstleistung Anrechte auf den Empfang gleichwertiger Dienstleistungen von anderen am Kooperationsring Beteiligter erworben werden und daß der Austausch ohne das Medium Geld erfolgt und statt dessen durch untereinander übertragbare Leistungsgutscheine geregelt wird.“[60]

Genossenschaftlich organisierte soziale Selbsthilfegruppen bzw. -initiativen sind aus ökonomischer Perspektive Zusammenschlüsse, die sich die bedarfswirtschaftliche Versorgung ihrer Mitglieder mit Gütern und Dienstleistungen zum Ziel gesetzt haben. Damit unterscheidet sich diese gegenseitige Hilfe von Aktivitäten, die im Rahmen von Familie, Verwandtschaft, Freundeskreis oder Nachbarschaft durchgeführt werden dadurch, daß sie ein freiwillig angestrebtes und im voraus auf Vertragsbasis festgelegtes Ziel anstreben. Weitere wichtige Merkmale von genossenschaftlich organisierten Selbsthilfegruppen sind:[61]

- die Betroffenheit der Mitglieder durch ein gemeinsames Problem
- Nichtprofessionalität, d. h. keine oder nur geringe Mitwirkung von professionell Helfenden

[58] Vgl. Schölkopf, M. (1991): S. 111.

[59] Vgl. Abschnitt 3.1.2. u. 3.1.4.

[60] Zit. nach Schölkopf, M. (1991): S. 111.

[61] Vgl. Trojan, A. und Deneke, C. (1985): S. 68. Zum Begriff und den Aufgaben einer Genossenschaft vgl. Boettcher, E. (1981): S. 540.

- fehlende Gewinnorientierung und genossenschaftliche Arbeitsweise, d. h. die Betonung gleichberechtigter Zusammenarbeit und wechselseitiger Hilfe.

Aufgrund dieser Kriterien wird das Engagement von alten und älteren Menschen im Rahmen von Bürgergenossenschaften in der gerontologischen Literatur als eine ehrenamtliche Aktivität bezeichnet, obgleich es sich im Prinzip um eine bezahlte Leistung handelt, da die Leistungserstellung i. d. R. durch zukünftige Ansprüche (beispielsweise in der Form von Zeitgutschriften) vergütet wird. Die folgende Abbildung zeigt eine Vielfalt von Handlungsfeldern, in denen Bürgergenossenschaften tätig werden können.

Abb. 7.1.: Aktionsräume für Bürgergenossenschaften

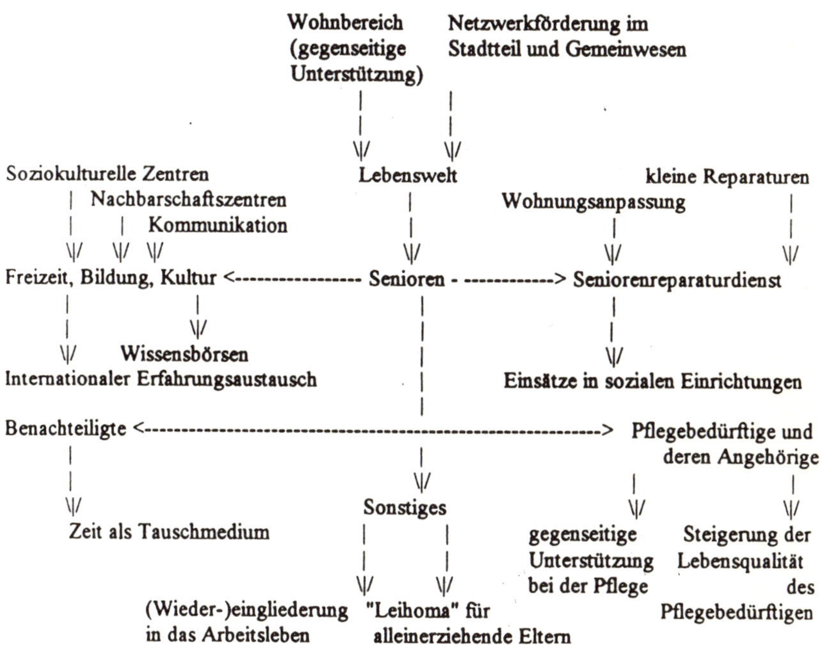

Quelle: Meyle, A. (1994): S. 45.

Da sich aus diesem Zusammenhang spezielle Entscheidungsstrukturen der Genossenschaften ergeben, die sich wesentlich von denen der marktwirtschaftlichen Unternehmen unterscheiden, kommt der innergenossenschaftlichen Demokratie (*Demokratieprinzip*) eine große Bedeutung zu. Es ist sicherzustellen, daß die innergenossenschaftlichen Leistungsbeziehungen zugunsten aller Mitglieder ausgestaltet werden, denn ein rational handelndes Wirtschaftssubjekt wird nur dann seinen Beitrag leisten, wenn die begründete Aussicht besteht, daß die Vorteile der Kooperation (im Rahmen der Genossenschaft) deren Nachteile - zumindest langfristig - übersteigen bzw. im ungünstigsten Falle ausgleichen. Unter welchen Voraussetzungen sich eine Personengruppe zu einer Genossenschaft zusammenschließen wird und welche Schwierigkeiten dabei entstehen können, kann unter Bezugnahme auf die Theorie des kollektiven Handels von Mancur Olson analysiert werden.[62] Anzumerken ist hier, daß sich die Bürgergenossenschaften an das Modell der Genossenschaften anlehnen, jedoch als Vereine und nicht als Genossenschaften registriert sind. Dies dürfte rechtliche und steuerliche Gründe haben. Nach welchen Prinzipien richtet sich der über Zeitgeld vermittelte gegenseitige Austausch und welche Probleme werden dabei in welcher Form bearbeitet? Auf diese Fragen soll der folgende Abschnitt eine Antwort geben.

7.6.1.2.3. Zur Theorie nicht-monetärer Tauschsysteme

Die Ausführungen über Tauschprozesse in der Natural- und Geldwirtschaft und einen hypothetischen Tauschvorgang im Rahmen einer Bürgergenossenschaft verdeutlichen die Gemeinsamkeiten der beiden Tauschmedien Zeit und Geld.

In einer Naturalwirtschaft unterliegt der Tauschvorgang (ohne den Gebrauch von Geld) der Notwendigkeit der doppelten Koinzidenz sowie des Erfordernisses der Teilbarkeit und Wertmessung. **Doppelte Koinzidenz** bedeutet, daß zwei (oder mehrere) Tauschpartnerinnen bzw. Tauschpartner zufällig das Überschußangebot des (der) jeweils anderen nachfragen müssen. Trifft zum Beispiel ein durstiger Schäfer auf einen hungrigen Mönch, müssen sich beide in mehrfacher Hinsicht einigen, damit ein Tauschhandel stattfinden kann:

- sachlich hinsichtlich des jeweiligen Tauschgegenstandes (hier: Bier gegen Schaf),
- zeitlich: die Tauschbereitschaft muß zum gleichen Zeitpunkt bei beiden vorliegen,

---

[62] Vgl. Fußnote 52 in diesem Kapitel.

- quantitativ hinsichtlich der zu tauschenden Mengen, und ebenfalls noch
- räumlich, im Sinne eines tatsächlichen Austausches der Waren

Abb. 7.2.: Naturaltausch bei doppelter Koinzidenz

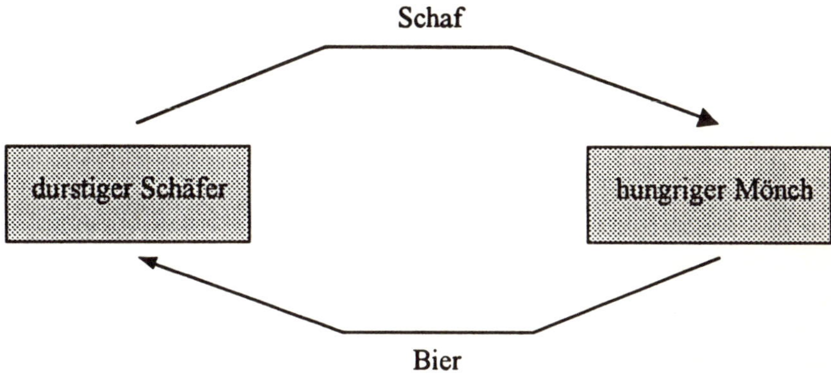

Korrespondieren die Tauschwünsche der beiden Personen nicht in der oben genannten Weise, kann sich der Naturaltausch u. U. über lange Tauschketten hinziehen. Ist der Schäfer nicht durstig, sondern benötigt er etwas zum Anziehen, muß der Mönch zunächst sein Bier gegen Kleidung tauschen, um dann im zweiten Schritt seine eigenen Bedürfnisse durch den Tausch von Kleidung gegen das Schaf zu befriedigen. Ist dies für den Mönch nicht möglich, findet der Tauschvorgang nicht statt, oder es werden weitere Tauschvorgänge zwischengeschaltet.

Abb. 7.3.: Naturaltausch bei eingeschränkter doppelter Koinzidenz

Das Resultat solcher langen Tauschketten sind hohe Informations- und Transaktionskosten. Durch die Verwendung eines allgemein akzeptierten Tauschmediums wie z. B. Geld reduzieren sich die Tauschketten für jede Person auf genau zwei Tauschakte. Der frierende Schäfer tauscht sein

Schaf gegen Geld und tauscht anschließend das Geld gegen Kleidung ein. Zudem treten keine Probleme der Teilbarkeit und der Wertmessung auf. Ähnlich ist die Wirkung von Zeitgeld im Rahmen von Bürgergenossenschaften: Ein Mitglied, das noch jung und rüstig ist, pflegt eine ältere Person und erwirbt dadurch im gleichen zeitlichen Umfang den Anspruch, zu einem späteren Zeitpunkt von Dritten Pflege in Anspruch zu nehmen. Es kann diesen Anspruch aber auch sofort umsetzen, indem es z. B. von einem anderen Mitglied andere Leistungen in Anspruch nimmt, wie etwa die Übersetzung eines Briefes.

7.6.1.2.4. Zeittausch und Zeitgeld: Das Service-Credit-Modell

Abstrakt ausgedrückt handelt es sich bei dem Service-Credit-Modell um eine Zeitwährung, bei der die eingebrachten Leistungen bzw. Aktivitäten den jeweiligen ErbringerInnen auf einem „Zeitkonto“ gutgeschrieben werden. Die Gutschrift soll im Bedarfsfall zum äquivalenten Bezug von Dienstleistungen des sozialen Netzwerks zu einem späteren Zeitpunkt berechtigen. Sie institutionalisiert so die Erwartung des gegenseitigen, dauerhaft konservierbaren Hilfeversprechens. Damit erfüllt diese spezielle Währung, genauso wie die Währung „Geld“, die **Wertaufbewahrungsfunktion**. Die **Zahlungsmittel- und Tauschfunktion** wird, wenn auch nur in bedingtem Maße, ebenfalls von der Währung „Zeit“ erfüllt, da der Leistungserbringende für seine real erbrachte Dienstleistung kein anderes reales Gut oder andere reale Dienstleistung erhält, sondern Zeitpunkte entgegennimmt, die später gegen eine Dienstleistung eingetauscht werden können.[63] Nur bedingt wird diese Funktion deshalb erfüllt, weil sie sich auf das „Währungsgebiet Bürgergenossenschaft“ beschränkt und diese Währungseinheit auch innerhalb dieses Bereichs nur für solche Güter und Dienstleistungen verwendet werden kann, die im Rahmen dieser Genossenschaft bereitgestellt werden.

Im Service-Credit-Modell wird die Zeit als Währung eingeführt, die als gemeinsame bzw. „konvertible“ Verrechnungseinheit dient. Alle Teilnehmenden (Dienstleistungserbringende sowie Empfängerinnen und Empfänger von Dienstleistungen) erhalten ein eigenes Zeitpunktekonto. Auf diesem Konto werden jenen Personen, die den älteren und pflegebedürftigen Menschen Hilfe in der oben genannten Art leisten, Leistungspunkte gutgeschrieben. Dabei wird jedoch die Art der Leistung nicht berücksichtigt, sondern nur die aufgewandte Zeit verbucht. Sollten diese

[63] Zu den Geldfunktionen vgl. Jarchow, H.-J. (1990): S. 15-18.

Personen später selbst Hilfe benötigen, können sie die zuvor erworbenen Zeitpunkte gegen Pflege- und Hilfsleistungen eintauschen, die von Menschen erbracht werden, die ihrerseits dafür Credits erwerben. Sie können die Zeitpunkte aber auch verschenken, z. B. an Familienangehörige oder Personen, die nicht in der Lage sind, selbst Credits zu erwerben, da sie die Property Rights (Eigentumsrechte) an diesen Credits besitzen. Es wird eine „unentgeltliche" Pflegekette über die Generationen hinweg aufgebaut, die den Generationenvertrag unterstützt und aus ordnungspolitischer Sicht mit dem Wirtschaftssystem der sozialen Markwirtschaft kompatibel ist.

Da die Entwicklung des Service-Credit-Systems (SCS) noch in der Anfangsphase steckt und aus den bisherigen Ausführungen anzuvisierende Entwicklungsstadien nicht aufgezeigt wurden, soll hier kurz ein Modell für eine optimale, zukünftige Entwicklungsstufe von SCS gegeben werden, das in Abb. 7.4 dargestellt ist.

Um durch das SCS eine flächendeckende Versorgung zu erreichen, sollte längerfristig versucht werden ein Netz aufzubauen, in dem die kleineren Systeme bzw. Seniorengenossenschaften zusammengeschlossen sind. Es besteht eine gemeinsame Verwaltung, welche die bürokratischen Aufgaben (Matching, d. h. das Zusammenbringen von Nachfragern und Anbietern), die Buchführung, etc. übernimmt.

Um langfristig nicht nur auf kleine Gemeinden, die bald keine Expansion mehr erzielen können, begrenzt zu bleiben, sollten Vernetzungen mit anderen Institutionen und SCS-Projekten angestrebt werden. So ist dann ein Austausch zwischen den einzelnen Netzen möglich, und die verschiedenen Organisationen können wechselseitige Ausfallbürgschaften übernehmen, wodurch zusätzlich die Bestandssicherheit solcher Netze erhöht werden kann. Die Mitglieder können auf diese Weise auch in anderen Regionen als nur in ihrer eigenen Nachbarschaft handeln. Eine Aufsichtsbehörde hätte die Aufgabe, die einzelnen Vorgänge und ihre Abwicklung zu überwachen und z. B. auch die Konvertibilität zu ermöglichen und sicherzustellen.[64]

Ein Spender oder Sponsor, der entgegen dieser Abbildung auch stärker in die Administration einbezogen sein kann, spendet Credits (aufgrund verschiedener Motivationen), um so in gewisser Weise die Leistungsfähigkeit des Netzes zu garantieren. Die Mitglieder sollten die Hauptgruppe der Beteiligten darstellen. Letztendlich sind noch die Klienten zu

---

[64] Vgl. Offe, C., Heinze, R. G. (1990): S. 167-171.

nennen, bei denen es sich um Personen handelt, die aus bestimmten Gründen keine Credits verdienen können, sondern nur Hilfe empfangen. Es handelt sich hierbei also um reine Nettoentnehmende von Credits.

Abb. 7.4.: Die Funktionsweise eines Netzwerks von Seniorengenossenschaften

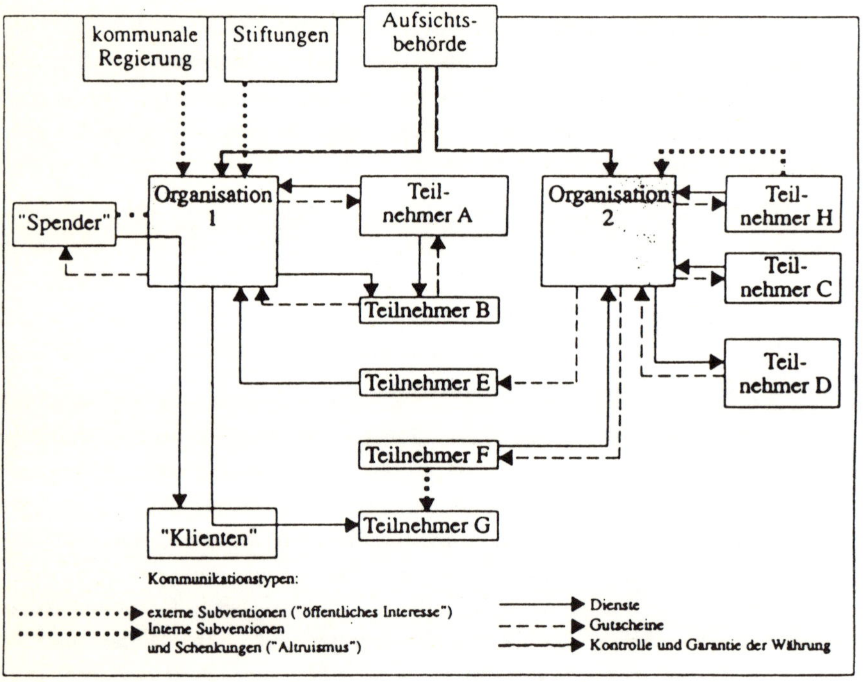

Quelle: Offe, C.; Heinze, R. G. (1990): S. 168.

Durch die Integration der alten und älteren Menschen in den Prozeß der Leistungserbringung durch untereinander vernetzte Servise-Credit-Projekte werden u.a. folgende Effekte erwartet:

- (Älteren) Menschen, die nicht von vornherein persönlichen Kontakt zu Selbsthilfegruppen besitzen, kann so der Zugang zu dieser Form der Alterssicherung eröffnet werden.
- Durch die Institutionalisierung und die damit verbundene Öffentlichkeitsarbeit wird eine zahlenmäßig stark ansteigende Partizipation von alten und älteren Menschen erhofft.
- Durch eine Zunahme der Partizipation kann dem Problem der Nachwuchsschwierigkeiten begegnet werden, um zu verhindern, daß Personen, die selbst Pflegedienstleistungen erbracht haben, im Bedarfsfalle zu einem späteren Zeitpunkt nicht im Rahmen der Service-Credit-Systeme versorgt werden können, weil es keine Teilnehmenden mehr gibt, die Leistungen erbringen.

Zudem erhöht ein Anstieg der Zahl der Teilnehmenden und damit verbunden eine Zunahme der Service-Credit-Systeme ihre Akzeptanz in der gesamten Bevölkerung. Außerdem soll die Unabhängigkeit und Mobilität der beteiligten Personen gewährleistet werden. Sofern ein dichtes Netz von Seniorengenossenschaften existiert, die ihrerseits miteinander verbunden sind bzw. Verträge hinsichtlich einer Übertragbarkeit von Zeitpunkten geschlossen haben, ist es nicht mehr erforderlich, daß die Teilnehmenden über einen längeren Zeitraum mit dem einbezogenen Personenkreis in engem Kontakt bleiben. Im Gegensatz zur Familie oder zu lokal begrenzten Selbsthilfegruppen ist ein Wechsel des Wohnortes nicht problematisch, da die Ansprüche bzw. die Zeitpunkte in jeder (vernetzten) Bürgergenossenschaft eingelöst werden können.

7.6.1.2.5. Abschließende Bemerkungen zum Konzept der Bürgergenossenschaft

Der konzeptionelle „Vater" mehrerer Zeitpunkte- bzw. Service-Credit-Modelle, Edgar Cahn, Professor der Rechtswissenschaften an der Universität von Washington D.C., unterstreicht neben diesen Analogien zu den Geldfunktionen den Aspekt, daß das Konzept der Zeitkonten über den reinen Allokationsmechanismus, den das Medium Geld innehat, hinausgeht. „Wir können anfangen, unsere sozialen Probleme zu lösen, indem wir ein neues Tauschmedium schaffen, das es erlaubt, bislang ungenutzte persönliche Zeit in marktgängige Guthaben umzusetzen, die reelle Kaufkraft erzeugen."[65] Zudem wird dadurch den jungen Alten die

[65] Cahn, E. (1990): S. 127.

Möglichkeit gegeben, ihren plötzlichen und teilweise erzwungenen Rückzug aus der Haupterwerbstätigkeit zu verarbeiten und zu kompensieren. Ein „Verrentungsschock" könnte dadurch vermieden werden.

Die ökonomisch und sozial prinzipiell sinnvolle Idee der Bürgergenossenschaft ist jedoch nicht unumstritten geblieben. Die Einwendungen lassen sich drei Problemgruppen zuordnen: dem Qualitätsproblem, dem Versorgungsproblem und dem Problem des Entzugs der altruistischen Motivation.[66] Das **Qualitätsproblem** wird insbesondere von denjenigen betont, die selbst professionelle Pflegedienstleistungen anbieten. Der Hauptkritikpunkt der professionellen Anbieter lautet, daß es sich bei den Leistungserbringenden (im Rahmen der Bürgergenossenschaften) um Laien handelt, die nicht über die nötige Sachkompetenz und Erfahrung verfügen können, um die ihnen zugemuteten Aufgaben zur Zufriedenheit aller, also nicht zuletzt auch derjenigen, denen diese Hilfe zukommen soll, zu bewältigen.[67] Dieser Kritik kann entgegengehalten werden, daß es sich im Sinne des Konzepts nicht um medizinische Dienste sondern um eher haushälterisch zu nennende Leistungen handelt, die momentan allerdings noch häufig aufgrund mangelnder ehrenamtlicher Aktivität von professionellen und somit überqualifizierten Pflegekräften übernommen werden müssen.

Das **Versorgungsproblem** bezieht sich auf die Notwendigkeit, die angebotenen Leistungen auch solchen Personen zukommen zu lassen, die zum Zeitpunkt der Gründung der Bürgergenossenschaft in deren Einzugsbereich leben und pflegebedürftig sind, ohne die Gelegenheit gehabt zu haben, selbst Zeitpunkte zu erwerben. Das gleiche gilt für Personen, die hilfsbedürftig sind, und aus anderen Gründen über kein oder kein ausreichendes Zeitguthaben verfügen. Hier müssen die Bürgergenossenschaften Aufgaben im Sinne traditioneller Formen der karitativen und philantropischen Freiwilligenarbeit wahrnehmen und mit anderen, karitativen Organisationen zusammenarbeiten.

Das Problem des Entzugs der altruistischen Motivation bezieht sich auf die Befürchtung, daß es durch die tauschförmige Erbringung zu einer weiteren Erosion altruistischer Motivationen kommen könne, ein Einwand, der insbesondere im amerikanischen Kontext von Wohltätigkeitsorganisationen, Kirchengemeinden, dem Roten Kreuz u. a. geltend gemacht wird, also von Vereinigungen, die zugunsten ihrer Klientel unent-

---

[66] Vgl. Offe, C., Heinze, R. G. (1990):S. 160–167.

[67] Vgl. Hummel, K. (1993): S. 107.

goltene, karitativ und philantropisch motivierte Freiwilligenarbeit in Anspruch nehmen.

Alle diese Einwendungen sind entkräftet worden, so daß, wie Offe und Heinz feststellen, letztlich nur der Einwand bleibt, daß Bürgergenossenschaften einen Vorwand für den Abbau sozialer Dienstleistungen für alte und ältere Menschen darstellen können und damit verbunden eine staatliche Kürzung von Subventions- und Förderungsmittel für die Verbände implizieren.[68] Cahn selbst schreibt hierzu: "Reasonable solutions would be easy, if there were a consensus that the national government could be trusted to reward rather than exploit voluntarism."[69]

7.6.2. Eigenarbeit zur Aufrechterhaltung einer selbständigen Lebensführung

Bei der Eigenarbeit zur Aufrechterhaltung einer selbständigen Lebensführung handelt es sich zwar nicht um marktfähige Leistungen. Sie erspart jedoch sonst in Anspruch zu nehmende Leistungen und Dienste, die von Dritten erbracht werden. Aus makroökonomischer Perspektive wurde bereits auf die Bedeutung der Eigenarbeit in Zusammenhang mit dem Anteil der Hausarbeit am Bruttosozialprodukt hingewiesen.[70] Die mikroökonomische Betrachtung zeigt ebenfalls ein beeindruckendes Bild, wie die folgende Übersicht zeigt. Denn die Alternative zur selbständigen Lebensführung auf der Basis von Eigenarbeit ist die Unterbringung in einem Alten- oder Pflegeheim. Die hier anfallenden reinen Pflegekosten können als monetärer Wert derjenigen Leistungen angesehen werden, die bei selbständiger Lebensführung in Eigenarbeit erbracht würden.

Die Tätigkeiten, die normalerweise in Eigenarbeit verrichtet werden, bei denen jedoch gegebenenfalls auch Hilfsbedürftigkeit entsteht, werden in der gerontologischen Forschung als IADL (Instrumental Activities of Daily Living) bezeichnet. Der IADL-Ansatz umfaßt Tätigkeiten, die für die Selbsterhaltung und Selbstpflege notwendig und somit Grundlage für eine selbständige Lebensführung sind.

Daß selbst alte und sehr alte Menschen hier noch einen beachtlichen Aufwand betreiben und beträchtliche Leistungen erbringen können, läßt sich der Berliner Altersstudie entnehmen. Aus der untenstehenden Über-

---

[68] Schölkopf, M. (1991): S. 113.

[69] Zit. nach Offe, C.; Heinze. D. G. (1990): S.165.

[70] Vgl. Abschnitt 7.4.1. in diesem Kapitel.

sicht wird deutlich, daß alte Menschen im Alter von 70 bis 84 Jahren von der Zeit zwischen morgendlichem Aufwachen und abendlichem zu Bett Gehen im Durchschnitt 35,9 v. H. ihrer Zeit für Eigenarbeit im Sinne der IADL aufwenden. Auch die rüstigen Überfünfundachtzigjährigen verwenden noch 32,1 v. H. ihrer Zeit für derartige Tätigkeiten. Allerdings ist für diese Altersgruppe nicht nur ein deutlich höherer Anteil für Ruhen und Schlafen festzustellen, sondern auch ein geringerer Anteil der komplexeren ADL (Activities of Daily Living).

Abb. 7.5.: Aktivitätsprofile alter und sehr alter Menschen

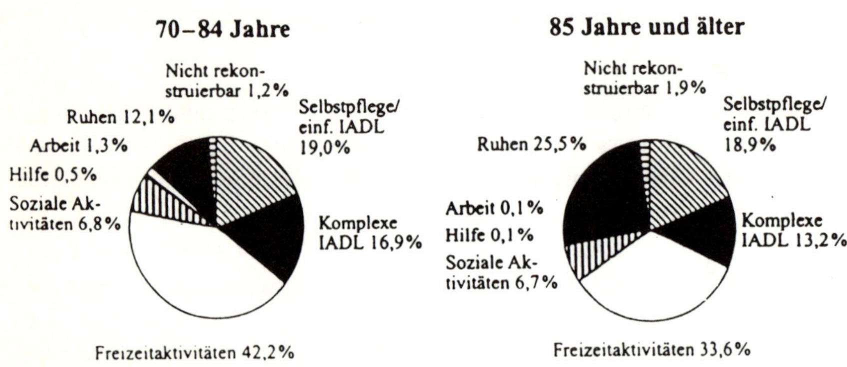

Quelle: Baltes, M. M. u. a. (1996): S. 530.

Aus diesen Zahlen läßt sich die ökonomische Bedeutung der Eigenarbeit im Alter ebenso wie die Wichtigkeit der Erhaltung der Alltagskompetenz älterer und alter Menschen ableiten.

7.6.3. Unvergütete Freiwilligenarbeit

Während bei Selbsthilfeinitiativen, sozialen Netzwerken und Seniorengenossenschaften[71] das Prinzip der Gegenseitigkeit gilt und hierbei wie bei der Eigenarbeit die Leistungserbringenden aus ihrer Tätigkeit einen direkten Nutzen ziehen, handelt es sich bei der unvergüteten Freiwilligenarbeit um eine Tätigkeit zum Nutzen Dritter. Die Motive können sehr unterschiedlich sein, wie z. B.:

---

[71] Gewiß wird auch hier unvergütete Freiwilligenarbeit geleistet, für die das in diesem Abschnitt Gesagte gilt.

- **Barmherzigkeit**, Mitleid, Mitgefühl oder Nächstenliebe: man handelt, weil man sich des Leides anderer Menschen bewußt ist und es mildern möchte.
- **Bürgersinn** bzw. Gemeinsinn, d. h. man handelt aus einem Bewußtsein der Verantwortung für die Gemeinschaft, der man angehört.
- **Solidarität,** d. h. man handelt aus einem Gefühl der Zusammengehörigkeit heraus, das zu gegenseitiger Hilfe und Unterstützung verpflichtet.

Die Einschätzung der Zukunft der Freiwilligenarbeit ist zwiespältig, wie es z. B. die Diskussion in den Medien anläßlich des von den Vereinten Nationen angeregten „Internationalen Tages der freiwilligen Helfer für wirtschaftliche und soziale Entwicklung" zeigt. Die Skeptiker verweisen auf den Mitgliederschwund von Vereinen, Parteien, Kirchen und Verbänden sowie die abnehmende Bereitschaft, hier ein Amt zu übernehmen. Petra Pinzler spricht von einem „Abgesang auf das Ehrenamt, den Idealismus, Altruismus und die Hilfsbereitschaft".[72] Zurückgeführt wird dies auf einen Wertewandel und den Verlust christlicher Werte in der modernen Gesellschaft mit ihrem schrankenlosen, „exzessiven Individualismus" und Egoismus und der seelenlosen Bürokratie eines allmächtigen Wohlfahrtsstaates.[73]

Dagegen glauben die Optimisten, eine zunehmende Bereitschaft zur Freiwilligenarbeit feststellen zu können. Sie sprechen von 12 Millionen Frauen und Männern aller Altersklassen, die in Deutschland in allen Lebensbereichen jährlich 240 Millionen Stunden ehrenamtliche Arbeit leisten.[74] Sie sprechen von einer Wiedergeburt ehrenamtlicher Tätigkeit „in völlig neuem Outfit". Gleichzeitig fordern sie dazu auf, das schlummernde Potential des ehrenamtlichen Engagements aus seinem Dornröschenschlaf zu wecken.[75]

Auch die Optimisten gehen von einem Wertewandel in der Gesellschaft aus, interpretieren diesen jedoch positiv. Der Begriff „Ehrenamt" bezog

---

[72] Pinzler, P. (1997): S. 58.

[73] Vgl. v. Haacke, B. (1997): S. 48–57.

[74] Die Abweichung zu den in Abschnitt 6.4.2. genannten Zahlen ergibt sich vermutlich aus einer weiteren Definition des Begriffs „Ehrenamt". Ulrich Beck meint sogar: „1994 war fast ein Drittel der Westdeutschen Bevölkerung - das sind rund 16 Millionen Menschen - ehrenamtlich engagiert. 1985 waren es 5 v. H. weniger. Bemerkenswert scheint mir: die Bereitschaft nimmt in allen Altersklassen zu." Beck, U. (1997): S. 8.

[75] Vgl. Frandsen, B. (1997): S. M 11.

sich ursprünglich nur auf ein öffentliches, unentgeltlich ausgeübtes Amt in Verbänden, Vereinen und Selbstverwaltungskörperschaften. Zur Übernahme eines Ehrenamts können Bürger sogar gesetzlich verpflichtet werden, z. B. als Schöffen. Andererseits gibt es für die Ausübung meist auch eine Aufwandsentschädigung und möglicherweise öffentliche Anerkennung. Diese ehrenamtliche Tätigkeit im engeren Sinne scheint sich in der Tat gegenwärtig in einer Krise zu befinden. Das gilt jedoch nicht allgemein für die Freiwilligenarbeit. Diese erlebt in der Tat eine Blüte.[76] Allerdings hat sie sich dem gewandelten Zeitgeist angepaßt. „Helfen wollen ist nicht mehr nur ein altruistischer Wunsch – Spaß soll das Amt bringen, Kommunikation und Wissenszugewinn. Die ehrenamtlichen Helfer wollen für ihren Job „fit“ gemacht werden, sie wollen Ausgaben ersetzt haben und während des Einsatzes versichert sein.“[77] Ulrich Beck meint: „Mit der Individualisierung der Gesellschaft ändert sich allerdings das Profil des Engagements: es ist nicht mehr dauerhaft und „selbstlos“, sondern zeitlich und projektgebunden; erwünscht sind Aufgaben, mit denen der Tätigwerdende sich identifizieren kann.“[78]

Die Tätigkeiten und Tätigkeitsfelder, die für die unbezahlte Freiwilligenarbeit in Frage kommen, sind vielfältig und zahlreich. Die folgende Zusammenstellung des Bundesministeriums für BMSFJ aus dem Jahre 1996 vermittelt hiervon einen, nicht nach Vollzähligkeit strebenden Eindruck:[79]

---

[76] Wenn auf eine im Augenblick zu beobachtende Abnahme des Engagements in Seniorengenossenschaften, Bürgerbüros etc. verwiesen wird, so ist man ziemlich einhellig der Meinung, daß sich hier nicht etwa ein gegenläufiger Trend ankündigt. Da es sich um subventionierte Aktivitäten handelt, denen die Zuschüsse ganz oder teilweise gekürzt wurden.

[77] Frandsen, B. (1997): S. M 11.

[78] Beck, U. (1997): S. 8.

[79] Vgl. BMFSFJ (1996): S. 120, zit. nach Knopf, D. (1997): S. 31.

Übersicht 7.5.: Ausgewählte Tätigkeitsfelder von Senioren in sieben Engagementsbereichen

- **Bildung und Kultur**
  Arbeiten mit Computern * Ausstellungsbetreuung * Bibliotheks- und Archivarbeiten * Erzählcafé * Foto-/Videoarbeit * Geschichtswerkstatt * kreatives Gestalten * Mundartpflege * Redaktion einer Seniorenzeitung * Stadtführungen * Schreibwerkstatt, Literaturkreis * Seniorenstudenten * Singen, Musizieren, Theaterspielen * Sprachen * Wissens-, Interessen-, Kontakt- * Zeitzeugenbörse.
- **Hilfen im Alltag, soziale und gesundheitliche Selbsthilfe**
  Alternative Heilverfahren, Naturheilkunde * Babysitterdienst, Leih-Oma/Opa * Behinderten- und Krankenhilfe * Beratung bei Renten, Wohngeldfragen * Besucherdienste im Krankenhaus, Alten-/Pflegeheim, zu Hause * Betreuung nach dem Betreuungsgesetz * Fahrdienste * Gedächtnistraining * gesundheitsorientierte Selbsthilfegruppen * Hausaufgabenbetreuung * Hilfen bei Kinderfreizeiten * gesunde Ernährung * Kurse zur Vorbereitung auf den Ruhestand * Mitarbeit in Kleiderkammern * Nachbarschaftshilfe * Schreiben von Ratgebern und Leitfäden * Selbsthilfegruppen pflegender Angehöriger * Sterbe- und Trauerbegleitung * Telefonkette/-treff * Unterstützung bei Einkäufen, Behördengängen, Arztbesuchen und dergleichen * Vorlesungen.
- **Kontakte und gemeinsame Unternehmungen**
  Internationale Begegnungen * Mitarbeit in Altenclubs und Begegnungstätten * Reisebetreuung * Seniorencafé * Treff für Alleinstehende
- **Altenpolitisches Engagement**
  Einsatz für altenpolitische Ziele * Heimarbeit * Leitung und Organisation von Veranstaltungen * Mitarbeit im Seniorenbüro * Mitarbeit in kommunaler Seniorenvertretung * Mitarbeit in Seniorengruppen von Parteien und Gewerkschaften * Mitarbeit in Seniorenorganisationen und Sozialverbänden * Mitarbeit in Stadtteilgruppen, Bürgervereinen * Seniorenvertrauensleute
- **Handwerkliche und wirtschaftliche Tätigkeiten**
  Beratung von Unternehmen als Seniorenexperte * Elektronikbasteln * Gartenarbeit * Nähen, Handarbeiten * Kleinreparaturdienst * Seniorenwerkstatt
- **Sport und Bewegung**
  Wandern, Radfahren, Radwandern * Gymnastik * Mitarbeit im

Sportverein * Schwimmen, Wassergymnastik * Selbstverteidigung * Yoga

- **Wohnen, Wohnumfeld und Umweltschutz**
  Mitarbeit im Naturschutz * Müllvermeidung * Senioren im Straßenverkehr * Tierpflege * Verkehrsberuhigung * Wohnanpassung, altengerechtes Wohnen * Wohnprojekte

Quelle: Knopf, D. (1997), S. 31.

Allerdings haben diese Tätigkeitsfelder hier eine seniorenspezifische Ausformung erhalten und könnten alterssegregierend ausgeübt werden. Da die altersübergreifende und altersintegrierende Bestimmung und Institutionalisierung geboten ist, wird ihre Einbeziehung in ein Konzept der **Bürgerarbeit** als sinnvoll erachtet, wie es Ulrich Beck für die Kommission für Zukunftsfragen entwickelt hat. Bürgerarbeit ist die Tätigkeit in nichtmarktgängigen, gemeinwohlorientierten Tätigkeitsfeldern wie Bildung, Gesundheit, Umwelt, Sterbehife, Betreuung von Obdachlosen und Asylbewerbern sowie Kunst und Kultur.[80]

7.6.4. Erwerbstätigkeit im Dritten Lebensalter

Bei einer Erwerbstätigkeit im Dritten Lebensalter handelt es sich um eine entgeltliche, auf einer vertraglichen Regelung beruhende Tätigkeit, die von älteren Menschen ausgeübt wird. Wenn hier nicht von „nachberuflicher" Erwerbstätigkeit gesprochen wird, so soll damit zum Ausdruck gebracht werden, daß es in Zukunft unerheblich sein könnte und angesichts der Entwicklungen auf dem Arbeitsmarkt auch für viele Menschen unwahrscheinlich sein wird, daß sie im „Zweiten Lebensalter" einen Beruf im herkömmlichen Sinne des Wortes ausgeübt haben.

Über die Perspektiven der Erwerbstätigkeit im Alter gibt es zwei sich widersprechende Standpunkte. Auf der einen Seite wird davon gesprochen, daß die Berufstätigkeit im Alter in Zukunft wichtiger wird. Als unumgänglich erscheinen deshalb Förderungsmaßnahmen für ältere Beschäftigte, eine Verlängerung der Lebensarbeitszeit und ein entsprechend späteres Berufsaustrittsalter. Begründet wird dies vor allem mit den Folgen des demographischen Umbruchs. Dieser führt zu einer Verknappung qualifizierter Arbeitskräfte auf dem Arbeitsmarkt. Aus der Sicht der

[80] Beck, U. (1997): S. 7.

Rentenversicherung ist außerdem eine Verlängerung der Lebensarbeitszeit geboten, um die Finanzierung der Renten zu sichern und die durchschnittliche Dauer der Rentenzahlungen zu vermindern.

Andererseits kommen empirische Erhebungen über die Realität der Alterserwerbstätigkeit zu dem Ergebnis, daß die Entberuflichung des Alters trotz anhaltend niedriger Geburtenhäufigkeit und steigender Lebenserwartung unverändert anhält. Ältere Beschäftigte werden in den Betrieben und Verwaltungen als eine hinderliche Personengruppe empfunden. Es wird unterstellt, sie könnten den betrieblichen Leistungsanforderungen nicht mehr in ausreichendendem Umfang entsprechen.[81] Diese Annahme kann in dieser allgemeinen Form heute als widerlegt gelten. „Tatsächlich besteht aber das Leistungsvermögen aus unterschiedlichen Komponenten, die mit zunehmendem Lebensalter teils abnehmen, teils zunehmen, teils unverändert bleiben."[82] Die Forschung zeigt: es gibt keinen vom Lebensalter allein abhängigen Abbau des physisch-psychischen Leistungsvermögens.[83] Funktionale Fähigkeiten nehmen ab, prozeßübergreifende Fähigkeiten nehmen zu und bestimmte Qualitätsanteile bleiben konstant. Allerdings scheiden bestimmte Tätigkeiten, die besonders belastungsintensiv sind, aus.[84] Auch spielen die erwähnten interindividuellen Unterschiede beim Leistungsvermögen eine große Rolle. Ungünstig sind die Aussichten insbesondere für diejenigen, deren schulisches und berufliches (Aus-) Bildungsniveau gering ist, bei denen der Grad der körperlichen und psychischen Anforderungen am Arbeitsplatz sehr hoch ist, und an deren Betrieb und Arbeitsplatz ein rascher wirtschaftlicher und technisch-organisatiorischer Wandel im Gang ist.[85]

Im weiteren wird unterstellt, daß der ältere Mensch - aus unterschiedlichen Gründen - an einer nachberuflichen Tätigkeit interessiert ist und sie ausüben möchte. Dabei spielt auch die Überlegung eine Rolle, daß sich aller Wahrscheinlichkeit nach die Situation auf dem Arbeitsmarkt aufgrund der demographischen Veränderungen spätestens ab dem Jahre 2010 bzw. 2030 umkehren wird. Der demographische Wandel wird Arbeitsmarkt und Arbeitswelt verändern. Es vermindern sich Anzahl und Anteil der Menschen der nachwachsenden jüngeren Jahrgänge unter dreißig Jahren, und zwar zunächst zugunsten der mittleren Jahrgänge

[81] Vgl. Abschnitt 4.3. dieses Bandes.

[82] Vgl. Bäcker, G. (1996): Ste. 11, S. 4.

[83] Vgl. Bäcker, G. (1996): Ste. 11, S. 12.

[84] Vgl. Bäcker, G. (1996): Ste. 11, S. 13.

[85] Vgl. Bäcker, G. (1996): Ste. 11, S. 6.

zwischen dreißig und fünfzig Jahre. Etwa ab dem Jahr 2000, wenn die geburtenstarken Jahrgänge der fünfziger und sechziger Jahre nachrücken, wird der Anteil der Überfünfzigjährigen zunehmen. Der Anteil der Unterdreißigjährigen an den Erwerbspersonen, der derzeit in den alten Bundesländern bei etwa 30 v.H. liegt, wird bis zum Jahre 2000 auf 20 v. H.

absinken. Es wird dann zum erstenmal mehr ältere als jüngere Personen im erwerbsfähigen Alter geben.[86] Etwa um 2030 dürften die Überfünfzigjährigen rund ein Drittel der Erwerbspersonen ausmachen, während der Anteil der Jüngeren auf ca. 20 v. H. fällt; 1990 war das Verhältnis mit 22 v. H. zu 32 v. H. gerade umgekehrt. Es kommt also zu einer Umkehrung der Altersstruktur der Beschäftigten in Betrieben und Verwaltungen.[87] Dabei ist schon berücksichtigt, daß die derzeitigen Zuwanderungen von im Durchschnitt jüngeren Menschen in den nächsten Jahren anhalten werden.[88]

Daraus läßt sich die Schlußfolgerung ziehen: Die zukünftigen Anforderungen werden von insgesamt älteren Belegschaften bewältigt werden müssen. Den Überfünfzigjährigen wird wachsende Bedeutung zukommen. Gleichzeitig wird sich der Anteil von Frauen und ausländischen Beschäftigten weiter erhöhen. Betriebe können also in ihrer Personalpolitik in Zukunft nicht mehr primär auf Nachwuchsjahrgänge zurückgreifen.[89] Das derzeitige Überschußangebot an Arbeitskräften wird sich im Laufe der Zeit in eine Überschußnachfrage verwandeln. Somit wird auch aus volkswirtschaftlicher Perspektive die Ausübung einer Tätigkeit im Alter notwendig.

Da ein solcher Prozeß nicht von heute auf morgen realisiert werden kann, bedarf es einer eingehenden Analyse, welche Hemmnisse diesbezüglich bestehen und welche Veränderungen notwendig sind.

Neben der individuellen Bereitschaft der älteren Menschen, auch in der sogenannten Ruhestandsphase eine Beschäftigung in einer privaten oder öffentlichen Unternehmung auszuüben, bedarf es auch von Arbeitgeberseite der Akzeptanz und Bereitschaft, ältere Menschen im Rahmen einer Teil- oder Vollzeitbeschäftigung einzustellen. Daß hier noch manches im Argen liegt, haben die Ausführungen zu den Push-Faktoren in Abschnitt 7.2. bereits gezeigt. Es wird durch eine Untersuchung der Altersdiskri-

---

[86] Vgl. Bäcker, G. (1996): Ste. 11, S. 8.

[87] Vgl. Bäcker, G. (1996): Ste. 11, S. 9.

[88] Vgl. Abschnitt 2.2.

[89] Vgl. Bäcker, G. (1996): Ste. 11, S. 10.

minierung in den Mitgliedsstaaten der Europäischen Union bestätigt, die feststellte, daß es bei der Einstellung älterer Arbeitnehmer in fast allen Mitgliedsstaaten eine **direkte** und in allen eine **indirekte Diskriminierung**[90] gab. Tabelle 7.6. zeigt einen Ausschnitt aus der vollständigen Tabelle, der sich für die verbleibenden Länder wiederholt.

Tab. 7.6.: Altersdiskriminierung bei der Einstellung von Arbeitnehmern

Land	Direkte Diskriminierung	Allgemeine Merkmale	Indirekte Diskriminierung	Allgemeine Praktiken
DK	Ja	Die Festsetzung von Altersgrenzen ist üblich	Ja	'Unsichtbare' Altersgrenze von 45 – 50 Jahren
D	Ja	Altersgrenzen werden in 15 bis 20 % aller Stellenanzeigen gesetzt	Ja	Mitarbeiter über 40 werden nur ungern eingestellt
GB	Ja	Bei mehr als 40 % der Stellenanzeigen wird eine Altersgrenze von 35/40 Jahren gesetzt	Ja	'Unsichtbare' Altersgrenze von 45 Jahren

Quelle: Deutscher Bundestag (1994): S. 187.

Die Entscheidung der Beschäftigten, in der Ruhestandsphase weiterhin erwerbstätig zu sein, hängt zum einen von der gesellschaftlichen und betrieblichen Akzeptanz und Notwendigkeit ab, die sich auch in der Gesetzgebung und in der Einstellungspraxis widerspiegelt. Des weiteren spielen individuelle Faktoren wie etwa finanzielle Absicherung, sozialer Status und gesundheitliche Situation eine gewichtige Rolle. Die Art und

---

[90] Unter direkter Diskriminierung versteht man die Festlegung spezifischer Altersgrenzen in Stellenanzeigen. Eine indirekte Diskriminierung besteht, wo Arbeitgeber in der Praxis Stellenbewerbungen älterer Arbeitnehmer nicht berücksichtigen.

die Qualität der angebotenen Arbeitsplätze sind aus der Sicht der Betroffenen ebenfalls relevant.

Grundsätzlich bestehen für eine nachberufliche Tätigkeit die folgenden sechs Alternativen:

(1) Verbleib auf dem angestammten Arbeitsplatz mit reduzierter Arbeitszeit: Die Teilzeitweiterbeschäftigung älterer Arbeitnehmer kann durch eine Aufteilung der anfallenden Arbeit auf die restlichen Mitarbeiter eines Bereichs geschehen oder durch bereitstehende Vertretungen, die über weitreichende Kenntnisse verfügen müssen.[91]
Die Arbeit eines Vollzeitarbeitsplatzes kann auch zwischen zwei älteren Arbeitnehmern aufgeteilt werden, die beide Altersteilzeitarbeit in Anspruch nehmen.

Der Verbleib auf dem bisherigen Arbeitsplatz bietet den älteren Arbeitnehmern die Möglichkeit zur Realisierung einer sinnvollen Weiterarbeit und eine Beibehaltung des bisherigen Beziehungsgefüges.

(2) Umsetzung auf einen neuen Arbeitsplatz: Bei einigen Arten von Tätigkeiten kann eine Versetzung unvermeidlich werden, da der Arbeitsplatz nicht in eine Teilzeitstelle umgewandelt werden kann oder die Tätigkeit mit zunehmendem Alter von der Person nicht mehr ausgeübt werden kann. Dann besteht die Möglichkeit, daß der Betrieb die Arbeitnehmer mit ihrem Einverständnis auf speziell geschaffene Stellen umsetzt, die für Ausgleitende und Ältere eingerichtet wurden.[92]

(3) Beschäftigung als stellenfreie Experten: Bei der Tätigkeit als stellenfreier Experte werden Fähigkeiten vorausgesetzt, die nur eine Minderheit der Älteren besitzen dürfte, da sie meist mit bereichsübergreifenden Aufgaben verbunden ist, die repräsentierender oder koordinierender Art sind. Dies kann z. B. die Vertretung des Unternehmens nach außen auf Tagungen oder bei Gewerkschaften und Verbänden sein. Auch der Einsatz als Verfasser von Gutachten und Änderungsvorschlägen für den Arbeitsbereich ist möglich.[93]

(4) Beschäftigung als freie Mitarbeiter: Der Unterschied zum vorher beschriebenen Modell besteht vor allem darin, daß es sich um kein festes Beschäftigungsverhältnis handelt sondern um eine auftragsbezogene Zusammenarbeit. Während stellenfreie Experten eher feste Aufgaben

---

[91] Vgl. Stitzel, M. (1987): S. 101.

[92] Vgl. Stitzel, M. (1987): S. 105-106.

[93] Vgl. Naegele, G. (1992): S. 108-109.

zugewiesen bekommen, die sich über den gesamten Zeitraum ihrer Altersteilzeitarbeit erstrecken können, sollen freie Mitarbeiterinnen und Mitarbeiter immer wieder wechselnde Tätigkeiten übernehmen; sie benötigen hierfür ein breites Wissensspektrum.

(5) Heimarbeit und Telearbeit: Eine Alternative zur besseren Abstimmung zwischen Beruf und Freizeit oder Familie ist die Heimarbeit, die durch die heutigen Möglichkeiten der Kommunikation in Form von Bildtelefonen, Videokonferenztechnik und netzloser Datenübertragung neue Arbeitskonzeptionen ermöglicht.[94] Der am Arbeitsplatz im eigenen Haus stehende PC ist an das Datennetz des Unternehmens gekoppelt, so daß problemlos Nachrichten in beide Richtungen versandt und empfangen sowie die betriebsinternen Softwareprogramme benutzt werden können.
Entscheidende Vorteile entstehen für den Arbeitnehmer durch die völlig freie Einteilung seiner Arbeitszeit und den Wegfall des Anfahrtsweges zur Arbeit, der bei Teilzeitarbeit, relativ zur Arbeitszeit gesehen, sehr groß ist. Ein Nachteil für den Älteren sind sicherlich die fehlenden sozialen Kontakte und Beziehungen zu den Mitarbeitern. Deshalb ist das folgende Modell ebenfalls sehr interessant.

(6) Außerbetriebliche Arbeitsstätten: Hiermit ist beabsichtigt, eine Verbindung zwischen der Organisation der Arbeit innerhalb und außerhalb des Unternehmens herzustellen. Der ältere Arbeitnehmer besitzt zwei Arbeitsplätze, den einen im Unternehmen und den anderen in Form von Telearbeit zu Hause. Die Arbeitszeit wird, den Arbeitsanforderungen entsprechend, zwischen interner und externer Tätigkeit verteilt. So bleiben noch menschliche Kontakte zum Unternehmen gewahrt, welche die Abstimmung und Kooperation mit Mitarbeitern und Vorgesetzten ermöglichen.

---

[94] Vgl. Cisek, G. (1993): S. 49.

7.6.5. Felderweiterung durch neue Medien

Bei der Betrachtung funktionaler Äquivalente haben wir uns weitgehend auf das Möglichkeitsfeld bezogen, das für die Vergangenheit und Gegenwart Gültigkeit hatte. Dieses Feld ist jedoch zu erweitern um die Möglichkeiten, welche uns neue Technologien bieten und hier speziell die sogenannten neuen Medien.

Abbildung 7.6. vermittelt einen Überblick über die vielfältigen Unterstützungsmöglichkeiten, die ältere Menschen auf diesem Wege erlangen können.

Abb. 7.6.: Unterstützungsbereiche für Personale Intelligente Telekommunikative Serviceleistungen (PITS)

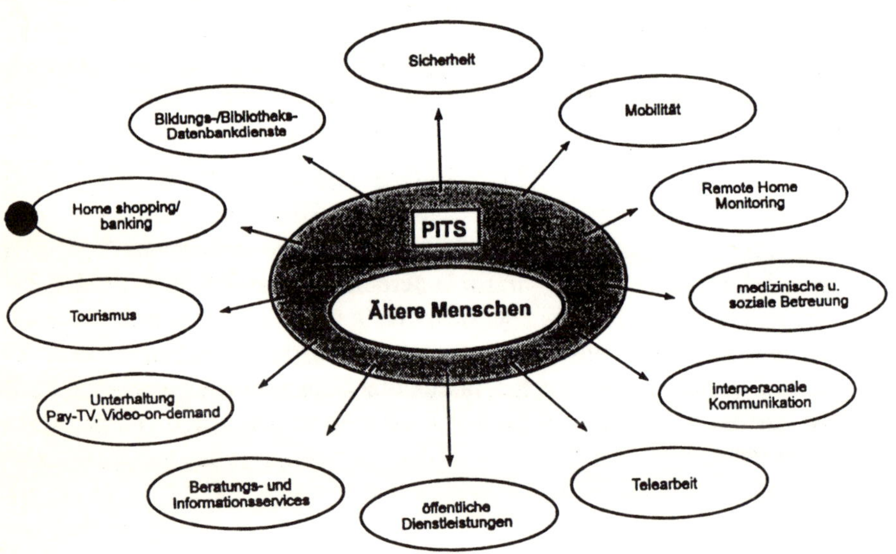

Quelle: Büllingen, F. (1996): S. 53.

Das Internet erlaubt beispielsweise den Zugriff auf neue Möglichkeiten der Kontaktaufnahme und Kommunikation aber auch der Leistungserbringung. Wir haben die **Telearbeit** bereits erwähnt. Das erscheint vielleicht als verwunderlich. Denn häufig wird die Meinung vertreten, daß die Arbeit mit Computern nur etwas für jüngere Menschen sei. Aber diese Meinung ist falsch. Zahlreiche Untersuchungen belegen, daß die

Lernfähigkeit älterer Menschen hoch ist, und in der Tat werden Computer auch von immer mehr älteren Menschen benutzt.[95] Unter den Nutzern von Computern sind ältere Menschen zur Zeit allerdings noch vergleichsweise unterrepräsentiert. So weist das „Bundesministerium für Bildung, Forschung und Technologie" in Bonn in seiner Ausschreibung des Deutschen Seniorenpreises Multimedia darauf hin[96], daß in der Bundesrepublik nur 3 v. H. der Überfünfundfünzigjährigen einen Computer benutzen. Gegenwärtig spielt die Telearbeit in der Bundesrepublik noch keine größere Rolle; es ist jedoch zu erwarten, daß ihr auch bei uns eine wachsende Bedeutung zukommen wird und daß damit auch die Chancen für ältere Menschen steigen, sich über Telearbeit an der gesellschaftlichen Leistungserstellung zu beteiligen.

Die folgenden Eigenschaften lassen sie für ältere Menschen als besonders interessant erscheinen:

1. Sie ermöglicht Teilzeitarbeit, wobei der Zeitaufwand und die Uhrzeit tageweise und über die Arbeitswoche hinweg flexibel sind.
2. Sie kann an die individuellen Möglichkeiten und Fähigkeiten angepaßt werden, so daß auch Personen, die das Haus nicht verlassen können, oder anderweitig beeinträchtigt sind, auf diese Weise tätig werden können.

Weitere Möglichkeit, um sich an der Leistungserbringung zu beteiligen, könnten in Zukunft auch **virtuelle Nachbarschaften** und **virtuelle Gemeinschaften** darstellen. „Virtuell" heißt „der Kraft oder Möglichkeit nach vorhanden"[97] im Gegensatz zu etwas physisch Realem. Virtuelle Nachbarschaften und Gemeinschaften haben zwar insofern eine reale Basis, als es Gemeinschaften von realen Personen sind, die über Computer und Datenleitungen miteinander verbunden sind, über die sie miteinander kommunizieren; es sind jedoch Kommunikationssysteme, die nicht in einer geographisch definierten Umwelt von Gebäuden und tatsächlich benachbarten Menschen vorhanden sind. Der soziale Ort „Nachbarschaft" definiert sich durch Kommunikation und durch Einverständnis.[98] Howard Rheingold beschreibt das Internet als ein neues Me-

---

[95] Vgl. Herl, M. (1998): S. 78 - 82.

[96] Vgl. Bundesministerium für Forschung und Technologie (1997).

[97] Vgl. Meyers Grosses Taschenlexikon (1987): S. 223.

[98] Vgl. Oltmann, A.; Holtfuß, A. (1997): S. 107.

dium für Kommunikation, das es erlaubt, Menschen, die gleiche Interessen haben, über Computernetze zu verbinden.[99]

Ihre Erfahrungen bei der Erkundung virtueller Nachbarschaften im Internet fassen Oltmann und Holtfuß in den folgenden Punkten zusammen[100]:

Übersicht 7.6.: Merkmale virtueller Nachbarschaften

„1. Nachbarschaft kann im Internet neu entstehen, da man einen virtuellen Raum selbst mitgestalten kann; dadurch erlangt der virtuelle Ort relevanz. Der Nutzer einer solchen Nachbarschaft sucht sich das, was er braucht.
2. Durch die Auflösung von traditionalen Mustern sozialer Interaktion, wie zum Beispiel die Beachtung und Anerkennung von Hierarchien, kann man einer idealen Form von Nachbarschaft näher kommen.
3. Der Raum Internet gibt die Möglichkeit, zu Fremden gesellschaftliche Beziehungen aufzunehmen und damit Öffentlichkeit herzustellen. Einen Ort, an dem öffentliches Handeln konstitutiv wird. [...]
4. Distanz und Nähe sind sich nicht unbedingt konträr, da sie selbst bestimmt werden können, beispielsweise durch die Benutzung der Ignore-Taste.
5. Nachbarschaften im Internet definieren sich, im Vergleich zu realen Nachbarschaften, über Interesse und nicht über physische Nähe.
6. Körperlichkeit, Öffentlichkeit und reale Räumlichkeit werden begrifflich und analogisierend in den virtuellen Raum übertragen.
7. Eine virtuelle Nachbarschaft kann niemals eine physische Nachbarschaft ersetzen; sie läuft immer parallel und kann eine Kompensation für nicht geglückte soziale Beziehungen in der wirklichen Nähe sein.
8. Die Beziehungen im Internet können verbindlich sein, sind aber prinzipiell immer optional.“

Quelle: Oltmann, A.; Haltfuß, A. (1997): S. 107.

---

[99] Rheingold, H. (1995): S. 1-16.
[100] Oltmann, A.; Holtfuß, A. (1997): S. 107.

Das über elektronische Nachbarschaften im Internet Gesagte läßt erkennen, daß sich grundsätzlich alle hier erwähnten Formen der kooperativen Leistungserbringung auch über das Internet organisieren lassen, ja daß dieses manche Vorteile bietet wie z. B. die rasche und gezielte Kontaktaufnahme zwischen Interessierten, zwischen Anbietern und Nachfragern etc. Es lassen sich sowohl Selbsthilfegruppen wie Bürgerinitiativen und Seniorengenossenschaften auch im und über das Netz herstellen. Zukunftsweisend sind dabei zweigleisig arbeitende Netzwerke, die Kontakte und Kommunikation sowohl im Netz wie auch im face – to – face, also im unmittelbaren Kontakt zwischen Personen ermöglichen und pflegen. Das bedeutet allerdings, daß diese nicht weltumspannend funktionieren können, sondern innerhalb einer geographisch begrenzten Reichweite.

7.7. Alterspolitische Gesichtspunkte und Perspektiven

7.7.1. Berufswechsel und Funktionswandel im Alter

Aufgrund der Nebenwirkungen ist die fortlaufende Heraufsetzung des Ruhestandsalters etwa bis auf 70 Jahre und mehr eine alterspolitisch äußerst fragwürdige Maßnahme. Sie kann unter anderem dazu führen, daß die Alten dann Aufgaben wahrnehmen müssen, für die Jüngere unter Umständen besser geeignet wären. Auch würden dadurch Jüngeren die Aufstiegschancen verbaut: die Vergreisung wird zu einer Gefahr für die Gesellschaft. Eine bessere Lösung sehen wir in der Übernahme anderer, dem Lebensalter angepaßter Aufgaben, wie wir es zum Beispiel in einigen Ethnien finden. Dann bedeutet Altwerden nicht mehr ökonomische Desintegration, sondern Funktionswandel: die Alten übernehmen andere Aufgaben in Familie und Gesellschaft, für die sie aufgrund ihrer Lebenserfahrung besonders qualifiziert sind und in denen die mit dem Alter verbundene Abnahme der physischen Leistungsfähigkeit weniger behindert.[101]

Verbunden werden könnte der Funktions- bzw. Berufswechsel mit einer flexiblen Altersgrenze, d. h.:das Überwechseln der Menschen in den Status von Alten wird nicht allgemeinverbindlich auf ein bestimmtes Jahr fixiert, sondern ergibt sich individuell entsprechend dem Leistungsstand und dem sozialen Kontext der Person. Warum sollten alte Menschen in die Lage versetzt werden, weitgehend selbstbestimmt ihren

---

[101] Ritter, U.P. (1997), S. 326-327

Fähigkeiten entsprechend eine sinnvolle Aufgabe in der Gesellschaft zu übernehmen und somit einen Beitrag zum Sozialprodukt zu leisten ?[102]

7.7.2. Differentielle Politik entsprechend differentiellem Altern

Wie wir an anderer Stelle des Buches festgestellt haben[103], nehmen im Alter die individuellen Unterschiede so stark zu, daß aufgrund des chronologischen Alters keine Aussage über den Gesundheits- und Leistungsstand einer Person gemacht werden kann. Diese interindividuellen Unterschiede nehmen im Verlauf des Alters stark zu. Deshalb muß den alternden Menschen eine große Palette von Möglichkeiten der gesellschaftlichen Leistungserbringung angeboten werden, aus der sie entsprechend ihren Fähigkeiten auswählen können. Diesem Tatbestand müssen auch die gesellschaftlichen Anreiz- und Sanktionssysteme Rechnung tragen.

Hier ist positiven Anreizen wie Steuergutschriften und zusätzlichen Punkten bei der Rentenberechnung der Vorzug vor Sanktionen zu geben wie zum Beispiel Rentenkürzungen bei einem Ausscheiden aus dem Erwerbsleben vor der Altersgrenze. Es muß kreativ ein differenziertes Instrumentarium entwickelt werden, das über die traditionellen Instrumente hinausgeht (Maßnahmen und Regulierungen vermeidet, die das gewünschte Verhalten behindern oder gar bestrafen), hinausgeht.

7.7.3. Die Notwendigkeit kreativer Problembearbeitungen

Die alterspolitische Aufgabe: "Reintegration in die gesellschaftliche Leistungserstellung" ist neu. Das alterspolitische Instrumentarium für diesen Funktionsbereich muß noch entwickelt werden. Im Hinblick auf die drei funktionalen Äquivalente ist es sehr unterschiedlich. So sind im Bereich der Unterstützung der Eigenarbeit einerseits technische Lösungen erwünscht und notwendig wie zum Beispiel intelligente Wohnungen und andererseits soziale Maßnahmen wie zum Beispiel die Förderungen von Selbsthilfeinitiativen und Bürgergenossenschaften.

Dagegen sind im Bereich der Fortsetzung der Erwerbstätigkeit in erster Linie die Unternehmungen gefordert: sie können altersgerechte Arbeitsbedingungen anbieten und vor allen Dingen Ausbildungs-, Weiterbil-

---

[102] Ritter, U.P. (1997), S. 329

[103] Vgl. Kap. 2.1.

dungs- und Schulungsmaßnahmen bis ins hohe Alter zugänglich machen, um der Dequalifizierung der alternden Arbeitskräfte entgegenzuwirken.

Im Bereich der Freiwilligenarbeit sind einerseits Maßnahmen denkbar, welche die gesellschaftliche Anerkennung fördern und andererseits solche, die derartige Tätigkeiten attraktiver machen, z.B. durch die Entbürokratisierung, die stärkere Mit- und Selbstbestimmung und das Angebot von Weiterbildungsmöglichkeiten als gesellschaftliche Gegenleistung.

Hier sind Kreativität und Phantasie gefordert. Dabei sollten die Maßnahmen dynamisch wirken und nicht auf die Erreichung festgelegter Zustände abzielen. So fordert z.B. Kahn den Staat auf, die Leistungen der Bürgergenossenschaften bzw. Tauschringe zu besteuern. Als Steuer müßte er allerdings Zeitgeld akzeptieren, das dann zur Förderung dieser Bürgergenossenschaften verwendet werden könnte,[104] z.B. für eine indirekte Förderung der Bürgergenossenschaften: Einerseits könnten diese Zeitpunkte als Ausgleich für die älteren Mitglieder jüngerer Genossenschaften, die noch nicht dazu in der Lage waren, ein ausreichend großes Zeitkonto anzusammeln. Andererseits könnten sie in einem Garantiefonds zur Verfügung stehen, um zu verhindern, daß Bürger in Schwierigkeiten geraten, wenn Bürgergenossenschaften notleidend werden.

[104] Offe, C.; Heinze, R.G. (1990): S. 185.

BESTEHT NOCH HOFFNUNG ??
WIR RECHNEN'S MAL DURCH !
T. Plaßmann

8. DIE GESUNDHEITSFUNKTION

Das Ziel dieser gesellschaftlichen Grundfunktion ist die Gewährleistung einer angemessenen Gesundheitsversorgung der alten und älteren Menschen. Eine angemessene gesundheitliche Versorgung beinhaltet zum einen Leistungen zur **Erhaltung der Gesundheit** (Präventivmedizin), zum anderen die **funktionale Wiederherstellung der Gesundheit** infolge von Krankheit. Bevor im Abschnitt 8.2 die Gesundheitsfunktion inhaltlich konkretisiert werden kann, ist es sinnvoll zunächst den Zusammenhang zwischen individuellem Alter bzw. Altern und Gesundheit bzw. Krankheit darzustellen. Welche Bedeutung und Implikationen dieser Zusammenhang sowohl aus medizinisch-gerontologischer als auch aus ökonomischer Perspektive aufwirft, ist Gegenstand der folgenden Abschnitte. Im Abschnitt 8.3 wird dann, ausgehend von einer historischen Betrachtung, die gesundheitliche Versorgung der älteren Menschen aus institutioneller Sicht dargestellt, um darauf aufbauend Defizite bei der gesundheitlichen Versorgung zu identifizieren und funktionale Äquivalente zu benennen. Im letzten Abschnitt des Kapitels werden Ansatzpunkte einer Alterspolitik im Bereich der Gesundheitsversorgung skizziert.

8.1. Individuelles Alter und Altern im Kontext von Gesundheit und Krankheit

8.1.1. Die medizinisch-gerontologische Sicht

Alt ist nicht gleich krank. Am Alter als solches stirbt man nicht. Altern kann nicht mit Krankheit gleichgesetzt werden, wie es die Defizit-Modelle des Altern suggeriert haben.[1] Die meisten Krankheiten werden im Laufe des Lebens erworben und „altern“ mit. Dementsprechend hat ein großer Teil der im Alter am häufigsten auftretenden Erkrankungen, wie etwa Gefäßerkrankungen, Herzinsuffizienz, Arthrose, Rückenleiden und Bluthochdruck, seinen Ursprung in den mittleren Lebensabschnitten.[2] Darüber hinaus gibt es aber auch Krankheiten, wie etwa die Altersdemenz, die etwa ab dem 70. Lebensjahr mit zunehmendem Alter bis zirka zum 94. Lebensjahr signifikant ansteigt.[3] Gleichzeitig ist jedoch zu beachten, daß nicht alle Funktionskurven des menschlichen Organismus mit zunehmen-

---

[1] Zum Defizit-Modell und seiner Widerlegung vgl. Abschnitt 2.1.2.

[2] Vgl. Steinhagen-Thiessen, E. u.a. (1996): S. 7-14.

[3] Zur empirischen Relevanz dieser Aussage vgl. Helmchen, H. u.a. (1996): S. 195-201.

dem kalendarischen Alter sinken. Im Gegensatz zu den Herz-, Muskel- oder Lungenleistungen haben etwa die sprachliche Ausdrucksfähigkeit, die Denkbeweglichkeit oder das produktive Denken, das auf einer zielgerichteten Anwendung jahrzehntelangen Erfahrungswissens basiert, erst relativ spät im Lebenslauf (etwa bei 60 Jahren) ihren Leistungsgipfel.[4] Zudem kann das mäßige Absinken einer derartigen Leistungskurve nicht mit Krankheit gleichgesetzt werden.

Gleichwohl gewinnt mit zunehmendem kalendarischen Alter die Erhaltung der Gesundheit an Bedeutung. Zum einen haben fast alle älteren Menschen (87 v.H. der Befragten) den Wunsch, „körperlich und geistig fit zu bleiben". Dementsprechend kann die Gesundheit bzw. die Erhaltung der Gesundheit als eines der wichtigsten Lebensgüter der alten und älteren Menschen betrachtet werden.[5] Andererseits sind ältere Menschen in der Regel häufig mit Krankheit, Pflege- und Hilfebedürftigkeit konfrontiert, da entweder gleichaltrige Personen aus ihrem unmittelbaren Umfeld oder sie selbst davon betroffen sind. Mit zunehmendem kalendarischen Alter nimmt die Erwartungswahrscheinlichkeit für Krankheitshäufigkeit und Krankheitsdauer zu. Ab etwa dem 40. Lebensjahr erhöht sich mit zunehmendem Alter die Anfälligkeit für Krankheiten, so daß die Erkrankungsziffern für die 40- bis 64jährigen Frauen und Männer fast doppelt so hoch sind wie die für Personen im Alter von 15 bis 39 Jahre. Für die 65jährigen und Älteren läßt sich gegenüber den 40 bis 64 Jahre alten Menschen wiederum eine Verdoppelung der Erkrankungsziffern feststellen.[6] Es ist ein international beobachtbares Phänomen: Ältere (aber auch jüngere) Menschen werden im Vergleich zu Personen im Alter zwischen 15 und 39 Jahren häufiger an einer oder mehrerer Krankheiten behandelt. Dies spiegelt sich in einem U-förmigen Zusammenhang zwischen dem Lebensalter und der Inanspruchnahme medizinischer Güter und Leistungen wider.[7] Jedoch altern die Organe im Alterungsprozeß asynchron und sind somit unterschiedlich anfällig. Dies sollte bei einer medizinischen Behandlung berücksichtigt werden.[8] Die folgende Tabelle gibt einen Überblick darüber, welche strukturellen Veränderungen im Krankheitsspektrum mit zunehmendem Alter eintreten.

---

[4] Vgl. Schramm, A. (1996): S. 13.

[5] Vgl. Infratest Sozialforschung, Sinus und Horst Becker (1991): S. 29.

[6] Vgl. Deutscher Bundestag (1994): S. 262.

[7] Vgl. Pohlmeier, W.; Ulrich, V. (1996): S. 76.

[8] Vgl. Bundesministerium für Familie und Senioren (1993): S. 44.

Tab. 8.1.: Kranke Personen nach Alter und ausgewählten Krankheitsarten. (Ergebnisse der Mikrozensus-Erhebung April/ Mai 1978)

Art der Krankheit	Kranke Personen				
	insgesamt je 10.000 Einw.	im Alter von ... bis .. unter ... Jahren			
		bis 15	15-40	40-65	65 u. älter
		je 10.000 Einwohner gleichen Alters			
Infektiöse u. parasitäre Krankheiten	50	171	29	28	35
Ohren- u. Augenkrankheiten	39	35	17	32	106
Krankheiten des Kreislaufsystems	334	13	74	416	1.189
Krankheiten d. Atmungsorgane	320	415	295	266	350
Skelett-, Bindegewebe-, Muskelkrankheiten	208	14	89	321	513

Quelle: Arbeitsgruppe Bevölkerungsfragen, (1984), zit. in: Baumann, M. (1986): S. 20.

Für das Gesundheitswesen der Bundesrepublik Deutschland insgesamt bewirken diese strukturellen Veränderungen in Verbindung mit dem Phänomen des dreifachen Alterns[9], daß bei den quantitativ stark ins Gewicht fallenden Krankheiten des Kreislaufsystems, des Skeletts, der Muskeln und des Bindegewebes ein ausgeprägter Anstieg stattfinden wird. Ältere Menschen leiden im Vergleich zu jüngeren Menschen häufiger an Erkrankungen des Herz-Kreislauf-Systems und an Krankheiten des Bewegungsapparates.[10] Andererseits verlieren infolge des demographischen Wandels **infektiöse Krankheiten** an Bedeutung. Ebenfalls werden die Ausgaben für stationäre Entbindung und Mutterschaftsgeld zurückgehen, die bei

---

9 Vgl. dazu Abschnitt 2.2.3.

10 Vgl. Sachverständigenrat für die Konzertierte Aktion im Gesundheitswesen (1995): Ziffer 183.

Frauen im Alter zwischen 15 und 44 Jahre anfallen. Ähnlich verhält es sich bei den Ausgaben für Zahnersatz, Zahnbehandlung und Brillen. Ab einem Alter von etwa 50 Jahren gehen diese Ausgabenarten zurück.[11] Dagegen nehmen die Krankenhausausgaben ab einem Alter von etwa 60 Jahren stark zu. Nach einer retrospektiven Befragung im Rahmen der Berliner Altersstudie waren im Jahre 1995 etwa 21 v.H. der Befragten (d. h. der 70jährigen und Älteren) mindestens einmal in stationärer Behandlung.[12] Ebenfalls steigen ab etwa dem 40. Lebensjahr die Ausgaben für Arzneimittel.[13] Insgesamt bewirkt die sich ändernde Altersstruktur für die Zukunft eine Veränderung des Krankheitsspektrums. **Chronisch-degenerative Krankheiten** werden weitaus stärker das Morbiditätsspektrum der Bevölkerung bestimmen als dies heute der Fall ist.[14]

Ob die Anbieter von medizinischen Gütern und Dienstleistungen diese Veränderung des Krankheitsspektrums berücksichtigen werden, erscheint fraglich. Gleiches gilt für die dazu notwendigen Veränderungen der wirtschafts- und gesundheitspolitischen Entscheidungen, die die Rahmenbedingungen im Gesundheitswesen festlegen und letztendlich für eine altengerechte Steuerung des Gesundheitssystems verantwortlich sind. Aus diesen Gründen erscheint ein Umdenken im Gesundheitswesen erforderlich. Bevor im Abschnitt 8.2 dieser Aspekt diskutiert wird, ist zunächst der Zusammenhang zwischen Alter, Altern, Mortalität, Morbidität und Gesundheitsausgaben aus ökonomischer Perspektive zu behandeln.

8.1.2. Die gesundheitsökonomische und -politische Sicht

In den Industrienationen und in den meisten Entwicklungsländern hat sich im Zeitablauf die durchschnittliche Lebenserwartung deutlich erhöht. Diese **Kompression der Mortalität**, d. h. die Reduktion der Sterblichkeit, basierte nur zu einem gewissen Teil auf den Fortschritten der Altersmedizin. Weitaus bedeutender waren die medizinisch technischen Fortschritte in bezug auf die jungen und jüngsten Jahrgänge. Dazu zählt: die Reduzierung der Neugeborenen- und Säuglingssterblichkeit, sowie eine Verringerung der Sterblichkeit im Jugend- und Erwachsenenalter durch verbesserte Lebensbedingungen und eine erfolgreiche Bekämpfung von Infektionskrankheiten.[15] Zudem sind insbesondere in den Industrieländern noch

---

[11] Vgl. Knappe, E. (1995): S.29.

[12] Vgl. Linden, M. (1996): S. 482.

[13] Vgl. Knappe, E. (1995): S. 29-30; Linden, M. (1996): S. 483.

[14] Vgl. Baumann, M. (1986): S. 29.

[15] Vgl. Schramm, A. (1996): S. 11-12.

andere Faktoren wie etwa ein gestiegener Lebensstandard, gesündere Ernährung, Reduzierung der durchschnittlichen Arbeitszeit, weniger gesundheitsrisikoreiche Arbeitsplätze, sowie im Durchschnitt längere Erholungsphasen für den Anstieg der durchschnittlichen Lebenserwartung verantwortlich.[16] Auter u. a. (1960 für amerikanische Bundesstaaten) und Zweifel (1978 für die Schweiz) haben anhand von empirischen Untersuchungen hinsichtlich der standardisierten Mortalitätsrate festgestellt, daß eine verlängerte Ausbildungsdauer einen viel gewichtigeren Beitrag zur Senkung der Sterblichkeit beiträgt, als der Ausbau von wichtigen medizinischen Inputs wie etwa die Ärztedichte, die Kapitalausstattung der Krankenhäuser oder der Arzneimitteleinsatz pro Kopf. Ebenfalls werden - im statistischen Sinne - signifikante Mortalitätsvorteile[17] durch ein hohes Durchschnittseinkommen in Verbindung mit einer gleichmäßigeren Einkommensverteilung realisiert.[18]

Prinzipiell ist das Phänomen der Kompression der Mortalität aus volkswirtschaftlicher Perspektive positiv zu bewerten, denn im Gegensatz zu den Jägern und Sammlern, die aufgrund ihrer geringen Lebenserwartung radikal in ihrer kulturellen und ökonomischen Kreativität beschnitten wurden, existiert seit der Neusteinzeit ein wechselseitiges Aufschaukeln von Wirtschaftskraft und Lebenserwartung, dessen vorläufiger Höhepunkt derzeit beobachtbar ist. Mit anderen Worten: Das Wachstumspotential einer Volkswirtschaft hängt in erheblichem Maße von der Lebenserwartung ihrer Menschen ab.[19]

Andererseits wird allerdings behauptet, daß dadurch die Kosten im Gesundheitsbereich "explodiert" sind, denn es läßt sich empirisch - anhand von Querschnittsanalysen - nachweisen, daß mit steigendem Lebensalter die Krankheiten und deren Kosten (in einer gegebenen Rechnungsperiode) überdurchschnittlich ansteigen.[20]

---

[16] Vgl. Krämer, W. (1992): S. 564.

[17] Signifikante Mortalitätsvorteile bedeuten, daß die Wahrscheinlichkeit für eine Person in einer bestimmten Altersgruppe innerhalb einer Periode zu sterben, geringer ist als die durchschnittliche Sterbewahrscheinlichkeit für die entsprechende Altersgruppe.

[18] Zweifel, P. (1990): S. 374-375.

[19] Vgl. Krämer, W. (1992): S. 564.

[20] Vgl. Schmähl, W. (1986): S. 215-216.

Abb. 8.1.: Hypothetisches Alters-Ausgabenprofil von medzinischen Leistungen (Abweichungen der Ausg. in einzelnen Altersgruppen vom Ausgabendurchschnitt über alle Altersgruppen)

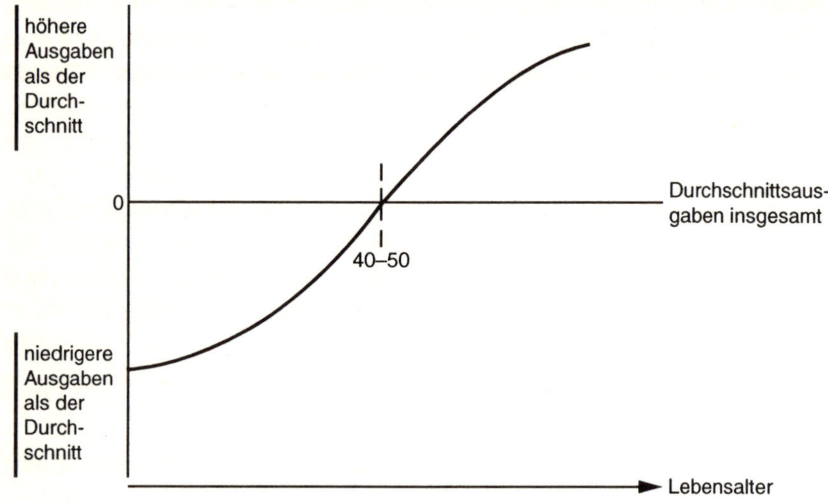

Quelle: Eigene Erstellung in Anlehnung an Schmähl, W. (1986): S. 216

Anhand dieser Abbildung wird deutlich, daß eine Person bis zum Alter von etwa 40 bis 50 Jahren niedrigere Ausgaben für die medizinische Versorgung aufweist als der Durchschnitt der Gesellschaft. Ab einem kalendarischen Alter, das über dieser Altersgrenze liegt, sind in aller Regel die individuellen Ausgaben für medizinische Leistungen höher als die entsprechenden durchschnittlichen Ausgaben der Gesamtbevölkerung. Hieraus könnte voreilig der Schluß gezogen werden, daß primär die ältere Generation für die Expansion der Ausgaben im Gesundheitswesen verantwortlich ist. Dieser scheinbar kausale Zusammenhang kann für die tatsächlichen Ausgaben im Gesundheitswesen allerdings nicht aus der Abbildung 8.1. abgeleitet werden, denn diese Betrachtung weist methodische Mängel auf. Krankheitshäufigkeit und -dauer sowie die Häufigkeit der Inanspruchnahme und die daraus abgeleiteten Alters-Nutzungs- bzw. Ausgabenprofile müßten aus Längsschnittsdaten und nicht aus Querschnittsdaten ermittelt werden, um eine aussagekräftige Abbildung zu erhalten. Da diese Längsschnittsdaten normalerweise aber nicht verfügbar sind, werden die entsprechenden Informationen aus Querschnittsdaten abgeleitet.[21]

[21] Vgl. Schmähl, W. (1986): S. 214-215.

Obwohl in den höheren Altersklassen eine positive Korrelation zwischen dem Aufwand an Gesundheitsleistungen und der Lebenserwartung besteht,[22] darf hieraus nicht der populäre Schluß gezogen werden, daß der anhaltende Anstieg der Lebenserwartung die Gesundheitsausgaben nachhaltig erhöhen wird und somit die älteren Menschen den Hauptmotor der Kostenexpansion im Gesundheitswesen darstellen. Eine differenziertere Betrachtungsweise ist angebracht. Neuere empirische Untersuchungen haben gezeigt, daß im Durchschnitt die individuellen Gesundheitsausgaben erst in den letzten beiden Lebensjahren dramatisch ansteigen.[23] Somit ist primär die Nähe des Todeszeitpunktes und nicht das Alter für die Expansion der Gesundheitsausgaben verantwortlich. Da jedoch die Sterberate mit zunehmendem chronologischen Alter ansteigt, kommt es zu einer positiven Korrelation zwischen den Pro-Kopf-Ausgaben und dem chronologischen Alter. Die folgende Abbildung illustriert den Zusammenhang zwischen den durchschnittlichen Krankenpflegekosten und den altersspezifischen Sterberaten von weiblichen und männlichen Versicherten einer großen schweizerischen Krankenkasse.

Abb. 8.2.: Geschlechtsspezifische Krankenpflegekosten (in 10.000 sFr.) und Sterberaten (Schweiz, 1992)

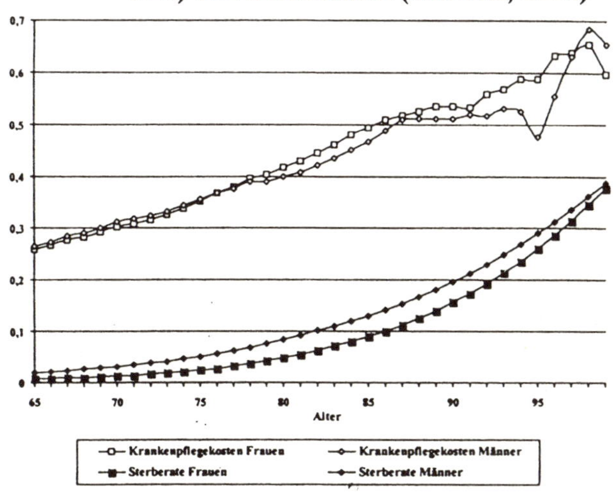

Quelle: AHV-Statistik des Bundesamtes für Sozialversicherung; Helvetia Krankenkasse Zürich, entnommen aus: Zweifel, P.; Felder, S.; Meier, M. (1996): S. 31.

22 Vgl. Zweifel, P. (1990): S. 379.

23 Vgl. dazu die Untersuchung von Zweifel, P.; Felder, S.; Meier, M. (1996): S. 29-46 sowie die Untersuchung der Leistungen von Medicare in den USA von Lubitz, J.; Riley, G. F. (1993): S. 1092-1096.

Anhand dieser Abbildung wird deutlich, „daß der Zusammenhang zwischen Alter und Gesundheitskosten nichts mit dem Kalenderalter zu tun hat, sondern auf das Zusammenwirken der mit dem Alter zunehmenden Sterberate und hohen, altersunabhängigen Sterbekosten zurückgeht.“[24] Gleiches gilt für Deutschland. Fast 60 v.H. aller Krankenversicherungsleistungen für einen Versicherten entstehen im letzten halben Jahr vor seinem Tod.[25] Auch in den USA entfallen etwa 30 v.H. der Medicare-Kosten auf die medizinische Betreuung im letzten Lebensjahr.[26] Dies spiegelt sich auch darin wider, daß nicht nur in Deutschland die Mehrzahl der älteren Bevölkerung im Krankenhaus oder im Pflegeheim stirbt, wobei in Großstädten der Anteil der im Krankenhaus Sterbenden größer ist als in ländlich strukturierten Regionen.[27] Daraus kann der Schluß gezogen werden, daß ein erheblicher Anteil der Gesundheitsausgaben zum einen durch kostenintensive Behandlungsmaßnahmen verursacht wird, die aus medizinisch-ethischer Sicht zum Teil auch menschenunwürdige Versuche zur Lebenserhaltung bei Menschen in ihrem letzten Lebensjahr darstellen,[28] zum anderen durch eine nicht ältersadäquate gesundheitliche Versorgung bzw. durch Steuerungsdefizite im Gesundheitswesen, wie im Abschnitt 8.5. dargelegt wird.

Zudem kann das Argument, daß mit zunehmendem chronologischen Alter die Gesundheitsausgaben überdurchschnittlich steigen, durch einen Vergleich der Gesundheitsausgaben einzelner Altersprofile über die Zeit entkräftet werden. Wenn die heutigen Altersprofile bezüglich der Gesundheitskosten mit denen der 60er und 70er Jahre verglichen werden, kann festgestellt werden, daß sich nur die absoluten Zahlen, also das Niveau verändert haben. Das altersspezifische Profil der Gesundheitsausgaben ist jedoch gleich geblieben.[29]

Somit kann das Fazit gezogen werden, daß ein vergleichsweise kleiner Teil der Ausgabensteigerung auf die Altersverschiebung der demographischen Struktur zurückgeht. In erster Linie verursachte der medizinisch-technische Fortschritt die Ausgabenzuwächse im Gesundheitswesen. Somit ist und war es eine gesellschaftliche und politische Entscheidung, die

---

[24] Zweifel, P.; Felder, S.; Meier, M. (1996): S. 30.

[25] Vgl. Sachße, C. (1989): S. 21.

[26] Vgl. Friedan, B. (1995): S. 562.

[27] Vgl. Schmidbauer, H. (1997): S. 13.

[28] Dieses Resümee zieht auch Friedan für die medizinische Versorgung älterer Menschen in den USA. Vgl. Friedan, B. (1995): S. 560.

[29] Vgl. Krämer, W. (1992): S. 572.

unabhängig von der Bevölkerungsstruktur getroffen wurde.[30] Dies gilt nicht nur für das deutsche Gesundheitswesen, sondern für die Gesundheitssysteme in allen Ländern, wie die Berechnungen des britischen Office of Health Economic verdeutlichen. Demzufolge würde das Gesundheitswesen, stünde es auf dem medizinisch-technischen Stand von vor hundert Jahren, nur etwa ein Prozent der gegenwärtigen Ausgaben für medizinische Leistungen benötigen.[31] Hypothetisch betrachtet, fielen in Deutschland - was sich zweifelsfrei bequem finanzieren ließe - statt etwa 400 Mrd. DM[32] nur 4 Mrd. DM an.

Außerdem bewirkt eine Alterung der Bevölkerung für sich genommen noch keine schwerwiegenden Folgen für die Aufwendungen im Gesundheitsbereich, da trotz des Phänomens der Überalterung die Kohorten in jenen Altersklassen erheblich ausdünnen, die nach bisherigen Erfahrungen besonders für die hohen Gesundheitsausgaben verantwortlich waren. Zudem zeigt ein Vergleich der Jahre 1976 und 1986 für die Schweiz,[33] daß sich de facto die ambulanten und stationären Behandlungskosten nahezu in allen Altersklassen verdoppelt haben. Daraus kann die Schlußfolgerung gezogen werden, daß kein spezifischer Alterungs- sondern ein durchgreifender Einkommenseffekt in der Nachfrage nach medizinischen Leistungen vorherrscht. Offensichtlich ist also die Höhe des Durchschnittseinkommens für die Pro-Kopf-Aufwendungen im Gesundheitsbereich von entscheidener Relevanz. Die Einkommenselastizität der Gesundheitsausgaben dürfte somit über eins liegen. Bei **medizinischen Leistungen handelt es sich also um absolut superiore Güter**[34], wobei sich ein verstärkter staatlicher Einfluß in vergleichsweise niedrigen Gesundheitsaufwendungen auszuwirken scheint. Dagegen lassen sich - statistisch ge-

---

[30] Vgl. Guillemard, W. (1992): S. 617.

[31] Vgl. Höffe, O. (1997): S. 24.

[32] In diesen 400 Mrd. DM sind neben den Ausgaben der GKV auch die Ausgaben für Gesundheit der PKV, der GRV, der öffentlichen Haushalte, der Gesetzlichen Unfallversicherung, der Arbeitgeber und der privaten Haushalte enthalten.

[33] Allerdings ist das schweizerische Gesundheitssystem nicht direkt mit dem der Bundesrepublik Deutschland vergleichbar, da es keine gesetzlichen Krankenkassen und keine nationale Versicherungspflicht gibt. Jedoch wurde auf kantonaler Ebene fast überall die Pflichtversicherung eingeführt und die Grundversicherung (Krankenpflege- und Krankengeld) wird durch anerkannte Kassen geleistet. Eine ausführliche Darstellung des schweizerischen Gesundheitssystems findet sich in Bernardi-Schenkluhn, B. (1992): S. 177ff.

[34] Für absolut superiore Güter gilt, daß die Nachfrage nach ihnen relativ stärker wächst als das Einkommen. Erhöht sich bspw. das Einkommen um 10 v.H., so steigt die Nachfrage nach diesem Gut um mehr als 10 v.H..

sehen - keine Anzeichen für einen Einfluß höherer Lebenserwartung der Rentnerinnen und Rentner auf die durchschnittlichen Gesundheitsausgaben erkennen.[35]

Zudem hängt die Inanspruchnahme von Gütern und Dienstleistungen des Gesundheitswesens auch vom individuellen Krankheitsverständnis ab. Dieses wird von der jeweiligen sozialen, ökonomischen und kulturellen Stellung geprägt und hängt außerdem von der jeweiligen Zeitepoche ab. (Hier wäre ein Vergleich zwischen verschiedenen Ländern, verschiedenen sozialen Schichten und ein historischer Vergleich hilfreich und sinnvoll). Nach einer Untersuchung des Soziologen Koos stellt bspw. "fortgesetztes Husten" für 77 v.H. der Oberschicht einen Grund für einen Arztbesuch dar. Für Personen, die der Unterschicht angehören, beläuft sich der Anteil dagegen nur auf 23 v.H..[36] Neben dieser subjektiven Einschätzung kann Morbidität auch an Indikatoren wie Medikamentenkonsum, Krankenhauseinweisung und Krankenhausaufenthaltsdauer pro Jahr gemessen werden.[37] Auch hier sind schichtenspezifische Unterschiede feststellbar.

8.1.3. Zukunftsmodelle des Alterns in bezug auf Gesundheit und Gesundheitsausgaben

Bedeutet ein längeres Leben auch einen Gewinn an gutem Leben? Diese Frage bezieht sich darauf, ob durch höhere Lebenserwartung die gewonnenen Jahre eher krank oder gesund verbracht werden. Als Antwort (vielleicht besser: als Erklärungsansätze) zeichnen sich drei Thesen ab: die (zu) pessimistische Medikalisierungsthese[38], die (zu) optimistische Kompressionsthese[39] und die (wahrscheinlichere) These des bimodalen Verteilungsmusters. Abbildung 8.3. skizziert diese verschiedenen Erklärungsansätze.

---

[35] Vgl. Zweifel, P. (1990): S. 380-382.

[36] Vgl. Krämer, W. (1997): S. 29.

[37] Vgl. Krämer, W. (1992): S. 566-568.

[38] Verbrugge, L. M. (1984): S. 475-519.

[39] Fries, J. F. (1980): S. 130-135 und Fries, J. F. (1989): S. 208-232.

Abb. 8.3.: Szenarien zur Morbiditätsentwicklung

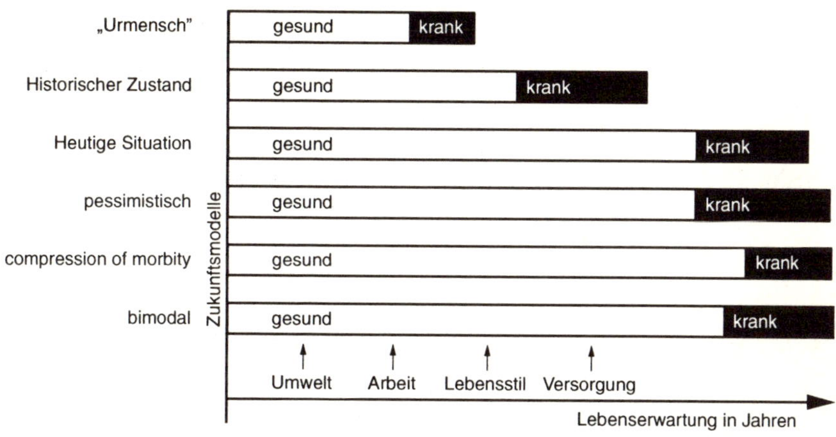

Quelle: Schramm , A. (1996): S. 26.

Anhand der Abbildung wird deutlich, daß der "Urmensch" in seinem kurzen Leben auch nur eine relativ kurze Zeit krank sein konnte, bevor sein Überleben unmöglich wurde. Dagegen hat es in der jüngeren Vergangenheit relativ lange Lebensabschnitte der älteren Menschen gegeben, die durch Krankheit gekennzeichnet waren. Verglichen mit der heutigen Situation würde gemäß der **pessimistischen These** von Verbrugge jedes gewonnene Jahr zum großen Teil krank verbracht werden. Dies ist seiner Meinung nach als logisches Resultat der medizinischen und sozialen Veränderungen zu sehen.[40] Der medizinische Fortschritt (frühzeitige Diagnosen, bessere Behandlungsmethoden, etc.) rettet immer mehr Menschen vor dem frühen Tod. Dies senkt zwar die Mortalität, die Morbidität steigt aber an. Der Mensch überlebt; allerdings bleibt er krank und verursacht dadurch Kosten im Gesundheitswesen. Gewonnen werden Lebensjahre, nicht aber Lebensqualität.[41] Dagegen postuliert die **optimistische Sicht**, die **Kompressionsthese** von Fries, daß durch Prävention und medizinisch-technischen Fortschritt das Auftreten von Krankheiten zeitlich nach hinten verschoben werden kann. Somit kann die Zeitspanne zwischen dem Auf-

---

40 Vgl. Verbrugge, L. M. (1984): S. 511.

41 Vgl. Krämer, W. (1997): S. 38-44.

tauchen einer Krankheit und dem Eintreten des Todes verkürzt werden.[42] Obwohl beide Sichtweisen auf den ersten Blick unvereinbar nebeneinander stehen, lassen sie sich dennoch vereinbaren. Auch wenn die Morbidität in allen Altersklassen sinkt, kann die Gesamtmorbidität einer Bevölkerung anwachsen. Dazu ein Zahlenbeispiel:[43] Zur Vereinfachung wird unterstellt, daß die Bevölkerung einer Gesellschaft nur aus zwei unterschiedlich großen Altersgruppen besteht. Im Ausgangszustand gehören 100 Personen der Altersgruppe "jung" und 20 Personen der Altersgruppe "alt" an, wobei in jeder Gruppe 10 Personen krank sind. Die Morbidität in der Gruppe, gemessen als Quotient "Kranke/Gruppengröße" beträgt bei den Jungen 10 v.H., bei den Alten 50 v.H. und somit für die gesamte Bevölkerung 20/120 = 16,67 v.H.. Infolge des medizinisch-technischen oder sozialhygienischen Fortschritts sinkt die Morbidität bei den Jungen auf 9 v.H. und bei den Alten auf 42 v.H.. Zudem erreichen jetzt nicht nur 20, sondern 50 junge Personen das Altersstadium. Dementsprechend sind von 100 jungen Personen 9 Mitglieder der Gruppe "jung" krank und von den 50 Mitgliedern der Gruppe "alt" sind jetzt 21 Personen krank. Die Morbidität in der gesamten Bevölkerung beträgt somit 30/150 = 20 v.H. und hat sich gegenüber der Ausgangssituation um 3,33 Prozentpunkte erhöht, obgleich in beiden Teilpopulationen die Morbidität gesunken ist. In der Literatur ist dieses Phänomen unter dem Begriff "**Simpson's Paradox**" erklärt.[44]

Allerdings wird nach neueren medizinisch-gerontologischen Erkenntnissen die Entwicklung hinsichtlich Alter(n) und Gesundheit weder nach der pessimistischen noch nach der optimistischen Sicht verlaufen, sondern eher nach dem Muster einer **bimodalen Verteilung** zwischen den gesunden und den kranken Lebensabschnitten auf die zusätzlichen Jahre ablaufen. Nach dieser Vorstellung wird sowohl die Anzahl der relativ gesunden älteren Menschen steigen, als auch eine weitere Zunahme multimorbider[45] und pflegebedürftiger Patienten erwartet.[46] Jedoch sind aufgrund der schlechten Datenlage sowie der verschiedenen Lobbygruppen und Interes-

---

[42] Vgl. Fries, J. F. (1989): S. 19.

[43] Das Zahlenbeispiel ist entnommen aus Krämer, W. (1992): S. 570.

[44] Vgl. Krämer, W. (1992): S. 570.

[45] Multimorbidität bedeutet aus medizinischer Sicht das gleichzeitige Vorliegen von mindestens fünf mittel- bis schwergradigen Erkrankungen (projektärztlich diagnostiziert). Vgl. Borchelt, M. u.a. (1996): S. 451.

[46] Vgl. Sachverständigenrat für die Konzertierte Aktion im Gesundheitswesen (1995): Ziffer 177.

sengegensätzen auch hier die Prognosen mit Unsicherheit und viel Ideologie behaftet.[47]

Insgesamt dürfte aber die Gesundheitsförderung, gezielte Präventions- und Umweltschutzmaßnahmen sowie die Fortentwicklung der geriatrischen Medizin geeignet sein, der zunehmenden Zahl alter und älterer Menschen ein weitgehend eigenständiges, erfülltes und befriedigendes Leben zu ermöglichen. Somit erscheint nicht nur aus medizinisch-gerontologischer Sicht (vgl. Abschnitt 8.1.1.), sondern auch aus gesundheitsökonomischer und gesundheitspolitischer Perspektive ein Umdenken im Gesundheitswesen bei der gesundheitlichen Versorgung der älteren Menschen erforderlich (vgl. Abschnitt 8.1.3.) und notwendig (vgl. Abschnitt 8.1.2.).

8.2. Notwendigkeit eines Paradigmenwechsels in der Gesundheitspolitik

Anhand der bisherigen Ausführungen ist die Ausrichtung der Gesundheitspolitik kritisch zu beurteilen, denn Gesundheitsvorsorge und Prävention sind lange Zeit kein Bestandteil der Gesundheitsversorgung in Deutschland gewesen. Erst durch das Gesundheitsreformgesetz von 1989 und mit Einführung des §20 (Gesundheitsförderung, Krankheitsverhütung) im Sozialgesetzbuch V wurde die Gesundheitsvorsorge gesetzlich verankert. Jedoch ist weiterhin, nicht nur in Deutschland, sondern in fast allen Ländern, die Versorgung mit medizinischen Gütern und Dienstleistungen immer noch **streng kurativ** ausgerichtet,[48] d. h. eine medizinische Behandlung wird erst dann eingeleitet, wenn aus ärztlicher Sicht physiologische Schäden bzw. Schmerzen vorliegen.[49] Dies spiegelt sich auch in der deutlichen Dominanz der kurativen Akutmedizin wider. Sofern präventive Maßnahmen angeboten werden, beschränken sie sich auf Früherkennung und individuelle Verhaltensänderungen. So betrug der Anteil, den die GKV für vorbeugende und betreuende Maßnahmen aufwendete, also Maßnahmen, die der primären und sekundären Prävention zugerechnet werden, im Jahre 1990 nur etwa 3 v.H.. Dagegen wurde im gleichen

---

[47] Vgl. Schramm, A. (1996): S. 24.

[48] Vgl. Rosenberg, P. (1990): S. 152-153.

[49] Bspw. werden Schäden am Bewegungsapparat im Rahmen der GKV erst dann behandelt, wenn der Patient bzw. die Patientin akut an Schmerzen leidet. Vorbeugende Maßnahmen wie etwa Rückenschule, wird nur in den seltensten Fällen verschrieben.

Jahr von der GKV 83 v.H. der Ausgaben für die Behandlung von akuten Krankheiten aufgewendet und 8 v.H. für Krankheitsfolgeleistungen.[50]

Dieser Trend steht im Einklang mit dem Ausbau der Arbeitsmedizin mit einseitiger naturwissenschaftlich-biologischer Orientierung seit Mitte der 70er Jahre. Zudem waren zu dieser Zeit die einzelnen Säulen der medizinischen Versorgung (die stationäre (Krankenhaus) und ambulante Versorgung, die Arbeitsmedizin sowie die öffentliche Gesundheitsmedizin) strikt voneinander getrennt.[51] Auch wenn unter Kostenaspekten gegenwärtig eine stärkere Verzahnung der ambulanten und stationären Versorgung von der Politik angestrebt und teilweise praktiziert wird (beispielsweise die „ambulante Operation im Krankenhaus"), ist diese nicht auf die Bedürfnisse der alten und älteren Menschen zugeschnitten. Insbesondere fehlt weiterhin eine soziale Betreuung, die eine ambulant-stationäre Behandlung überhaupt erst ermöglicht.[52] Sozial-medizinische Dienstleistungen werden in der Regel auch heute noch nicht von den Krankenkassen finanziert, obgleich diese Art der medizinischen Behandlung insbesondere für die älteren Menschen im Hinblick auf die Erhaltung der Selbständigkeit bei Krankheit (Funktionalität)[53] von enormer Bedeutung ist.

Somit erscheint eine Neuformulierung der Ziele der medizinischen Versorgung notwendig. Dazu bietet es sich an, die Begriffe **"Gesundheitsfunktion"** und **"Gesundheitserhaltungsfunktion"** inhaltlich zu präzisieren. Diese bedeuten, daß gesellschaftliche Leistungen sowohl zur **Erhaltung der Gesundheit** (Präventivmedizin) als auch zur **funktionalen Wiederherstellung der Gesundheit** infolge von Krankheit (medizinische Versorgung) in gesellschaftlich akzeptabler Form - auch für ältere Menschen - erbracht werden sollten. Dies impliziert einen Paradigmenwechsel in der medizinischen Versorgung älterer Menschen. Behandlungsmöglichkeiten chronischer wie akuter Beschwerden werden nicht unbedingt mit dem Ziel ausgesucht und angewendet, die zugrundeliegende Krankheit zu kurieren, sondern vielmehr, um ein Optimum an Funktionalität (im medizinisch-biologischen sowie im sozialen Sinne) bei der betreffenden Person

---

[50] Vgl. Fickel, N. (1995): S. 15. Krischer kommt diesbezüglich zu dem Ergebnis, daß der Anteil der Prävention an den Gesamtausgaben der Krankenkassen nur etwa 1 v.H. bis maximal 5 v.H. beträgt. Vgl. Krischer, W. u.a. (1994): S. 33-34.

[51] Vgl. Deppe, H.-U. (1983): S. 13.

[52] Vgl. Görres, S. (1996): S. 11.

[53] Funktionalität in diesem Sinne bedeutet, daß eine ältere Person auch mit einer Krankheit bzw. Behinderung altersadäquate Aufgaben verrichten kann. Somit wird nicht ein absoluter, sondern ein relativer Gesundheitsbegriff verwendet.

zu erhalten.[54] „In diesem Sinne gesund scheint ein alter Mensch zu sein, wenn er sich in einem dem chronologischen Alter mit seinen altersphysiologischen Veränderungen entsprechenden Zustand körperlicher und physischer Kompetenz befindet, der es ihm erlaubt, in subjektiver Beschwerdefreiheit den von ihm gewünschten Alltagsaktivitäten selbständig nachzukommen."[55] Zu einer ähnlichen Sichtweise kommen auch die Autoren der Berliner Altersstudie. Sie fordern, daß die Gesundheitspolitik neue Wege gehen muß, die die "relative" Selbständigkeit alter Menschen noch stärker als bisher unterstützt.[56] Aus alterspolitischer Perspektive läßt sich hinsichtlich der gesundheitlichen Situation älterer Menschen als Ziel die Idee eines **viabel gesunden alten Menschen** (im Sinne des *"Salutogenesemodells"*)[57] formulieren. Die Versorgung mit medizinischen Gütern und Dienstleistungen muß sich von der gegenwärtigen und historisch etablierten streng kurativ ausgerichteten Behandlung, die im Sinne des *"Risikofaktorenmodells"*[58] praktiziert wird, in eine ganzheitliche, präventive und kurative medizinische Versorgung (im Sinne des *"Salutogenesemodells"*) wandeln.

Somit sollte eine Gesundheitspolitik für alte und ältere Menschen einen relativen Gesundheitsbegriff verwenden und nicht die absolute Gesundheitsdefinition der Weltgesundheitsorganisation (WHO),[59] da dieser aus medizinisch-gerontologischer Sicht nicht haltbar ist. Gleichwohl kann auf den Gesundheitsbegriff der WHO Bezug genommen werden, da dieser auch für die gesundheitliche Versorgung der Älteren wichtige Aspekte beinhaltet. Gesundheit bedeutet nämlich nicht nur die Abwesenheit von aktiver Krankheit (disease), sondern umfaßt einen Zustand des physischen, geistig-seelischen und sozialen Wohlbefindens. Dementsprechend könnte der Wortlaut des Gesundheitsbegriffs der WHO in der Art modifiziert werden, daß in der Definition ein relativer Gesundheitsbegriff verwendet wird, der dem Aspekt der Funktionalität gerecht wird. Folgende Formulierung wird von den Autoren vorgeschlagen:

---

[54] Vgl. Friedan, B. (1995): S. 547.

[55] Schramm, A. (1996): S. 19.

[56] Vgl. Mayer, K. U. u.a. (1996): S. 630.

[57] Das Salutogenesemodell wurde von Antonovsky entwickelt und setzt an der Entstehung von Gesundheit an. Vgl. Antonovsky, A. (1987): S. 12-13.

[58] Eine knappe Darstellung des Risikofaktorenmodells findet sich in Röthing, P. u.a. (1992): S. 385.

[59] Die Gesundheitsdefinition der WHO lautet: „Health means a state of complete physical, mental and social wellbeing and not merly the absence of disease or infirmity." World Health Organisation (1961): S. 1.

Health means a state of relative physical, mental and social wellbeing and not merly the absence of disease or infirmity

Somit würde der Gesundheitsbegriff in Abhängigkeit vom Lebensalter alle wichtigen Gesundheitskomponenten berücksichtigen. Sowohl im medizinisch-biologischen als auch im sozialen Sinne könnte dadurch ein Optimum an Funktionalität realisiert werden.

Weder eine direkte Übertragung der Gesundheitsdefinition der WHO noch unsere Formulierung von relativer Gesundheit in die gesundheitspolitische Realität sind möglich. Zum einen handelt es sich um eine Utopie und nicht um eine gesundheitspolitische Konzeption.[60] Eine Operationalisierung des Gesundheitsziels der WHO bzw. unserer Definition erscheint nicht möglich.[61] Zum anderen wäre gemäß der WHO Definition fast jede ältere Person krank und behandlungsbedürftig. Der dadurch implizierte Ressourcenverzehr würde zweifelsohne die Leistungsfähigkeit einer Volkswirtschaft übersteigen.

Trotzdem erscheint unsere Definition (und in eingeschränkter Weise auch das Konzept der WHO) für eine gesundheitspolitische Betrachtung und Beratung hilfreich, da die verschiedenen Gesundheitsdimensionen berücksichtigt werden. So wird auch in Deutschland heute durchweg zwischen physischer, psychischer und sozialer Gesundheit unterschieden. Einige Gesundheitsmaßnahmen - in der Tendenz steigend - berücksichtigen dieses dreidimensionale Konzept.

Die folgende Tabelle gibt einen Überblick über die drei Gesundheitsdimensionen, inklusive den zugehörigen Teilkomponenten, wie sie von der Rand Corporation in ihrer grundlegenden Health Insurance Study in den USA unterschieden wurde. Darüber hinaus werden im vierten Feld der Tabelle Gruppen von Indikatorvariablen, die direkt die generelle Gesundheitseinschätzung des Individuums widerspiegeln, aufgezeigt.

---

60 Zu den grundsätzlichen Unterschieden zwischen einer Utopie und einer Konzeption im Hinblick auf die Wirtschaftspolitik vgl. Streit, M. E. (1991): S. 257-260.

61 Vgl. Reisman, D. (1993): S. 203. Zu den Anforderungen an wirtschaftspolitische Ziele hinsichtlich ihrer Operationalisierbarkeit vgl. Glastetter, W. (1992): S. 74-86.

Tab. 8.2.: Wichtige Gesundheitskomponenten

I. Physische Gesundheit	II. Psychische Gesundheit
• Selbstpflege (Essen, Körperpflege) • Mobilität (Bewegungsbereich) • Phys. Aktivität (Gehen, Laufen) • Soziale Rolle (Arbeit) • Haushaltsaktivitäten • Freizeitaktivitäten	(Nur allgemein akzeptierte, häufige beeinflußbare Störungen) • Depression • Angstzustände • Emotionale Kontrolle • Selbstwertgefühl
III. Soziale Gesundheit	**IV. Generelle Gesundheitseinschätzung**
• Beziehungspersonen • Kontakte (Besuche, Telefonate, Briefe) • Mitwirken in Gemeinschaften (Kirche, Klub, Team)	• Resistenz und Empfindlichkeit • Besorgnis • Krankheitsbewußtsein • Allgemeine Einschätzung der eigenen Gesundheit

Quelle: Nach Brook (1979), entnommen aus: Leu, R. E. u.a. (1986): S. 159.

Anhand dieser Tabelle wird deutlich, daß eine Gesundheitspolitik mehr als die medizinische Versorgung im akuten Krankheitsfall umfassen sollte. Insbesondere auch für die älteren Menschen sind **alle** Gesundheitskomponenten für ihre gesundheitliche Versorgung und ihr gesundheitliches Wohlbefinden von Bedeutung.

Die Bestimmung des generellen Gesundheitszustandes eines Individuums kann - theoretisch betrachtet - auf zwei Arten ermittelt werden,

1. als **Gesundheitsindex**, der sich aus der Summe der drei Komponenten (physische, psychische und soziale Gesundheit) zusammensetzt, oder
2. als **Gesundheitsprofil**; in diesem Falle werden lediglich die Indikatoren der einzelnen Komponenten oder gar nur derjenigen von Teilkomponenten zusammengefaßt.

Um den Gesundheitszustand (in Form eines Gesundheitsindex oder -profils) einer bestimmten Gruppe von Personen, beispielsweise der älteren

Menschen, an einem bestimmten Ort und zu einem bestimmten Zeitraum zu ermitteln, empfiehlt es sich, zwischen einem objektiven und subjektiven Gesundheitszustand zu differenzieren.

Der **subjektive Gesundheitszustand** beschreibt die Einschätzung der Gesundheit bzw. der Behinderung oder Krankheit durch die Betroffenen selbst. Dieser spielt für die wahrgenommene Lebensqualität und die Lebensumstände des älteren Menschen eine entscheidendere Rolle als der **objektive Gesundheitszustand**, der durch die Einschätzung eines "kompetenten Experten" (Haus- oder Facharzt), der nach anerkannten Richtlinien diagnostiziert, zustande kommt. Inwieweit überhaupt ein Zusammenhang zwischen objektivem und subjektivem Gesundheitszustand besteht, ist überaus fraglich. Die Ergebnisse einer Bonner Längsschnittsuntersuchung[62] kommen zu dem Resultat, daß zwischen den beiden Größen kein direkter Zusammenhang besteht. Dieses Fazit entspricht auch den Ergebnissen der Berliner Altersstudie.[63] Wird zudem ein relativer Gesundheitsbegriff verwendet, der berücksichtigt, daß eine ältere Person auch mit einer Krankheit bzw. Behinderung altersadäquate Aufgaben verrichten kann, so erscheint es unseres Erachtens sinnvoller, ein stärkeres Gewicht auf den subjektiven Gesundheitszustand der älteren Person(en) zu legen.

Aus wirtschafts- und aus gesundheitspolitischer Sicht ist eine Ermittlung von Gesundheitsindices bzw. Gesundheitsprofilen der Bevölkerung bzw. bestimmter Gruppen überaus wichtig, da diese als Entscheidungsgrundlage hinsichtlich der Allokation und Distribution von Ressourcen innerhalb einer Volkswirtschaft und insbesondere innerhalb des Gesundheitswesens dienen kann.[64] Beispielsweise kann die Ermittlung solcher Gesundheitsmaße erste Anhaltspunkte für eine Budgetierung der einzelnen Gesundheitssektoren (z. B. ambulant versus stationär) liefern oder es können alternative Therapien mit Hilfe einer Kosten-Nutzen-Analyse bewertet werden.

Dadurch können Defizite bei der gesundheitlichen Versorgung der älteren Menschen lokalisiert werden und dann im Rahmen einer Gesundheitspolitik für ältere Menschen durch gezielte gesundheitspolitische Interventionen behoben werden. Des weiteren können auch funktionale Äquivalente identifiziert werden, die einzelne Bereiche der gesundheitlichen Versor-

---

62 Vgl. Lehr, U. (1987): S. 130-159.

63 Vgl. dazu ausführlich Borchelt, M. u.a. (1996): S. 465-470.

64 Dies ist jedoch nur dann der Fall, sofern das Gesundheitswesen nicht vollständig marktwirtschaftlich organisiert ist. In diesem Fall entscheidet ausschließlich die Zahlungsbereitschaft der Nachfrager.

gung der älteren Menschen übernehmen. Dementsprechend lautet, unter der Voraussetzung, daß die Wirksamkeit von Gesundheitspolitik (medizinischen Effizienz im Sinne eines relativen Gesundheitsbegriffs) maximiert werden soll, die gesundheitsökonomische Leitfrage:

„In welchem Verursachungsbereich oder auf welcher Strecke des Kontinuums zwischen Gesundheitsrisiko und schwerer Erkrankung bzw. vorzeitigem Tod ist mit welchem Interventionstyp (d.h. Primär-, Sekundär- oder Tertiärprävention,[65] Anm. d. Verf.) und möglichst kostengünstig das epidemiologisch abschätzbare Maximum an Leid und verlorenen Lebensjahren zu verhindern?“[66]

In diesem Zusammenhang ist nicht nur nach Bearbeitungsstrategien im Subsystem Gesundheitswesen zu forschen, sondern es erscheint aus wirtschafts- und gesellschaftspolitischer Sicht auch sinnvoll andere Subsysteme zu analysieren. Gegebenenfalls können diese Subsysteme einzelne Bereiche der gesundheitlichen Versorgung älterer Menschen im ökonomischen, sozialen und medizinisch-gerontologischem Sinne besser bearbeiten als das Gesundheitssystem. Der Abschnitt 8.5 widmet sich diesen Überlegungen.

Für die gesundheitliche Versorgung der älteren Menschen stellt sich neben der Allokationsfrage auch die Frage nach der distributiven Zieldimension in der Gesundheitspolitik. Durch die Diskussion über steigende Gesamtausgaben für Gesundheitszwecke (salopp: "Kostenexplosion im Gesundheitswesen"), mit der Folge steigender Lohnnebenkosten, sind die Verteilungsfolgen gesundheitspolitischer Maßnahmen in den Hintergrund gedrängt worden. Für eine ethisch orientierte Wirtschaftspolitik in einer älterwerdenden Gesellschaft sind auch die interpersonellen Unterschiede

---

65 **Primäre Prävention** bezeichnet die Erfassung und Ausschaltung von gesundheitsschädigenden Faktoren in einem Stadium, in dem weder subjektiv noch objektiv gesundheitliche Schädigungen vorliegen. **Sekundäre Prävention** bezeichnet eine präklinische Phase in der subjektiv (oft) noch keine Beeinträchtigung der Gesundheit wahrgenommen wird. Erste objektiv auftretende Krankheitssymptome werden in diesem Stadium durch geeignete Maßnahmen kompensiert, um die Prävalenz einer bestimmten Krankheit zu verringern. **Tertiäre Prävention** bezeichnet ein Stadium, in dem bereits subjektiv und objektiv Beeinträchtigungen auftreten. In diesem Stadium ist in der Regel eine Überschneidung mit rehabilitativen Maßnahmen gegeben (z. B. Training in Herz-Kreislauf Gruppen bei der Nachbehandlung von Herzinfarkten). Vgl. Röthing, P. u.a. (1992): S.364-365.

66 Rosenbrock, R. (1992): S. 3.

im Empfang von Gesundheitsleistungen und im Gesundheitszustand sowie deren grundsätzliche Gestaltung durch die Gesundheitspolitik relevant.

Nachdem der Zusammenhang zwischen Alter und Gesundheit bzw. Alter und Krankheit sowie deren Implikationen für die inhaltliche Formulierung der Gesundheitsfunktion aufgezeigt wurde, widmen sich die folgenden Abschnitte der institutionellen Ausgestaltung der gesundheitlichen Versorgung alter und älterer Menschen.

8.3. Aspekte der gesundheitlichen Versorgung für ältere Menschen

Als Ergebnis von Abschnitt 8.2. kann festgehalten werden: Eine Versorgung mit Gütern und Dienstleistungen, die zur Erhaltung der Gesundheit der älteren Menschen beiträgt bzw. ihnen im Krankheitsfalle eine weitgehende Unabhängigkeit gewährleistet und zur funktionalen Wiederherstellung ihrer Gesundheit beträgt, umfaßt mehr als nur die Inanspruchnahme von professionellen Angeboten der gesundheitlichen Versorgung. Anhand der folgenden Abbildung wird deutlich, welche Institutionen und welche formellen bzw. informellen Einrichtungen bei einer adäquaten medizinischen Versorgung im Alter zu berücksichtigen sind.

Abb. 8.4.: Formen der Gesundheitsleistungen

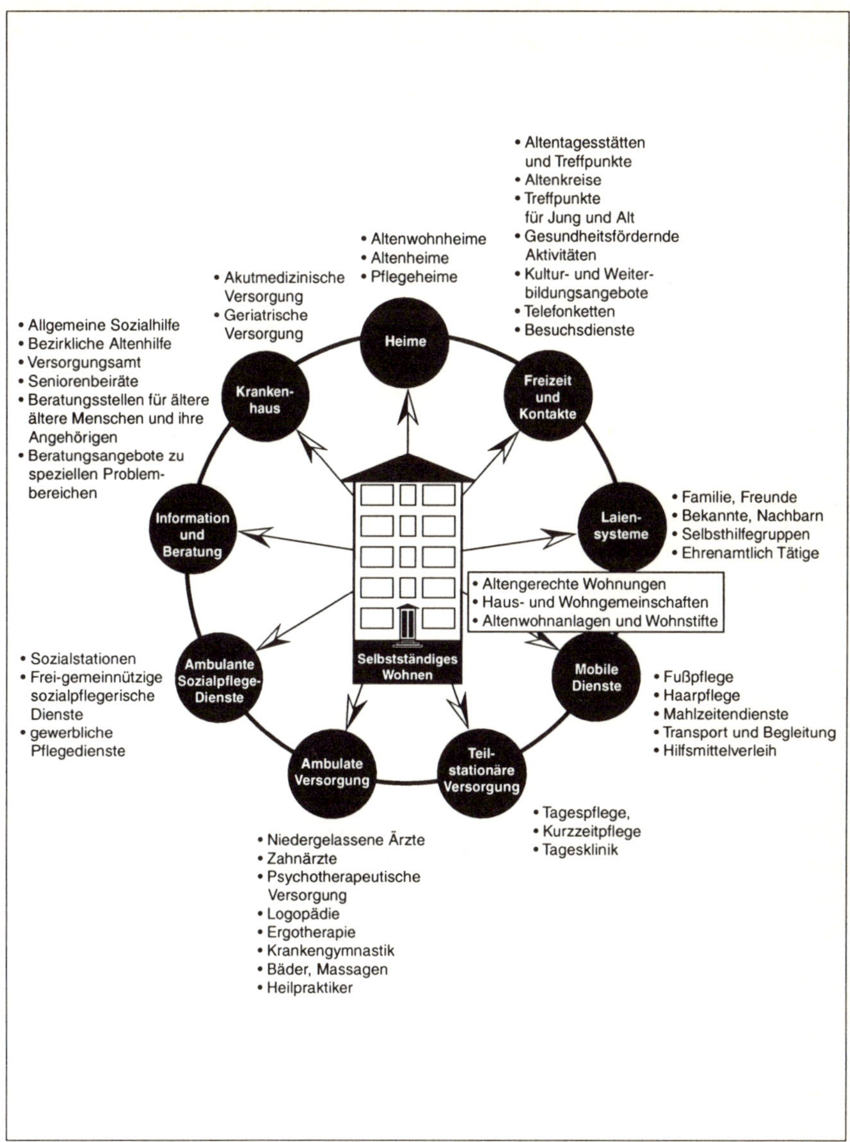

Quelle: Görres, S. (1996): S. 9.

Obwohl eine adäquate gesundheitliche Versorgung im Alter mehr als nur die professionelle medizinisch-gesundheitliche Versorgung beinhaltet, wird zunächst nur die **medizinische Versorgung im engeren Sinne** behandelt. Dazu zählen jene Maßnahmen, die direkt darauf abzielen, Krankheiten vorzubeugen (Präventivmedizin), sie zu heilen, zu lindern oder körperliche Beeinträchtigungen zu mindern (kurative Medizin sowie Rehabilitationsmaßnahmen) **und** die im Rahmen des Gesundheitssystems (d. h. innerhalb der GKV oder PKV) gegen Entgelt (Sachleistungs- oder Kostenerstattungsprinzip)[67] ausgeübt werden.[68] Im wesentlichen handelt es sich dabei um die ambulante und (teil-)stationäre medizinische Versorgung der Älteren.

Zunächst wird die Struktur der gesundheitlichen Versorgung für ältere Menschen dargestellt und einer kritischen Würdigung unterzogen. Daran anschließend werden im Abschnitt „Funktionale Äquivalente der gesundheitlichen Versorgung“ andere Formen der Gesundheitsversorgung diskutiert, um abschließend Ansatzpunkte einer Alterspolitik im Bereich der gesundheitlichen Versorgung im Alter aufzuzeigen.

Dabei stellt sich auch für das Gesamtsystem bzw. seine Subsysteme die Frage: **Wer** (das Individuum[69], die Gemeinschaft[70] oder der Staat[71]) **ist für die Finanzierung der gesundheitlichen Versorgung verantwortlich und welche gesundheitlichen Einrichtungen bzw. Maßnahmen sollen im Rahmen einer solchen Versorgung angeboten werden?**

8.4. Gesundheitliche Versorgung im Alter als gesellschaftliche Aufgabe

8.4.1. Historische Betrachtung

Anhand einer historischen Betrachtung wird deutlich, daß immer verschiedene Subsysteme, die zum Teil auf unterschiedlichen Ebenen angesiedelt sind, für die gesundheitliche Versorgung der Bevölkerung und somit auch für die ältere Generation zuständig waren bzw. sind.

---

67 In Deutschland kennzeichnet das Kostenerstattungsprinzip die PKV. Gemäß diesem Prinzip ist der Patient gegen Arztkosten versichert, da ihm seine Ausgaben nachträglich erstattet werden. Beim Sachleistungsprinzip, das für die GKV charakteristisch ist, erhält der Patient die ärztliche Leistung, ohne in den Zahlungsvorgang involviert zu sein.

68 Vgl. Hohmeier, J. (1997): S. 85.

69 In diesem Fall kann jedes Individum für sich selbst eine private Krankenversicherung abschließen oder im Krankheitsfalle durch den Verzehr von Vermögen bzw. laufendem Einkommen medizinische Leistungen nachfragen.

70 Dies entspricht z. B. der GKV in Deutschland.

71 Ein Beispiel für ein staatlich organisiertes Gesundheitssystem bietet der National Health Service in Großbritannien.

Bereits im antiken Griechenland lassen sich außerhalb der damals dominierenden gesundheitlichen Versorgung durch die Familie, erste institutionelle Ansätze zur sozialen Sicherung im Gesundheitswesen feststellen. Es handelte sich um eine öffentliche und subsidiäre Gesundheitsfürsorge. Zwischen dem 3. und 2. Jahrhundert vor Chr. wurden Ärzte in einzelnen Städten öffentlich angestellt und aus dem städtischen Haushalt bezahlt. In der Regel fungierten diese Ärzte als Armenärzte, die den Bedürftigen (dazu zählten neben den ärmsten Bevölkerungskreisen auch die sogenannte mittlere Bedürftigenschicht des Volkes) häufig unentgeltliche Krankenversorgung boten. Allerdings hatte der "öffentliche Arzt" keine Verpflichtung zur kostenlosen Behandlung armer Patienten. Dies lag vielmehr im Ermessen des Arztes. Reine Pflegeleistungen (z. B. durch Krankenschwestern) wurden nicht aus dem öffentlichen Budget bezahlt. Diese Leistungen mußten in der Familie erbracht werden.[72] Dagegen fand die gesundheitliche Versorgung von wohlhabenderen Patienten im Rahmen der privaten Vorsorge durch private Praxen statt. Sie hatten eigene Ärzte oder konnten berühmte Ärzte konsultieren und privat bezahlen. Schließlich gab es im antiken Griechenland noch eine weitere Säule der medizinischen Versorgung, die im Rahmen einer Solidaritätsgemeinschaft erbracht wurde. Es handelte sich um eine Form der Selbsthilfe der Bürger, um sogenannte "Krankenhilfsvereine". Hierbei wurde von den Mitgliedern Geld eingesammelt, um einzelnen Mitgliedern im Krankheitsfalle eine unentgeltliche Behandlung durch angestellte Vereinsärzte und eine kostenlose Abgabe von Heilmitteln zu gewähren.[73]

Sowohl für das antike Griechenland als auch - zeitlich später - für das Römische Reich[74] läßt sich das Gesundheitswesen dahingehend charakterisieren, daß sich seine Organisation auf drei Ebenen entwickelte. Diese standen in einem subsidiären Verhältnis zueinander. Auf der obersten, der staatlichen Ebene, übernahm der Staat bzw. die Stadt die Verantwortung für eine (rudimentäre) medizinische Versorgung der Bevölkerung. Auf der mittleren, der intermediären Ebene, lag diese Verantwortung bei den Verbänden, und auf der untersten Ebene bei den einzelnen Gesellschaftsmitgliedern, die entweder eine private Praxis aufsuchen konnten oder im Rahmen ihrer Familie eine gesundheitliche Versorgung erhielten.

Bis zur Industrialisierung war das Gesundheitswesen in Deutschland sehr vielfältig organisiert. Zuerst erbrachte die kirchliche Wohlfahrt (Caritas)

---

72 Vgl. Theurl, E. (1996): S. 246 u. 260.

73 Vgl. Herder-Dorneich, Ph. (1994): S. 33-37.

74 Vgl. Herder-Dorneich, Ph. (1994): S. 37-39.

im Rahmen der Armen- und Krankenpflege für ihre Klienten Leistungen der Gesundheitsversorgung. Mit zum Teil staatlichen Zuschüssen wurden Krankenhäuser und Spitäler errichtet, in denen Hilfsbedürftige und Notleidende sowohl mit medizinischen Gütern und Dienstleistungen als auch mit anderen lebensnotwendigen Gütern (z. B. Nahrungsmittel) unentgeltlich versorgt wurden. Mit dem Aufkommen des Feudalismus und der Verweltlichung der Kirche wurden diese Aktivitäten der Caritas zunehmend von weltlichen Pflegeorden übernommen. In den Städten entstanden die Institutionen der Zünfte und Gesellenorden, die für ihre Mitglieder Leistungen der medizinischen Versorgung übernahmen.[75] Insgesamt war während dieser Zeit der Schwerpunkt der Gesundheitsfürsorge auf der mittleren, der intermediären Ebene der Verbände angesiedelt. Im Zuge der Industrialisierung verloren diese Verbände, die neben der Gesundheitsfürsorge auch noch andere - gesellschaftlich und politisch bedeutendere - Funktionen besaßen, an Bedeutung. Es entwickelten sich spezielle sozialpolitische Verbände, die schließlich in der Gesetzlichen Krankenversicherung (GKV) zusammengefaßt wurden. Diese wurde unter Bismarck mit dem Krankenversicherungsgesetz vom 15. Juni 1883 eingeführt. Die Leistungen der GKV befanden sich zu diesem Zeitpunkt noch auf einem sehr niedrigen Niveau. So war beispielsweise eine Krankenhausbehandlung ebensowenig eingeschlossen wie die Lohnfortzahlung im Krankheitsfall.

Wer dagegen heutzutage in Deutschland krank wird oder an einer Krankheit leidet, muß sich normalerweise hinsichtlich einer umfassenden medizinischen Behandlung und der Bezahlung der Behandlungskosten keine Sorgen machen. Dies gilt auch für die älteren Menschen. Ein ausgeprägtes Versicherungssystem sorgt dafür, daß in Deutschland für den weitaus größten Teil der Bevölkerung eine medizinische Versorgung gewährleistet ist. Die Bezahlung der Gesundheitsleistungen erfolgt dabei entweder:

- aus einer gesetzlichen Krankenversicherung ;
- aus einer privaten Krankenversicherung;
- aus dem laufenden Einkommen der Kranken (Selbstzahler bzw. in Form von Kostenbeteiligungen oder Zuzahlungen);
- aus der Sozialhilfe;
- aus der Pflegeversicherung.

[75] Vgl. Herder-Dorneich, Ph. (1994): S. 41-49.

8.4.2. Medizinische Versorgung älterer Menschen durch die GKV

In Deutschland ist die GKV für fast alle Bevölkerungsschichten, aber insbesondere für die ältere Generation, der weitaus bedeutendste Träger der Gesundheitsversorgung. Knapp 90 v.H. der Bevölkerung sind als Mitglieder, Rentner oder Familienangehörige in der GKV versichert. Die GKV finanziert sich nach dem Umlageverfahren durch einkommensabhängige Beiträge bis zur Beitragsbemessungsgrenze. Für die meisten in Deutschland lebenden Menschen besteht Versicherungspflicht, sofern sie nicht Mitglied in einer privaten Krankenversicherung sind. Die GKV ist in eine Vielzahl von Krankenkassen aufgegliedert, die üblicherweise in sogenannte RVO-Kassen[76] (Orts-, Betriebs-, Innungskrankenkassen), Ersatzkrankenkassen und in sonstige berufständische Krankenkassen zusammengefaßt werden. Diese Träger der GKV (Krankenkassen) sind keine direkten Staatseinrichtungen, sondern öffentlich-rechtliche Institutionen mit Pflichtmitgliedschaft und Selbstverwaltung.[77] Die GKV arbeitet nicht nach dem Gewinnprinzip. Über die Gesetzgebung kann der Staat starken Einfluß auf die GKV ausüben.[78] Beispielsweise werden für die Mitglieder der gesetzlichen Krankenkassen die Preise für ärztliche Leistungen unter Beteiligung des Staates festgelegt. Als Rechtfertigung dieser Staatsintervention wird angegeben, daß dadurch den Patientinnen und Patienten eine preiswerte ärztliche Versorgung ermöglicht wird.[79] Die Inanspruchnahme von Gütern und Dienstleistungen des Gesundheitswesens erfolgt weitgehend kostenlos nach dem sogenannten **Sachleistungsprinzip**.[80] Dabei erhält das versicherte Mitglied die Leistungen ohne den jeweiligen Preis zu entrichten.[81] Die Anbieter dieser Leistungen (Ärzte, Apotheker, etc.) rechnen mit der Krankenversicherung ab. Somit ist der Gesundheitsmarkt

---

76 Reichsversicherungsordnungs-Kassen

77 Eine ausführlichere Darstellung zu den Trägern der GKV und zur Versicherungspflicht findet sich bspw. bei Schachtschabel, H. G. (1983): S. 130 - 134.

78 Vgl. Deppe, H.-U. (1983): S. 12.

79 Vgl. Albers, W. (1982): S. 128.

80 Durch die Verabschiedung der Neuordnungsgesetze zum 1.7.1997 können alle GKV-Versicherten frei wählen, ob sie Sachleistungen oder Kostenerstattung in Anspruch nehmen.

81 Neben diesem Sachleistungsprinzip praktizieren die Ersatzkassen zum Teil auch das **Kostenerstattungsprinzip**. Dabei tritt die versicherte Person in ein direktes Vertragsverhältnis mit dem Anbieter der Gesundheitsleistung und entrichtet den Preis zunächst selbst, bekommt allerdings im Anschluß, innerhalb eines bestimmten finanziellen Rahmens, die Kosten von der Krankenkasse ersetzt. Des weiteren erbringen die Krankenkassen **Geldleistungen** in Form von Krankengeld (Lohnersatzfunktion), Mutterschaftsgeld und Sterbegeld. Vgl. Andel, N. (1992): S. 237.

durch ein Dreiecksverhältnis zwischen den Anbietern (Ärzte,...), den Intermediären (Krankenkassen) und den Nachfragern (Patienten) gekennzeichnet.[82] Die folgende Abbildung stellt - auf das wesentliche reduziert - die Organisation des Krankenversicherungssystems in Deutschland dar.[83]

Abb. 8.5.: Stationäre und ambulante Gesundheitsversorgung im Rahmen der GKV in Deutschland

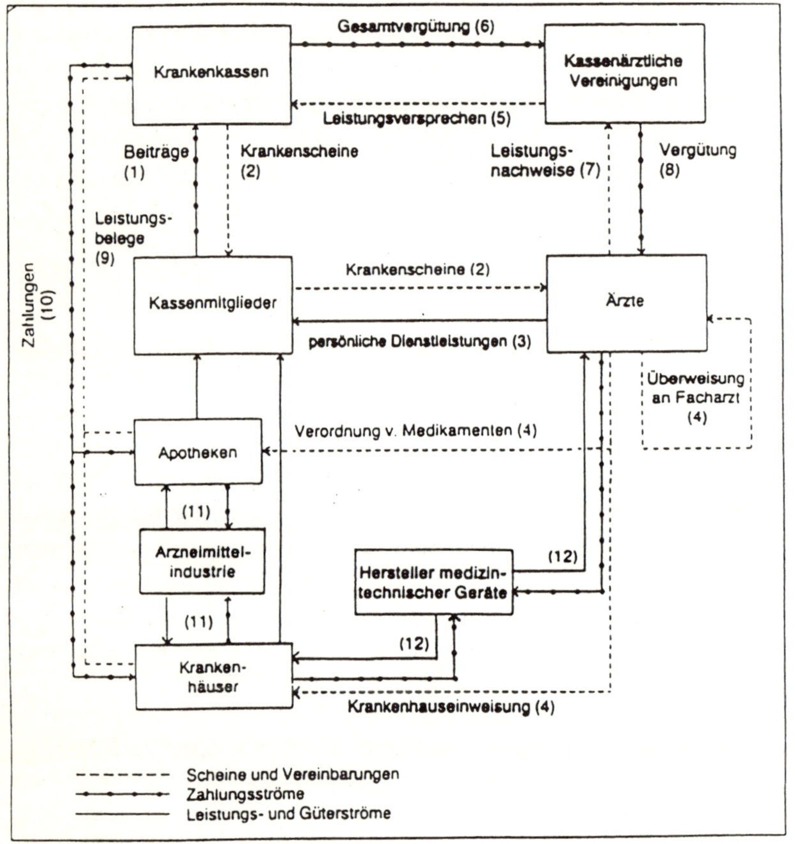

[82] Vgl. Albers, W. (1982): S. 131. In der ökonomischen Literatur wird die Existenz eines solchen Dreiecksverhältnisses oft als Argument dafür verwendet, daß der Preismechanismus auf dem Gesundheitsmarkt nicht die Steuerungsfunktion übernehmen kann. Albers ist jedoch der Meinung, daß diese Form des **Marktversagens** aufgrund des Einflusses von partikulären Interessensgruppen durch stattliches Handeln nicht korrigiert werden kann, sondern durch staatliche Eingriffe noch verstärkt wird. Es kommt zum sog. **Regierungsversagen**. Vgl. dazu Albers, W. (1982): S. 131-138.

[83] In der Abbildung wird unterstellt, daß für die Mitglieder der Krankenkasse das Sachleistungsprinzip gilt.

Quelle: Lampert, H. (1994): S: 242.

Die Versicherten erwerben durch ihre Mitgliedsbeiträge (1) einen Anspruch auf weitgehend unentgeltliche ambulante, stationäre und pharmazeutische Behandlung sowie auf bestimmte Dienst- und Geldleistungen. Gegenüber den Ärzten wird dieser Anspruch durch die Versichertenkarte (früher Krankenschein) (2), gegenüber dem Krankenhaus durch eine Überweisung vom Arzt oder auch mittels der Versichertenkarte und gegenüber der Apotheke durch das Rezept nachgewiesen (4). Die anderen Ströme in der Abbildung 8.5 skizzieren die Vergütung der Anbieter von medizinischen Gütern und Dienstleistungen durch die GKV.

Sowohl für die Versicherten als auch für die mitversicherten Personen besteht im Prinzip ein voller Anspruch auf die Leistungen des Gesundheitssystems. 1992 waren in Westdeutschland 13 Millionen Menschen in der Krankenversicherung der Rentner versichert. Somit lag der Anteil der Rentnerinnen und Rentner in der GKV bei etwa 23 v.H.. Auf diese Personengruppe entfielen ca. 41 v.H. der Krankenhausfälle, ungefähr 53 v.H. der Krankenhaustage und fast 26 v.H. der ärztlichen Behandlungsfälle. Die Beitragseinnahmen der GKV durch diese Personengruppe beliefen sich auf rund 16 v.H., die Ausgaben der GKV für diese Gruppe betrugen für diesen Zeitraum etwa 42 v.H. der gesamten Ausgaben.[84] Im einzelnen beliefen sich für das Jahr 1989 die Leistungsaufwendungen der GKV je Mitglied bzw. je Rentner auf 556 DM (Rentner: 741 DM) für ärztliche Leistungen, 393 DM (Rentner: 212 DM) für zahnärztliche Leistungen einschließlich Zahnersatz, 345 DM (Rentner: 1.023 DM) für Arznei- und Hilfsmittelausgaben und 748 DM (Rentner: 1.938 DM) für Krankenhausbehandlungen.[85]

Anhand dieser Zahlen wird deutlich, daß in der GKV der **Äquivalenzaspekt** weniger stark ausgeprägt ist als in der GRV. Die Beiträge zur GKV werden nicht nach der Höhe des Krankheitsrisikos (einschließlich der Risiken der mitversicherten Familienangehörigen) bemessen, sondern nach der Höhe des Bruttoeinkommens bis zur Beitragsbemessungsgrenze. Im Vordergrund steht der Leitgedanke der **wirtschaftlichen Leistungsfähigkeit**. Neben einer versicherungsimmanenten Ex-post-Umverteilung finden in der GKV folgende Ex-ante-Umverteilungen statt:

---

[84] Vgl. Bundesministerium für Familie und Senioren (1993, Hrsg.): S. 21. Auch in den USA nehmen die älteren Menschen, obgleich sie nur 12 v.H. der Bevölkerung stellen, etwa 30 v.H. der medizinischen Ressourcen in Anspruch. Vgl. dazu Friedan, B. (1995): S. 566.

[85] Vgl. Linden, M. (1996): S. 476.

- von den gesunden zu den kranken Versicherten (Risikoausgleich),
- von den Mitgliedern mit höherem Einkommen zu solchen mit niedrigeren Arbeitsentgelten (Einkommensumverteilung),
- von Alleinstehenden über kleine zu großen Familien (Familienlastenausgleich) und
- von den jungen zu den alten Versicherten (Generationenausgleich).

Der Generationenausgleich stellt für die meisten Gesellschaftsmitglieder eine intertemporale Umverteilung dar. Dies bedeutet, daß für das einzelne Individuum während der Erwerbsphase die Differenz zwischen Beitragszahlung und Inanspruchnahme von medizinischen Gütern und Dienstleistungen im Rahmen der GKV positiv ist. Dagegen ist diese Differenz nach Abschluß der Erwerbsphase und insbesondere im höheren Alter negativ. Somit handelt es sich bei der Finanzierung der GKV - ebenso wie im Rahmen der GRV - um einen **Generationenvertrag**:[86] Die Erwerbstätigen finanzieren zum großen Teil die Leistungen für die "Nicht-Mehr-Erwerbstätigen" und vollständig für die "Noch-Nicht-Erwerbstätigen".[87] Dies wird besonders deutlich in der gesonderten Behandlung der Krankenversicherung der Rentner, die auf Transfers von seiten der Allgemeinen Krankenversicherung angewiesen ist.[88]

Abb. 8.6.: Der Drei-Generationen-Vertrag im Gesundheitswesen

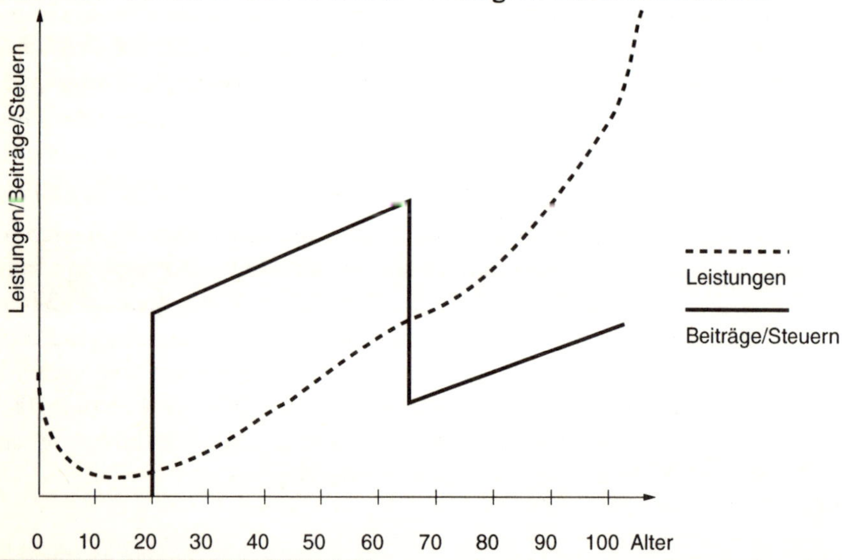

[86] Es handelt sich deshalb um einen Generationenvertrag, weil keine Kapitaldeckung vorgenommen wird, sondern das Umlageverfahren angewendet wird.

[87] Vgl. Arnold, M. (1993): S. 515.

[88] Vgl. Graf von der Schulenburg, J.-M. (1989): S. 75.

Quelle: in Anlehnung an Graf von der Schulenburg, J.-M. (1989): S. 286.

Das Leistungsspektrum der GKV umfaßt ein breites Angebot von Sach-, Geld- und Dienstleistungen. Diese müssen nach den §§ 12 Abs. 1 und 70 SGB V medizinisch erforderlich sowie „ausreichend, zweckmäßig und wirtschaftlich" sein. Im Vordergrund stehen die Sachleistungen: die ärztliche und zahnärztliche Behandlung, die Krankenhauspflege sowie die Versorgung mit Arzneimitteln. Diese machen etwa 85 v.H. der Gesamtausgaben der GKV aus. Die wesentlichen Leistungen der GKV stellen sich im Überblick wie folgt dar:

Übersicht 8.1.: Das Leistungsspektrum der GKV

- **Präventionsmaßnahmen**: Dazu zählen zum einen Leistungen zur Förderung der Gesundheit und Verhütung von Krankheiten (sekundäre Prävention). Zum anderen Leistungen zur Früherkennung von Krankheiten (primäre Prävention).[89]
- **Ärztliche und zahnärztliche Behandlung**: Dazu gehören medizinische Behandlungen durch Kassenärzte, eine Versorgung mit Zahnersatz sowie die Inanspruchnahme von Leistungen der Heil- und Hilfsberufe nach ärztlicher Anordnung.
- **Krankenhausaufenthalt**: Dieser Bereich umfaßt die Behandlung im Krankenhaus, in Kur- und Spezialeinrichtungen sowie die Krankenpflege.
- **Häusliche Krankenpflege**: Hierbei handelt es sich um die Grund- und Behandlungspflege sowie um eine hauswirtschaftliche Versorgung im Krankheitsfalle.
- **Rehabilitationsmaßnahmen**, z. B. die ambulante und stationäre Nachbehandlung von Herzinfarkten.
- **Versorgung mit Arznei-, Heil- und Hilfsmitteln**.
- **Verschiedene Geldleistungen**, wie bspw. Krankengeld und Mutterschaftsgeld.[90]

Quelle: Eigene Erstellung

Wird die Ausrichtung der Finanzierungsmethode und der Leistungsvergabe betrachtet, so ist deutlich zu erkennen, daß die GKV nach dem solida-

[89] Zur Unterscheidung in primäre und sekundäre Prävention vgl. Fn. 65 in diesem Kapitel.

[90] Im Gegensatz zu den bedarfsorientierten Sach- und Dienstleistungen, ist das Krankengeld beitrags- bzw. einkommensabhängig.

ritätsorientierten Versicherungsprinzip handelt.[91] Jedoch ist seit Mitte der 80er Jahre in Deutschland eine zunehmende Ausgrenzung von Leistungen und stärkere Kostenbeteiligung innerhalb der GKV zu beobachten.[92] Im Zuge der sogenannten Kostendämpfungsgesetze, insbesondere durch das Gesundheitsstrukturgesetz von 1993 und die Neuordnungsgesetze von 1997 fanden bzw. finden weitere erhebliche Einschnitte in den Grundsatz der Vollversicherung statt. Das bedarfsorientierte Sachleistungsprinzip ist durch eine Vielzahl von Zuzahlungsregelungen eingeschränkt worden.[93] Bei verschreibungspflichtigen Arznei-, Heil- und Hilfsmitteln (z. B. bei Medikamenten, Hörgeräten und Sehhilfen) sind von den Patienten ebenso Zuzahlungen zu tätigen wie bei einem Krankenhausaufenthalt in den ersten vierzehn Tagen oder beim Zahnersatz. 1994 sind die Zuzahlungen für rezeptpflichtige Arzneimittel gegenüber dem Vorjahr in Deutschland um 550 Millionen auf 2,9 Milliarden DM gestiegen, das entsprach etwa einem Zehntel der Arzneimittelausgaben der Krankenkassen.[94] Dazu schreibt der Bundesverband der Betriebskassen: „Die inzwischen an der Pakkungsgröße ausgerichtete Selbstbeteiligung belastet vor allem chronisch Kranke und ältere Patienten."[95] Durch die Verabschiedung der Neuordnungsgesetze hat sich die Selbstbeteiligung der Patienten weiter erhöht.[96] So haben sich die Zuzahlungen für Medikamente, Krankenhaus, Fahrtkosten und Heilmittel zum 1. Juli 1997 um 5 DM bzw. 5 Prozentpunkte erhöht. Beispielsweise beträgt der Selbstbehalt bei Medikamenten seit diesem Zeitpunkt je nach Packungsgröße 9 DM, 11 DM oder 13 DM.[97] Des weiteren sind in den letzten Jahren bestimmte Leistungen der GKV

---

91 Zu den Versicherungsprinzipien im allgemeinen vgl. z.B. Andel, N. (1992): S. 222-223.

92 Zu den Reformmaßnahmen in der GKV und zu deren Beurteilung vgl. bspw. Oberender, A. (1995): S. 113-220.

93 Unter der Voraussetzung, daß die Nachfrage preiselastisch ist, sind mit einer Selbstbeteiligung aus ökonomischer Sicht zahlreiche positive Steuerungs- und Finanzierungseffekte verbunden, wie z. B. das teilweise Verhindern von Moral-Hazard, die Anwendung möglichst effizienter Therapien oder die Verbesserung der Compliance.

94 Vgl. o. V. (1995): Gesundheitsreform entfaltet keine Heilkraft mehr, in: Frankfurter Rundschau, Nr. 194 vom 22.08.1995, S.11.

95 O. V. (1995): Gesundheitsreform entfaltet keine Heilkraft mehr, in: Frankfurter Rundschau, Nr. 194 vom 22.08.1995, S.11.

96 Gleichwohl existieren Härtefallregeln und die maximale Summe, die ein Versicherter an Zuzahlungen leisten muß, ist noch oben limitiert.

97 Zu den Änderungen, die mit dem 1. und 2. Gesetz zur Neuordnung von Eigenverantwortung in der GKV vom Bundestag beschlossen worden sind, vgl. etwa o. V. (1997): Neuordnungsgesetze, in: TK aktuell, Nr. 2/1997, S. 6-7.

auf andere Leistungsträger übertragen worden: die älteren Menschen selbst (Selbstzahler), die Sozialhilfe und die Pflegeversicherung.

Nachdem das System der GKV skizziert worden ist, werden im Folgenden Verbesserungsmöglichkeiten hinsichtlich der gesundheitlichen Versorgung der älteren Menschen skizziert.

8.5. Funktionale Äquivalente und Ansatzpunkte einer Alterspolitik im Bereich der gesundheitlichen Versorgung alter Menschen

Ausgehend von den Defiziten der gesundheitlichen Versorgung alter und älterer Menschen werden **funktionale Äquivalente** benannt und inhaltlich konkretisiert. Diese funktionalen Äquivalente werden insbesondere auch hinsichtlich ihrer Auswirkungen auf die Kostenentwicklung im Gesundheitswesen diskutiert, da vor dem Hintergrund der gegenwärtigen gesundheitspolitischen Diskussion unseres Erachtens nur jene funktionalen Äquivalente implementierbar sind, die keinen zusätzlichen Ausgabenanstieg im Gesundheitswesen hervorrufen. Da eine Formulierung dieser funktionalen Äquivalente implizit schon Forderungen an die gesundheits-, wirtschafts- und gesellschaftspolitische Gestaltung des Gesundheitswesens beinhaltet, werden am Ende des jeweiligen Unterabschnittes Ansätze einer Alterspolitik im Bereich der Gesundheitsfunktion formuliert. Da eine Alterspolitik mit systemisch-evolutionärer Perspektive jedoch nur in begrenztem Maße davon ausgeht, daß die politischen Akteure durch ihre Interventionen unmittelbare Wirkungen erzielen, werden hierbei nur grundsätzliche Überlegungen angestellt.

8.5.1. Prävention[98]

Präventive Maßnahmen, die der Erhaltung der individuellen Gesundheit dienen und zur funktionalen Wiederherstellung der Gesundheit einer kranken Person beitragen, führen - nicht nur in Deutschland - ein Schattendasein. Zum einen liegt das an der immer noch kurativ ausgerichteten "Lehrbuchmedizin", wie im Abschnitt 8.2 dargelegt wurde. Zum anderen ist das Bewußtsein für den Sinn und die Notwendigkeit von präventiven Maßnahmen in der Bevölkerung, insbesondere in den unteren sozialen Schichten, nicht sehr stark ausgeprägt. Dies spiegelt sich auch in den Ausgaben wider: Im Jahre 1990 betrug der Anteil der Gesundheitsausgaben für präventive Maßnahmen bei den öffentlichen Haushalten zwar immerhin 30 v.H., aber bei den anderen Ausgabenträgern (GRV, GKV,

---

98 Siehe dazu auch die Ausführungen im Kapitel 9.

PKV und den Arbeitgebern) belief sich dieser Anteil jeweils nur auf 1 bis maximal 8 v.H. an den gesamten Ausgaben für Gesundheitsleistungen.[99] Auch werden von den älteren Menschen Vorsorge- und vorsorgliche Untersuchungen selten in Anspruch genommen, obgleich sie nach dem Gesundheits-Reformgesetz von 1989 quasi kostenlos sind. Zum Beispiel haben 1991 nur etwa 41 v.H. der 60- bis 74jährigen medizinische Vorsorgeuntersuchungen in Anspruch genommen, bei den 75jährigen und älteren Menschen lag dieser Anteil im gleichen Zeitraum bei zirka 38 v.H.. Etwa 19 v.H. der Menschen, die zwischen 60 und 74 Jahre alt sind, sowie gut 30 v.H. der 75jährigen und älteren haben nie an einer medizinischen Vorsorgeuntersuchung teilgenommen.[100] Dieser Geringschätzung von Prävention innerhalb der Bevölkerung steht die medizinische Erkenntnis gegenüber, daß sowohl die Lebensspanne als auch die Lebensqualität im Alter durch viele Faktoren und Aspekte der individuellen Lebensgeschichte beeinflußt wird. Dazu zählen u. a. Bewegungsmangel, Ernährungsverhalten, der Konsum von Genußmitteln oder das Auftreten von Krankheiten in unterschiedlichen Lebensabschnitten. Auf gesamtwirtschaftlicher Ebene kann eine Verringerung der gegenwärtig noch relativ hohen Krankheitsquote im Alter gelingen durch:

- **Das Vermeiden von Risikofaktoren**. Dazu zählen unter anderem: Zigarettenrauchen, Zuckerkrankheit, Bluthochdruck, Fettstoffwechselstörungen, Harnsäuregehalt des Blutes, Übergewicht und Bewegungsarmut. In diesem Zusammenhang muß zusätzlich noch darauf hingewiesen werden, daß beim Zusammentreffen mehrerer Faktoren das Risiko einer Erkrankung nicht additiv, sondern exponentiell ansteigt.[101]
- Einen **gesundheitsfördernden Lebensstil**. Dieser umfaßt vor allem Maßnahmen der primären Prävention. Hierunter wird die Erfassung und Ausschaltung von gesundheitsschädigenden Faktoren in einem Stadium verstanden, in dem weder subjektiv noch objektiv gesundheitliche Schädigungen vorliegen.[102] Darunter fällt beispielsweise das Erlernen von rückengerechtem Sitzverhalten bei Personen, die weder Rückenschmerzen haben noch von seiten des Arztes pathogene Indizien aufweisen, die tägliche Zahnpflege, ausreichende Flüssigkeitszufuhr

---

[99] Vgl. Fickel, N. (1995): S. 15.

[100] Vgl. Deutscher Bundestag (1994): S. 280-281.

[101] Vgl. Steinhagen-Thiessen, E. u.a. (1996): S. 16.

[102] Vgl. Röthig, P. u.a. (1992): S. 364-365.

sowie eine eiweiß-, vitamin- und ballaststoffreiche Nahrungsmittelzusammensetzung bei vielseitiger Lebensmittelauswahl.[103]

- **Die Mobilisierung funktioneller Reserven.**[104] Dazu zählt die Erweiterung und Erhaltung veranlagter körperlicher Reserven durch manuelle Maßnahmen, wie etwa Schwimmgymnastik unter fachlicher Anleitung.

Damit präventive Maßnahmen dieser Art auch von älteren Menschen in Anspruch genommen werden können, bedarf es einerseits der Öffentlichkeitsarbeit. Nur wenn die Älteren durch entsprechende Fernseh-, Rundfunksendungen, Berichte in Zeitschriften, Zeitungen oder Publikationen der Krankenkassen und des Bundesministeriums für Gesundheit auf die Notwendigkeit der Prävention aufmerksam gemacht werden, kann bei ihnen ein Problembewußtsein entstehen. Andererseits müssen aber auch die infrastrukturellen Voraussetzungen für eine Inanspruchnahme von Präventionsmaßnahmen vorhanden sein. Neben den Krankenkassen können auch Volkshochschulen, Sportvereine oder andere Institutionen hierzu Kurse anbieten. Ein **funktionales Äquivalent** stellen in diesem Zusammenhang die in Sarasota gegründeten, und mittlerweile auch in anderen Ortschaften des amerikanischen Bundesstaates Florida vertretenen "Senior Friendship Center" dar.[105] Pensionierte Ärztinnen und Ärzte, Arzthelferinnen und -helfer sowie medizinisch-technische Fachkräfte bieten Gesundheitsfürsorge, die zum größten Teil aus präventiven Maßnahmen und sozialer Betreuung besteht, für bestimmte ältere Menschen (sie müssen über 60 Jahre alt sein und dürfen eine bestimmte Einkommensgrenze nicht überschreiten) an. Diese Art der gesundheitlichen Versorgung hat mehrere Vorteile. Zum einen kann sich das medizinische Personal mehr Zeit für die Belange ihrer älteren Patienten nehmen, als es im Rahmen von Medicaid oder Medicare möglich ist.[106] Zudem werden in diesem Projekt präventive Maßnahmen angeboten. Medicaid und Medicare dagegen zahlen erst, wenn die Menschen krank sind. Darüber hinaus kann sich das medizinische Personal aufgrund des eigenen Alters besser in die Situation der älteren Patienten hineinversetzen. Zum anderen werden - gesamtwirtschaftlich betrachtet - Kosten vermieden, da im "Senior Friendship Center" keine Medicaid- und Medicare-Patienten behandet werden.

---

[103] Vgl. Sailer, D. (1986): S. 122-127; Deutscher Bundestag (1994): S. 275-281.

[104] Vgl. Steinhagen-Thiessen, E. u.a. (1996): S. 13.

[105] Vgl. Friedan, B. (1995): S.586-590.

[106] Obgleich in den USA die Gesundheitsversorgung prinzipiell im Verantwortungsbereich des einzelnen liegt, ist Medicaid für die Gesundheitsversorgung der Armen zuständig und Medicare für die der Rentner.

Neben diesen direkten Präventivmaßnahmen können auch andere Faktoren, wie etwa die soziale Stellung des Individuums in seinen vorherigen Lebensabschnitten und das psycho-soziale Wohlbefinden im Alter das Krankheitsbild im Alter bestimmen. Dabei hängt die soziale Stellung des Individuums primär von Faktoren ab, die nicht der Gesundheitspolitik zugeschrieben werden. Rosenbrock bezeichnet dies als "implizite Gesundheitspolitik". Dazu zählen außen-, wirtschafts-, arbeitsmarkt-, bildungs-, bzw. verkehrspolitische Maßnahmen. Trotz ihrer zweifellos gesundheitlichen Wirkungen werden diese Maßnahmen nicht unter gesundheitspolitischen Aspekten behandelt.[107] Am Beispiel des Wohnungsbaus bzw. der Stadtentwicklung[108] sowie anhand der Ausgestaltung des Gesundheitsschutzes in der Arbeitswelt[109] kann jedoch dieser Zusammenhang verdeutlicht werden. Somit stellen auch Maßnahmen, die der "impliziten Gesundheitspolitik" zugerechnet werden können, **funktionale Äquivalente** dar, die im Rahmen einer Gesundheitspolitik für ältere Menschen beachtet werden sollten. Des weiteren korreliert das psycho-soziale Wohlbefinden einer Person im starken Maße mit der personellen und sozialen Integration.[110] Nur wenn ein Individuum in die Gemeinschaft integriert ist, einen Sinn in seinem Leben findet, kann es sich gesundheitsförderlich verhalten. Eine ältere Person, die keinen Sinn in ihrem Leben sieht und auch keine Aufgaben mehr hat, wird aller Wahrscheinlichkeit nach einen Lebensstil aufweisen, der nicht gerade gesundheitsförderlich ist. In diesem Sinne sind **funktionale Äquivalente** - insbesondere auch in anderen Subsystemen - zu identifizieren, die diesen Tendenzen entgegenwirken. Ein erfolgreiches Beispiel könnten etwa Seniorengenossenschaften[111] oder neue, altersadäquate Aufgaben im Freundeskreis, in der Nachbarschaft oder in der Familie darstellen.

8.5.2. Vernetzung der ambulanten, stationären und sozialen Versorgung

Defizite bei der medizinischen Versorgung der Älteren bestehen hinsichtlich einer unzureichenden Vernetzung der ambulanten, (teil-) stationären und sozialen Versorgung. Zum einen ist die Zusammenarbeit zwischen niedergelassenen Ärzten (insbesondere des Hausarztes) und anderen Ge-

---

[107] Vgl. Rosenbrock, R. (1992): S. 5.

[108] Vgl. bspw. Rodenstein, M. (1988).

[109] Vgl. bspw. Rosenbrock, P. (1992): S. 24-26.

[110] Vgl. dazu Kapitel 6.

[111] Vgl. dazu Kapitel 7.

sundheitsdiensten mangelhaft. Zum anderen weist das Gesundheitssystem keine hohe Durchlässigkeit auf.

Zum Beispiel sollte eine im Krankenhaus eingeleitete geriatrische Versorgung, die zur Erhaltung von Mobilität und Selbständigkeit beiträgt, durch eine ambulante Versorgung fortgesetzt und so verzahnt werden, daß eine stationäre Pflegebedürftigkeit alter Menschen so lange wie möglich vermieden wird. In diesem Zusammenhang kommt dem Hausarzt eine besondere Rolle zu. Neben den direkten medizinischen Aufgaben sollte der Hausarzt koordinierend ein Rehabilitationsteam aus Krankengymnasten, ambulanten Pflegekräften, Psychologen und Sozialarbeitern führen, damit die Mobilisierung der älteren Patienten und deren Rückführung in ein selbständiges Leben ermöglicht wird. Eine wohnortnahe stationäre Rehabilitation sollte dabei im Vordergrund stehen, so daß ein Herauslösen der älteren Patienten aus ihrem sozialen Netzwerk (Familie, Nachbarschaft, Freundeskreis, etc.) durch eine "Verschickung" vermieden werden kann. Für eine daran anschließende ambulante Versorgung sind flächendeckend leistungsfähige Sozialstationen ebenso unentbehrlich, wie eine Unterstützung durch Physiotherapie und psychotherapeutisch engagierte Hausärzte.[112] Eine Kooperation des medizinischen Personals und die Durchlässigkeit zwischen den einzelnen Bereichen des Gesundheitswesens kann zudem durch Selbsthilfegruppen, mobile und soziale Dienste unterstützt werden.[113]

Eine funktionsfähige und flächendeckende Vernetzung der ambulanten, stationären und sozialen Versorgung bewirkt zum einen, daß bei gewissen Krankheiten ältere Menschen zu Hause eine bessere medizinische und soziale Versorgung bzw. Betreuung erhalten als dies in einem Krankenhaus der Fall ist. Zum anderen verursacht in aller Regel eine teilstationäre oder ambulante Behandlung weniger Kosten als eine stationäre Behandlung. Dementsprechend ist eine starke Vernetzung der verschiedenen Versorgungsbereiche anzustreben. Die vom Deutschen Bundestag beauftragte Enquete-Kommission Demographischer Wandel fordert für die medizinische Versorgung der Älteren in diesem Zusammenhang:

- „eine bedarfsgerechte Anpassung von Versorgungskapazitäten und Umstrukturierungen zwischen den Versorgungsbereichen (des Gesundheitssystems, Anm. d. Verf.);

---

[112] Vgl. Sachverständigenrat für die Konzertierte Aktion im Gesundheitswesen (1995): Ziffer 189-190.

[113] Vgl. Görres, S. (1996): S.22-24.

- eine bessere gegenseitige Abstimmung der Planung für und Versorgung mit ambulanten, teilstationären und stationären Pflegeleistungen für die Versorgung älterer Menschen;
- eine größere Durchlässigkeit innerhalb des Versorgungssystems;
- eine Verbesserung der Kooperation und Koordination der vorhandenen Dienste und Einrichtungen im Gesundheits- und Pflegebereich;
- die Schließung von Lücken im Versorgungsangebot durch neue Dienste und Einrichtungen;
- die quantitative und qualitative Weiterentwicklung vorhandener Versorgungseinrichtungen."[114]

Findet in diesem Sinne eine Vernetzung der ambulanten, teilstationären und stationären Versorgung statt, so würde sich unseres Erachtens die gesundheitliche Versorgung der älteren Generation gegenüber dem Status quo verbessern. Darüber hinaus könnten einige Steuerungsdefizite im Gesundheitswesen behoben werden, mit der Folge, daß möglicherweise die Ausgaben im Gesundheitswesen sinken würden. Es ist anzunehmen, daß durch eine bessere Vernetzung z. B. die Fehlbelegungsquote in Akutkrankenhäusern, die gegenwärtig etwa 17 v.H. beträgt, reduziert würde.

8.5.3. Rehabilitation vor Pflege[115]

Obwohl im Zuge des Strukturwandels des Alters (insbesondere Hochaltrigkeit, Feminisierung und Singularisierung)[116] die Pflege an Bedeutung gewinnen wird, sollten die Grundsätze **"Rehabilitation vor Pflege"** und **"Rehabilitation vor Rente"** bei der medizinischen Versorgung alter und älterer Menschen berücksichtigt werden. Sofern eine dermaßen schwerwiegende Erkrankung im Alter auftritt, daß der ältere Mensch stationär behandelt werden muß, sollte die Rehabilitation im Vordergrund stehen. Auch im Alter ist die Bewahrung bzw. Wiederherstellung von Mobilität und Selbständigkeit möglich. Allerdings sind noch viele Rehabilitationskonzepte und -methoden auf die Bedürfnisse und Fähigkeiten jüngerer Menschen zugeschnitten. Hier besteht weiterhin ein Defizit, da für eine erfolgreiche Rehabilitation eine realistische Zielsetzung erforderlich ist. Diese ist immer abhängig von der individuellen Belastbarkeit, dem individuellen Gesundheitszustand sowie den individuellen Wünschen. Sie gestaltet sich bei älteren Menschen zweifellos anders als bei jüngeren. Die Rehabilitation bei älteren Menschen sollte darauf abzielen, eine dauerhafte

---

114 Deutscher Bundestag (1994): S. 302.

115 Vgl. dazu auch die Ausführungen im Kapitel 9.

116 Vgl. dazu die Abschnitte 3.1.3 bis 3.1.5.

Pflegebedürftigkeit zu vermeiden. Dies dürfte nicht nur den Wünschen der Älteren entsprechen, sondern ist auch aus ökonomischer Sicht kostengünstiger als ein dauerhafter Verbleib in einer stationären Einrichtung.[117] Sofern eine vollständige Heilung nicht mehr gelingen kann, ist es Aufgabe des medizinischen Teams, dem älteren Menschen beizubringen - quasi in Anleitung zur Selbsthilfe - mit seinen Fähigkeits- und Funktionsverlusten umzugehen.

Neben einer gezielten und realistischen Rehabilitation von älteren kranken Menschen, ist der Ausbau von **gemeindenahen Rehabilitationsmöglichkeiten** - auch in Alten- und Pflegeheimen - notwendig. Des weiteren muß die ambulante Infrastruktur verbessert werden, damit die älteren Menschen so lange wie möglich in ihrer eigenen Wohnung leben können.[118]

8.5.4. Geriatrische Einrichtungen

Es gibt in Deutschland kaum **geriatrische Einrichtungen** oder Ärzte, die sich auf Altersheilkunde spezialisiert haben, obgleich diese Einrichtungen für ältere Menschen im Krankheitsfalle häufig eine bessere Alternative als das Akutkrankenhaus darstellen. Zum einen zielt die Behandlung in Akutkrankenhäusern auf die Wiederherstellung der "völligen Gesundheit" ab. Im Abschnitt 8.2. wurde dargelegt, daß dies aus medizinisch-gerontologischer Perspektive weder realisierbar noch sinnvoll ist. Eine im klassischen Sinne "völlige Gesundheit" ist (aufgrund von Funktionsverlusten der Organe) bei älteren Menschen kaum noch vorhanden.[119] Eine bedarfsgerechte Versorgung von Älteren, die nicht an einer akuten Krankheit leiden, ist im Akutkrankenhaus nicht möglich, da sowohl die Ausstattung als auch die Qualifikation des Personals den Belangen der alten und älteren Patienten nicht entspricht. Aus medizinischer Sicht ist diese Art der medizinischen Versorgung ineffektiv. Dies spiegelt sich auch darin wider, daß etwa 40 v.H. der über 65 Jahre alten Patienten kurz nach ihrer Entlassung aus dem Akutkrankenhaus erneut eingewiesen werden; die Entlassenen sind zum überwiegenden Teil Pflegefälle.[120] Zum anderen liegen im Akutkrankenhaus sowohl die durchschnittlichen Gesamtkosten (Personal- und Sachkosten) pro Patient als auch die Behandlungskosten eines Patienten über den entsprechenden Kosten in geriatrischen Einrich-

---

[117] Vgl. Bundesministerium für Familie und Senioren (1993): S. 47.

[118] Vgl. Deutscher Bundestag (1994): S. 289.

[119] Vgl. Sachverständigenrat für die Konzertierte Aktion im Gesundheitswesen (1990): Ziffer 156.

[120] Vgl. Görres, S. (1996): S. 15.

tungen.[121] Aus ökonomischer Perspektive ist dies ineffizient. Zu einer ähnlichen Schlußfolgerung gelangt auch der Sachverständigenrat (SVR) in seinem Jahresgutachten 1990. Der SVR schätzt, daß etwa 20 v.H. bis 30 v.H. der über 65jährigen in Akutkrankenhäusern Langzeitpatienten sind, die in geriatrisch ausgerichteten Einrichtungen sowohl bedarfsgerechter als auch kostengünstiger versorgt werden könnten.[122] Ein Grund für dieses Versorgungsdefizit liegt darin, daß die Geriatrie bisher von der Schulmedizin nicht als eigenständiges Fachgebiet anerkannt wird, sondern der Inneren Medizin zugeordnet ist.[123] Dies ist um so verwunderlicher, als die Geriatrie neben Erkrankungen an den Organen auch physische und soziale Aspekte umfaßt. In geriatrischen Einrichtungen existierten 1991 10.808 aufgestellte Betten, die zu 92,5 v.H. ausgelastet waren. Ein Jahr später betrug die Anzahl der Betten nur noch 8.683 und der Auslastungsgrad sank auf 91,4 v.H..[124] Zwar kann anhand von lediglich zwei Daten kein Trend festgelegt werden, jedoch kann unseres Erachtens festgestellt werden, daß in der Geriatrie innerhalb eines Jahres verhältnismäßig mehr Betten abgebaut wurden als durchschnittlich im gesamten Gesundheitswesen: In der Geriatrie „verschwanden" zwischen 1991 und 1992 etwa 19,7 v.H. aller Betten, während es im gesamten Gesundheitswesen durchschnittlich nur 1,6 v.H. waren. Da jedoch die Zielgruppe dieser Einrichtungen (die alten Menschen) sowohl relativ als auch absolut gestiegen ist, läßt der Abbau der Betten zwei Schlußfolgerungen zu: Entweder werden alte Menschen entsprechend der Kompressionsthese von Fries[125] gesünder, oder geriatrische Einrichtungen werden für überflüssig gehalten bzw. von den Trägern der Gesundheitspolitik nicht akzeptiert. Da sich anhand der Datenlage eine Friessche Entwicklung derzeit nicht herleiten läßt, muß auf den zweiten Erklärungsversuch näher eingegangen werden.

Obwohl das Rehabilitationsausgleichsgesetz die gesetzliche Grundlage für den Betrieb von geriatrischen, rehabilitativ orientierten Klinken schafft, wird diese Möglichkeit kaum genutzt. In der medizinischen Ausbildung stellte der Sachverständigenrat (SVR) im Jahre 1990 ein Defizit an geriatrischen Ausbildungsinhalten fest, obgleich bis zu 50 v.H. der Tätigkeiten der Ärzte in der medizinischen Versorgung bzw. Pflege älterer Patienten

---

121 Vgl. Deutscher Bundestag (1994): S. 284.

122 Vgl. Sachverständigenrat für die Konzertierte Aktion im Gesundheitswesen (1995): Ziffer 195.

123 Vgl. Statistisches Bundesamt (1994): S. 468.

124 Vgl. Statistisches Bundesamt (1993): S. 478; Statistisches Bundesamt (1994): S. 468.

125 Vgl. Abschnitt 8.3.3.

liegen.[126] Da die Grundlagen für ein umfassendes geriatrisches Denken und Behandeln in der Ausbildung nicht geschaffen werden, könne dies auch nicht von Ärzten erwartet werden. Das Gesundheitswesen ist allem Anschein nach auf jüngere Bevölkerungsgruppen hin orientiert. Der SVR fordert eine Ergänzung der Ausbildung um die Geriatrie als eigenständiges Fach. Der Deutsche Ärztetag hat 1992 beschlossen, innerhalb der neuen Facharztordnung stärker als bisher auf die Geriatrie einzugehen. Zwar wird die Geriatrie als eigenständiges Fach abgelehnt, doch soll sie als „Querschnittsdisziplin" in die Facharztausbildung einfließen.[127]

Ein flächendeckender **Ausbau von geriatrischen und rehabilitativen Einrichtungen** erscheint erforderlich. Hierbei sind in erster Linie die Krankenkassen sowie die zuständigen Organe beim Bund und den Ländern gefragt. Gleichzeitig sollten im Rahmen einer Alterspolitik eine wirtschaftspolitische und gesundheitspolitische Beratung durch Wissenschaftlerinnen, Wissenschaftler, Sachverständige und andere Akteure der Politik stattfinden.[128] Diese sollten darauf aufmerksam machen, daß ein Ausbau von geriatrischen und rehabilitativen Einrichtungen aus medizinischer Sicht erforderlich und aus ökonomischer Sicht sinnvoll ist.

8.6. Wirtschaftspolitische Maßnahmen zur Finanzierung der medizinischen Versorgung älterer Menschen

Neben einer Verbesserung der gesundheitlichen Versorgung alter und älterer Menschen, die unseres Erachtens zu einer Reduzierung der Gesundheitsausgaben im Alter beitragen kann, wird aus wirtschafts- und finanzpolitischer Sicht eine Reduzierung der Beitragssätze in der GKV gefordert, zumindest soll das weitere Ansteigen der Beitragssätze vermieden werden. Die Forderungen hierzu reichen von einer weiteren Liberalisierung und dem Einbau von marktwirtschaftlichen Steuerungselementen bis zu mehr staatlicher Kontrolle (z. B. Budgetierung der Ausgaben in den einzelnen Bereichen der medizinischen Versorgung). Obwohl diese wirtschafts- und gesundheitspolitischen Überlegungen primär nicht nur die medizinische Versorgung der Älteren betreffen, sondern für die gesamte Bevölkerung von Relevanz sind, werden einige Aspekte hier skizziert, da sie die medizinische Versorgung der Älteren beeinflussen.

---

[126] Vgl. Sachverständigenrat für die Konzertierte Aktion im Gesundheitswesen (1990): Ziffer 193 u. Ziffer 205.

[127] Vgl. Joussen, K. (1993): S. 406.

[128] Zur wirtschaftspolitischen Beratung vgl. Meier, A.; Slembeck, T. (1994): S. 249-273.

Die Behauptung, daß es durch den demographischen Wandel und natürlich auch durch andere Faktoren, wie zum Beispiel durch den - in der Regel kostenintensiven - technischen Fortschritt oder durch **adverse selection**[129] und **moral hazard**[130] zu einer Kostenexplosion im Gesundheitswesen gekommen ist, wird mit dem Hinweis auf die Entwicklung der absoluten Gesundheitsausgaben und der Beitragsentwicklung der GKV in Deutschland begründet. Wie die nachfolgende Abbildung zeigt, haben sich die durchschnittlichen Beitragssätze, die Beitragsbemessungsgrenzen sowie der zu zahlende monatliche Höchstbeitrag seit 1970 drastisch erhöht.

Abb. 8.7.: Die Entwicklung der Beitragssätze in Prozent der beitragspflichtigen Einnahmen für das frühere Bundesgebiet

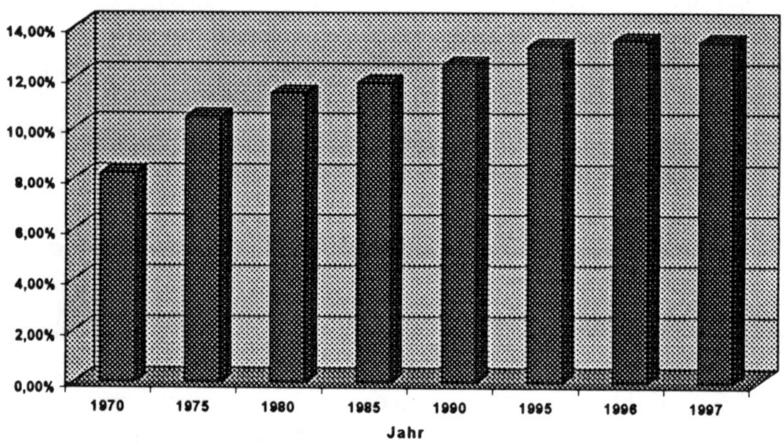

Quelle: Bundesministerium für Gesundheit (1998): Internet, http://www.bmgesundheit.de/gkv/gkvzahl/bei.htm.

129 „Negative Auslese", d.h. die schlechte Qualität verdrängt die gute Qualität, liegt bei Informationsasymmetrie zu Lasten der Anbieter bzw. der Nachfrage vor. In diesem Zusammenhang wird argumentiert, daß in der GKV vor allem die schlechten Risiken versichert sind und in der PKV die guten Risiken. Vgl. dazu Börsch-Supan, A. (1997): S. 186-197.

130 „Moralisches Risiko" kann dann auftreten, wenn sich Leistungen und Gegenleistungen über einen längeren Zeitraum erstrecken, asymmetrische Informationsverteilung vorliegt und die Leistungen einer Partei an das Eintreten bestimmter Umstände gebunden sind. Im Rahmen der Gesundheitsversorgung wird argumentiert, daß in der GKV versicherte Personen nach Abschluß der Krankenversicherung medizinische Leistungen (mit hohem Konsumgutcharakter) in Anspruch nehmen, obwohl sie nicht krank sind. Vgl. dazu Börsch-Supan, A. (1997): S. 186-197.

Es besteht ein gesellschaftlicher Konsens, daß diese Entwicklung so nicht weiter gehen kann. Ökonomie, Politik und Medizin sind gefragt, Konzepte zu entwickeln und umzusetzen, die diese Beitragsentwicklung sozialverträglich begrenzen bzw. umkehren.[131] Allerdings ist falsch aus diesen Daten die Behauptung einer "Kostenexplosion im Gesundheitswesen" aufzustellen. Denn durch eine Betrachtung der Gesundheitsquote (die Aufwendungen für Gesundheit als Prozentsatz des Bruttosozialproduktes) kann die oben genannte Behauptung nicht bestätigt werden. Der Anteil der Gesundheitsaufwendungen am Bruttoinlandsprodukt (entspricht nicht ganz der Gesundheitsquote, Anm. d. Verf.) liegt - abgesehen von einigen Ausreißern - seit 15 Jahren zwischen 7,5 v.H. und 8,5 v.H..[132]

Die beklagte Steigerung der Krankenversicherungsbeiträge ist vor allem darauf zurückzuführen, daß sich (nicht nur in Deutschland) in diesem Zeitraum die Relation zwischen den Produktionsfaktoren Arbeit und Kapital zugunsten des Faktors Kapital verschoben hat. In diesem Zusammenhang könnte der Fragestellung nachgegangen werden, ob die Finanzierung der Krankenversicherung ausschließlich über den Faktor Arbeit abgewickelt werden soll, oder ob z. B. eine Wertschöpfungsabgabe zur teilweisen Finanzierung der medizinischen Ausgaben im Rahmen der GKV herangezogen werden könnte.

8.7. Rationierung und Rationalisierung von medizinischen Leistungen und ihre Folgen für das Alter

Unabhängig davon, ob ein Paradigmenwechsel in der medizinischen Versorgung stattfindet bzw. mehr marktwirtschaftliche Steuerungselemente oder mehr staatliche Eingriffe in das Gesundheitswesen eingebaut werden, muß - in Anbetracht des medizinisch-technischen Fortschritts - von der Illusion, durch ein Mehr an Medizin könnten alle Krankheiten besiegt werden, Abschied genommen werden. Aus ökonomischen Überlegungen kann nicht jede medizinische Errungenschaft - ob sinnvoll oder unsinnig - finanziert werden. Die Gleichung: mehr Gesundheitskosten = mehr Gesundheit kann beim heutigen Stand der Technik nicht aufrecht erhalten werden.[133]

---

131 Zur wirtschaftspolitischen Beratung vgl. die Ausführungen bei Meier, A.; Slembeck, T (1994): insbesondere Kap. 10.

132 Vgl. Dreßler, R. (1996): S. 12.

133 Vgl. Krämer, W. (1997): S. 41-44 u. 51-52.

Mit vielen Innovationen im Medizinbereich steigt der Bedarf an zusätzlichen Investitionen nur noch weiter an. Aufgrund der Knappheit bei ökonomischen Gütern, also auch bei Gesundheitsgütern ist eine solche Innovationskette nicht beliebig lang durchhaltbar, denn es existieren Grenzen bei den zur Verfügung stehenden Ressourcen. Mit anderen Worten, es müssen Lösungsstrategien zur **Rationalisierung**[134] bzw. **Rationierung**[135] der medizinischen Ressourcen evaluiert werden. Welche Auswirkungen die verschiedenen Lösungsansätze für die Versorgung der älteren Menschen mit medizinischen Gütern und Dienstleistungen haben, wird abschließend skizziert.

(1) Eine Strategie zielt darauf ab, sowohl die **Überversorgung** als auch die **Fehlversorgung** im Gesundheitswesen durch (markt- oder planwirtschaftliche) wirtschaftspolitische Instrumente zu eliminieren. Einerseits ist eine Überversorgung festzustellen: Zu oft werden annähernd gesunde Menschen kostspielig untersucht und behandelt. Außerdem werden bei kranken Menschen häufig medizinische Untersuchungen doppelt durchgeführt, wenn der Patient den Arzt bzw. die medizinische Einrichtung wechselt. Andererseits werden in einigen Fällen medizinisch unwirksame bzw. ökonomisch ineffiziente Verfahren bei der medizinischen Behandlung angewendet und von den Kostenträgern bezahlt. Hierbei handelt es sich um eine Fehlversorgung. Diese liegt auch dann vor, wenn wirksame therapeutische Verfahren bei Kranken angewendet werden, bei denen sie nicht indiziert sind. Würden dagegen die etwa 400 Milliarden DM, die jedes Jahr in das Gesundheitswesen fließen, effizienter bzw. rationaler eingesetzt werden, so daß eine Fehl- und Überversorgung vermieden wird, gäbe es keinen Rationierungszwang. Die gesundheitspolitische Devise lautet: **Rationalisierung statt Rationierung**. Wäre diese Strategie erfolgreich, würde sich hinsichtlich der medizinischen Versorgung der älteren Menschen wenig ändern. Unseres Erachtens kann jedoch bezweifelt werden, ob durch die Vermeidung der Fehl- und Überversorgung das Einsparungspotential jene Größe erreicht, die bestehende medizinische Unterversorgung, die sich im Zuge des medizinisch-technischen Fortschritt eher noch vergrößern wird, zu finanzieren bzw. eine weitere Kostenexpansion im Gesundheitswesen zu vermeiden.

---

[134] **Rationalisierung** will eine reine Effizienzsteigerung erzielen, d. h. das Ziel ist vorgegeben (z. B. angemessene Gesundheitsversorgung). Effektive, aber nicht effiziente Maßnahmen werden ausgeschlossen.

[135] **Rationierung** ist das Vorenthalten eigentlich wirksamer, von den betroffenen Patienten erwünschter Maßnahmen, betrifft somit auch effiziente medizinische Leistungen.

(2) Eine **Neugestaltung des Leistungskatalogs der GKV**, mit dem Ziel die Ausgaben der GKV zu reduzieren, wurde insbesondere vom Sachverständigenrat für die Konzertierte Aktion im Gesundheitswesen vorgeschlagen. Zum Beispiel sollten einzelne medizinische Leistungen (Zahnbehandlungen, Seh- und Hörhilfen) aus der GKV ausgegliedert werden, bei denen die Vorhersehbarkeit des Bedarfs gegeben ist. Des weiteren sollte die GKV von Gesundheitsleistungen entlastet werden, bei denen die Ursache eindeutig zu identifizieren und vermeidbar ist. Eine andere Option besteht darin anhand von medizinischen und ökonomischen Kriterien die medizinischen Leistungen der GKV in einen obligatorischen Kernbereich (d. h. gesetzlich definierte Regelleistungen) und einen freiwilligen Zuwahlbereich einzuteilen. Unter Berücksichtigung von medizinischen, ökonomischen und sozialpolitischen Kriterien könnten auch bestimmte medizinische Leistungen von den Versicherten abgewählt werden (sog. Zwiebelmodell).[136] Bei diesen Optionen ist u. a. problematisch, nach welchen konkreten Kriterien der Leistungskatalog der GKV neu gestaltet werden soll. Inwieweit sich die gesundheitliche Versorgung der Älteren ändert, hängt von der konkreten Ausgestaltung des Leistungskatalogs und von den dann zu entrichtenden Beiträgen ab.

(3) Eine weitere Strategie besteht darin, mehr finanzielle Mittel (Ressourcen) für **präventive Maßnahmen** (zum Beispiel: Information und Bildung; Sport und Ernährung; Aufteilung und Gestaltung von Freizeit und Arbeit; Raum- und Umweltplanung; Vorsorgeuntersuchung; Religion; etc.) anstatt für therapeutische Maßnahmen zur Verfügung zu stellen. In diesem Fall würde sich kurzfristig die medizinische Versorgung der älteren Menschen im Vergleich zum Status quo verschlechtern. Einige medizinische Maßnahmen, die Krankheiten lindern, würden unter Umständen nicht mehr im Rahmen der GKV finanziert werden. Welche Auswirkungen diese Strategie langfristig für die Älteren hat, ist ungewiß und hängt auch von der Morbiditätsentwicklung im Alter ab.[137] Ob durch eine reine Umschichtung der finanziellen Mittel von einer kurativen zu einer präventiven Gesundheitsversorgung das Finanzierungsproblem der GKV gelöst wird, kann ebenfalls bezweifelt werden.

---

136 Vgl. Sachverständigenrat für die Konzertierte Aktion im Gesundheitswesen (1994): Jahresgutachten 1994, Gesundheitsversorgung und Krankenversicherung 2000, Baden-Baden, S. 337-339, 342-345.

137 Zur Morbiditätsentwicklung vgl. Abschnitt 8.3.3.

(4) **Evaluierung und Implementierung** (mit finanzieller staatlicher Unterstützung) **neuer Organisationsformen**[138] bei den Dienstleistungen im Gesundheitswesen (z. B.: genossenschaftlich organisierte Selbsthilfegruppen (Zeitkontensystem); Sozialstationen, die gesundheitliche und soziale Dienste komplementär anbieten; Ausbildung von Fachärzten für alte und ältere Menschen in Verbindung mit mobilen Arztpraxen; etc.). Diese Strategie würde unseres Erachtens die gesundheitliche Versorgung der älteren Menschen verbessern. Inwieweit eine Reduzierung der Gesundheitsausgaben dadurch realisiert werden kann, ist unsicher und müßte in einer gesonderten Untersuchung analysiert werden.

(5) **Gesundheit wird vollständig als meritorisches Gut**[139] anerkannt. Dies hat letztendlich zur Konsequenz, daß alle Güter und Dienstleistungen im Gesundheitswesen ohne Begrenzung für alle Gesellschaftsmitglieder zur Verfügung gestellt werden. Die daraus entstehenden finanziellen Defizite werden vom Staat getragen (Umverteilung der Staatsausgaben). Obgleich sich in diesem Fall die medizinische Versorgung für alle Gesellschaftsmitglieder, und somit auch für die Älteren verbessern würde, kann bezweifelt werden, daß diese Strategie realisierbar ist. Außerdem ist zu beachten, daß die medizinische Versorgung in einem vollständig steuerfinanzierten Gesundheitswesen immer von dem Haushaltsplan der jeweiligen Regierung abhängig ist. Haushaltsdefizite könnten in diesem Falle eine Einschränkung der medizinischen Versorgung für die Bevölkerung bedeuten.

(6) Eine weitere Strategie, die eine Reduzierung der medizinischen Ausgaben bewirken soll, betrifft explizit die ältere Generation. Aus diesem Grund wird dieser Vorschlag ausführlicher diskutiert. Es handelt sich um die **Einführung einer Altersgrenze für bestimmte medizinische Güter und Dienstleistungen**. Aus philosophischer Sicht wird diese Strategie von verschiedenen Autoren vorgeschlagen und begründet, da bei einer Verschiebung der Gesundheitsleistungen von den älteren zu den jüngeren Menschen letztendlich alle Gesellschaftsmitglieder profitieren können.[140] Daniels beispielsweise führt - in Anlehnung an die utilitaristische Ethik -

---

[138] Health Maintenance Organisations (HMOs) werden hier nicht behandelt, da es sich um eine grundsätzlich neue Beziehungsform zwischen Patienten, Ärzten und Krankenkassen handelt. Zu den HMOs vgl. Kortendieck, G. (1993): S. 307ff.

[139] Meritorische Güter sind nach dem Urteil der politischen Entscheidungsträger wünschenswerte Güter und sollen nach ihrer Meinung im größeren Umfang bereitgestellt werden, als es den geäußerten Präferenzen der Bürger entspricht.

[140] Ein bekannter Vertreter dieser Sichtweise ist Daniel Callahan. Vgl. Callahan, D. (1987): S. 83-92.

einen jungen vorausschauenden Nachfrager ein, der kein Wissen über seine zukünftig notwendigen Gesundheitsausgaben besitzt. Bei einem begrenzten Lebensbudget würde es der rational handelnde junge Mensch vorziehen, in jungen Jahren durch Investitionen in seine Gesundheit (dazu zählen unter anderem Präventionsmaßnahmen sowie die medizinische Behandlung im Krankheitsfall) die Wahrscheinlichkeit eines langen Lebens zu erhöhen, statt die finanziellen Ressourcen für die medizinische Versorgung erst im hohen Alter (also kurz vor dem Tode) einzusetzen.[141] Eine solche Strategie der **Rationierung von medizinischen Leistungen** nach dem Kriterium "Alter" findet beim Dialyseprogramm in Großbritannien statt. "Alter" ist dort zwar kein offizieller Grund für die Verweigerung von Leistungen - auch nicht der Dialyse, dennoch haben Patienten über 60 Jahre mit Nierenversagen wenig Chancen auf eine solche.[142] Bei einer genaueren Analyse der Rationierung in Großbritannien wird jedoch deutlich, daß das Alter nicht der entscheidende ausgrenzende Faktor beim Dialyseprogramm darstellt. Vielmehr haben regionale Aspekte, der gesellschaftliche Status und die individuelle Zahlungsbereitschaft einen gewichtigeren Einfluß.[143] Neben der unseres Erachtens ethisch nicht zu rechtfertigenden Diskriminierung alter Menschen widerspricht dieser Rationierungsvorschlag auch dem Versicherungsprinzip der GKV in Deutschland. Denn die Aufwendungen für medizinische Leistungen stehen - unabhängig von jedem utilitaristischen Kalkül - im Dienste eines Grundrechts, und zwar des Grundrechts auf Leben und körperliche Unversehrtheit (Art. 2 (2) des Grundgesetzes der Bundesrepublik Deutschland). Spezifischer wird dieses Grundrecht im Sozialgesetzbuch formuliert: „ Wer in der Sozialversicherung versichert ist, hat ... ein Recht auf ... die notwendigen Maßnahmen zum Schutz, zur Erhaltung, zur Besserung und zur Wiederherstellung der Gesundheit und Leistungsfähigkeit ...“[144] Eine Diskriminierung etwa nach Alter, Geschlecht, Wohnort, ethischer oder sozialer Zugehörigkeit ist somit ausgeschlossen. Bei gleicher medizinischer Indikation soll gleich oder, wie es im Sozialgesetzbuch V heißt, „gleichmäßig“ behandelt werden - jedenfalls dem Grundsatz nach und ohne ablehnende Entscheidungen der Patienten zu mißachten. Dies entspricht auch dem Prinzip der austeilenden Gerechtigkeit, das die Verfasser für eines der wichtigsten Prinzipien des Sozialstaats halten.

---

[141] Vgl. Daniels, N. (1988): S. 66ff.

[142] Vgl. Aaron, H. J.; Schwarz, W. B. (1984): S. 37.

[143] Vgl. Levinsky, N. G. (1990): S. 1814.

[144] § 4 SGB I.

(7) Eine weitere Strategie könnte darin bestehen, die knappen **Gesundheitsgüter** und Gesundheitsdienstleistungen an die meistbietende Person zu **versteigern**. Dieses Prinzip entspricht einem rein marktwirtschaftlich organisierten Gesundheitswesen. Aufgrund des Sozialstaatsprinzips (Art. 20 und 28 des Grundgesetzes der Bundesrepublik Deutschland) ist diese Strategie für Deutschland - zumindest in einer reinen Form - nicht denkbar und durchführbar.[145] Im Falle der Einführung einer solchen Strategie würde aber die soziale Ungleichheit im Alter zunehmen. Ein Großteil der Älteren, die weder über einen ausreichenden privaten Versicherungsschutz verfügen, noch entsprechende Ressourcen (beispielsweise Geld- oder Immobilienvermögen) besitzen, hätten keine Chance auf eine medizinische Versorgung im Alter.

(8) **Allokation** von knappen medizinischen Gütern und Dienstleistungen **nach einem Zufallsprinzip** oder nach dem "sozialen Wert" der Bedürftigen. Die zuerst genannte Strategie ist weder aus ökonomischer noch aus medizinischer Sicht begründbar und wird deshalb auch nicht weiter diskutiert. Das zuletzt genannte Rationierungskriterium ist aus ethischer und gesellschaftspolitischer Sicht nicht haltbar. Zum einen müßte geklärt werden, wovon der soziale Wert einer Person abhängt. Zum anderen, wer bzw. welche Institution den sozialen Wert bestimmt.[146] Würde eine solche Strategie eingeführt werden, würde sich kurzfristig - aufgrund der relativ geringen Einflußnahme der Älteren auf die Politik[147] - unserer Meinung nach die medizinische Versorgung der älteren Menschen gegenüber dem Status quo verschlechtern.

(9) Schließlich schlägt Krämer[148] zur Lösung des Finanzierungsproblems der medizinischen Versorgung einen **generellen Verzicht auf bestimmte medizinische Technologien** vor. Dieser generelle Verzicht soll gleichwohl für arme und reiche Menschen sowie für junge und alte Menschen zugleich gelten. Dieser Vorschlag wird von Krämer mit Hilfe "des statistischen versus des individuellen Menschenlebens" begründet.[149] Folgendes Beispiel verdeutlicht seine Sichtweise.[150] Angenommen, ein Passagierschiff sei in Seenot. Aufgrund unseres ethischen Grundverständnisses

---

145 Vgl. Oberender, A. (1995): S. 48-49.

146 Vgl. Krämer, W. (1992). S. 557.

147 Vgl. Abschnitt 3.4.

148 Vgl. Krämer, W. (1992); Krämer, W. (1996) und Krämer, W. (1997).

149 Krämers Überlegungen stehen unseres Erachtens in der Tradition der utilitaristischen Ethik und decken sich mit den Empfehlungen des Regelutilitarismus. Eine Einführung in die utilitaristische Ethik findet sich z. B. bei Höffe, O. (1992).

150 Vgl. dazu Krämer, W. (1996): S. 125.

steht es außer Frage, daß zur Rettung der bedrohten Passagiere und Besatzungsmitglieder alles Menschenmögliche zu unternehmen ist. Gegebenenfalls soll die gesamte Seenotrettungsflotte auslaufen, um die Menschen zu retten. Bei einem konkreten individuellen Menschenleben haben Kosten-Nutzen-Überlegungen keinen Platz. Ein konkretes Menschenleben ist kein ökonomisches Gut und hat dementsprechend auch keinen Preis. Gleichwohl bedeutet diese ethische Einstellung nicht, daß in jedem Hafen eine ausreichend hohe Zahl an Seenotrettungskreuzern stationiert werden muß, um in einem eventuell eintretenden Katastrophenfall in schnellstmöglicher Zeit einsatzbereit zu sein. Auf der Planungsebene muß festgelegt werden, in welcher Höhe Ressourcen für einen möglichen Katastrophenfall bereit gestellt werden sollen. Bezogen auf das Beispiel stellt sich somit die Frage, in welchem Hafen und in welcher Anzahl Seenotrettungskreuzer stationiert werden sollen. Die Entscheidung auf der Planungsebene hat zum einen Auswirkungen auf eine mögliche Rettung von Schiffbrüchigen und zum anderen werden dadurch die Rettungskosten ex-ante begrenzt. Die Bereitstellung der Infrastruktur, in diesem Beispiel die Stationierung der Seenotrettungskreuzer, ist eine gesellschaftliche Frage und kann nur im Rahmen eines gesellschaftlichen Grundkonsens beantwortet werden. Diese Sichtweise kann auch auf das Gesundheitswesen übertragen werden. Durch Sparen auf der Planungsebene, wenn z. B. nur 20 statt 30 Rettungshubschrauber angeschafft oder keine Spezialkliniken für Brandverletzungen gebaut werden, können die Ausgaben im Gesundheitswesen begrenzt werden, ohne daß eine Rationierung bei einem konkreten Menschenleben stattfindet. „Einen Rettungshubschrauber nicht zu stationieren ist das gleiche, wie eine Ampel nicht zu bauen oder ein Radargerät am Flugplatz einzusparen, hier stehen allein statistische Menschenleben zur Debatte, genau wie im Umweltschutz ..., und deshalb ist auf dieser (gesamtgesellschaftlichen) Ebene auch im Gesundheitswesen Rationierung ethisch zu vertreten“.[151] Obgleich dieser Vorschlag zunächst einleuchtet, ist er auch kritisch zu hinterfragen. Zum Beispiel klärt Krämer nicht eindeutig die Frage, ob sich die Menschen privat gegen bestimmte Krankheitsrisiken versichern können und dementsprechend die medizinische Leistung exklusiv in Anspruch nehmen können.[152] Wenn

---

[151] Krämer, W. (1997): S. 138-139.

[152] Die Inanspruchnahme von bestimmten medizinischen Leistungen, die nicht mehr im Rahmen der GKV angeboten werden, könnte durch eine individuelle Absicherung versichert werden. Dadurch entsteht ein rein privater Versicherungsmarkt für Risiken, die nicht von die Allgemeinheit getragen werden (sollen). Diese Idee entspricht in etwa dem Modell der Kfz-Haftpflichtversicherung in Deutschland.

diese Möglichkeit nicht besteht, würde sich aller Voraussicht nach ein Schwarzmarkt - mit all seinen Nachteilen - bilden oder es würde ein medizinischer Tourismus stattfinden. Personen, die über entsprechende finanzielle Ressourcen verfügen, könnten eine offiziell nicht vorhandene medizinische Leistung auf dem Schwarzmarkt oder im Ausland nachfragen und erhalten. Tendenziell wären ältere Menschen benachteiligt, da sie unter Umständen aus Gründen der Tradition sowohl den Schwarzmarkt als auch eine Behandlung im Ausland ablehnen.[153] Darüber hinaus wären die ärmeren Bevölkerungsgruppen, zu denen auch ein gewisser Teil alter und insbesondere älterer Menschen gehört, stärker benachteiligt als in einem rein privatwirtschaftlich organisierten Gesundheitssystem, da in aller Regel die Preise auf einem Schwarzmarkt höher liegen.

Abschließend kann festgehalten werden, daß keine Strategie in ihrer reinen Form geeignet erscheint, das **Problem der Finanzierbarkeit** der medizinischen Versorgung zu lösen. Gleichwohl übt aber jede Strategie unterschiedliche Auswirkungen auf die medizinische Versorgung der älteren Generation aus.

Die Finanzierung des Gesundheitswesens ist unserer Meinung nach eine gesellschaftliche Aufgabe. Dazu bedarf es einer **Solidarität** zwischen Gesunden und Kranken, erwerbstätigen und nichterwerbstätigen Versicherten, d.h. die Beitragszahlungen sollten nach der wirtschaftlichen Leistungsfähigkeit des einzelnen Individuums berechnet werden. Solidargemeinschaften orientieren sich nicht nur an einem Menschenrecht, nämlich dem Anspruch auf Hilfe in der (gesundheitlichen) Not, sondern sie kennen auch eine Menschenpflicht, die Pflicht zur Solidarität mit Personen, die das einzelne Mitglied nicht kennt. Der Reiche, Gesunde, Junge, Alleinstehende kann und soll mehr leisten als der arme Kranke. Hinter der Pflicht - und der Bereitschaft - zur Solidarität steht das Ideal einer sozialen Gerechtigkeit. Dieser Grundsatz sollte bei einer gesundheitlichen Versorgung der Gesellschaftsmitglieder und somit auch bei der Versorgung der älteren Generation berücksichtigt werden.

---

[153] Allerdings kann auch der entgegengesetzte Fall eintreten. Haben ältere Menschen keine Skrupel können sie ihre Zeit nutzen, um sich mit entsprechenden Informationen zu versorgen und gegebenenfalls in das Ausland fahren, um medizinische Leistungen in Anspruch zu nehmen. Da die zur Verfügung stehende Zeit bei den älteren Menschen i. d. R. größer ist als bei den Erwerbstätigen, sind sie bei sonst gleichen Bedingungen besser gestellt.

EXKURS ZUR GESUNDHEITSFUNKTION: DIE IDEE DER STERBEHOSPIZE[154]

Im 4. Kapitel, bei der Formulierung der gesellschaftlichen Grundfunktionen, wurde darauf hingewiesen, daß auch die Funktion „menschenwürdiges Sterben" zu den gesellschaftlichen Grundfunktionen einer Alterspolitik gehöre. In diesem Exkurs wird ein **funktionales Äquivalent** bezüglich eines menschenwürdigen Sterbens, die Idee der **Sterbehospize**, skizziert.

Dies geschieht primär unter ökonomischen Gesichtspunkten, da im Abschnitt 8.1.2 dargelegt wurde, daß eine Ausgabenexpansion im Gesundheitswesen auch teilweise durch medizinisch und ethisch fragwürdige Versuche zur Lebenserhaltung bei Menschen in ihrem letzten Lebensjahr verursacht wird. Dieses resultiert unseres Erachtens zum einen daraus, daß unser Gesellschafts- und Wertesystem das Thema „Tod und Sterben" bzw. „humane Sterbebegleitung" tabuisiert. Zum anderen tragen die mannigfaltigen Interessen der Akteure im Gesundheitswesen (Ärzte, Krankenhausleitung, etc.) dazu bei, daß ein Großteil der Bevölkerung im Krankenhaus stirbt.

Die Idee der Sterbehospize stellen unserer Meinung nach einen wichtigen Schritt dar, das Tabu um das Thema „Tod" zu brechen und den Tod als Teil des Lebens anzuerkennen. Obwohl dies nicht nur alte Menschen betrifft, sondern in erster Linie alle Menschen, die an einer - bis jetzt - unheilbaren Krankheit leiden (z. B. Aids) und deren Krankheitsverlauf sehr weit fortgeschritten ist, sowie Patienten in der Endphase einer chronischen Nieren-, Leber-, Herz- oder Lugenkrankheit, werden auch alte Menschen davon profitieren, wenn die Hospizidee hält was sie verspricht und das Hospiznetz weiter ausgebaut sowie verbessert wird. Der Grundgedanke eines Sterbehospiz besteht darin, ein ganzheitliches, auf die Bedürfnisse sterbender Menschen eingehendes Behandlungskonzept zu garantieren. Im Vordergrund steht die Verbesserung der Qualität des Sterbens als Teil des Lebens. Dabei ist zu betonen, daß die Hospizbewegung die „Segnungen" der modernen Medizin nicht zurückweist, sondern sie strebt „ a balance between caring and curing"[155] an. Dementsprechend steht für eine adäquate Versorgung interdisziplinäres Personal zur Verfügung: von Ärzten und Pflegekräften über Psychologen bis hin zu Seelsorgern. Des weiteren

---

[154] Der Ursprung der Sterbehospize findet sich in den angelsächsischen Ländern. 1967 wurde das erste moderne Sterbehospiz in England gegründet. Vgl. zur Entstehung und Entwicklung der Hospizbewegung in England Ford, G. (1997): S. 17-33.

[155] Sidell, M. (1993): S. 169.

können Familienangehörige, Freunde und ehrenamtlich Helfende Unterstützung liefern.[156]

Die Hospizidee wird sich vermutlich auch deshalb weiter durchsetzen, weil Hospize einen ökonomischen Vorteil gegenüber Krankenhäusern bieten: Sie sind kostengünstiger, da ihre Pflegesätze unter denen von Krankenhäusern liegen.[157] Dies ist wahrscheinlich darauf zurückzuführen, daß keine hochtechnologischen Geräte angeschafft werden müssen. Allerdings dürfen diese Einrichtungen **nicht nur als kostengünstiges Äquivalent** zum Krankenhaus betrachtet werden, **sondern als funktionales Äquivalent**. Somit steht die qualitative Verbesserung des Sterbens im Vordergrund.
Neben der Aufnahme in ein stationäres Hospiz,[158] das eine „kleine familiäre Einrichtung mit etwa 8-12, maximal 16 Betten" darstellt, ist auch im Sinne der Hospizidee eine ambulante Betreuung möglich. Diese hat zum einen den Vorteil, daß bei vielen alten und jungen sterbenden Menschen der Wunsch besteht, zu Hause zu sterben. Zum anderen verursacht eine ambulante Betreuung weniger Kosten als eine stationäre Aufnahme.

---

[156] Vgl. Kreß, W. (1994): S. 285.

[157] Vgl. Kreß, W. (1994): S. 290.

[158] Im Gegensatz zu Pflegeheimen muß bei der Aufnahme eines Menschen in ein Sterbehospiz eine Einverständniserklärung des Patienten vorliegen.

FACHKRAFT!! HERR KLOTZKE, MAL EHRLICH! WAS SOLL DER AUFWAND NOCH..!

9. DIE „SICHERUNG DER PFLEGE“ ALS GESELLSCHAFTLICHE GRUNDFUNKTION

Bei der Erwähnung der Pflegefunktion in Kapitel 4 wurde diese definiert als „Sicherung der Pflege“ bzw. „Sicherung der Erbringung der Pflegeleistungen“ im Sinne einer umfassenden Betreuung bei Siechtum und Hilfsbedürftigkeit.[1] Damit ist gemeint: Ein Gesellschaftssystem hat die Aufgabe sicherzustellen, daß diejenigen Leistungen erbracht werden, die für die Pflegebedürftigen benötigt werden. Um welche Leistungen es sich dabei handelt, wird im ersten Abschnitt dieses Kapitels behandelt. Funktionale Äquivalente sind Gegenstand des zweiten Abschnitts. Im dritten Abschnitt schließlich werden einige Spekulationen über zukünftige Aufgaben und Interventionen der Pflegepolitik dargestellt.

9.1. Der Gegenstand der Pflegefunktion

Mit der eingangs angeführten Definition der Pflegefunktion ist über deren konkrete Ausgestaltung noch nichts gesagt. Wann, z. B., besteht ein solcher Pflegebedarf und wie ist Pflegebedürftigkeit von dem Bedarf der Krankenpflege abzugrenzen? Und weiter: Welche Leistungen müssen in welchem Umfang und in welcher Qualität für welchen Typ oder Grad von Pflegebedürftigkeit sichergestellt werden, damit von einem befriedigenden Zustand gesprochen werden kann? Fragen über Fragen, auf die es keine leichten Antworten gibt und Fragestellungen, bei denen es je nach ihrer Beantwortung gleich um Hunderte von Millionen Mark gehen kann. Wer die Diskussion über die Pflegeversicherung verfolgt hat, weiß, wie heftig diese Antworten in der Öffentlichkeit aber auch in den politischen Verhandlungen und in den Verhandlungen zwischen den Verbänden und Interessenvertretern umkämpft waren und zum Teil auch noch sind.[2]

9.1.1. Die Pflege

Zunächst zu der Frage: Was ist „**Pflege**“? Eine erste Antwort gibt der Katalog von sozialen Hilfs- und Pflegedienstleistungsarten:

---

[1] Vgl. Kap 4. Wir haben dort festgestellt, daß die Pflege eine der Grundfunktionen von Gesellschaftssystemen ist, die unterschiedlich bearbeitet wird. Auf eine umfangreiche Diskussion der ethischen, ökonomischen und sozialen Argumente für unterschiedliche Formen der Bearbeitung wird an dieser Stelle verzichtet.

[2] Vgl. Gerichtsurteil vom 19. 2. 1998, Frankfurter Rundschau, 20. 2. 1998.

Übersicht 9.1.: Arten von Pflegeleistungen[3]

Grundpflege: Sie umfaßt Hilfe beim An- und Auskleiden, Essen und Trinken, bei Körperpflege und bei der Benutzung der Toilette.

Behandlungspflege: Sie bezieht sich auf die medizinische Betreuung (Verabreichung von Medikamenten, Puls- und Blutdruckkontrolle, Massagen, Verbinden, Klistieren, Katheterisieren und anderes mehr).

Hauswirtschaftliche Pflege: Sie beinhaltet Hilfen zum täglichen Leben wie Einkaufen, Kochen, Putzen, Waschen.

„Spezielle Leistungen“ zur Überwindung von Isolation und Immobilität und Hilfe zur Ermöglichung der aktiven Teilnahme an sozialer Kommunikation, sowie „Beratungsleistungen“ und „Hilfen im Umfeld“ (zum Beispiel die Gestaltung von Wohnbedingungen für Pflegebedürftige).

Quelle: Eisen, R., Edvartsen, T., Mager, H–C. (1992): S. 6.

Unter „Pflege“ wird eine vollständige oder teilweise Unterstützung durch Dritte bei der Erbringung von Pflegeleistungen verstanden, die durchaus auch darin bestehen kann, die pflegebedürftige Person zu beaufsichtigen oder anzuleiten, damit sie die Verrichtung selbst ausführen kann.

Bei der **Pflege durch Dritte** handelt es sich um eine personenbezogene Dienstleistung, die individuell und persönlich ist. **Individuell** heißt, daß die Erbringung der Leistung sich nach dem jeweiligen Individuum richten muß, nach dessen gesundheitlichen, sozialen und psychischen Bedürfnissen, und daß die Pflegeleistung den ganzen Menschen erfaßt, also nicht auf eine einzige Krankheit, Behinderung oder Behandlung abstellt.

Typisch für Pflegeleistungen ist außerdem, daß die Pflegenden den Wert der für sie erbrachten Leistungen sehr subjektiv beurteilen. Das erschwert eine Beurteilung von außen und hat Intransparenz zur Folge. Üblicherweise fragen die zu Pflegenden nicht konkrete pflegerische Leistungen nach; ihr Wunsch richtet sich vielmehr allgemein und unspezifisch auf die pflegerische Verbesserung ihrer Situation. Die Erstellung der Dienstleistung

[3] In Paragraph 14 Abs.1 - 4 des Pflegegesetzes wird die Grundpflege aufgeteilt in den Bereich der Körperpflege, den Bereich der Ernährung, den Bereich der Mobilität und den Bereich der hauswirtschaftlichen Versorgung.

Pflege muß deshalb wegen dieser unterschiedlichen Präferenzen flexibel auf die individuell unterschiedlichen Bedürfnisse zugeschnitten sein.

Persönlich ist eine Dienstleistung, wenn es sich um eine Beziehung zwischen der Person, die gepflegt wird und den pflegenden Personen handelt, wobei dieser **Beziehungsaspekt** für die Qualität, also den Wert oder die Güte und die Effektivität, d.h. die Wirksamkeit der Pflegeleistung maßgeblich ist.

Ein besonderes Merkmal dieser Dienstleistung besteht darin, daß Produktion und Konsum räumlich und zeitlich zusammenfallen (Uno-Actu-Prinzip[4]). Daraus und aus der Art der erbrachten Leistung resultiert, daß Pflegeleistungen kaum rationalisierbar sind. Die Pflege kranker und pflegebedürftiger Menschen kann durch Kapitaleinsatz nur in geringem Maße substituiert werden, da es sich um personalintensive Dienstleistungen handelt, die nicht durch Apparate rationalisiert werden können. Ein zusätzlicher Kapitaleinsatz kann die menschliche Arbeitskraft zwar durch bessere Hilfs- und Arbeitsmittel ergänzen und erleichtern, aber nicht ersetzen.[5] Im übrigen kann technische Innovation zu einer Erhöhung des Arbeitseinsatzes führen.

Da es sich bei dieser Dienstleistung nicht nur um Verrichtungen am Menschen sondern auch mit Menschen handelt, müssen Produzent und Konsument eng zusammenarbeiten. In der Regel sind die Pflegebedürftigen selbst Mitleistende und ihre Mitleistung muß aktiviert werden. Es bedarf also meistens ihrer Kooperation. Eine Mitwirkung ist in solchen Fällen nicht möglich, wo die zu Pflegenden aufgrund ihres Leidens in einer passiven Rolle verharren müssen.

9.1.2. Die Pflegebedürftigkeit

Wann liegt Pflegebedürftigkeit vor ? Dies beinhaltet zum einen die Fragen, inwieweit und in welchem Umfang die erforderlichen Leistungen von Dritten erbracht werden müssen und zum anderen die Frage, ob es sich

---

[4] Vgl. Herder-Dorneich, Ph. (1994): S. 630 u. 638.

[5] Möglicherweise handelt es sich hier bald um einen altmodischen Standpunkt angesichts der Tatsache, daß heute schon Pflegeroboter entwickelt werden. Die Einsetzung der Technik als Hilfsmittel muß jedoch nicht Entmenschlichung bedeuten. Wie an anderen Stellen diese Buches erwähnt wird, kann High-Tech durchaus im Sinne einer Erhaltung und Steigerung von Autonomie und eine Einbindung in kommunikativen Netzen erfolgen. Vgl. Gronemeyer, R.; Buff, W. (1998) und auch Abs. 9.3.5. dieses Kapitels.

um Pflegebedürftigkeit im Sinne der Pflegefunktion handelt oder aber um Krankenpflege im Sinne der Gesundheitsfunktion.

Als Beispiel für eine Definition von Pflegebedürftigkeit sei hier die Definition des Pflegegesetzes[6] herangezogen. Danach gelten Personen als pflegebedürftig - und im Sinne des Gesetzes als leistungsberechtigt, die „[...] wegen einer körperlichen, geistigen oder seelischen Krankheit oder Behinderung für die gewöhnlichen und regelmäßig wiederkehrenden Verrichtungen im Ablauf des täglichen Lebens auf Dauer [...] in erheblichem oder höherem Maße [...] der Hilfe bedürfen.“[7] Die Hilfe bezieht sich zum einen auf die vollständige oder teilweise Unterstützung durch Dritte, die dann Verrichtungen des täglichen Lebens ausführen. Zum anderen kann sie aber auch darin bestehen, die Pflegebedürftigen zu beaufsichtigen oder anzuleiten, damit sie die Verrichtungen selbständig ausführen.[8]

Der Tatbestand der Pflegebedürftigkeit wird in drei Stufen gegliedert, wobei für sämtliche Stufen mehrmals pro Woche hauswirtschaftlicher Hilfebedarf angenommen wird:[9]

[6] Gesetz zur Absicherung bei Pflegebedürftigkeit (Pflege-Versicherungsgesetz, Pflege-VG), kodifiziert als 11. Buch des Sozialgesetzbuches (SGB XI), verkündet im Bundesgesetzblatt am 26. 5. 1994.

[7] Vgl. § 14 Abs. 1 Pflege VG.

[8] Vgl. § 14 Abs. 3 Pflege VG.

[9] Vgl. § 15 Abs. 1 Nr. 1 - 3 Pflege VG.

Übersicht 9.2.: Stufen der Pflegebedürftigkeit

Pflegestufe I (erhebliche Pflegedürftigkeit):

- Es wird mindestens einmal täglich Hilfe für Körperpflege, Ernährung oder Mobilität benötigt sowie mehrfach in der Woche Hilfe bei der hauswirtschaftlichen Versorgung. Der wöchentliche Aufwand muß im Durchschnitt mindestens 1,5 Stunden betragen, wobei der pflegerische Aufwand gegenüber dem hauswirtschaftlichen Aufwand im Vordergrund stehen muß.

Pflegestufe II (Schwerpflegebedürftigkeit):

- Es wird mindestens dreimal täglich zu unterschiedlichen Tageszeiten Hilfe für Körperpflege, Ernährung und/oder Mobilität benötigt. Der wöchentliche Zeitaufwand muß im Tagesdurchschnitt mindestens drei Stunden betragen.

Pflegestufe III (Schwerstpflegebedürftigkeit):

- Es wird eine ständige Betreuung „rund um die Uhr", also auch nachts benötigt. Der Zeitaufwand muß im Tagesdurchschnitt mindestens fünf Stunden betragen.

Quelle: § 15 Pflege VG.

Die finanziellen Konsequenzen der Einstufung in die Pflegestufen zeigt Tabelle 9.1., welche die Höchstsätze der finanziellen und der Sachleistungen für die Leistungsarten der Pflegeversicherung bei häuslicher Pflege benennt.

Sie verdeutlicht nicht nur die erheblichen Sprünge der Geldleistungen zwischen den Pflegestufen sondern auch bei der Vergütung für Tages- und Nachtpflege bei teilstationärer Vertragseinbindung. Außerdem verweist die Formulierung "bis zu" auf den Ermessensspielraum bei der Feststellung des Pflegebedarfs.

Tab. 9.1.: Stufen der Pflegebedürftigkeit

Leistungen bei häuslicher Pflege	Stufe 1	Stufe 2	Stufe 3
Pflegegeld monatlich	400 DM	800 DM	1.300 DM
Pflegeleistungen monatlich bis zu In besonderen Härtefällen bis zu	750 DM -	1.800 DM -	2.800 DM 3.750 DM
Urlaubs- und Verhinderungspflege für bis zu vier Wochen im Jahr (Voraussetzung: vorherige 12monatige Pflege)	2.800 DM	2.800 DM	2.800 DM
a) bei erwerbsmäßiger Verhinderungspflege bis zu	2.800 DM	2.800 DM	2.800 DM
b) bei Pflege durch Familienangehörige und sonstige nicht erwerbsmäßig tätige Personen	400 DM	800 DM	1.300 DM
ggf. bei nachgewiesenen Aufwendungen der Pflegeperson bis zu	2.800 DM	2.800 DM	2.800 DM
Tages- und Nachtpflege in einer teilstationären Vertragseinbindung monatlich bis zu	750 DM	1.500 DM	2.100 DM
Kurzzeitpflege für bis zu vier Wochen im Jahr in einer vollstationären Einrichtung bis zu	2.800 DM	2.800 DM	2.800 DM

Quelle: www.bma.de/soziales/deutsch/.

Im Sinne des Gesetzes festgestellt werden die Pflegedürftigkeit Stufenkategorisierung durch den MDK (Medizinischer Dienst der Krankenkassen) festgelegt, der eine Einzelfallbegutachtung vornehmen muß, bevor die Leistungen der Pflegeversicherung in Anspruch genommen werden können. Das ist deshalb problematisch, weil dieser sowohl die Definitionsmacht bei der Feststellung der Pflegebedürftigkeit hat wie auch die Distributionsmacht für die Zuteilung der monetären bzw. realen Pflegeleistungen.[10] Kann hier ein ausgewogenes Urteil erwartet werden, wenn das

[10] Vgl. Mager, H.-C. (1998 c): S. 281.

Wohl der zu pflegenden Person gegen das Interesse der Krankenkassen an einer Kostenbegrenzung abgewogen werden muß? Kritisch ist außerdem anzumerken, daß die gesetzlichen Festlegungen weder für die Feststellung des Pflegebedarfs noch der Pflegebedürftigkeit ausreichen. So wird z.B. der Bereich der Kommunikation ausgeklammert; gerade diesem Aspekt kommt jedoch bei der Pflege besondere Bedeutung zu. Denn bei der Erbringung der Pflegedienstleistungen ist die menschliche Zuwendung, welche die Gepflegten von den Pflegenden erfahren, erfolgsentscheidend, denn sie befriedigt deren Bedürfnis nach Wärme, Behaglichkeit, Vertrauen und Trost. Eine weitere Folge dieser verengten Sicht ist auch, daß neben dem erwähnten psychologisch-kommunikativen Aspekt der Pflegebedürftigkeit Defizite beim Sprechen, Hören oder Sehen nicht in Betracht gezogen werden. Damit wird nicht nur der Pflegebedarf auf die rein medizinisch erforderliche Pflege eingeschränkt. Gleichzeitig wird auch ein ganzer Bereich von Anspruchsgründen ausgegrenzt und damit die entsprechenden Personen.

Auf der Ebene des Individuums ist Pflegebedürftigkeit nicht ein einmalig feststellbarer Zustand sondern ein komplexer und dynamischer Prozeß, in dem zahlreiche interdependente Faktoren eine Rolle spielen, wie Abbildung 9.1. zeigt.

Abb. 9.1.: Pflegebedürftigkeit als komplexer Prozeß

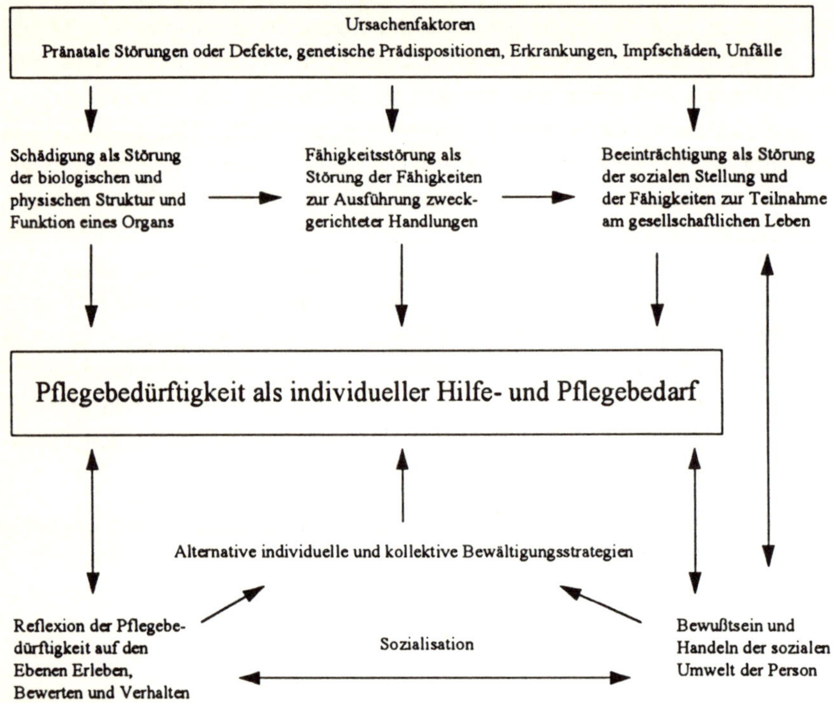

Quelle: Mager, H.-C. (1998 a): S. 23.

Darüber hinausgehend werden Art und Schwere der Pflegebedürftigkeit durch zwei weitere Faktorenbündel beeinflußt: Die Reflexion der pflegebedürftigen Person auf den Ebenen des Erlebens, Bewertens und Verhaltens sowie das Bewußtsein und Verhalten ihres sozialen Umfelds.

Unseres Erachtens wird in der Pflegeversicherung die Pflegebedürftigkeit zu eng ausgelegt, mit entsprechend negativen Folgen für die Definition der Pflegeleistungen. So nimmt es nicht Wunder, daß dies einer der Punkte ist, an denen von der Wissenschaft wie von den traditionellen Anbietern von Pflegeleistungen aber auch von den Pflegenden und zu Pflegenden selbst besonders heftige Kritik geübt wird.[11]

[11] Seit der Verabschiedung des Gesetzes ist die Presse voll von Hiobsbotschaften über die negativen Auswirkungen dieser Bestimmungen auf Pflegedienste und Heime. Hier ein typisches Beispiel: “Heimleiter wollen keine `Entsorgung von Alten`. Pfle-

Die Vielschichtigkeit der Pflegebedürftigkeit läßt Übersicht 9.3. erkennen. Hier werden aus der Sicht unterschiedlicher Disziplinen einige der Dimensionen der Pflegebedürftigkeit genannt, die von den jeweiligen Disziplinen für wichtig und untersuchenswert angesehen werden. Sie verdeutlicht einerseits die Verengung der gesetzlichen Sicht. Andererseits läßt sie erkennen, welche Anforderungen nicht nur an eine befriedigende Definition der Pflegebedürftigkeit gestellt werden müssen, sondern auch an die Behandlung des Themas in der Wissenschaft und die Bearbeitung des Pflegeproblems in der Praxis.

Übersicht 9.3.: Dimensionen von Pflegebedürftigkeit

Medizin / Pflegewissenschaft	Ökonomie / Sozialpolitik	Soziologie	Sozialrecht	Sozial-psychologie	Individualpsychologie
z.B.	z.B.	z.B.	z.B.	z.B.	z.B.
Physiologische Deviation	Reduktion der Haushaltsproduktivität	Stigmatisierung	Definitionsproblematik	Beziehungsstörungen	Genereller Autonomieverlust
Demenz	Finanzieller Mehrbedarf	Gesellschaftliche Deklassierung	Legislative Normierungen	Kontinuitätsstörungen im sozialen Netz	Depressionen
Chronizität	soziale Sicherungssysteme		Leistungs-ansprüche		Angst
Multimorbidität					Identitäts-bedrohung
Rehabilitation					
Pflegeformen					
Qualität der Pflege					

Quelle: Mager, H.-C. (1998 a): S. 20.

Kritisch ist weiterhin zu vermerken, daß das Gesetz Pflegebedürftigkeit als einen statischen und irreversiblen Zustand ansieht. Dem ist entgegenzuhalten, daß der Begriff der Pflegebedürftigkeit immer nur einen augenblicklichen Zustand beschreibt, der von den vorhandenen Fähigkeiten der Pflegebedürftigen und deren Veränderungspotential absieht.

Mit diesem Dilemma nähern wir uns auch der Frage der **Abgrenzung zwischen Krankenpflege und Alterspflege**. Sie ist äußerst problematisch und im Einzelfall häufig mit einer Willkürentscheidung verbunden. Nach dem Bundessozialhilfegesetz (§ 68) gilt als pflegebedürftig eine Person, die „so hilflos ist, daß sie nicht ohne Wartung und Pflege“ bleiben kann.

---

geversicherung erlaubt kaum noch soziale Betreuung“ in: Frankfurter Rundschau, Nr. 77, 1.4.1998.

Diese Definition ist jedoch unbefriedigend, weil sie nicht eindeutig abgrenzt, denn sie schließt offensichtlich auch viele schwere Krankheitsfälle ein. Als Richtschnur für eine Trennung zwischen Krankheit und Alterspflege dient im allgemeinen der Behandlungsbedarf. Liegt ein solcher vor, spricht man von Krankheitspflege. „Zweifelhaft aber ist, in welchen Fällen Pflegebedürftigen ein solcher Bedarf abzusprechen ist“.[12] In einem älteren Gutachten aus dem Jahre 1974 kommt hier das Kuratorium Deutsche Altershilfe [13] zu dem Schluß, daß solche Pflegefälle nicht nur, wie Brandt meint[14], Ausnahmefälle sind, sondern daß es solche Ausnahmefälle angesichts des medizinisch-technischen Fortschritts nach ärztlichem Gewissen überhaupt nicht geben dürfte. Außerdem könne aus dem Fehlen einer Heilungschance (nach gegenwärtigem Stand des Wissens) keineswegs auf einen Wegfall eines Behandlungsbedarfs geschlossen werden, weil eine sinnvolle Therapie auch darin bestehen könne, einen Status quo zu erhalten oder eine gewisse Linderung des subjektiven Leidens zu ermöglichen.[15]

Die auf den ersten Blick so klare Unterscheidung zwischen Behandlung und Pflege kann also im Einzelfall durchaus willkürlich erscheinen. Grundsätzlich gilt jedoch, daß der auf das Individuum bezogene Pflegefall im allgemeinen nur einmal auftritt und mit dem Tode endet. Im Gegensatz dazu sind nicht-chronische Krankheiten nur vorübergehender Natur. **Therapieresistenz** und **Zeitfaktor** sind die relevanten qualitativen und quantitativen Argumente zur Unterscheidung zwischen Krankheit und Pflegebedürftigkeit: Wenn eine physische oder psychische Funktionsstörung oder Erkrankung sich als therapieresistent beziehungsweise als chronisch irreversibel herausstellt und dadurch die Hilfebedürftigkeit und die Verminderung der Fähigkeit zur selbständigen Lebensführung auf Dauer bestehen bleibt, liegt Pflegebedürftigkeit vor, während Krankheit als ein vorübergehender und reversibler Prozeß angesehen wird.[16]

---

[12] Vgl. Winters, S. (1996): S. 23.

[13] Kuratorium Deutsche Altershilfe (1974): S. 8.

[14] Vgl. Brandt, H. (1987): S. 119.

[15] Vgl. Kuratorium Deutsche Altenhilfe (1974): S. 8-9.

[16] Zu einer differenzierten und ausführlichen Diskussion vgl. Mager, H.-C. (1998 a): S. 20-25.

9.1.3. Die Entwicklung der Pflegenachfrage

War bislang von dem Bedarf an Pflege die Rede, so geht es in diesem Kapitel um die Nachfrage. Unter Bedarf versteht man etwas Gewünschtes, Benötigtes oder Verlangtes. Über die Rangfolge von Bedürfnissen, über die Alternativkosten und über die Aufgabe der Befriedigung eines Bedürfnisses zugunsten eines anderen sagt der Begriff „Bedarf" nichts aus. Nachfrage ist dagegen eine Handlung, die unter Aufgabe von Einheiten eines Gutes oder von Geldeinheiten ein anderes Gut zu erwerben versucht. „Jemand fragt ein Gut nach oder entfaltet Nachfrage nach diesem Gut, indem er den Eigentümer dieses Gutes für dessen Hergabe entschädigt."[17] Wenn im folgenden von der Pflegenachfrage gesprochen wird, so ist dies also derjenige Bedarf, der mit Kaufkraft ausgestattet ist und tatsächlich zum Zuge gekommen ist.

Die Frage nach dem gegenwärtigen Stand und der zukünftigen Entwicklung der Nachfrage nach Pflegeleistungen ist an mehreren Stellen dieses Kapitels relevant, nämlich bei der **alterspolitischen Problemstellung** insbesondere im Hinblick auf ein Übereinstimmen bzw. ein Auseinanderfallen von Angebot und Nachfrage und deren Komponenten aber auch im Hinblick auf funktionale Äquivalente. Sie soll deshalb als Abschluß dieses Abschnitt behandelt werden.

Betrachtet man die Entwicklung der Nachfrage nach Pflegeleistungen in den letzten Jahrzehnten, so ist eine erhebliche Steigerung festzustellen. Dies läßt sich für den Zeitraum von 1970 bis 1994 an der Entwicklung der Zahl der Empfänger der Sozialhilfeart „Hilfe zur Pflege" und der Entwicklung der Aufwendungen für diese Hilfeart erkennen, wie sie in den Abbildungen 9.2. und 9.3. dargestellt ist.

---

[17] Weise, P. u.a. (1993): S. 116.

Abb. 9.2.: Entwicklung der Zahl der Empfänger von „Hilfe zur Pflege“[18]

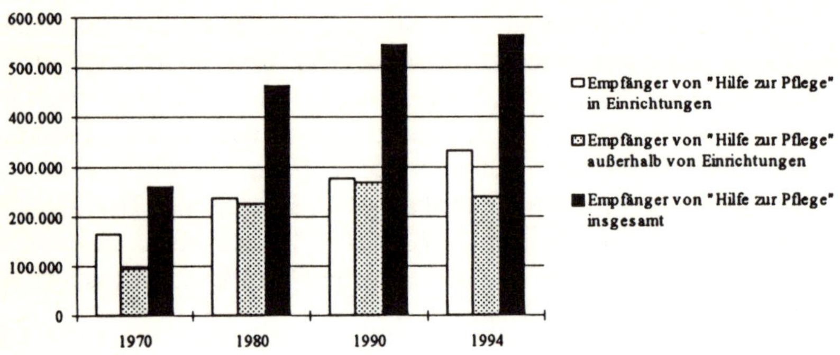

Quelle: Statistisches Bundesamt: Statistisches Jahrbuch für die Bundesrepublik Deutschland (verschiedene Jahrgänge), Statistisches Bundesamt (1997): S. 9.

So stieg die Zahl der Hilfeempfänger von 260.000 im Jahr 1970 um mehr als das Doppelte auf 563.000 im Jahre 1994. Fast proportional stieg die Zahl der Empfänger der Hilfe zur Pflege in Einrichtungen. Sie erhöhte sich von 166.000 im Jahre 1970 auf über 330.000 in 1994.

Demgegenüber stiegen die Ausgaben für die Hilfe zur Pflege überproportional. Wie Abbildung 9.3. zeigt, wurden 1970 für diese Hilfeart 1.107 Millionen DM aufgewendet. 1980 hatte sich diese Zahl mit 5.003 DM Millionen fast verfünffacht und 1994 mit 17.723 Millionen DM auf das Sechzehnfach erhöht. Der größte Teil entfiel jeweils auf die Hilfe zur Pflege in Einrichtungen. 1994 lag dieser Anteil bei 90 v. H..

---

18 Für die Jahre 1970 und 1980 beziehen sich die Angaben auf die „alte“ Bundesrepublik Deutschland, für die Jahre 1990 und 1994 auf den neuen Gebietsstand (inkl. ehem. DDR) ab dem 3. Oktober 1990.

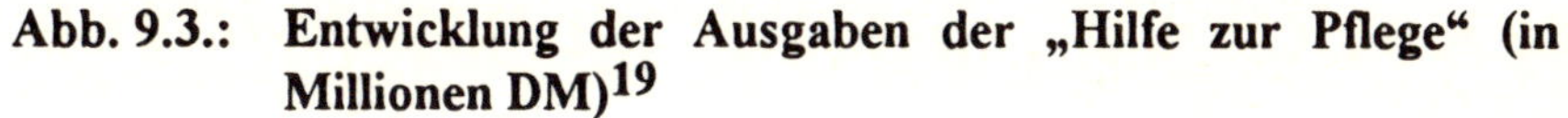

Abb. 9.3.: Entwicklung der Ausgaben der „Hilfe zur Pflege“ (in Millionen DM)[19]

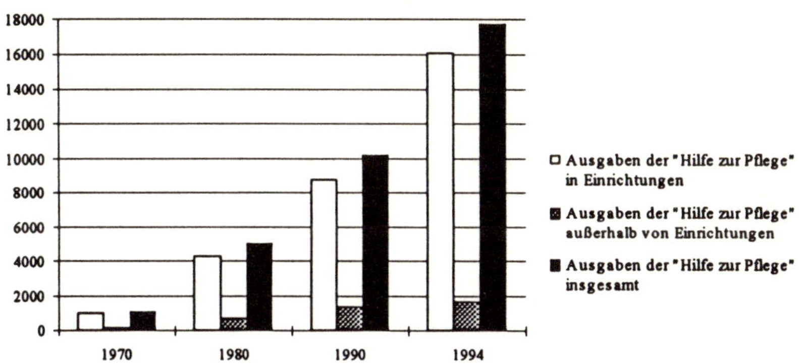

Quelle: Statistisches Bundesamt: Statistisches Jahrbuch für die Bundesrepublik Deutschland (verschiedene Jahrgänge), Statistisches Bundesamt (1996): S. 9.

Angesichts der in Kapitel 2 geschilderten demographischen Veränderungen und insbesondere angesichts der absoluten und relativen Zunahme der Überachtzigjährigen (Phänomen der „Hochaltrigkeit“[20]), liegt es nahe, eine weitere Zunahme des Pflegebedarfs zu vermuten. Diese Hypothese ist im folgenden zu überprüfen, wobei festzustellen ist, ob die oben genannten Zahlen auf die Gesamtbevölkerung übertragbar sind. Denn sie bezogen sich nur auf denjenigen Bevölkerungsteil, über den Statistiken vorliegen, weil es sich um Sozialhilfeempfänger handelt. Die drastischen Steigerungen der Pflegeaufwendungen in der Vergangenheit können nicht nur als Folge sondern gleichermaßen als Ursache des gewachsenen Anteils alter Menschen angesehen werden, denn man ist reicher geworden und kann sich dieses Gut besser leisten und das Angebot ist (auch technologisch gesehen) besser geworden.

---

[19] Für die Jahre 1970 und 1980 beziehen sich die Angaben auf die „alte“ Bundesrepublik Deutschland, für die Jahre 1990 und 1994 auf den neuen Gebietsstand (inkl. ehem. DDR) ab dem 3. Oktober 1990.

[20] Vgl. Kap. 2, Abschn. 3.1.5.

Tab. 9.2.: Pflegebedürftige in der Bundesrepublik Deutschland, hochgerechnet und in Prozent der Gesamtbevölkerung (Stand: Ende 1993)

	Bundesgebiet		Westdeutschland		Ostdeutschland	
	Fallzahlen in Tsd.	%	Fallzahlen in Tsd.	%	Fallzahlen in Tsd.	%
Gesamtbevölkerung	81.338	100	65.739	100	15.559	100
Pflegebedürftige in						
Privathaushalten insgesamt	1.204	1,5	972	1,5	232	1,5
davon mit						
tägl. Pflegebedarf	550	0,7	440	0,7	110	0,7
mehrf. tägl. Pflegebedarf	465	0,6	373	0,6	92	0,6
ständigem Pflegebedarf	189	0,2	159	0,2	30	0,2
Vorrangig hauswirtschaftl. Hilfebedarf	2071	2,5	1534	2,3	537	3,4
Pflegebedürftige in						
Heimen insgesamt	495	0,6	413	0,6	82	0,5
davon mit						
tägl. Pflegebedarf	124	0,2	101	0,2	23	0,1
mehrf. tägl. Pflegebedarf	184	0,2	150	0,2	34	0,2
ständigen Pflegebedarf	187	0,2	162	0,2	25	0,2
Vorrangig hauswirtschaftl. Hilfebedarf	242	0,3	203	0,3	39	0,2
Heimbewohner ohne Hilfebedarf	67	0,1	59	0,1	7	0,0

Quelle: Schneekloth, U. (1996): S. 29.

Zum gegenwärtigen Zeitpunkt sind eindeutige Aussagen nicht möglich. Denn die Situation der Pflege- und Behindertenstatistik ist in der Bundesrepublik nach wie vor unbefriedigend, und seitens der amtlichen Statistik werden bislang keine Querschnitts- und Längschnittsuntersuchungen zum Thema „Pflegebedürftigkeit“ durchgeführt.[21] Man ist deshalb auf Schät-

21 Vgl. Mager, H.-C. (1998 c): S. 283.

zungen oder Fortschreibungen früherer Erhebungen angewiesen, die nur mit Vorbehalt auf den sozialrechtlichen Status quo übertragbar sind. Schneekloth hat versucht, für Ende 1993 eine solche Anpassung und Hochrechnung auf die Gesamtbevölkerung unter Zugrundelegung einer Repräsentativerhebung in privaten Haushalten aus dem Jahr 1991 und einer Repräsentativerhebung in Einrichtungen der Alten- und Behindertenhilfe aus dem Jahr 1994 vorzunehmen.[22]

Ende 1993 lebten danach rund 1,2 Millionen pflegebedürftige Personen (1,5 v. H. der Gesamtbevölkerung) in privaten Haushalten und 500.000 Pflegebedürftige (0,6 v. H. der Gesamtbevölkerung) in Wohneinrichtungen der Alten- oder Behindertenhilfe.

Seit Einführung der Pflegeversicherung veröffentlicht das Bundesministerium für Arbeit und Sozialordnung regelmäßig Leistungsstatistiken zur Pflegeversicherung, denen die folgende Tabelle entnommen wurde:

[22] Zugrunde lag eine Haushaltsstichprobe mit Informationen über 60.938 Personen aus 25.736 Haushalten sowie eine Heimstichprobe mit Informationen über 4.136 Bewohner aus 535 Alten- und Behinderteneinrichtungen. Vgl. Zur Methodik und zu den Ergebnissen Schneekloth, U.; Potthoff, P.(1993) und Schneekloth, U; Müller, U. (1995).

Tab. 9.3.: Leistungsempfänger[a)] nach Leistungsarten und Pflegestufen der sozialen Pflegeversicherung (2. Halbjahr 1996)

	Zahl der Leistungsempfänger				
	Pflegestufen				
Leistungsart	I	II	III	Härtefälle	insgesamt
Pflegesachleistung	45.697	45.868	13.603	712	105.879
Pflegegeld	432.303	406.425	105.151	-	943.878
Kombinationsleistung	34.263	66.579	34.463	1	135.305
Kurzzeitpflege	1.505	2.863	1.363	-	5.731
Tages- und Nachtpflege	1.222	1.767	651	-	3.639
Verhinderungspflege	1.415	3.640	1.750	-	6.805
Ambulante Pflege insgesamt (inkl. Mehrfachzählungen)[b)]	516.403	527.141	156.979	713	1.201.236
Stationäre Pflege	98.239	151.440	104.590	874	355.142
Stationäre Pflege in Behindertenheimen	5.711	-	-	-	5.711
Stationäre Pflege insgesamt	103.949	151.440	104.590	874	360.852
Insgesamt (incl. Mehrfachzählungen)	620.352	678.580	261.569	1.587	1.562.088

[a)] Errechnet auf Basis der Leistungstagestatistik.

[b)] Die Empfänger von Tages-, Nacht- u. Verhinderungspflege sowie von stationären Leistungen in Behindertenheimen können gleichzeitig noch eine weitere Leistung beziehen. Es kann daher zu Mehrfachzählungen kommen.

Quelle: Bundesministerium für Arbeit und Sozialordnung (1997): S. 286.

Diese Tabelle gibt einen interessanten Überblick über die Struktur der Nachfrage nach Pflegeleistungen. So beziehen 83 v. H. aller Leistungsbezieher in der Pflegestufe I Leistungen zur ambulanten Pflege. Je schwerer die Pflegebedürftigkeit ist bzw. je höher der individuelle Hilfe- und Pflegebedarf ist, desto höher ist der Anteil der Pflegebedürftigen, die eine Pflege in einer stationären Einrichtung vorziehen. In der Pflegestufe II hat die ambulante Pflege noch einen Anteil von 78 v. H. und in der Pflegestufe III von 60 v. H. der Pflegeleistungsbezieher. Auffällig ist der hohe Anteil der Pflegebedürftigen, die Geldleistungen statt der höherwertigen bzw. teureren Sachleistungen in Anspruch nehmen. In der Pflegestufe I sind dies 88 v. H., in der Pflegestufe II 85 v. H. und in der Pflegestufe III immer noch 80 v. H. der zu Hause Gepflegten. Dieses Ergebnis weist einerseits auf die hohe Attraktivität von Geldleistungen und andererseits auf ein beachtliches informelles Pflegepotential hin.[23]

Die Tabelle erlaubt es jedoch nicht, allgemeine Aussagen über den Pflegebedarf und dessen Entwicklung zu machen. Denn dem hier ausgewiesenen Bedarf liegt nur die vom MDK anerkannte Nachfrage zugrunde. Dabei konnten 1996 von 1.460.074 Anträgen nur 1,267.096 bearbeitet werden, also 86,8 v. H. . Davon wurden 71,0 v. H. bewilligt, 25,6 v. H. wurden abgelehnt, und 3,4 v. H. haben sich auf andere Art erledigt wie z. B. durch Tod des Antragstellers. [24]

Einen weiteren Anhaltspunkt für die Entwicklung der Pflegenachfrage könnte die erwähnte Hochaltrigkeit bieten. Läßt sich aus dieser unmittelbar eine Zunahme der Pflegenachfrage ableiten? In der Tat läßt die in Tabelle 9.5 dargestellte Verteilung der Pflegebedürftigen auf Altersstufen, Geschlecht und den Ort der Pflege erkennen, daß das Risiko der Pflegebedürftigkeit mit fortschreitendem Alter zunimmt.

---

23 Vgl. Mager, H.-C. (1998 c): S. 287-88.

24 Vgl. Bundesministerium für Arbeit und Sozialordnung (1997): S. 142.

Tab. 9.4.: Anteile von Pflegebedürftigen in den Altersgruppen der Bevölkerung der Bundesrepublik Deutschland (in % der Gesamtbevölkerung, Stand 1993)

	Männer		Frauen	
Gesamtbevölkerung nach Altersgruppen	in Privathaushalten	in Heimen	in Privathaushalten	in Heimen
unter 16	0,4	0,0	0,6	0,0
17 bis 39	0,3	0,1	0,4	0,1
40 bis 46	0,9	0,2	0,4	0,2
65 bis 69	2,6	0,4	1,1	0,6
70 bis 74	3,9	0,7	2,9	1,3
75 bis 79	7,2	1,8	5,9	2,3
80 bis 84	8,9	3,1	11,5	5,8
85 bis 89	19,4	7,0	23,7	14,1
90 und älter	26,8	18,5	40,3	28,3
60 bis 79	3,2	0,6	2,4	1,0
80 und älter	13,4	5,5	18,6	10,9

Quelle: Schneekloth, Ulrich (1996): S. 30.

Bei dieser Tabelle ist zu beachten, daß es sich hier um alters- und geschlechtsspezifische Pflegequoten handelt, die zu einem Stichtag erhoben wurden und nur zusammen mit Längsschnittanalysen Vermutungen über zukünftige Entwicklungen erlauben. Es gibt durchaus Faktoren, die zu einer Senkung der Pflegenachfrage führen könnten.[25]

---

[25] Je nachdem, ob die Medikalisierungsthese, die Kompressionsthese oder die These des bimodalen Verteilungsmusters unterstellt wird, kann in Zukunft die Pflegenachfrage steigen, sinken oder gleich bleiben. Zu diesen Thesen vergl. Abschnitt 8.1.3.

[24] Zu der Bestimmung funktionaler Äquivalente vgl. Kap. 4.2. Funktionale Äquivalente bestehen sowohl auf der Angebots- wie auf der Nachfrageseite: Rückgänge bei einem Typ des Angebots von Pflegeleistungen, z.B. von Familienangehörigen, können oder sollten durch Steigerungen des Angebots bei anderen Typen kompensiert werden, wie etwa durch soziale Netzwerke oder ambulante Dienste. Steigerungen der Pflegenachfrage durch die Zunahme der Hochaltrigkeit könnte durch einen besseren Gesundheitszustand sehr alter Menschen durch Prävention ausgeglichen werden. Ebenso ist ein Ausgleich möglich zwischen einem gleichzeitigen Rückgang be-

9.2. Funktionale Äquivalente

9.2.1. Äquivalente Pflegearten[26]

Pflegeleistungen lassen sich nach unterschiedlichen Gesichtspunkten klassifizieren. Aus alterspolitischer Sicht sind vor allem drei Aspekte relevant:

- Die Leistungserbringung bzw. die Frage: **Wer** erbringt die Pflegeleistung?
- Der Leistungsort bzw. die Frage: **Wo** wird die Pflegeleistung erbracht?
- Der Leistungszweck bzw. die Frage: **Welche Zielsetzung** soll die Pflegeleistung verfolgen?

Die hier möglichen Alternativen sollen in den folgenden Abschnitten dargestellt werden.

Hinsichtlich der Leistungserbringung ist festzustellen, daß als Pflegepersonen in erster Linie die zu Pflegenden selbst infrage kommen. Das gilt sowohl für die Alltagsverrichtungen und für den hauswirtschaftlichen Hilfebedarf als auch für die Pflege im engeren Sinne. Diese Feststellung mag überraschen, da sie im Widerspruch zur Definition der Pflegebedürftigkeit zu stehen scheint. Die volle Pflegebedürftigkeit ist jedoch eine Ausnahme. Alle Verrichtungen, welche die zu Pflegenden selbst ausüben können, sollten ihnen überlassen werden.

Die Betonung der Notwendigkeit der Selbstpflege ist psychologisch, physiologisch und ökonomisch begründet: Jene Altenpflegephilosophie, die auf eine umfassende, behütende und „bemutternde“ Pflege abstellte, wird heute abgelehnt, weil sie abhängig macht und den körperlichen und geistigen Verfall begünstigt. Die moderne Pflege verlangt, daß Pflegefälle nach Möglichkeit nicht mehr wie Kinder behandelt werden, sondern wie Erwachsene, die Anspruch auf die Respektierung ihrer Persönlichkeit haben. Deshalb muß die Pflege darauf abstellen, die Autonomie und Selbständigkeit möglichst weitgehend zu erhalten. Hierzu soll eine Unterstützung durch technische Hilfsmittel gegeben werden. Darüber hinaus sollen aber die zu Pflegenden dazu angehalten werden, möglichst weitgehend Pflegeleistungen in Eigenarbeit zu erbringen. Das ist auch mit dem Ausdruck

---

ziehungsweise einer gleichzeitigen Steigerung des Angebots von und der Nachfrage nach Pflegeleistungen.

„Pflege mit der Hand in der Tasche“ gemeint: Durch begleitende Hinweise und Anleitungen sollen die zu Pflegenden in die Lage versetzt werden, so weit wie möglich die erforderlichen Pflegeleistungen selbst zu erbringen.

Des weiteren ist die Unterstützung durch Familienangehörige und Mitglieder von Netzwerken zu nennen, die sich der Pflege annehmen. Hier ist zunächst die Ehe als „leistungsfähigste und leidensfähigste Gemeinschaft zur Bewältigung von Hilfs- und Pflegebedürftigkeit älterer Menschen“[27] zu erwähnen. Bei den 65- bis 79jährigen Pflegebedürftigen, die eine Hauptpflegeperson haben, ist diese bei 61 v.H. die Ehepartnerin bzw. der Ehepartner.[28] An zweiter Stelle kommen Töchter und Schwiegertöchter. Allerdings ist anzumerken, daß dieses „Töchter-Pflegepotential“ seit den siebziger Jahren ständig zurückgeht. Bis zum Jahre 2020 ist mit einem weiteren Rückgang zu rechnen. Das gleiche gilt für das „Ehepartner-Potential“. Hier treffen zwei Entwicklungen zusammen: Einerseits die Zunahme der Hochaltrigkeit, und zum anderen der Trend zum Single-Leben.[29] Deshalb wird man in Zukunft stärker auf andere Netzwerke wie Bürgergenossenschaften, Wohngemeinschaften etc. zurückgreifen müssen.

Als Unterstützung von Selbstpflege sowie Familien- und Netzwerkpflege spielt bei den zu Hause lebenden Pflegebedürftigen das Pflegepersonal eine wichtige Rolle. Hier ist in erster Linie der Hausarzt zu nennen, wobei Untersuchungen zeigen, daß 96% der Menschen mit Pflegebedarf einen Hausarzt haben, und 25% mindestens einmal wöchentlich einen Hausbesuch erhalten. Hinzu kommen soziale Dienste, die ambulante Hilfen für zu Hause lebende Pflegebedürftige anbieten, sei es in Form betreuten Wohnens, von Sozialstationen oder ambulanten Diensten.[30] Zu erwähnen ist schließlich die Pflege durch das Personal der Pflegeeinrichtungen im Rahmen der teilstationären und stationären Pflege, die von den Wohlfahrtsverbänden, Kirchen, Stiftungen und privaten Trägern geleistet wird. Denkbar sind desweiteren neue Formen der Pflege durch die Kooperation der Pflegenetze mit stationären Pflegeanbietern in Heimen und ein Ausbau der verschiedenen Formen des betreuten Wohnens.

Im Hinblick auf den **Leistungsort**, d.h. den Ort, wo die Pflegeleistungen erbracht werden, gibt es mehrere Möglichkeiten. Wie aus dem bisher Ge-

---

[27] Vgl. Rückert, W. (1997): S. 16.

[28] Vgl. Rückert, W. (1997): S. 16.

[29] Vgl. Abschnitte 3.1.3., 3.1.4 u. 3.1.5.

[30] Vgl. Rückert, W. (1997): S. 17.

sagten hervorgeht, lebt der überwiegende Teil der Pflegebedürftigen zu Hause. Zur Unterstützung der **häuslichen Pflege** gibt es die **teilstationäre Pflege**, das heißt die Pflege von Einrichtungen, die keine Rund-um-die-Uhr-Versorgung anbieten. Hierzu zählen Tagespflegeeinrichtungen, welche die zu Pflegenden nur tagsüber versorgen, und Nachtpflegeeinrichtungen. In den übrigen Zeiten erfolgt die Versorgung im eigenen Haushalt.

Nur wenn diese Pflegemöglichkeiten nicht greifen, sollte eine Pflege in einem Pflegeheim in Betracht gezogen werden, so postuliert es der im Pflegegesetz vorgesehene Vorrang der häuslichen vor der Heimpflege und der ambulanten vor der stationären und der teilstationären vor der vollstationären Pflege. Dieser Vorrang entspricht auch den Wünschen der zu Pflegenden. Für den Gesetzgeber und die Sozialversicherung dürften hier Kostengründe ausschlaggebend gewesen sein. So kostete im Durchschnitt ein Platz in einem Altenwohnheim Ende 1994 DM 2.661, ein Pflegeplatz dagegen DM 4.154.[31]

Den **Leistungszweck** sieht eine moderne Pflegepolitik in der Sicherung einer angemessenen **versorgenden Pflege.** Dieses Ziel wird um die Ziele der Prävention und Rehabilitation erweitert, die darauf ausgerichtet sind, das Eintreten vollständiger Pflegebedürftigkeit hinauszuschieben bzw. zu verhindern. So heißt es in § 5 des Pflegeversicherungsgesetzes: „Die Pflegekassen [...] wirken darauf hin, daß frühzeitig alle geeigneten Maßnahmen der Prävention, der Krankenbehandlung, der Rehabilitation eingeleitet werden, um den Eintritt der Pflegebedürftigkeit zu vermeiden“ und „Leistungen zur Rehabilitation in vollem Umfang einzusetzen und darauf hinzuwirken, die Pflegebedürftigkeit zu überwinden, zu mindern, sowie eine Verschlimmerung zu verhindern“.[32]

Prävention zielt darauf ab, ein gesundes und kreatives Altern zu ermöglichen und Risikofaktoren zu erkennen, zu lindern oder zu beseitigen.[33] Präventive Maßnahmen umfassen den alltagspraktischen Bereich, weil dieser in letzter Konsequenz das Maß vorhandener Selbsthilfefähigkeit bestimmt. Dazu gehört die Körperhygiene und Körperpflege und eine Mangelzustände vermeidende und vom Umfang her angemessene Ernährung. Hinzu kommen körperliche Aktivitäten im Bereich von Freizeitgestaltung, Erholung und Sport zur Bewahrung von Mobilität und Vitalität und die spezielle Prävention, die sich auf die rechtzeitige Erkennung,

---

[31] Vgl. Rückert, W. (1997): S. 24.

[32] Zit. bei Rückert, W. (1997): S. 7.

[33] Vgl. hierzu Kap. 8 und Steinhagen-Thiessen, E. u.a. (1997): S. 32.

Vermeidung und Behandlung von Krankheiten bezieht. Im Sinne eines optimalen Alterns zielt Prävention auf „minimale Morbidität“. Letztlich geht es darum, die unvermeidbaren, chronisch-tödlichen Krankheiten durch Prävention so weit hinauszuzögern, daß sie auf eine möglichst kurze Zeitspanne vor dem Tod verkürzt werden.[34]

Unter **Rehabilitation** versteht man Maßnahmen, die eine Wiederherstellung der physischen und psychischen Gesundheit eines Patienten oder Körperbehinderten zum Ziel haben. Es geht, mit anderen Worten, bei der Rehabilitation um die Bewahrung bzw. Wiederherstellung von Mobilität und Selbständigkeit, damit die Patienten in ihre eigenen vier Wände zurückkehren können. Da eine wirkliche Heilung in vielen Fällen nicht mehr gelingen kann, kommt es in hohem Ausmaß darauf an, zu lernen, mit den Fähigkeits- und Funktionsverlusten umzugehen. Rehabilitation versteht sich somit als Anleitung zur Selbsthilfe.[35]

9.2.2. Formen der Institutionalisierung

Funktionale Äquivalente finden sich auch bei der Institutionalisierung der Pflege.

Das traditionelle Verständnis von Pflege beinhaltete bis in die heutige Zeit die Vorstellung, daß Pflege ein **christlicher Dienst aus Nächstenliebe** sei, gekennzeichnet von **Helfenwollen, Opferbereitschaft und Pflichtgefühl**. Pflege ist diesem Verständnis nach ein Dienst am Einzelnen, an Familien und an der Gesellschaft. Entsprechend dem patriarchalischen Weltbild war dieser den Frauen überantwortet. Die Aufgabe der Pflege wurde als eine Verpflichtung der Familien angesehen. Dieses Verständnis implizierte, daß es daneben andere, “subsidiäre“ Institutionen gab, z.B. kirchliche und kommunale Einrichtungen aber auch nicht-religiöse Wohltätikeitseinrichtungen und Standesorganisationen, wie die mittelalterlichen Gilden, sowie moralische Verpflichtungen etwa aus Dienstverhältnissen.

Diese Institutionalisierungsformen haben sich im Rahmen der allgemeinen Differenzierung der Gesellschaft in der Moderne weiterentwickelt und weiter differenziert. Heute gibt es ein durch Arbeitsteilung und Spezialisierung gekennzeichnetes vielgliedriges System, das sich in der Form eines pyramidenförmigen Versorgungsstufenmodells darstellen läßt.

---

[34] Vgl. Fries, J. F. (1989 a): S. 19.

[35] Vgl. Robel, N., zit. in Steinhagen-Thiessen, E. u.a. (1997): S. 35.

Abb. 9.4.: Versorgungsstufen bei Pflegebedürftigkeit

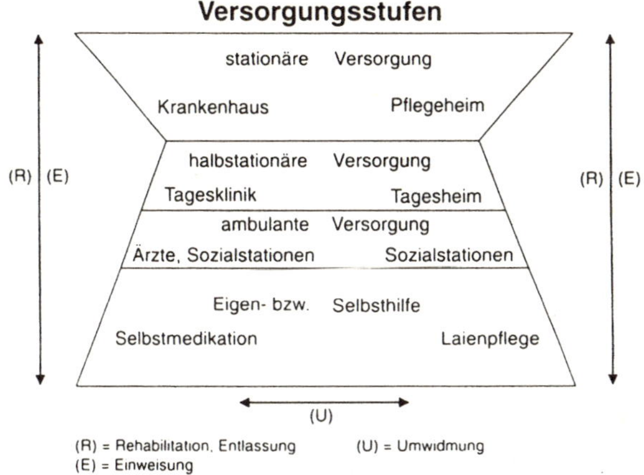

Quelle: Eisen, R., Edvartsen, T., Mager, H.-C. (1992): S. 6.

Die Basis bildet die **häusliche Pflege**. Sie wird als Eigen- oder Selbsthilfe durch Partner, Kinder, sonstige Angehörige und Freunde sowie als vertragliche oder karitative freiwillige Laienhilfe im Rahmen von Nachbarschaftshilfe und anderen kleinen Netzwerken wie z. B. von Mitgliedern von Seniorengenossenschaften erbracht. Es folgt der Bereich der **ambulanten Versorgung** durch Ärzte und ambulante soziale Dienste (Sozialstationen, Essen auf Rädern etc.). Unterstützt werden kann die häusliche Pflege auch durch eine professionelle Pflegekraft, die durch einen privaten Dienstvertrag verpflichtet wird. In Abbildung 9.4. zeigt die gestrichelte Trennlinie zwischen der informellen und der ambulanten Versorgung zeigt die Komplementarität dieser beiden Stufen an. Über dieser ersten Stufe der häuslichen Pflege liegt die Stufe der **Anstaltspflege**: die ambulante Versorgung in den Tageskliniken oder Tagesheimen und die stationäre Versorgung in Krankenhäusern und Pflegeheimen. Darüber liegt die Stufe der stationären Versorgung im Krankenhaus bzw. in Pflegeheimen.

Die Stufengrößen deuten die unterschiedlichen Bedeutungen der einzelnen Versorgungsarten an. Die Versorgungsstufen zeichnen sich von unten nach oben durch einen verstärkten Kapitaleinsatz, durch jeweils höher qualifiziertes Personal und eine Verteuerung der einzelnen Pflegedienstleistungen aus.

Im Hinblick auf die Pflegefälle sind im Schichtgefüge der Versorgung auf- und absteigende Bewegungen möglich. Personen können in höhere Versorgungsstufen eingewiesen (E) oder in niedrigere Versorgungsstufen entlassen werden (R). Umwidmungen (U) bedeuten den Wechsel eines Pflegebedürftigen innerhalb einer Versorgungsstufe z. B. vom Krankenhaus in ein Pflegeheim.

Damit die Pflegeangebote von den Pflegebedürftigen im Pflegefall auch tatsächlich in Anspruch genommen werden können, ist eine **Absicherung des Pflegeanspruchs** erforderlich. Hier sind reale und finanzielle Absicherungsstrategien anzutreffen. Zu den **realen Absicherungsstrategien** gehörte in traditionellen Gesellschaften vor allem die Zeugung einer ausreichenden Kinderzahl, damit diese die Eltern im Alter pflegen und versorgen konnten. Eine andere Form ist die Bildung von Geld- und Sachvermögen, das bei Eintritt des Pflegefalls veräußert werden kann. Eine dritte Form sind „gute Taten“, durch die man hofft, sich selber als Empfänger guter Taten zu qualifizieren. Die bereits erwähnten Bürgergenossenschaften stellen eine Sonderform dar, weil hier ein direkter Anspruch auf die Vergeltung der erbrachten Leistungen gewährt wird. [36]

Die **finanzielle Absicherung** kann grundsätzlich als **privater Schutz** nach dem Individualprinzip oder als **öffentlicher Schutz** nach dem Sozialprinzip organisiert sein. Das **Individualprinzip** beruht auf dem Gedanken, daß jedes Wirtschaftssubjekt seine Lebensbedingungen frei gestalten darf. Es bleibt jedem einzelnen überlassen, in welchem Umfang und in welcher Form er für ein bestimmtes Risiko vorsorgen möchte. Das **Sozialprinzip** beinhaltet eine Erzwingung der Zukunftsvorsorge durch den Staat. Hinsichtlich der Sicherung bei Pflegebedürftigkeit sind zwei Grundtypen zu unterscheiden, das Sozialversicherungssystem und das System der Staatsbürgerleistung (Versorgungssystem).

Das **Sozialversicherungssystem** zeichnet sich dadurch aus, daß für bestimmte Bevölkerungsgruppen die Mitgliedschaft in einer Sozialversicherung, die ein für sie relevantes Risiko deckt, zwingend vorgeschrieben ist. Die Höhe der Leistungen aus dieser Versicherung ist zum Teil leistungs- und zum Teil einkommensabhängig. Die Sozialversicherung nimmt Bezug auf das Einkommen, nicht aber auf die individuellen Risikofaktoren der Versicherten. Die Leistungen werden ganz oder zum überwiegenden Teil nach dem Solidaritätsprinzip durch die eingebrachten Versicherungsleistungen erbracht.

Das **System der Staatsbürgerleistung (Versorgungssystem)** funktioniert ebenfalls nach dem Solidarprinzip. Bei Eintritt eines bestimmten

---

[36] Vgl. Kap. 6.

Tatbestands haben die Einwohner eines Staates einen Rechtsanspruch auf die Leistung. Die Leistungen werden unabhängig von der Höhe des Einkommens oder einer Ansparleistung des Leistungsberechtigten gewährt. Die Finanzierung erfolgt ganz oder überwiegend aus dem regelmäßigen Steueraufkommen.[37]

In Abbildung 9.5. sind diesen beiden Ordnungsformen verschiedene Finanzierungsmodelle zugeordnet, wobei die für Deutschland praktisch besonders relevanten Modelle mit M 1 bis M 4 bezeichnet sind.

Abb.9.5.: Ordnungsprinzipien und Finanzierungsformen

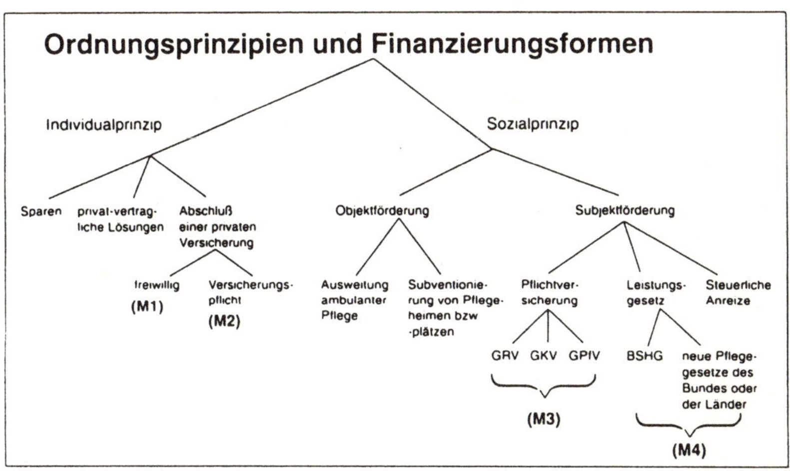

Quelle: Eisen, R.; Edvartsen; T., Mager, H.-C. (1992): S. 6.

Modell 1 ist der freiwillige Abschluß einer privaten Pflegeversicherung, Modell 2 die Pflicht zum Abschluß einer privaten Pflegeversicherung. Im Unterschied zu Modell 1 steht es dem Individuum bei Modell 2 nicht frei, ob und wie er versorgt wird, sondern nur bei welchem Träger und in welchem Umfang es sich über einen vorgeschriebenen Mindestschutz hinaus versichern möchte. Es ist allerdings fraglich, inwieweit die kollektive Vorsorge gänzlich durch eine individuelle Vorsorge ersetzt werden kann. Denn einerseits wird der künftige Bedarf häufig unterschätzt und andererseits ist eine Selbstvorsorge für die Bezieher niedriger Einkommen häufig finanziell weder möglich noch zumutbar. Es wird deshalb befürchtet, daß bei einer alleinigen Versorgung nach dem Individualprinzip ein zu niedriges Absicherungsniveau des Risikos der Pflegebedürftigkeit erreicht wird.

---

[37] Vgl. Fieber, A. (1998): S. 30-31.

Beim **Sozialprinzip** kann man zwischen der Objekt- und der Subjektförderung unterscheiden. Unter **Objektförderung** versteht man die Förderung der Infrastruktur an pflegerischen Diensten und Einrichtungen. So werden bspw. bei der zweistufigen Finanzierung von Pflegeheimen die Investitionskosten von der öffentlichen Hand finanziert, während die Pflegekassen die laufenden Kosten der Behandlung und Verpflegung tragen (Duales Finanzierungssystem).

Bei der **Subjektförderung** erfolgt die Leistungsgewährung direkt an die pflegebedürftige Person. Bei einer indirekten subjektiven Förderung werden steuerliche Anreize bereitgestellt, welche die erhöhten Ausgaben bei Pflegebedürftigkeit z. B. durch die steuerliche Absetzbarkeit von Prämien zu einer freiwilligen Pflegeversicherung oder durch die Absetzbarkeit der erhöhten Ausgaben vermindern. Die direkte Subjektförderung kann im Rahmen einer sozialen Pflegeversicherung oder über ein Leistungsgesetz organisiert werden. Die Versicherungslösung in Modell 3 könnte im Rahmen der Gesetzlichen Krankenversicherung (GKV), der Gesetzlichen Rentenversicherung (GRV) oder als eigenständige Gesetzliche Pflegeversicherung (GPfV) organisiert sein. Letzteres ist seit 1995 in Deutschland der Fall.

Modell 4 sieht dagegen vor, daß die Pflegebedürftigen mit Leistungen vom Staat versorgt werden (Leistungsgesetz), die dieser aus dem allgemeinen Steueraufkommen finanziert. Damit würde die Gesamtheit aller Steuerzahler die Kosten der Pflegeleistungen tragen.

Als wesentlicher Vorteil dieses Modells gilt, daß ein größerer Teil der Bevölkerung gegen das Risiko der Pflegebedürftigkeit abgesichert werden kann als dies im Rahmen einer Sozialversicherung der Fall wäre, bei der nur bestimmte Bevölkerungsgruppen eingebunden werden. Die Leistungen werden unabhängig von ökonomischen bzw. berufsgruppenspezifischen Merkmalen gewährt. Armutsvermeidung ist damit sichergestellt. Ein Nachteil ist darin zu sehen, daß die Höhe der Zahlungen an die zu Pflegenden politisch bestimmt wird.

9.3. Zukunftsaufgaben der Alterspolitik im Bereich der Pflegefunktion

9.3.1. Perspektiven und Schlußfolgerungen

Die bisherigen Ausführungen haben gezeigt, daß die zukünftige Entwicklung mit Ungewißheit behaftet ist. Es wurde aber auch deutlich, daß Gewißheiten, über die wir zu verfügen glauben, keineswegs so eindeutig sind, wie wir es aufgrund von Plausibilitätsüberlegungen und Fortschreibungen bisheriger Entwicklungen vermuten.

Im Hinblick auf die **Nachfrage nach Pflegeleistungen** läßt sich feststellen: Selbst wenn die für die Zukunft prognostizierten Alterungsprozesse nur zu einem unterproportionalen Anstieg der Zahl der Pflegebedürftigen führen und selbst wenn der medizininisch-technische Fortschritt entsprechend der Kompressionsthese von Fries[38] zu einer Verkürzung der Dauer der Pflegebedürftigkeit der Individuen führt, ist insgesamt mit einem Anstieg der Nachfrage nach Pflegeleistungen zu rechnen.

Hinsichtlich des **Angebots von Pflegeleistungen** kann man nicht mehr davon ausgehen, daß die Familienpflege das Problem der Pflegebedürftigkeit im bisherigen Umfang bewältigt. Hier ist Mager zuzustimmen, wenn er meint, daß die alternative Pflege in Zukunft an Bedeutung gewinnen müsse und dazu schreibt: „Dabei ist jedoch nicht nur an Pflegearrangements unter Rückgriff auf professionelle Pflegedienste und Pflegeeinrichtungen zu denken. Auch kleine, informelle Netze jenseits traditioneller familiärer Bindungen könnten in Zukunft an Bedeutung gewinnen."[39]

In anderen Bereichen ist ebenfalls mit Problemen zu rechnen. Mit dem Inkrafttreten der ersten Stufe des Pflegeversicherungsgesetzes am 1.1.1995 bzw. der zweiten Stufe am 1.7.1996 können die Probleme der Pflege keineswegs als geregelt gelten. Man muß sogar sagen, daß ein Teil der Zukunftsaufgaben und Probleme im Pflegebereich durch das Pflegeversicherungsrecht erst geschaffen wurden. Dieses Gesetz hat zwar in manchen Bereichen zukunftsträchtige Lösungen vorgelegt und eine Reihe offener Fragen geklärt. Eine abschließende Lösung ist jedoch in keinem der geregelten Bereiche in Sicht. Im folgenden sollen vier Typen von Zukunftsaufgaben unterschieden werden:

- Solche, die sich aus der Notwendigkeit zur Implementierung des Gesetzes ergeben;
- solche, die als Folge der Widersprüchlichkeit der Zielsetzungen zu erwarten sind,
- solche, die eine Folge der Defizite und Lücken der Gesetzgebung und ihrer Implementierung sind und

---

[38] Vgl. Abschnitt 8.1.3.

[39] Mager, H.-C. (1998 b): S. 78. Vgl. hierzu auch Kap. 7.

- solche, die aufgrund vorhersehbarer Entwicklungen bestimmte Zielsetzungen als unrealistisch erscheinen lassen.

Sie sind Gegenstand der folgenden Abschnitte. Abschließend werden Orientierungspunkte für eine zukünftige Pflegepolitik genannt.

9.3.2. Aufgaben, die sich bei der Implementierung des Gesetzes ergeben

Trotz der langwierigen Diskussionen und Verhandlungen, die seiner Verabschiedung vorausgingen, ist das Pflegeversicherungsgesetz weder vollständig noch perfekt. Es bedarf sowohl der Ergänzung durch Rechtsverordnungen wie auch der Festlegung verbindlicher Interpretationen durch Richtlinien sowie die Beseitigung von Unklarheiten, die entweder durch Vereinbarung erfolgen kann, oder aber der gerichtlichen Abklärung bedürfen. [40]

9.3.3. Aufgaben, die sich aus der Widersprüchlichkeit der Zielsetzungen ergeben

Mit dem Pflegeversicherungsgesetz wurde die Absicht verfolgt, eine qualitativ hochstehende Pflege für alle Mitglieder der Gesellschaft sicherzustellen und die Notwendigkeit, bei Pflegebedürftigkeit die Sozialhilfe in Anspruch zu nehmen, zu beseitigen. Weiterhin soll die Ausgabenexpansion im Leistungsbereich verhindert und die Beitragslast begrenzt werden. Angestrebt wurde eine Stabilität der Beiträge. Man spricht auch davon, daß die für die Pflegeversicherung zur Verfügung stehende Beitragssumme „gedeckelt“ wurde. Das heißt, daß bei einer stärkeren Inanspruchnahme der Pflegeversicherung - sei es aufgrund einer Verteuerung der Leistungen oder/und durch eine Zunahme der Pflegenachfrage - keine zusätzlichen Mittel durch Beitragserhöhungen oder staatliche Zuschüsse gewährt werden. Es werden also im Durchschnitt pro Pflegefall weniger Mittel für die Pflege zur Verfügung stehen.

Sollten sich die bisherigen Entwicklungen fortsetzen, dann ist außerdem mit einer weiteren Erosion der Erhebungsbasis für die Pflegeversicherung zu rechnen, da die Zahl derjenigen, die als volle Beitragszahler die Hauptlast tragen, sich durch Arbeitslosigkeit, Teilzeitjobs, etc. verringert. Ebenfalls in Richtung auf eine Verringerung der zur Verfügung stehenden Beitragssumme wirkt die Senkung der Erwerbstätigenzahl, die aufgrund

---

[40] Vgl. Kap.10.4.

des demographischen Wandels abnimmt. Die Pflegeversicherung wird also durch gegenläufige Entwicklungen in die Zange genommen: Steigende Ausgaben und sinkende Beiträge. Da durch die Beitragsstabilität die Erhöhung der Einnahmen verhindert wird, kann es nur zu einer Verschlechterung der Leistungen kommen, womit das Ziel der Verbesserung der Pflege- bzw. der Sicherung der qualitativ hochstehenden Grundpflege unmöglich gemacht wird.

9.3.4. Beseitigung von Defiziten und Lücken

Das Pflegeversicherungsgesetz weist zahlreiche Defizite und Lücken auf, die sich in Zukunft als besonders nachteilig und bedeutsam erweisen dürften. Dazu zählen u.a. die bereits erwähnte Vernachlässigung des kommunikativen Aspekts der Pflege und die psychologische Unterstützung sowie die Nichtberücksichtigung von Defiziten im Sprechen, Hören und Sehen, sowie bei der Bestimmung der Pflegebedürftigkeit.

9.3.5. Unrealistische Zielsetzungen

Folgende Absichten des Gesetzgebers, müssen aufgrund von absehbaren Trends als unrealistisch bezeichnet werden:

1.Die Forderung nach Beitragsstabilität angesichts einer Steigerung der Nachfrage nach Pflegeleistungen bedingt durch den Alterungsprozeß der Bevölkerung und

2. der Verlaß auf häusliche Pflege angesichts der Singularisierung und der Schwächung familiärer Netze.

Der Alterungsprozeß und insbesondere die Zunahme des Anteils der Hochaltrigen wird zu einer Zunahme der Pflegenachfrage führen. Abb. 9.6. zeigt die Entwicklung der Zahl der über 65jährigen mit erheblichem Pflegebedarf bis zum Jahre 2040, wie sie sich aus einer Modellrechnung von Infratest aus dem Jahre 1995 ergibt.

Abb. 9.6.: Prognose der Zahl der über 65jährigen mit erheblichem Pflegebedarf.

Anzahl in Tausend

	1993	1995	2000	2005	2010	2015	2020	2025	2030	2035	2040
privat mit tägl. Bedarf□	398□	407□	427□	471□	520□	557□	590□	618□	657□	697□	710□
priv. mehrfach täglich□	355□	363□	351□	374□	423□	459□	474□	505□	511□	540□	552□
priv. ständiger Bedarf□	105□	108□	101□	108□	124□	134□	134□	140□	144□	152□	157□
im Heim m. Pflegebedarf	404	417	469	500	544	586	651	695	740	759	813
in Tausend (gesamt)	1262	1295	1348	1453	1611	1736	1849	1958	2052	2148	2232

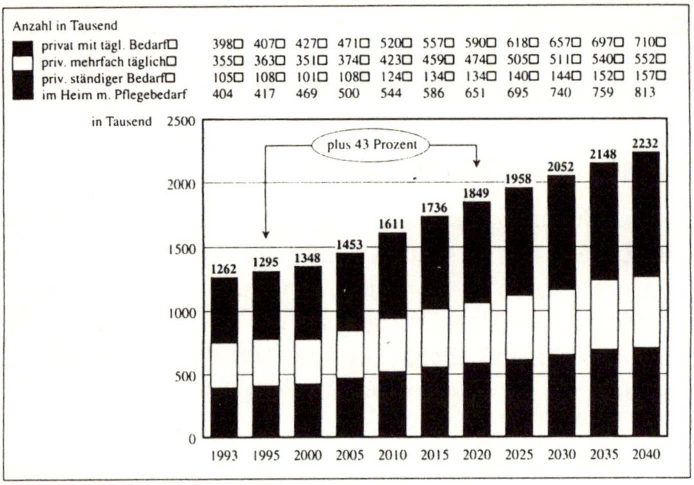

Quelle: Rückert, W. (1997) S. 15.

Wie aus dieser Abbildung hervorgeht, wächst die Zahl der über 65jährigen mit erheblichem Pflegebedarf zwischen 1995 und dem Jahre 2020 von 1,295 Mio. im Jahre 1995 auf 1,849 Mio. im Jahre 2020, eine beachtliche Steigerung von 43 v. H. in 25 Jahren.[41] In dieser Prognose geht es um pflegerische Verrichtungen im engeren Sinne in den Bereichen der Körperpflege, der Ernährung und der Mobilität. Ansteigen wird aber auch der Bedarf an Hilfen bei der hauswirtschaftlichen Versorgung, wozu das Einkaufen, Kochen, Reinigen der Wohnung, Spülen, Wechseln und Waschen der Wäsche und Kleidung und das Beheizen gehören. Die genannte Prognose kommt, wie Abb. 9.7. zeigt, hier zu einer sogar noch etwas größeren Steigerung der Nachfrage. Betrug die Zahl der über 65jährigen mit vorrangig hauswirtschaftlichem Bedarf 1995 1,72 Mio., so ergibt die Hochrechnung für das Jahr 2020 einen Bedarf von 2,492 Mio., also ein Plus von etwa 40 v. H..

41 Angesichts dieses sehr hoch erscheinenden Wertes verweist Rückert darauf, daß zwischen 1970 und 1995 eine Zunahme der Pflegebedürftigkeit um 66% bewältigt wurde. Es könne deshalb der Gesellschaft durchaus gelingen, auch mit dieser Herausforderung fertig zu werden. Vgl. Rückert, W. (1997): S. 15.

Abb. 9.7.: Prognose des hauswirtschaftlichen Hilfebedarfs

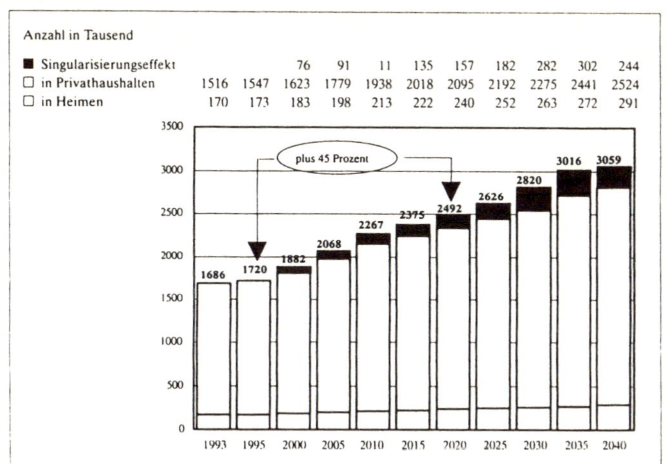

Quelle: Rückert, W. (1997), S. 15

Interessant an dieser Abbildung ist, daß hier auch versucht wird, dem zunehmenden Singularisierungsprozeß Rechnung zu tragen, indem dessen voraussichtlicher Effekt in der Grafik gesondert ausgewiesen ist.

Dieser Abbildung wurde die sogenannte Normalvariante zugrunde gelegt. Ein **optimistischeres Szenario** geht davon aus, daß durch Prävention und (Früh-) Rehabilitation das Auftreten schwerer chronischer Erkrankungen und die damit verbundene Pflegebedürftigkeit verhindert oder verzögert werden kann. In diesem Falle gäbe es dann weniger Pflegebedürftige. Ein **pessimistisches Szenario** geht davon aus, daß durch den medizinischen Fortschritt nur die Dauer der Krankheiten verändert wurde, nicht jedoch der Gesundheitszustand. Dadurch werde der Anteil der älteren Menschen mit Pflegebedarf ständig wachsen.[42] Es ist die Frage, wie diese Entwicklung ohne eine Änderung der Beitragssätze und bei Aufrechterhaltung der Qualität der Pflegeleistungen aufgefangen werden kann.

Unrealistisch erscheint die Zielsetzung des Pflegeversicherungsgesetzes auch im Hinblick auf die Aufrechterhaltung des Anteils der häuslichen Pflege an den gesamten Pflegeleistungen. Die gegenwärtige Situation ist dadurch gekennzeichnet, daß der größte Teil der Pflegeaufgaben, auch bei Menschen mit mehrfach täglichem Pflegebedarf, in Privathaushalten bewältigt wird. In der Gruppe der 65-79jährigen Pflegebedürftigen, die eine Hauptpflegeperson haben, werden die Pflegeleistungen zu 61 v. H. von

---

42 Vgl. Rückert, W. (1997): S. 15.

den Ehe- oder Lebenspartner/innen erbracht, zu 24 v. H. von den Töchtern. Bei den über 79jährigen Pflegebedürftigen mit Hauptpflegeperson nehmen vor allem die Töchter (44 v. H .) und Schwiegertöchter (17 v. H.) diese Rolle ein. [43]

Wichtige Maßnahmen und Gestaltungsprinzipien des Pflegeversicherungsgesetzes zielen darauf ab, den hohen Anteil der privaten Haushalte an der Erbringung der Pflegeleistungen zu erhalten, zum Beispiel durch das Prinzip des Vorrangs der ambulanten vor der stationären Pflege und das Prinzip der häuslichen vor der Heimpflege. In die gleiche Richtung zielen die Maßnahmen, die das Leben pflegender Angehöriger erleichtern sollen, wie zum Beispiel die Kostenübernahme für eine Urlaubsvertretung, für Verhinderungs- und für Kurzzeitpflege sowie für die soziale Sicherung der Pflegepersonen. So wünschens- und begrüßenswert die Vorkehrungen sind, muß doch gefragt werden, ob sie ausreichen.

9.3.6. Ansatzpunkte zukünftiger Pflegepolitik

Die genannten Defizite lassen erkennen, daß es nicht genügt, das bestehende Gesetz zu ergänzen. Denn es zielt nur auf eine Erhaltung bzw. Verbesserung der bestehenden Pflegestruktur ab. Das dürfte aber bei dem sich abzeichnenden gesellschaftlichen Strukturwandel insbesondere in den Bereichen Bevölkerung, Arbeitswelt und Sozialsystem kaum ausreichen. So kann z. B. die häusliche Pflege nur dann eine Zukunft haben, wenn sie ältere Menschen in die Lage versetzt, selbst Pflegeleistungen zu übernehmen und die Pflegeleistenden zu unterstützen. Für eine zukunftsorientierte Pflegepolitik schlagen wir deshalb die folgenden strategischen Ziele vor:

Eine zukunftsorientierte Pflegepolitik sollte versuchen, eine gesellschaftliche Resolidarisierung zu erreichen. Das bedeutet eine Umkehrung des dem Wohlfahrtsstaat innewohnenden Trends, personale Solidarleistungen durch staatliche Leistungen und Sachleistungen durch monetäre Leistungen zu ersetzen. Dabei kann zur Motivierung und Erreichung eines fairen Ausgleichs durchaus auf ein vermittelndes Medium zurückgegriffen werden, wie z. B. auf das im 7. Kapitel dargestellte Zeitgeld.

Oberstes Prinzip sollte bei allen Maßnahmen die Stärkung von Autonomie und Selbstverantwortung der Pflegebedürftigen sein. Alles, was Abhängigkeit herbeiführt, erhält oder verstärkt, muß vermieden werden. Nur wenn die Kräfte der Selbsthilfe fehlen, versagen oder unzureichend sind, soll die Öffentlichkeit für die Pflege in Anspruch genommen werden.

---

[43] Vgl. Rückert, W. (1997): S. 16.

Dem Prinzip der Subsidiarität soll auch in der Pflegepolitik Geltung verschafft werden. Öffentliche Einrichtungen sollen die Selbsthilfe ergänzen, fördern und komplementieren. Öffentliche oder karitative Pflegeeinrichtungen sollten auf allen Ebenen mit Selbsthilfeinitiativen zusammenarbeiten statt diese als Konkurrenz zu bekämpfen.

Bei der Wahl der Organisationsformen sollte das Prinzip der Dynamisierung gelten. Ziel sollte nicht die Herstellung oder Aufrechterhaltung eines optimalen Versorgungszustands sondern die Schaffung flexibler, dynamischer Organisationsformen sein, die auf neue Bedürfnisse rasch reagieren und ihre Dienste entsprechend umwandeln und erweitern können.

Die Modernisierung der Pflege ist zu fördern. Dazu zählt die Nutzung technischer Hilfsmittel und die Entwicklung neuer Instrumente, welche die Autonomie der Pflegebedürftigen erhöhen bzw. erhalten und ihre Pflege erleichtern oder verbessern. Die Furcht vor Pflegerobotern und Pflegefabriken darf nicht zu einer Technikfeindlichkeit der Pflegepolitik führen. Als Neuerungen mit Potential für die genannten Ziele sind die Wohnumfeldverbesserung, intelligent homes und electronic neighbourhoods zu nennen.[44]

[44] Vgl hierzu Meyer, S.; Schulze, E.; Müller, P. (1997) und Kap. 7 in diesem Band.

ICH HABE ZEIT FÜR SIE! BEGINNEN SIE BITTE NACH DEM SIGNALTON SICH AUSZUSPRECHEN...

10. DER ALTERSPOLITISCHE PROZESS DARGESTELLT AM BEISPIEL DER PFLEGEVERSICHERUNG

In diesem Kapitel geht es um die Wahrnehmung der Pflege als Problem, um den Prozeß der politischen **Problementstehung** und den Prozeß der politischen Problembearbeitung[1]. Obwohl es hier um die Pflege und das Pflegegesetz geht, werden anhand dieses Beispiels Überlegungen dargestellt, die den Charakter allgemeiner Gültigkeit beanspruchen.[2]

10.1. Pflege als alterspolitisches Problem

Zunächst ist zu klären, wann man davon sprechen kann, daß es sich bei einem Altersproblem um ein **alterspolitisches** Problem handelt. Was muß geschehen, damit ein beliebiges, mit der Alterung der Bevölkerung zusammenhängendes Problem auch zu einem **politischen** Problem wird? Dazu genügen keineswegs Hinweise von Wissenschaftlern, die sich mit diesen Fragen beschäftigt haben bzw. beschäftigen. Bis ein politisches Problem als solches wahrgenommen wird, kann es lange dauern. Die Wissenschaft kann dabei eine beratende Rolle spielen, kaum mehr.

Meier und Slembeck haben ein Modell entwickelt, das es ermöglicht, den Prozeß der Entstehung und Bearbeitung eines politischen Problems realistisch abzubilden und verständlich zu machen.[3] Obwohl dieses Modell analytische Schwächen hat, weil sich in der Realität die einzelnen Phasen überlappen, ist sein didaktischer, das Verständnis der politischen Vorgänge erleichternder Wert sehr hoch einzuschätzen. Darüber hinaus eignet es sich dazu, der **wissenschaftlichen Beratung** eine realistischere Selbstein-

---

[1] Nach Ansicht der Verfasser entstehen Probleme erst dadurch, daß sie als solche wahrgenommen werden. Zu **politischen** Problemen werden sie erst, wenn sie Eingang in den politischen Prozeß gefunden haben und dort bearbeitet werden. Geht man jedoch davon aus, daß Probleme zunächst vorhanden sein müssen, bevor sie wahrgenommen werden können, ist die Problementstehung der Problemwahrnehmung vorgelagert.

[2] Die modellartige Darstellung des Prozesses der Problementstehung und des politischen Prozesses läßt sich mutatis mutandi auf alterspolitische Prozesse im Bereich der anderen Grundfunktionen übertragen.

[3] Vgl. Meier, A.; Slembeck, T. (1998): S. 41-55.

schätzung und damit eine größere Wirksamkeit zu verleihen. Wir haben es deshalb den folgenden Ausführungen zugrundegelegt.

Die Einführung der Pflegeversicherung wird als Beispiel gewählt, weil wir es hier mit einem vorläufig abgeschlossenen und deshalb gut nachvollziehbaren politischen Prozeß zu tun haben. Darüber hinaus ist im Falle der Pflege nicht nur der Prozeß der alterspolitischen Problemwahrnehmung und Problementstehung abgeschlossen; es kann auch der Prozeß der alterspolitischen Problembearbeitung dargestellt werden. Für die Wahl des Pflegeproblems spricht auch, daß seine Entstehung und Bearbeitung einen Zeitraum von rund 20 Jahren in Anspruch genommen hat und deshalb in seinen einzelnen Phasen relativ gut nachvollziehbar ist.

10.2. Die Problemwahrnehmung

In Kapitel 9 war die "Sicherung der Pflege" bzw. die "Sicherung der Erbringung der Pflegeleistungen“ als Aufgabe bezeichnet worden, die in jedem Gesellschaftssystem gelöst werden muß. Wann können wir von einem politischen Handlungsbedarf sprechen, wie wird er festgestellt, und wie erfolgt die Umsetzung in politisches Handeln ? Die folgenden Abschnitte wollen diesen Fragen nachgehen. Zunächst ist jedoch zu fragen, was ist eigentlich ein Problem ?

Ausgehend von der Pflege als gesellschaftlicher Grundfunktion wird aus evolutionssystemischer Sicht von einem alterspolitischen Problem dann gesprochen, wenn diese Funktion nicht oder nur unzureichend erfüllt wird oder dann, wenn für die Zukunft damit gerechnet wird, daß im Hinblick auf die Wahrnehmung dieser Funktion mit einem unbefriedigenden Zustand zu rechnen ist.[4] In Kapitel 4 hatten wir festgestellt, daß es neben den Problemen von Individuen auch sogenannte **Funktionsprobleme** gibt, die außerhalb der Individuen und deren Wahrnehmung das Systemverhalten bestimmen: Nicht nur Individuen haben Probleme sondern auch Systeme und Subsysteme. Systeme wie Familien, Unternehmungen, Behörden und Verbände entwickeln Funktionsprobleme, die eigenständig sind, also nicht auf den Problemen der Individuen beruhen.

Ausgehend von diesen allgemeinen Überlegungen stellen sich die folgenden Fragen: Um wessen Problem handelt es sich ? Wer entscheidet darüber, ob etwas ein Problem ist oder nicht, ob es bearbeitet, vernachlässigt oder übersehen wird, ob und in welchem Umfang Ressourcen eingesetzt

---

4 Zur Frage, woher die Unzufriedenheit kommt, und wie sie begründet werden kann vgl. Meier, A.; Slembeck, T. (1998): S. 25-38.

werden, wo diese Ressourcen abgezogen und welche anderen Probleme zurückgestellt werden sollen, damit dieses Problem bearbeitet werden kann ? In den folgenden Abschnitten soll deshalb eine Bestimmung des Begriffs "alterspolitisches Problem" versucht werden, wobei eine Spezifizierung in bezug auf die Pflege vorgenommen wird.

Zur **Charakteristik von Problemen** ist es sinnvoll, Routinefälle und Problemfälle zu unterscheiden. Bei **Routinefällen** handelt es sich um Probleme, die so oder ähnlich bereits früher aufgetreten sind. Die Konsensfindung über die Problembehandlung ist weitgehend schon vorweggenommen. Es kann meist auf bestehende Verfahren zurückgegriffen werden. Innerhalb eines bürokratischen Entscheidungsverfahrens können festgelegte Verfahren, Routinen und Faustregeln angewandt werden. Dadurch ist es möglich, die Kosten der Problemlösung zu senken.. Der Ablauf der Problembearbeitung wird beschleunigt.[5]

Muß hingegen nach neuen Lösungen gesucht oder müssen die zur Lösung notwendigen formalen Grundlagen wie z. B. Verordnungen, Gesetze, Organisationen etc. erst geschafft werden, sprechen wir von Problemfällen. Problemfälle liegen dann vor, wenn eine oder mehrere der oben genannten Bedingungen für Routinefälle nicht erfüllt sind. Da, wie noch zu zeigen ist, das Pflegeproblem zu einem solchen Problemfall geworden ist, beschränken wir uns im Folgenden auf die Darstellung des alterspolitischen Prozesses bei Problemfällen.

Die daraus abgeleiteten Probleme sind in Übersicht 10.1 beschrieben.

Übersicht 10.1: Problemtypen nach Zahl der Interessierten und Grad der Betroffenheit

1. <u>Eliteprobleme:</u> eher wenige Betroffene und eher geringe Intensität der Betroffenheit.
2. <u>Interessengruppenprobleme:</u> eher wenige Betroffene und eher große Betroffenheit.
3. <u>Strukturprobleme:</u> eher viele Betroffene und eher geringe Betroffenheit.
4. <u>Krisenprobleme</u> eher viele Betroffene und eher große Betroffenheit.

---

[5] Meier, A.; Slembeck, T. (1998): S. 79-80.

Quelle: Vgl. Meier, A.; Slembeck, T.(1998): S. 75 - 79.

Meier und Slembeck verweisen darauf, daß es sich hier um Idealtypen handelt und die eindeutige Zuordnung eines Problems häufig nicht möglich ist. Auch wandelt sich die Zuordnung im Zeitablauf. So sei das Umweltproblem zunächst ein Eliteproblem gewesen, dann ein Interessengruppenproblem, von dem es sich zu einem Strukturproblem und schließlich zu einem Krisenproblem gewandelt habe.[6]

10.2.1. Der Prozeß der Problemwahrnehmung im Falle der Pflegeversicherung

Um das Pflegeproblem in diese Typologien einzuordnen ist zunächst zu klären, ob es sich um einen **Routine-** oder um einen **Problemfall** handelt. Dabei wird deutlich, daß die Zuordnung nicht durch "Problemeigenschaften" bestimmt werden kann. Sie ist vielmehr kontextabhängig. So ging man bis ca. 1980 noch davon aus, daß die Pflegeversicherung durch eine Neuaufteilung von Finanzmitteln und Zuständigkeiten als Routinefall behandelt werden könne, indem sie in die Krankenversicherung eingegliedert würde, deren Beiträge gleichzeitig erhöht worden wären. Etwa ab 1985 hatte sich das Problem so stark verselbständigt, daß dieser Weg politisch nicht mehr gangbar erschien.

Des weiteren ist zu klären, ob wir es mit **Individualproblemen** oder einem **Funktionsproblem** zu tun haben. Diese Frage ist mit einem „sowohl als auch“ zu beantworten. Bei den **Funktionsproblemen** sind die strukturellen und finanziellen Probleme der Wohlfahrtsverbände und Kirchen als Träger der Pflegeheime und als Dienstleister für Pflegefälle und der Gemeinden als Träger der Sozialhilfe betroffen.

Bei den **Individualproblemen** sind zunächst einmal die Probleme der **direkt Betroffenen** zu nennen, die als **Pflegefälle** häufig schlechter gestellt waren als normale Kranke.[7]

---

[6] Vgl. Meier, A.; Slembeck, T. (1998): S.78-79.

[7] Sehr anschaulich wird dies in dem folgenden Fall geschildert:„Ein 70jähriger Mann, Rentner, krankenversichert, erleidet einen Schlaganfall: Er wird in eine nahegelegene Universitätsklinik aufgenommen und dort nach modernsten Erkenntnissen der Medizin behandelt. Die Krankenversicherung bezahlt alles. Er behält seine Rente. Sein Vermögen wird nicht angetastet. Seine Angehörigen bleiben unbehelligt. Er wird in ein kleines, vielleicht ländliches Krankenhaus mit freier Bettenkapazität aufgenommen und dort behandelt. Die Krankenkasse bezahlt alles. Er behält seine Rente. Sein Vermögen wird nicht angetastet. Seine Angehörigen bleiben unbehelligt. Er kommt in ein Pflege- oder Krankenheim und bleibt dort für immer. Die Krankenkasse zahlt

Zu den Individualproblemen gehören auch die Probleme der **indirekt Betroffenen** (pflegende Familienangehörige, freiwillige Helfer, Pflegepersonal etc.). Die Probleme dieser Personengruppen resultieren einerseits aus den Notwendigkeiten der Pflege selbst, also aus der starken physischen und psychischen Beanspruchung der Pflegenden und aus dem hohen Zeitaufwand. Andererseits kann es sich auch um Funktionsprobleme handeln, die zu Individualproblemen führen. In Heimen kommt es deshalb - bedingt durch den Mangel an Pflegepersonal, unbefriedigende Arbeitsbedingungen und schlechte Bezahlung - zu dem vielzitierten Pflegenotstand. Das Auftreten eines Pflegefalles führt aber auch in dem Subsystem Familie zu starken Belastungen und Spannungen, die wiederum Individualprobleme hervorrufen können.

Ausschlaggebend für die alterspolitische Bearbeitung dürften jedoch die Funktionsprobleme der oben genannten Träger gewesen sein und die Befürchtung, daß diese mit der Alterung der Bevölkerung zunehmen würden.

Ist das Pflegeproblem aber auch auf der **Ebene kollektiver Probleme** angesiedelt? Diese Frage läßt sich zeit- bzw. prozeßunabhängig nicht beantworten. Von einem kollektiven Problem sprechen wir erst dann, wenn ein Problem von mehreren Individuen geteilt wird, die sich mit dem Zweck zusammengefunden haben, das Problem innerhalb des politischen Prozesses einer Bearbeitung zuzuführen, sei es als unabhängige Individuen oder als Rollenträger, welche die Funktionsprobleme der Systeme beziehungsweise Organisationen bearbeiten wollen. Im nächsten Abschnitt werden wir zeigen, wie das Pflegeproblem zu einem kollektiven Problem wurde und wann dies in etwa geschah.

Versucht man, die Probleme im Bereich der Pflegefunktion den **Problemtypen nach Zahl der Interessierten und Grad der Betroffenheit** zuzuordnen, so ist zu sagen, daß zwar immer wieder von einem akuten Pflegenotstand gesprochen wurde. Dennoch war der Kreis der Betroffenen zu beschränkt und das Problem selbst für die Öffentlichkeit zu wenig aktuell und spektakulär, als daß man das Pflegeproblem damals als ein Krisenproblem bezeichnen könnte, und es war deshalb für die Medien zu uninteressant. Auch handelt es sich keineswegs um ein Eliteproblem, da sich nicht nur eine kleine Minderheit Sachkundiger betroffen fühlte. Auf den ersten Blick handelte es sich um ein Strukturproblem, denn betroffen war eine relativ große Zahl von Personen, deren Betroffenheit und Organisati-

---

nicht. Seine Rente reicht für die Heimkosten nicht aus. Er wird Sozialhilfeempfänger. Sein Vermögen wird verwertet. Seinen unterhaltspflichtigen Angehörigen drohen Kostenbeiträge. Kuratorium Deutsche Altershilfe (1974): S. 6-8.

onsfähigkeit aber nicht ausreichten, eine Organisation der Interessen lohnend und realisierbar erscheinen zu lassen. Zwar gab es einzelne Gruppen von Betroffenen, die sich zu Wort meldeten; es gelang ihnen jedoch weder, die Öffentlichkeit auf sich aufmerksam zu machen, noch, sich zu einem schlagkräftigen Interessenverband zusammenzuschließen.

Ausschlaggebend war jedoch, daß es sich um ein Interessengruppenproblem handelte, als eine Gruppierung von Personen bzw. Organisationen erkannte, daß ihre Interessen durch dieses Problem so stark berührt waren, daß ein Zusammenschluß und die Mobilisierung politischer Ressourcen lohnend, ja sogar notwendig erschien. Zu diesem Kreis zählten insbesondere die Krankenkassen, die Wohlfahrtsverbände, die Länder und die Gemeinden. Erst nach der Etablierung als Interessengruppenproblem wurde die Pflegeproblematik in den politischen Prozeß aufgenommen.

10.3. Der Prozeß der Problementstehung

10.3.1. Allgemeine theoretische Überlegungen

Unser politisches System hat ein Verfahren entwickelt, mit dem aus der großen Zahl postulierter Probleme diejenigen herausgefiltert werden, die tatsächlich bearbeitet werden sollen. In Anlehnung an Meier und Slembeck kann der Prozeß der Problementstehung folgendermaßen dargestellt werden:

Abb. 10.1.: Modelltheoretische Darstellung der Entstehung alterspolitischer Probleme

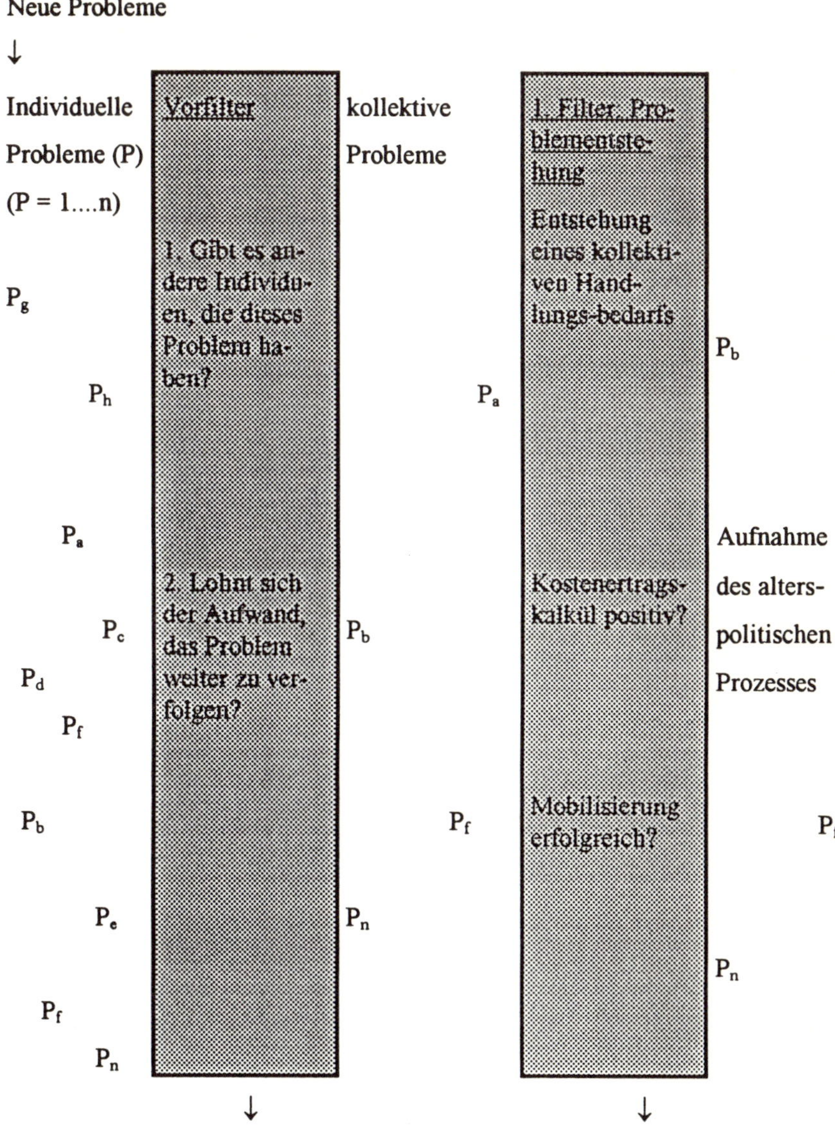

Quelle: Eigene Darstellung in Anlehnung an Meier, A.; Slembeck, T. (1998): S. 59-82

Auf der linken Seite der Abbildung 10.1 befindet sich der Pool individueller[8] Probleme, der sich einerseits laufend durch neue Probleme und durch Probleme ergänzt, die aus dem Problembearbeitungsprozeß ausgefiltert wurden. Andererseits verschwinden aus diesem Pool nicht nur Probleme, die den Filter passieren, sondern auch solche, die nicht mehr als Problem empfunden werden.

Als Vorfilter dienen zwei Fragen:

1. Gibt es andere Individuen, die dieses Problem haben ?
2. Lohnt sich für das Individuum der Aufwand, das Problem weiterzuverfolgen?

Wirtschaftspolitisch relevant können nur solche kollektiven Probleme werden, die auch ein **kollektives Handeln** erfordern, also ein gleichzeitiges Handeln mehrerer Akteure. Die Vielzahl individueller Probleme werden solange nicht zu politischen Problemen, wie sie nicht von einer "gewissen Anzahl" wirtschaftspolitischer Akteure geteilt und thematisiert werden.

Wenn ein Problem aus der Sicht der Interessierten den Kosten – Ertrags - Test positiv übersteht, d. h., wenn die Interessierten den erwarteten Ertrag aus der erwünschten Problembearbeitung höher einschätzen als die erforderlichen Mobilisierungskosten und wenn es ihnen gelingt, genügend Personen bzw. Personen mit einem entsprechenden Einfluß für das Problem zu mobilisieren, gelangt es in den Pool der kollektiven Probleme. der in der Abbildung zwischen dem Vorfilter und dem ersten Filter des politischen Prozesses liegt.

10.3.2. Der Prozeß der Problementstehung im Falle der Pflegeversicherung

Daß die Pflege kein eigenständiges Politikfeld war, läßt sich schon daran erkennen, daß sich bis zur Verabschiedung des Gesetzes auf Bundesebene drei Ministerien mit Fragen der Pflege im engeren Sinne befassen: das Bundesministerium für Arbeit und Sozialordnung, das Bundesgesundheitsministerium und das Bundesministerium für Familie, Senioren, Jugend und Frauen. Auch wurden die Interessen der von der Pflegepolitik

---

[8] Als individuelle Probleme werden hier Probleme verstanden, die von Einzelpersonen geäußert werden. Es kann sich dabei sehr wohl um Systemprobleme handeln, die von Rollenträgern sozusagen im Namen des Systems zu Gehör gebracht werden. Vgl. hierzu die Ausführungen zu Kapitel 4.

Betroffenen nicht sehr wirksam vertreten. Sprachrohr oder Stellvertreter mit sehr beschränkter Wirksamkeit waren in einzelnen Gruppen organisierte Helfer und Pflegebedürftige, Vertreter von Berufsverbänden der Pflegeberufe und Verbände und Träger, die selbst Pflege anbieten. Eine gemeinsame Lobby bestand jedoch nicht.

Will man die Entstehung der Pflegediskussion zurückverfolgen, so bleibt zumindest die individuelle Ebene der Problementstehung sehr im Spekulativen. Man kann davon ausgehen, daß die später in der Diskussion auftauchenden Probleme schon lange vor 1974 sowohl in den pflegenden privaten Haushalten, als auch bei den stationären und ambulanten Pflegediensten (in staatlicher, privater oder non-profit Hand) bestanden haben und wahrgenommen wurden. Da hilfe- und pflegebedürftige ältere Menschen i. d. R. zurückgezogen, abseits des öffentlichen Interesses leben (früher noch mehr als heute), läßt sich die Problementstehung auf Seiten der direkt von der Pflege Betroffenen nicht so einfach nachvollziehen.

Allerdings läßt sich feststellen, daß damals Stimmen, die von einem Pflegenotstand sprachen, weitgehend ungehört verhallten.[9]

Erste Ansätze, die **Pflege als kollektives Problem** zu betrachten, lassen sich Mitte der siebziger Jahre nach der Veröffentlichung von zwei Gutachten beobachten: Das Kuratorium Deutsche Altershilfe legte 1974 ein Gutachten vor, das sich mit der sozialen Absicherung pflegebedürftiger alter Menschen in Heimen befaßte.[10] Gerügt wurde in diesem Gutachten vor allem die Tatsache, daß die Aufnahme in Pflegeheime i. d. R. die Inanspruchnahme der als sozial deklassierend empfundenen Sozialhilfe nach sich zog, weil die Renteneinkünfte der Pflegebedürftigen nur selten ausreichten, die Heimkosten zu decken.

Einen anderen Aspekt dieses Phänomens deckte kurz darauf ein Gutachten des Deutschen Städtetages auf, das die zunehmende Kostenbelastung der Kommunen als Träger der Sozialhilfe untersuchte. Der Deutsche Städtetag wies Anfang 1975 auf den weitaus überdurchschnittlichen Anstieg der Zahl der Empfänger von Pflegehilfe sowie die ständigen Kostensteigerungen in den personalintensiven Pflegeheimen hin und forderte die Entlastung der Sozialhilfe von den Pflegekosten.[11]

---

[9] Vgl. z. B. Liefmann-Keil, E. (1969): S. 155-169.

[10] Kuratorium Deutsche Altershilfe (1974).

[11] Vgl. o.V. (1975): S. 6.

Dennoch kann nicht davon gesprochen werden, daß das Pflegeproblem bereits als alterspolitisches Problem akzeptiert war. Die staatliche Verantwortung wurde noch nicht allgemein anerkannt. Hinweise darauf geben empirische Untersuchungen aus den 70er Jahren, die danach fragen, von wem die pflegebedürftigen älteren Menschen Hilfe erwarten.[12] Als Tendenz läßt sich festhalten, daß persönliche Hilfeleistungen, im Falle von Krankheit und Behinderung im Alter in erster Linie vom Ehepartner, von Kindern oder sonstigen Verwandten und von Bekannten erwartet wurden. Nur wenige Pflegebedürftige erhofften Hilfe von Institutionen der Altenhilfe. Von der öffentlichen Hand und den Wohlfahrtsverbänden wurden zusätzlich neben finanziellen Leistungen, die in Abhängigkeit von der jeweiligen finanziellen Not erbracht werden sollten, Leistungen der sozialen Infrastruktur (Altenheime, Kommunikationszentren, etc.) besonders häufig gewünscht.

Der Deutsche Städtetag gab damals Studien in Auftrag, welche die finanzielle Absicherung der Gepflegten untersuchen sollten. Allerdings war die Diskussion der Pflege durch die Themenstellung dieser Studien sehr stark auf die Finanzierung der Pflege ausgerichtet. Den sich beteiligenden Gruppen ging es zunächst um den finanziellen Ausgleich ihrer Belastungen. Da sie zahlreiche Möglichkeiten besaßen und besitzen, politisch Einfluß zu nehmen, bestand für sie kaum die Notwendigkeit, auf breiter Ebene Mobilisierungsprozesse in Gang zu setzen. Somit ist davon auszugehen, daß sich die Pflege zu diesem Zeitpunkt bereits als ein Interessengruppenproblem konstituiert hat.

Nicht sichtbar war zu diesem Zeitpunkt ein Engagement oder Zusammenschluß der Pflegenden in den Familien.

Man könnte vielleicht sagen, daß etwa um 1980 die Pflegeproblematik den ersten Filter passiert hatte und daß damit der eigentliche alterspolitische Prozeß einsetzte. Das Pflegeproblem wurde in die Traktandenlisten aufgenommen, d. h. es stand von da an auf der Agenda der Stakeholder (Anspruchsgruppen), also der gesetzlichen und privaten Krankenkassen, des Bundes, der Länder, der Kommunen, der Unternehmerverbände, der Gewerkschaften, der Wohlfahrtsverbände und der Parteien.

---

12 Vgl. Grunow, D. (1982): S. 225.

10.4. Der alterspolitische Prozeß dargestellt am Beispiel der Pflegeversicherung

10.4.1. Das evolutionssystemische Modell des alterspolitischen Prozesses

Auch hier lassen sich wieder drei Ansätze oder Positionen unterscheiden: Der **entscheidungslogische**, der Ansatz **der Neuen Politischen Ökonomie (NPÖ)** und der **evolutionssystemische Ansatz.**[13] Im folgenden wird der alterspolitische Prozeß anhand des Modells des evolutionssystemischen Ansatzes vorgestellt.

---

[13] Der **entscheidungslogische Ansatz** ist bis zu einem gewissen Grade dazu geeignet, die Behandlung solcher alterspolitischer Probleme zu beschreiben, bei denen im Rahmen bürokratischer Entscheidungsverfahren auf festgelegte Verfahren, Routinen und Faustregeln zurückgegriffen werden kann, also bei denjenigen wirtschaftspolitischen Problemen, die wir oben als Routinefälle bezeichnet haben. Darüber hinaus eignet sich der entscheidungslogische Ansatz für das modellmäßige Durchdenken des Steuerungsprozesses. Er ist jedoch nicht dazu geeignet, den realen wirtschaftspolitischen Prozeß in offenen, demokratischen und evolutionären Systemen zu beschreiben, zu erklären und darüber hinaus auch Ansatzpunkte für eine vernünftige wirtschaftspolitische Beratung zu geben. Der Ansatz der **NPÖ** ist insofern realitätsnäher, als er die unterschiedlichen Interessenlagen der wirtschaftspolitischen Akteure erkennt, damit deren Verhalten zu erklären versucht und sich für Prognosen über das Verhalten der einzelnen Akteure zu postulieren. Aber auch dieser Ansatz bleibt unvollständig. Die **NPÖ** vermag zwar in Problemfällen in demokratischen Prozessen das Zustandekommen bestimmter Entscheidungen z.B. durch Log-Rolling zu erklären, nicht jedoch den Prozeß selbst.

Abb. 10.2.: Der alterspolitische Prozeß

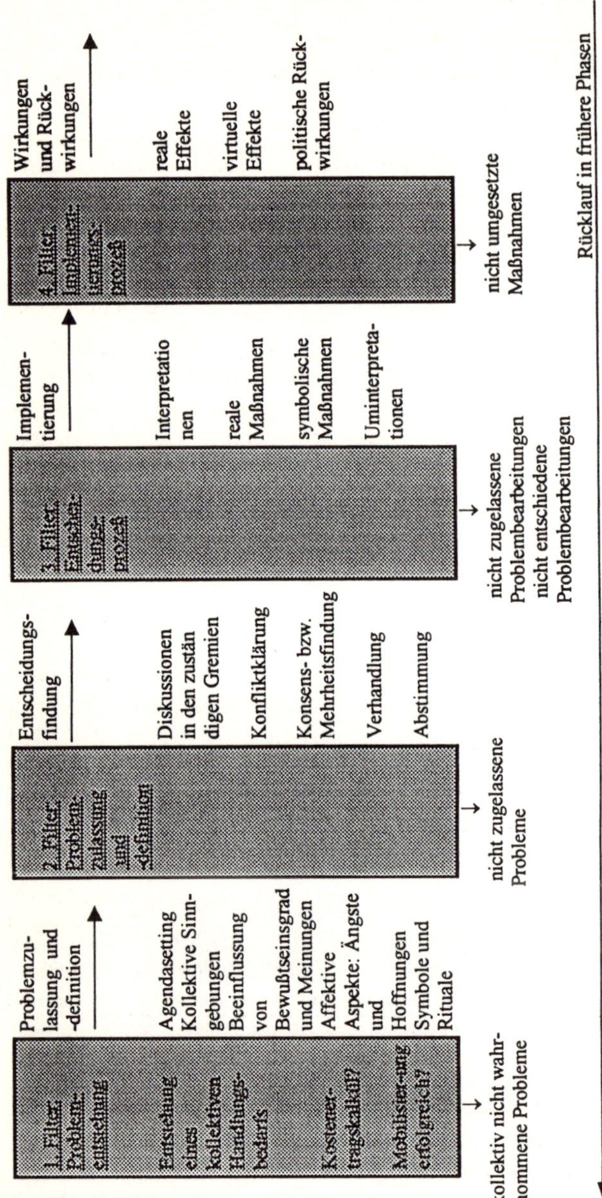

Quelle: Eigene Darstellung in Anlehnung an Meier, A.; Slembeck, T. (1998): S.83-267.

In Abbildung 10.2 werden hinter den bereits behandelten ersten Filter der Problementstehung noch drei weitere Filter gesetzt, und zwar:

2. Die Problemzulassung und Problemdefinition;

3. die Entscheidungsfindung und

4. der Implementierungsprozeß.

Die vier Phasen des Modells, die wir hier als Problemfilter bezeichnen, umfassen die folgenden Prozesse:

1. Problemzulassung und -definition

Bei der **Problemdefinition** geht es darum, einen Einigungsprozeß darüber zu erzielen, was zu einem Problem dazugehört und was nicht. Es erfolgt eine inhaltliche und eine begriffliche Abgrenzung. Bei dem dritten Element dieser Problemdefinitionsphase, dem **kollektiven Sinngebungsprozeß** geht es darum, festzulegen, was gemeinhin unter dem Problem verstanden werden soll, also um die Definition der Wirklichkeit, das Benennen der Wirklichkeit, das Erklären der Wirklichkeit, das Bewerten des Handelns und die Legitimation des Handelns[14]

Ist dieser Prozeß nicht erfolgreich, so kann das Problem nicht weiter bezeichnet werden. Es wird aufgeschoben, die Akteure verlieren das Interesse und, andere, wichtigere Probleme verdrängen dieses Problem. Es kehrt zurück in den Pool individueller Probleme.

Ist dieser Prozeß jedoch erfolgreich für das Problem und seine Protagonisten verlaufen, so ist der zweite Filter überwunden.

2. Der Prozeß des demokratischen Entscheidungsverfahrens

Die wesentlichen Elemente dieser dritten Phase sind die Entscheidungsvorbereitung, die dazu erforderlichen Verhandlungen und politischen Tauschprozesse sowie die eigentliche Abstimmung.

---

[14] Vgl. Meier, A.; Slembeck, T. (1998): S. 84-85.

3. Die Implementierungsphase

Ist die alterspolitische Maßnahme verabschiedet, so muß sie umgesetzt, d.h. **implementiert** werden. Dabei müssen gewisse Freiheitsgrade im Hinblick auf implizite Interpretations- und explizite Ermessensspielräume aufgefüllt werden. Es ist also ein erneuter, meist informeller Sinngebungs- und Verhandlungsprozeß innerhalb der Exekutive, z.B. zwischen Regierung und Verwaltung sowie zwischen den Vollzugsorganen und den von der Maßnahme betroffenen Akteuren erforderlich.

Meist geht man davon aus, daß mit der Verabschiedung eines Gesetzes der politische Prozeß abgeschlossen ist. Dem liegt die Annahme zugrunde, daß die Gesetze einfach nur umgesetzt werden müssen und daß dies im Sinne des Gesetzgebers erfolgt. Auch beruht diese Überlegung auf der meist nicht zutreffenden Hypothese, daß es so etwas wie einen eindeutigen „Willen des Gesetzgebers“ gibt. Tatsächlich sind jedoch die meisten Gesetze auf Grund von Kompromissen zustande gekommen, wobei kein vollständiger Konsens erzielt wird. Diese unterschiedlichen Interessen, Positionen und Interpretationen verschwinden nach der Abstimmung nicht von der politischen Bildfläche sondern führen zu Versuchen, die Umsetzung entsprechend den eigenen Vorstellungen zu beeinflussen. Auch die mit der Umsetzung betrauten Institutionen, Körperschaften, Behörden und Organisationen verfolgen eigene Interessen, die nicht mit denjenigen der an der Entscheidung Beteiligten konform gehen müssen. „Mit den Fällen von Entscheidungen ist der politische Prozeß nicht beendet. Getroffene Maßnahmen müssen durch die Verwaltung implementiert werden. Dabei kommt es zu vielfältigen Abweichungen zwischen den (meist vom Gesetzgeber) angestrebten und tatsächlich eingetretenen Wirkungen. Diese Diskrepanz ist das Resultat eines Implementationsprozesses, der seinerseits Sinngebungs- und Verhandlungsprozesse umfaßt, welche von Freiheitsgraden der Akteure (Interpretationsspielräume, Kompetenzen) und den Informationsassymetrien zwischen ihnen abhängen“[15] Am Ende der Implementierungsphase folgt ein vierter Filter:

4. Die Evaluation

Hier geht es um Auswertung und Bewertung der Wirkungen und Rückwirkungen der implementierten Maßnahmen. Selektionskriterium ist die Antwort auf die Frage, ob, bzw. inwieweit der Implementierungsprozeß

[15] Vgl. Meier, A.; Slembeck, T. (1998): S. 241.

zu einer befriedigenden Situation geführt hat. Besteht weiterhin Unzufriedenheit, kann dies dazu führen, daß das als ungelöst angesehene Problem zum Gegenstand erneuter Mobilisierungsprozesse wird und in den Pool ungelöster Probleme zurückwandert, um gegebenenfalls alle Filter erneut zu durchlaufen, oder in den Phasen zwei oder drei erneut in den alterspolitischen Prozeß einzutreten. Es kann aber auch sein, daß die alterspolitischen Akteure resignieren und das Problem aus dem Prozeß verschwindet. Damit ist insbesondere dann zu rechnen, wenn das Problem wiederholt erfolglos bearbeitet wurde.

10.4.2. Die Übertragung des Modells auf das Beispiel der Pflegeversicherung

Wir hatten festgestellt, daß die Pflegeproblematik etwa um 1980 den ersten Filter passiert hatte. Der eigentliche alterspolitische Prozeß mit der **Problemzulassung** und der **Definition des Problems** begann damit, daß von diesem Zeitpunkt an das Pflegeproblem in die Traktandenliste aufgenommen wurde und damit dauerhaft auf den Tagesordnungen der relevanten Gremien der beteiligten Interessengruppen erschien. Zu nennen sind insbesondere die gesetzlichen und privaten Krankenkassen, die Bundesregierung, die Länder, die Kommunen, die Unternehmerverbände, die Gewerkschaften, die Wohlfahrtsverbände und die Parteien.

Diskutiert wurden in diesen Gremien und darauf zunehmend in der Öffentlichkeit die folgenden fünf prinzipiell unterschiedlichen politischen Optionen für einen Schutz gegen das Risiko der Pflegebedürftigkeit:[16]

[16] Vgl. Götting, U.; Haug, K.; Hinrich, K. (1994): S. 291-292.

Übersicht 10.2.: Politische Optionen für einen Schutz bei Pflegebedürftigkeit:

- **Erhaltung des *Status quo*:** Die permanente Pflege bleibt eine Angelegenheit der Sozialhilfe; höchstens sollte den Kommunen und Ländern der zukünftige Ausgabenanstieg zurückerstattet werden;
- ***Steuer-Transfer-System*:** bisherige Transfers für bestimmte Schutztatbestände werden in einen universellen Transfer umgeformt und die Finanzhoheit auf den Bund übertragen;
- ***Privatversicherungslösung*:** Die Bürger sollen ermutigt oder gar gezwungen werden, eine Privatversicherung abzuschließen, so daß sie im Falle der Pflegebedürftigkeit Pflegegeld beziehen;
- ***erweitertes gesetzliches Krankenversicherungssystem*:** Die institutionelle Trennung zwischen medizinischen und Pflegeleistungen wird aufgehoben; das Risiko der Pflegebedürftigkeit wird über das Krankengeld abgedeckt (folglich würde der Beitragssatz steigen);
- ***eigenständiger Bestandteil des Sozialversichungssystems*:** Eine neue auf dem Kausalprinzip basierende und entsprechend den bisherigen vier Säulen des gesetzlichen Sozialversicherungssystems modellierte Versicherung könnte eingeführt werden, die den Versicherten Schutz gegen das Risiko der Pflegebedürftigkeit bietet.

In der Diskussion der folgenden Jahre kristallisierten sich bei den beteiligten Gruppierungen die folgenden Positionen heraus, die sich schließlich in der letzten Phase auf zwei gegensätzliche Positionen verdichteten:[17]

Die **CDU/CSU** waren in den 80er Jahren gespalten: Während die von ihnen geführten Länderregierungen für eine umfassende institutionelle Reform eintraten, stand für ihre Vertreter in der Bundesregierung die Haushaltskonsolidierung im Vordergrund. Sie lehnten deshalb jede Lösung ab, die zu finanziellen Verpflichtungen des Bundes führen würde und traten deshalb für eine Beibehaltung des bestehenden Systems ein. Eine Einigung war in den 80er Jahren nicht möglich. 1990 hatten sich die Fronten verschoben: während der Arbeitnehmerflügel der CDU zusammen

[17] Vgl. Götting, U.; Haug, K.; Hinrich, K. (1994): S. 298.

mit Norbert Blüm eine Lösung gemäß der Tradition der Sozialversicherung forderte, leistete der Arbeitgeberflügel gegenüber einer solchen Lösung erbitterten Widerstand und forderte eine private Zwangsversicherung für alle Bürger. Dagegen war die in Bayern die Regierung stellende CSU bereit, fast jeden Vorschlag zu unterstützen, solange er die Länder aus der Verantwortung für die Pflege nahm.

Der Koalitionspartner **FDP** war nicht an einer Änderung des Status quo interessiert. Sie kämpfte gegen jede Ausweitung des Sozialstaats und war allenfalls bereit, den Abschluß von privaten Pflegeversicherungsverträgen steuerlich zu begünstigen. Prinzipiell war sie gegen jede Sozialversicherungslösung.

Die **Sozialdemokraten** diskutierten einerseits ein steuerfinanziertes und andererseits ein ganz oder teilweise in die Krankenversicherung integriertes Modell. Sie wollten zwar eine Verbesserung der Pflegesituation erreichen, jedoch gleichzeitig die Länder und Kommunen entlasten, da sie dort vielfach die Regierungsverantwortung trugen. Insgesamt forderten sie eine Stärkung des Sozialstaats und der gesellschaftlichen Solidarität.

Die **Grünen** forderten eine steuerfinanzierte Lösung. Diese Position wurde auch von zahlreichen **Interessengruppen** vertreten wie z. B. von den Verbänden der Behinderten und der Krankenkassen, von der Angestelltengewerkschaft u.a.m..

Das Gleiche wie für die FDP galt auch für die **Arbeitgeber**. Darüber hinaus vertraten sie die Ansicht, das Pflegerisiko sei ein typisches privates Risiko, das in keinerlei Zusammenhang mit einem Beschäftigungsverhältnis stünde. Ihr Ziel war es, jede Steigerung der Lohnnebenkosten zu verhindern.

Die **Gewerkschaften** verfolgten während des Diskussionsprozesses eine einheitliche Linie: Sie sahen in der Pflege ein gesellschaftliches Grundrisiko und forderten eine Abschaffung des Nachweises der Hilfsbedürftigkeit, der für den Bezug der Sozialhilfe nötig ist. Sie befürworteten zunächst eine steuerfinanzierte Lösung, entschieden sich dann aber für eine Integration der Pflegeversicherung in die Sozialversicherung, als eigenständige Säule.
Der Prozeß der **Problemdefinition und Sinngebung** lief folgendermaßen ab:

Im Jahre 1977/78 beauftragte das Bundesgesundheitsministerium das Sozialdata Institut in München mit einer Erhebung über die Anzahl der nicht stationär versorgten Pflegebedürftigen. Zur gleichen Zeit bildete das

Bundesgesundheitsministerium eine Bund-Länder-Arbeitsgruppe, die sich mit dem Aufbau, der Zuordnung und der Finanzierung ambulanter Pflegedienste befassen und Lösungsvorschläge ausarbeiten sollte. Sowohl Sozialdata als auch die Bund-Länder-Arbeitsgruppe legten ihre Ergebnisse 1980 vor,[18] wobei sich Letztere bereits auf die von dem Münchener Institut ermittelten Daten stützen konnten. Dessen Hauptbefund lautete[19]: Es gab knapp 1,6 Millionen Pflegebedürftige, darunter etwa 634.000 schwere und schwerste Pflegefälle. Das waren deutlich mehr, als bis dahin angenommen worden war. Insbesondere war der Anteil der zu Hause betreuten Pflegefälle an der Bevölkerungsgruppe der 65jährigen und Älteren enorm unterschätzt worden: Anstelle der vermuteten 3 bis 7 Prozent ermittelte Sozialdata rund 11 Prozent.[20]

Diese Erhebungsergebnisse haben den weiteren Verlauf der sozialpolitischen Diskussion des Risikos Pflegebedürftigkeit nachhaltig beeinflußt. Die Situation der zu Hause betreuten Pflegebedürftigen trat nun zunehmend ins Blickfeld. Zugleich wurde die Unersetzbarkeit und Unbezahlbarkeit der familiären und verwandtschaftlichen Pflegeleistungen erkannt. Denn mehr als die Hälfte der Pflegebedürftigen wurde nach den Feststellungen von Sozialdata ausschließlich von Haushaltsmitgliedern versorgt, ein Drittel von Haushaltsmitgliedern und unentgeltlichen Helfern oder nur von bezahlten Helfern. Sowohl bei den Haushaltsmitgliedern als auch bei den unbezahlten Helfern von außerhalb handelte es sich überwiegend um Familienangehörige und nahe Verwandte.[21] Deren Belastung in wirtschaftlich-finanzieller wie in physisch-psychischer Hinsicht wurde nach und nach zu einem weiteren Schwerpunkt der Diskussion. Dabei entstand sehr rasch Einigkeit darüber, daß es aus finanziellen und - aus der Sicht der Pflegebedürftigen- vor allem aus humanen Gründen nicht um eine weitgehende Professionalisierung der ambulanten Pflege oder gar um die Förderung der Heimunterbringung gehen konnte und durfte, sondern daß es um die Unterstützung der häuslichen Pflege und die Entlastung der familiären und sonstigen Pflegepersonen gehen mußte. Förderung der Pflege zu Hause und Stärkung der Pflegefähigkeit der Familien galten als vorrangiges Ziel. Dies war und ist der eine Grundkonsens, den die Pflege-

---

[18] Vgl. Sozialdata (1980).

[19] Bezogen auf das Jahr 1978 und die deutsche Bevölkerung über sieben Jahre.

[20] Vgl. Sozialdata (1980): S. 42-43. Die auf der Bevölkerungsbasis 1978 (statt 1976) vorgenommene IW-Neuberechnung ergibt einen Anteil von 10,8 v. H. anstelle der bei Sozialdata angegebenen 11,1 Prozent.

[21] Vgl. Sozialdata (1980): S. 62.

diskussion bislang erbracht hatte. Ein weiterer Grundkonsens bestand darin, daß entsprechende gesetzgeberische Maßnahmen zunächst auf den vom Risiko der Pflegebedürftigkeit besonders betroffenen Personenkreis der alten und insbesondere älteren Menschen konzentriert werden sollten. Keinerlei Annäherung der Standpunkte hatte sich indessen in der wichtigen Frage ergeben, wer die Kosten der gesetzlichen Verbesserungen für die Pflegebedürftigen und die sie pflegenden Personen übernehmen sollte. Dementsprechend waren auch die Art und vor allem der Umfang dieser Leistungen umstritten. So bestand das Ergebnis der über zehnjährigen Diskussion im wesentlichen in einer Vielzahl von je nach Interessenlage unterschiedlichen Lösungsvorschlägen. Einziges konkretes sozialpolitisches Resultat waren die mit dem Gesundheits-Reformgesetz Ende 1988 verabschiedeten und zum 1.1.1989 in Kraft getretenen Pflegehilfen der Krankenkassen für ihre Versicherten.

Der Prozeß der Problemdefinition und Sinngebung des geschilderten Prozesses hat insgesamt etwa zehn Jahre (von 1980 - 1990) in Anspruch genommen. Allerdings wurden ab 1985 erste Versuche unternommen, eine Entscheidung des Gesetzgebers herbeizuführen. Die Länder und Kommunen wollten von den hohen Sozialhilfekosten entlastet werden. Andererseits wollte der Bund die auf ihn zukommenden Belastungen vermeiden und sah in der Verstärkung der häuslichen Pflege eine wichtige Stütze. In dem 1984 von der Bundesregierung veröffentlichten Pflegebericht war die Bundesregierung davon überzeugt, daß sie aus finanzpolitischen Überlegungen keine finanzielle Verantwortung im Rahmen eines Pflegegesetzes übernehmen würde und daß keine eigenständige Pflegeversicherung zu realisieren sei. Die Länder ließen sich jedoch von dieser Position nicht beirren und brachten 1986 im Bundesrat Gesetzesentwürfe ein. Einer der Entwürfe (der bayerische Entwurf) wurde Ende 1986 an den Bundestag weitergeleitet. Darauf antwortete die Bundesregierung mit einem Entwurf des Pflegeverbesserungsgesetzes. Vorrangiges Ziel dieses Entwurfs war die Stärkung der häuslichen Pflege durch Leistungen der gesetzlichen Krankenkassen. Allerdings wurden sowohl der Länderentwurf als auch der Entwurf der Bundesregierung in dieser Legislaturperiode nicht beraten. Die Entwürfe waren damit verfallen. Damit mußte der Gesetzgebungsprozeß von neuem beginnen. Nachdem die wiedergewählte Bundesregierung versprochen hatte, im Rahmen der Strukturreform im Gesundheitswesen Verbesserungen der häuslichen Pflege umzusetzen sowie die steuerliche Förderung im Rahmen der Steuerreform 1990 auszubauen, zog der Bundesrat eine erneute Vorlage seiner Entwürfe im Bundestag zurück. Im Gesundheits-Reformgesetz von 1988 wurde der

Kreis derjenigen, der Pflegehilfe in Anspruch nehmen kann, erweitert, die Bedingungen zum Erhalt der Pflege vereinfacht und der Bezug von Pflegegeld statt Sachleistungen ermöglicht. An dem Problem des Sozialhilfebezugs von stationär versorgten alten Menschen, die auch weiterhin die Haushalte der Länder und Gemeinden finanziell belasteten, hatte sich mit der Verabschiedung des Gesundheitsreformgesetzes wenig geändert. Auch die Krankenkassen befürchteten durch die aufgezwungene Verpflichtung steigende Beitragssätze. Die Alterssicherung der pflegenden Familienangehörigen blieb ein ungelöstes Problem. Die demographische Entwicklung ließ zusätzlich ein Ansteigen des Pflegerisikos befürchten.

In den achtziger Jahren verlief die Diskussion zur Pflegeversicherung parallel zu der Diskussion und Verabschiedung von Reformmaßnahmen bei den Krankenkassen und der Alterssicherung. Außerdem war zu diesem Zeitpunkt die öffentliche Haushaltslage angespannt. Im Nachhinein sieht es so aus, als habe die Pflegeversicherung im Kontext der politischen Diskussionen jener Zeit eine eher untergeordnete Rolle gespielt. Andererseits wurde damals zum ersten Mal in den Medien über das Risiko „Pflege“ berichtet und Umfragen in der Bevölkerung zu diesem Thema erhoben. Damit wurde die Problematik einer breiten Bevölkerung zugänglich gemacht.

Das Ergebnis des geschilderten Prozesses war die Herausarbeitung unterschiedlicher Lösungsvorschläge, Alternativen und politischer Positionen. Eine Einigung wurde in wenigen Punkten erzielt. Dazu zählte der Grundsatz, daß häusliche Pflege den Vorrang vor der Heimpflege haben, und daß die Pflegeversicherung für die Pflegefälle nicht die sogenannten Hotelkosten, d.h., die Kosten für Übernachtung und Verpflegung übernehmen sollte. Außerdem bestand Einigkeit darüber, daß die Zeiten aktiver Pflege auf die Rentenversicherung angerechnet werden sollten. Auffällig war bei dieser Diskussion, daß sie sehr stark unter finanziellen Erwägungen geführt wurde und daß immer die jeweils anderen bezahlen sollen.

Die großen Unterschiede der einzelnen Standpunkte und das Fehlen von Kompromißvorschlägen und Kompromißbereitschaft charakterisierten die Situation, als der Bundesarbeitsminister Norbert Blüm 1990 überraschend ankündigte, die neu zu wählende Bundesregierung werde bei einem Wahlgewinn durch die CDU - CSU das Problem der Pflegeversicherung lösen. In der Tat, die neu gewählte Bundesregierung stand zu ihrem Wort und nahm die Pflegeversicherung in ihr Regierungsprogramm auf.

Damit gelangte das Problem in die Phase der **Entscheidungsfindung**. Wie bereits erwähnt, ging es in der Diskussion um die Pflegeversicherung primär um die Finanzierung der Pflegeversicherung. Die weiteren Etappen, die schließlich zur Verabschiedung des Gesetzes führten, sind in Übersicht 10.3. dargestellt:

Übersicht 10.3.: Chronologie der wesentlichen Etappen der Verabschiedung des Pflegeversicherungsgesetzes:

September 1990	Der Minister für Arbeit und Soziales, Norbert Blüm, kündigt die Verabschiedung einer Pflegeversicherung als fünfte Säule des Sozialversicherungssystems für die nächste Legislaturperiode an.
Januar 1991	Die Regierungskoalition (CDU/CSU und FDP) trifft die Vereinbarung während der laufenden Legislaturperiode das Problem des Pflegerisikos zu lösen.
September 1991	das Sozialversicherungsmodell gewinnt die Mehrheit innerhalb der Fraktionen von CDU und CSU.
September 1991	Das Pflegeversicherungsgesetz der SPD wird im Bundestag abgelehnt
Juni 1992	CDU/CSU und FDP vereinbaren die Vorlage eines Pflegeversicherungsgesetzes auf der Basis des Sozialversicherungsmodells.
Juli 1993	Das Pflegeversicherungsgesetz der Bundesregierung wird in den Bundestag eingebracht.
Dezember 1993	Die SPD-geführten Bundesländer lehnen den Vorschlag des Vermittlungsverfahrens ab.
März 1994	CDU/CSU, FDP und SPD erzielen in der Frage der Pflegeversicherung einen Kompromiß.
April 1994	Bundestag und Bundesrat verabschieden das Pflegeversicherungsgesetz.

In der Regierungserklärung verpflichtete sich die wiedergewählte Koalition im Januar 1991, einen Gesetzesentwurf zur Pflegeversicherung in dieser Legislaturperiode vorzulegen und zu verabschieden. Die Diskussionen der Entwürfe und einer Vielzahl von Anhörungen der Parteien gingen im wesentlichen um die Finanzierung der Pflegeversicherung. Die Leistungen variierten eher geringfügig. Im März 1994 wurde das Pflegeversicherungsgesetz verabschiedet.

Der gesamtwirtschaftliche Rahmen, innerhalb dessen die Diskussion zur Pflegeversicherung stattfand, war gekennzeichnet durch eine sehr hohe öffentliche Verschuldung, eine Rezession sowie die wiederaufgelebte Debatte um den Standort Deutschland und die Grenzen des Sozialstaates. Widerstrebende wirtschaftspolitische Ziele und eine fehlende Prioritätensetzung haben damit zusätzlich die Problembearbeitung erschwert.

Mit der Verabschiedung des Gesetzes konnte der **Implementierungsprozeß** beginnen[22]. Wie wichtig diese Phase ist, läßt sich sehr gut am Beispiel des Pflegeversicherungsgesetzes zeigen, dessen Implementierung bis heute noch nicht abgeschlossen ist.

In Übersicht 10.4. ist ein Katalog von Gesetzen und Verordnungen zur Implementierung des Pflegeversicherunsgesetzes aufgeführt, die allein in dem Zeitraum vom 7. 4. 94. bis 10. 7. 1994 verabschiedet wurden. Wie die Beispiele in Übersicht 10.4. zeigen, ging es hier um die Spezifizierung des Gesetzes, um die Festlegung von Regeln und Zuständigkeiten, die Interpretation von Begriffen und Paragraphen, um Richtlinien für die Umsetzung von Gesetzesbestimmungen, die Regelung von Härtefällen und die Einigung auf gemeinsame Grundsätze. Hier müssen unter den „Stakeholders“, also den Anspruchsberechtigten, ähnliche Prozesse der Sinnfindung, Problemdefinition und Konsensbildung stattfinden, wie sie für die zweite und dritte Phase des alterspolitischen Prozesses beschrieben wurden. Wie schwierig dieser Prozeß ist, zeigt die Tatsache, daß diese Einigungen gleich wieder angezweifelt und erneut durchgekämpft werden mußten, kaum daß sie verabschiedet waren. Dies führt bei einigen Fragen dazu, daß die Gerichte eingeschaltet werden, bei anderen zu Versuchen, den Gesetzgeber zu bemühen.

---

22 Vgl. Meier, A.; Slembeck, T. (1998): S. 266-267.

Übersicht 10.4.: Beispiele für Gesetze und Verordnungen zur Implementierung des Pflegeversicherungsgesetzes[23]

<u>Pflegebedürftigkeitsrichtlinien</u> (PflRI): Richtlinien der Spitzenverbände der Pflegekassen über die Abgrenzung der Merkmale der Pflegebedürftigkeit und der Pflegestufen sowie zum Verfahren der Feststellung der Pflegebedürftigkeit vom 7. November 1994, geändert durch Beschluß vom 21. Dezember 1995.

<u>Härtefallrichtlinien:</u> Richtlinien der Spitzenverbände der Pflegekassen zur Anwendung der Härtefallregelungen des § 36 Abs. 4 SGB IX vom 10. Juli 1995, geändert durch Beschluß vom 19. Oktober 1995 (Erhöhtes Pflegegeld bei ambulanter Pflege in Ausnahmefällen).

<u>Begutachtungsanleitung:</u> Plegebedürftigkeit gemäß SGB XI, Medizinischer Dienst der Spitzenverbände der Krankenkassen e. V. vom 29. 5. 1995

<u>Musterversorgungsvertrag</u>: nach § 72 SGB XI (Vollstationäre Pflege).

<u>Gemeinsame Grundsätze</u> zur Qualität und Qualitätssicherung einschließlich des Verfahrens zur Durchführung von Qualitätsprüfungen nach § 80 SGB XI in der ambulanten Pflege vom 10. Juli 1995.

<u>Schiedsstellenverordnung</u>: Verordnung über die Schiedsstelle nach § 76 des SGB XI - Soziale Pflegeversicherung Niedersachsen vom 27. März 1995.

Die folgenden Beispiele aus den Presseberichten seit der Verabschiedung des Pflegeversicherungsgesetzes sollen die Diskussions- und Anpassungsprozesse illustrieren, die im Rahmen der Implementierungsphase ablaufen:

Juristische Klärungsprozesse vor Gerichten: Die Pflegeversicherung beschäftigt die Gerichte mit einer Vielzahl von Problemen aus sehr unterschiedlichen Bereichen. So klagten schon Anfang Januar 1995 Arbeitnehmer gegen den Sonderweg des Landes Sachsen bei der Finanzierung der Pflegeversicherung: Sachsen ist das einzige Bundesland, in dem die

[23] Die angegebenen Daten beziehen sich jeweils auf die Fassung, die abgedruckt ist bei Klie, T. (1996).

Arbeitnehmer seit dem 1. Januar 1995 die Pflegeversicherung in voller Höhe, einschließlich des Arbeitgeberanteils bezahlen müssen.[24]

Entlastung der Haushalte von Ländern und Kommunen: In der Tat scheint die Pflegeversicherung die Sozialhilfe zu entlasten. So stellte das hessische Sozialministerium fest, daß der Haushalt im Jahre 1997 um 390 Millionen Mark entlastet wurde. Dadurch seien die Gesamtausgaben der Sozialhilfe um 6,6 v. H. gesenkt worden.[25]

Austarierung der Beiträge: Der Überschuß der Pflegeversicherung im Jahre 1997 löste einen Streit um die Verwendung der Beitragsgelder aus. Nach Ansicht des Reichsbundes führt der durch die Pflegeversicherung ausgelöste Kostendruck zu unmenschlichen Zügen in der Pflege alter und kranker Menschen. Bundesregierung und Pflegekassen sollten deshalb den Überschuß von 8,9 Milliarden Mark dazu verwenden, Fachkräfte und Pflegeheime besser zu honorieren. Die derzeit übliche Bezahlung einer Pflegestunde mit 30 Mark inklusive Verwaltungskosten führe dazu, daß selbst Fachkräfte meist nur mit „Hungerlöhnen“ von unter 2000 Mark monatlich entlohnt werden könnten. Dagegen forderte der Vorsitzende des Bundestags-Finanzausschusses Carl-Ludwig Thiele (FDP), den Überschuß in der Pflegegeversicherung zur Senkung der Beiträge zu verwenden. Sie könnten dann sofort von 1,7 v. H. des Bruttoeinkommens auf 1,4 v. H. gesenkt werden.[26]

Abrechnungsprobleme bei den Pflegediensten: Hier hatte die AOK Hessen und der Medizinische Dienst der Krankenkassen 1997 bei 34.200 Einzelfällen 15.448 Beanstandungen festgestellt, wobei gegen fünf von zehn vollständig überprüften Pflegediensten bei den zuständigen Staatsanwaltschaften Strafanträge gestellt wurden. Die häufigsten Verfehlungen waren der Einsatz von unzureichend oder gar nicht qualifizierten Pflegekräften, die Anrechnung von nicht erbrachten Leistungen und die Forderung von vertraglich ausgeschlossenen Zuzahlungen.[27]

Markt und Wettbewerb: In Hessen hatte sich in den Jahren 1995 – 1997 die Zahl der Pflegedienste von 600 auf 900 erhöht.[28] Es wurde von einem Gründungsboom gesprochen. Die Konkurrenz wurde zusätzlich noch dadurch verschärft, daß immer mehr Ärztegemeinschaften und Altenheime

---

24 Vgl. o.V. (1995 c).
25 Vgl. o.V. (1998 a).
26 Vgl. o.V. (1997 c).
27 Vgl. o.V. (1997 d).
28 Vgl. o.V. (1998 b).

ihre eigenen Pflegedienste aufbauten. Hinzu kämen die Krankenhäuser, die solche Pflegedienste meist in Zusammenarbeit mit den Wohlfahrtsverbänden einrichteten, wobei letztere bei vielen Patienten einen Vertrauensvorsprung genießen. Insgesamt schätzte man, daß sich im gesamten Bundesgebiet im September 1996 die Zahl der Dienste von 4.000 auf 10.000 erhöht hatte.[29]

Verschlechterung der Finanzierung und der Pflegequalität: Das Frankfurter Forum für Altenpflege bemängelt, die Pflegeversicherung habe dazu geführt, daß sich die Sozialhilfeträger aus der Finanzierung der Heime zurückgezogen hätten, mit der Folge, daß diese sich immer weniger soziale Betreuung und therapeutische Angebote leisten könnten. Sie sei als Teilkaskoversicherung mit Selbstbeteiligung allein zuständig für die Körperfunktionen. Die Heimleiter forderten eine öffentliche Diskussion zu dem Thema: „Wollen wir eine kostengünstige Entsorgung für alte Leute, oder wollen wir, daß alte Menschen in Würde ihren Lebensabend gestalten können. Die Lösung ist ganz einfach. Die Sozialversicherung muß weg."[30]

Nachfrage- und Angebotsverschiebungen, Überschüsse und Defizite: Berichtet wird von einem „drastischen" Rückgang der Nachfrage nach Heimplätzen, der auf die Einführung der ersten Stufe der Pflegeversicherung zurückgeführt wird. Denn durch die finanzielle Unterstützung pflegebedürftiger Menschen bei einer Pflege in den eigenen vier Wänden werde ein Anreiz geschaffen, pflegebedürftige Angehörige so lange wie möglich zu Hause zu behalten.[31]

Der Ausgang des Implementierungsprozesses ist gegenwärtig noch offen. Wird man sich, abgesehen von kleineren Korrekturen, mit dem Pflegegesetz arrangieren ? Kommt es zu einer Novellierung ? Wird es abgeschafft, wie es die härtesten Kritiker fordern oder werden neue Probleme auftauchen, die eine Bearbeitung des Pflegeproblems in anderen Formen vornehmen, so daß auch andere Regelungen erforderlich werden? Die Ansätze zu einer Evaluation in Kapitel 9.3 lassen vermuten, daß Veränderungen wahrscheinlich sind.

---

[29] Vgl. o.V. (1996).

[30] Vgl. o.V. (1998 c).

[31] Vgl. o.V. (1995 d).

10.4.3. Schlußfolgerungen

Die Darstellung des alterspolitischen Prozesses am Beispiel der Pflegeversicherung hat gezeigt, daß es hierbei um mehr und etwas anderes geht, als nur darum, ein Problem richtig zu benennen, Ziele festzulegen, die Abweichung des gegenwärtigen oder erwarteten Ist- Zustandes vom Soll-Zustand festzustellen und dann die geeigneten Maßnahmen, deren Dosierung, Ausgestaltung und Einsatzzeitpunkt zu bestimmen. Dieses „Lage – Ziel – Mittel – Maßnahmen – Schema“ aus dem wirtschaftspolitischen Lehrbuch mag zwar für die Erstellung von Gutachten und Vorschlägen dienlich sein. Es eignet sich jedoch nicht für das Verständnis des alters- und jedes anderen politischen Prozesses und auch nicht als Modell für Beratung und Einflußnahme.

Soll ein Modell einen Prozess realistisch abbilden, wie Meier und Slembeck es mit ihrem Filtermodell des Prozesses der Entstehung und Bearbeitung von wirtschaftspolitischen Problemen beabsichtigen,[32] muß es sich in der Praxis bewähren. Die Anwendung auf das Pflegeproblem und das Pflegeversicherungsgesetz, die in diesem Kapitel nur andeutungsweise geschehen konnte, hat unseres Erachtens eine Reihe von Vorzügen aber auch einige noch zu behebende Schwächen und offene Fragen dieses Ansatzes aufgezeigt:

1. Es hat einen wesentlich höheren Allgemeingültigkeitsgrad, als ihn die Verfasser für ihr Modell in Anspruch nehmen. Denn es eignet sich nicht nur dazu, wirtschaftspolitische, sondern auch sozialpolitische und alterspolitische Prozesse zu beschreiben.

2. Es eignet sich zu einer Analyse des politischen Prozesses, wobei allerdings die Zuordnung eines Problems zu den jeweiligen Phasen nicht in jedem Fall zweifelsfrei gelingt. Offen ist allerdings, ob dies auf die Schwammigkeit einzelner Kriterien oder auf die Komplexität der politischen Prozesse zurückzuführen ist.

3. Es hat eine hohe empirische Relevanz, da es sich gut dazu eignet, in der Realität ablaufende Prozesse zu beschreiben und zu verstehen. Es ist zumindest für Problemfälle realistisch bzw. empirisch nachvollziehbar. Die von den Verfassern für wenig relevant erachtete Frage des politischen Prozesses bei Routineproblemen sollte weiter verfolgt werden, da vermutlich der größte Teil politischer Probleme in diese Kategorie gehört.

---

[32] Vgl. Meier, A.; Slembeck, T. (1998): S. 21-22.

Handelt es sich um ein Modell, das, wie gelegentlich in Diskussionen argumentiert wird, nur dazu geeignet ist, den politischen Prozeß in Demokratien abzubilden, die in etwa dem Schweizer Vorbild entsprechen? Die Übertragung auf die deutsche Realität stellt hierfür ein Gegenargument dar. Wir möchten jedoch noch einen Schritt weitergehen: in einzelnen Teilen stellt das Modell politische Prozesse nicht nur dar, wie sie in Demokratien ablaufen, sondern unabhängig vom politischen System. Die Mechanismen mögen andere sein, aber die Phasen lassen sich überall feststellen.

Ein Kritikpunkt, der unseres Erachtens nicht widerlegt werden kann, ist der, daß das Modell zumindest in seiner gegenwärtigen Form keine Prognosen erlaubt. Die Feststellung, daß sich ein Problem in einer bestimmten Phase befindet bzw. bestimmte Filter noch durchlaufen muß, versetzt uns nicht dazu in die Lage, Aussagen über das weitere Schicksal eines Problems – Herausfallen aus dem politischen Prozeß oder erfolgreiche weitere Bearbeitung – zu machen.

Für die **Beobachtenden und für die Teilnehmenden (alters-)politischer Prozesse** kann es als Orientierungshilfe dienen. Es ermöglicht einerseits eine bessere Zuordnung und ein besseres Verständnis des beobachteten Geschehens wie andererseits der Planung und der Auswirkungen des eigenen Handelns.

Sehr wohl erlaubt es uns, Aussagen darüber zu machen, welche Teilprozesse und Kriterien innerhalb der einzelnen Phasen im Hinblick auf das Problem noch erfüllt bzw. noch geleistet werden müssen. Und damit kommen wir zu einem außerordentlich wichtigen Beitrag, den das Modell leisten kann: es scheint dazu geeignet zu sein, der **wissenschaftlichen Beratung** eine realistischere Selbsteinschätzung und damit eine größere Wirksamkeit zu ermöglichen. Denn das traditionelle Beratungsmodell berücksichtigt nicht, in welchem Stadium des wirtschaftspolitischen Prozesses sich ein Problem befindet. Es geht von einem wissenschaftlich fundierten Vorschlag aus und sieht die Rolle der Beratung darin, die Umsetzung und Implementierung dieses als optimal betrachteten Vorschlags zu unterstützen. Die Tatsache, daß die **Prozesse** der **Problemwahrnehmung, der Problementstehung** und **Problembearbeitung** nicht berücksichtigt werden, hat dazu geführt, daß sich Wissenschaft und Beratung in eine Sackgasse manövriert haben. Es besteht Frustration auf beiden Seiten, wobei die Wissenschaftler von einem **Politikversagen** sprechen und den Politikern Fehlleistungen oder Unfähigkeit bei der Umsetzung ihrer Empfehlungen vorwerfen; dagegen sprechen die Politiker von einem **Wissen-**

schaftsversagen, und meinen damit, daß die Empfehlungen der Wissenschaftler für die reale politische Situation unrealistisch und unbrauchbar sind.

Ein Ausweg könnte unseres Erachtens darin bestehen, daß **Beratung als ein interaktiver und iterativer Prozeß** verstanden wird, bei dem der Berater selbst Akteur ist.[33] Der Berater ist nicht Außenstehender sondern Teilnehmer des Diskussionsprozesses. Aufgabenstellung und Gegenstand seiner Beratung richten sich nach den Prozessen und Fragen, die in den jeweiligen Phasen bearbeitet werden.

---

[33] In der 2. Auflage stellen Meier und Slembeck ein „prozeßorientiertes Modell der „Politikberatung“ vor. Vgl. Meier, A.; Slembeck, T. (1998): S. 277-295.

ACH! GIBT'S NICHT! HAT SIE SICH AUF IHRE ALTEN TAGE GLATT NOCH SELBST-STÄNDIG GEMACHT!
MATHILDE PLAUMANN
LEBENSERFAHRUNGEN
WEISHEITEN
MO-FR 10-12 UHR
15-17 UHR
TP

11. ALTERSPOLITIK FÜR EINE ALTERSINTEGRIERTE GESELLSCHAFT

„Erfolgreiches Altern Ermöglichen“ als Ziel der Alterspolitik hat eine gesellschaftliche und eine individuelle Dimension. Langfristig lassen sich diese Dimensionen nicht gegeneinander sondern nur parallel zueinander und miteinander realisieren. Sie stehen untereinander in einer Win-Win-Beziehung. Gleichzeitig ist die Realisierung einer angemessenen Alterspolitik für alternde Gesellschaften eine Schicksalsfrage.

In diesem Abschlußkapitel sollen die in den vorangegangenen Kapiteln angestellten Überlegungen in einem alterspolitischen Konzept zusammengefaßt werden, das notwendig allgemein gehalten ist, jedoch soweit konkrete Anhaltspunkte bietet, daß es als Ausgangspunkt für die Formulierung einer alterspolitischen Konzeption[1] dienen kann. Der Begründung der Notwendigkeit einer solchen alterspolitischen Konzeption dienen die ersten drei Abschnitte dieses Kapitels.

Unter einer wirtschaftspolitischen Konzeption versteht man einen Orientierungsrahmen für eine Politik zur Lösung konkreter Probleme. Sie enthält langfristig bedeutsame Ziele, ordnungspolitische Grundsätze und zielkonforme Instrumentenkategorien.[2]

Gegenstand des letzten Abschnitts sind wissenschaftstheoretische Überlegungen und, daraus abgeleitet, normative Empfehlungen, die als Grundlage für eine alterspolitische Konzeption dienen können.

11.1. Alterspolitische Themen als Stiefkind der Gesellschaftspolitik

Obwohl die demographische Entwicklung (‘dreifaches Altern’) als Tatsache sowohl innerhalb der Bevölkerung als auch innerhalb der politischen Parteien, der Verbände (z. B. Arbeitgeber- und Arbeitnehmerverbände) und der Wissenschaft weitgehend bekannt ist, wird das Phänomen der Alterung der Gesellschaft in ihren Konsequenzen zumeist nur ausschnittsweise zur Kenntnis genommen (z. B. bei der Rentendiskussion oder bei der Einführung der finanziellen Absicherung gegen das Risiko

---

[1] Eine alterspolitische Konzeption ist eine Art dauerhate Richtschnur oder ein Orientierungsrahmen für alterspolitische Aktivitäten. Sie gibt ein wünschenswertes sowie gesellschaftlich, politisch und ökonomisch realisierbares Leitbild vor.

[2] Vgl. Streit, M. (1991): S. 254-255.

der Pflege im Alter), ansonsten aber - weitgehend - verdrängt.[3] Warum dies so ist, kann u. E. mit Hilfe des im 10. Kapitel beschriebenen Erklärungsansatzes von Meier und Slembeck nachvollzogen werden. Für die Situation der Bundesrepublik Deutschland basiert diese Nichtbeachtung gegenwärtig vor allem auf folgenden Faktoren:

1. Momentan leben wir (nicht nur in Deutschland) in demographisch eher goldenen Zeiten. Bis zum Jahr 2010 verändern sich die Relationen der Alterskohorten nur wenig. Die geburtenstarken Jahrgänge der 60er Jahre bilden heute die dominante mittlere Generation, die den wesentlichen Beitrag für die Entstehung des Bruttosozialprodukts leistet. Nach dem Jahre 2010, wenn diese Generation in den Ruhestand wechselt, wenn die Zahl der ökonomisch aktiven, d. h. der erwerbstätigen Menschen kleiner wird, werden die Konsequenzen mit aller Deutlichkeit erkennbar und negativ wirksam, sofern nicht heute die richtigen Weichenstellungen vorgenommen werden.

2. Das Krisenproblem der 90er Jahre ist die Arbeitslosigkeit, von der sehr viele Menschen direkt oder mittelbar in starkem Maße persönlich betroffen sind. Andere Probleme werden aus diesem Grund auf der kollektiven Ebene nicht wahrgenommen, nur halbherzig behandelt oder in dem Sinne bearbeitet, daß ihre Bearbeitung auch einen positiven Beitrag zur Problemlösung der Arbeitslosigkeit aufweist, wie etwa die Frühverrentungsstrategien Anfang der 90er Jahre oder die Diskussion der Regierungskoalition von SPD und BÜNDNIS 90/DIE GRÜNEN hinsichtlich der Einführung einer 'Ökosteuer', um dadurch die Lohnnebenkosten zu senken.

3. Obgleich schon seit Anfang der 90er Jahre mehr als 16 Mio. Menschen bzw. mehr als 20 v.H. der Bevölkerung in Deutschland über 60 Jahre alt sind, existieren keine qualitativ und quantitativ bedeutsamen Interessengruppen von und für ältere Menschen. Sowohl die 'Grauen Panther' als auch die entsprechenden Interessenorganisationen in den beiden großen Volksparteien führen im Prinzip ein Schattendasein. Lediglich auf kommunaler Ebene ist z. B. durch die Zunahme der Se-

---

[3] Zweifelsohne gibt es hierbei auch Ausnahmen, wie etwa die wissenschaftlichen Arbeiten der 1991 eingerichteten Enquete-Kommission des Deutschen Bundestages (vgl. Deutscher Bundestag (1994) und Deutscher Bundestag (1998) oder die einzelnen Beiträge und insbesondere die Konzeption des Sammelbandes von Baltes, P. B.; Mittelstraß, J. (1992, Hrsg.) oder das an ein breiteres Publikum gerichtete Funkkolleg 'Altern', mit seinen Rundfunksendungen und Studienbriefen, das am 21.10.1996 begann und am 30.03.1997 endete.

niorenbeiräte eine 'Politisierung des Alters' abzulesen. Ob dies allerdings als allgemeine Politisierung des Alters interpretiert werden kann, ist mehr als fraglich, da zum einen die Existenz von Seniorenbeiräten unter der älteren Bevölkerung nicht durchgängig bekannt ist und zum anderen die politische Bedeutung derartiger Gruppen oft überschätzt wird.[4]

Aus Sicht der systemevolutionären Wirtschaftspolitik folgt, daß die Alterungsprobleme in der Regel nicht auf die kollektive Ebene gelangen. Solche Probleme, die den Vorfilter passieren und auf die kollektive Ebene gelangen, werden in einer solchen Weise umdefiniert, daß die daraus ableitbaren alterspolitischen Interventionen primär einen positiven Beitrag zur Lösung anderer, als dringender angesehener Probleme (z. B. Bekämpfung der Arbeitslosigkeit; Senkung der Lohnnebenkosten) leisten.

11.2. Zukünftige Herausforderungen in einer alternden Gesellschaft

Aus evolutionssystemischer Sicht ist sowohl ein erfolgreiches Altern der Individuen als auch der Gesellschaft möglich, wenn die individuellen und die gesellschaftlichen Alterungsprozesse sowie die damit verbundenen Chancen und Probleme wahrgenommen werden, in die alterspolitischen Prozesse Eingang finden und angemessen bearbeitet werden. Zusammenfassend können unter den gegenwärtigen gesellschaftlichen und ökonomischen Rahmenbedingungen u. E. auf der individuellen Ebene - in Anlehnung an die Ausführungen in den Kapiteln 5 bis 9 - folgende Probleme bzw. Fragen identifiziert werden:

- Bestimmte soziale Schichten der älteren Generation (vor allem Personen, die während der Erwerbsphase nicht oder nur teilweise erwerbstätig waren, wie insbesondere ältere Frauen) verfügen nicht über ausreichend finanzielle und materielle Ressourcen, um einen soziokulturell zufriedenstellenden Lebensabend zu verbringen.
- Ein Teil der älteren Menschen (vor allem Witwen und Witwer) sind nach ihrer Erwerbsphase nicht oder nur unzureichend in ihr soziales Umfeld integriert, mit der Folge, daß sie in Einsamkeit und sozialer Isolation leben. Dementsprechend liegt ihre Selbstmordrate über dem Durchschnitt der Gesellschaft. „3/4 aller Selbstmorde werden von Al-

---

[4] Während einer Befragung älterer Menschen in Schleswig-Holstein wußten 69 v.H. nicht, ob es einen Seniorenbeirat vor Ort gibt. Vgl. Schütz, R.-M.; Tews, H.-P. (1991): S. 75. Zur Überschätzung der Bedeutung der politischen Arbeit von Seniorenbeiräten vgl. Haug, K. (1989): S 231-238 und vor allem Zeman (1985).

ten begangen, häufiger von Männern als von Frauen."[5] Offenbar sehen alte Menschen in ihrem Leben nur noch wenig Sinn, wobei dieser Sinnkrise augenscheinlich Männer stärker ausgesetzt sind als Frauen, da diese durch ihre selbständige Haushaltsführung und durch ihre stärkere Orientierung an zwischenmenschlichen Beziehungen besser auf das Leben im Ruhestand vorbereitet sind.[6]

- Unabhängig davon, ob die älteren Menschen in der Ruhestandsphase eine produktive Tätigkeit ausüben wollen oder nicht, nehmen sie nicht mehr in einem volkswirtschaftlich bedeutenden Umfang an der Leistungserbingung teil. Aus dem Arbeitsmarkt werden sie aufgrund von rechtlichen, arbeitsmarkt- und betriebspolitischen Maßnahmen ausgegrenzt. Im familiären Umfeld können sie aufgrund der De-Institutionalisierung der Familie auch immer seltener altersadäquate (produktive) Aufgaben verrichten.

- Es existiert keine altersgerechte Gesundheitspolitik. Sowohl die institutionelle Ausgestaltung des Gesundheitswesens als auch die Zielsetzungen medizinischer Behandlungen orientieren sich an dem Krankheitsbild sowie Gesundheitsverständnis der jüngeren und mittleren Generation. In Verbindung mit einer nicht altersadäquaten medizinischen Behandlung führt schon eine eingeschränkte Leistungsfähigkeit aufgrund der Alterung der Organe oder Krankheit im Alter häufig zu Immobilität und Ausgrenzung.

- Schließlich ist auch die Pflegepolitik defizitär. Die Einführung der Pflegeversicherung mag zwar einige Probleme gemildert haben. Angesichts der sich abzeichnenden Entwicklungen im demographischen (weitere Zunahme der Hochaltrigkeit), wirtschaftlichen (Kostensteigerungen und Beitragsdeckelung) und soziostrukturellen Bereich (Zunahme der Frauenerwerbstätigkeit, Zunahme der Lebensform „Single-Dasein") fehlt es auch hier an nachhaltig zukunftsträchtigen Formen der Problembearbeitung.

Aus volkswirtschaftlicher Sicht stellen sich durch das Phänomen der Alterung der Bevölkerung in Deutschland drei prinzipielle Fragen, die, wenn sie für das System nicht zufriedenstellend bearbeitet werden, schwerwiegende Probleme mit sich bringen:

---

[5] Gérard, V. (1993): S. 286.

[6] Vgl. Ritter, U. P. (1995 b): S. 182.

- Die **Verteilungsfrage**: Nach welchen Prinzipien wird das zukünftige Sozialprodukt auf die einzelnen Generationen bzw. Altersgruppen (Jugendliche; Erwerbstätige, Arbeitslose und Erwerbsunfähige; Personen die sich im Ruhestand befinden) angesichts der Verschlechterung der Relation von Erwerbsfähigen zu älteren Menschen verteilt?

- Die **Finanzierungsfrage**: Wie werden aufgrund des demographischen Wandels die Ansprüche der älteren Generation auf das Sozialprodukt abgesichert bzw. zugeteilt?

- Die **Produktionsfrage**: Wer erstellt angesichts des demographischen Wandels in Zukunft das Sozialprodukt? Bekommt aufgrund des arbeitssparenden technischen Fortschritts der Produktionsfaktor Arbeit immer weniger Bedeutung, oder wird es in Zukunft auch notwendig sein, daß die älteren Menschen selbst aktiv einen Beitrag zur Leistungserbringung erwirtschaften müssen?

11.3. Notwendigkeit eines Paradigmenwechsels in der Alterspolitik

Ein erfolgreiches Altern aus evolutions-systemischer Sicht ist für den Einzelnen und für das Gesamtsystem nach Ansicht der Verfasser nur dann möglich, wenn sowohl die o. g. Probleme auf individueller Ebene als auch die drei zuletzt genannten volkswirtschaftlichen Fragen mit allen Beteiligten diskutiert und im Rahmen eines alterspolitischen Prozesses für alle zufriedenstellend - d. h., im Konsens - gelöst werden. Hierzu ist im Sinne einer radikalen Veränderung der Denk- und Verhaltensmuster ein Paradigmenwechsel notwendig. Die Begriffe „Alten- bzw. Seniorenpolitik" ja sogar der Begriff „Sozialpolitik für ältere Menschen" beinhalten Konnotationen und wecken Asssoziationen von einer besonderen Hilfs- und Schutzbedürftigkeit älterer Menschen. Gleichzeitig sprechen sie diesen den Charakter eines vollwertigen Mitglieds der Gesellschaft ab oder aber sie legen den Gedanken einer einseitigen Interessenspolitik zugunsten einer bestimmten Bevölkerungsgruppe nahe.

Eine solche negativ gefärbte Sichtweise ist der Problemlage einer Alterspolitik wie sie in diesem Buch skizziert wurde, nicht angemessen. Dementsprechend sollte von folgenden Vorstellungen, Stereotypen, Zielformulierungen und Fehlannahmen Abschied genommen werden:

<u>Fehlannahme 1:</u>

Alte Menschen sind immer unselbständig und krank und somit hilfs-, pflege- und unterstützungsbedürftig. In den entsprechenden Kapiteln wurde dieses negative Altersbild genauso widerlegt wie ein positives Altersbild, das ausschließlich Vitalität, Selbständigkeit, Gesundheit, Zufriedenheit und Produktivität suggeriert. Die ältere Generation ist eben keine in sich homogene Gruppe.

Fehlannahme 2:

Altern ist ein gleichförmiger und gleichsinnig verlaufender Prozeß und kann daher mit Hilfe einer Theorie der individuellen Anpassung an das Alter erklärt werden. Sowohl die Theorien, die eher ein negatives Altersbild als auch die Theorien, die eher eine positive Sichtweise des Alterns vorschreiben, haben sich - im Sinne von Popper - in der Realität nicht bewährt und sind demzufolge zu falsifizieren. Altern ist ein mehrdimensionaler Prozeß und die unterschiedlichen Lebensverläufe werden sowohl durch die interindividuellen als auch intraindividuellen Differenzen geprägt.

Fehlannahme 3:

Materielle Sicherung im Alter kann nur durch ein soziales Sicherungssystem erzielt werden, das als Bezugsgröße das sozialversicherungspflichtige Einkommen während der Erwerbsphase berücksichtigt. Würde in Zukunft ausschließlich eine solche Sicherungsstrategie verfolgt, würde es zu einer Überforderung der nachwachsenden Generationen oder zu einem nicht vertretbaren Absinken des Rentenniveaus kommen, denn "die im Umlageverfahren finanzierte Altersversorgung wird - voraussichtlich - ab dem Jahre 2020 an die absoluten Grenzen ihrer Leistungsfähigkeit stoßen."[7]

Fehlannahme 4:

Die Verrentungsstrategien der 80er und 90er reduzieren nicht nur die Arbeitslosigkeit sondern stärken auch das Gesamtsystem. Zweifelsohne entlasten Rentenzugänge den Arbeitsmarkt auf der Angebotsseite. Welche Auswirkungen diese Strategien in Verbindung mit einer in Zukunft immer stärker abnehmenden Zahl von erwerbsfähigen Menschen auf die Ökonomie, insbesondere auf das Innovationsverhalten der Unternehmen und deren Innovationsfähigkeit und -bereitschaft hat, muß kritisch und eingehend untersucht werden. So schreibt der Ökonom Günter Buttler, "daß das Wirtschaftswachstum bei schrumpfender Bevölkerung in die Zange von reduzierter Nachfrage und verringertem technischen Fortschritt gerät, wobei sich beide Faktoren noch gegenseitig verstärken können."[8]

---

[7] Klose, H.-U. (1997): S. 7.

[8] Zitiert nach Klose, H.-U. (1997): S. 7.

Auf der Basis der genannten Vorurteile und Stereotypen lassen sich weder für die Alten noch für die Gesellschaft als Ganzes Hinweise für eine zukunftsorientierte Alterspolitik ableiten. Sie sind deshalb durch Vorstellungen vom Prozeß des Alterns und von alten Menschen zu ersetzen, die u. E. auf der einen Seite die Realität besser beschreiben und auf der anderen Seite Ansatzpunkte für ein erfolgreiches Altern bieten:

- Das Überwechseln der Menschen in den Status von Alten ist weder allgemein verbindlich noch auf ein bestimmtes Jahr fixiert, sondern ergibt sich individuell, entsprechend dem persönlichen Leistungsstand sowie dem sozialen und kulturellen Kontext, in den der einzelne Mensch eingebunden ist.
- Alte und ältere Menschen haben nach Abschluß ihrer Erwerbsphase sowohl ein Bedürfnis nach Entpflichtung als auch nach Selbstverwirklichung und Autonomie.
- Altern kann nicht mit Krankheit gleichgesetzt werden, und insbesondere die jüngeren älteren Menschen haben historisch betrachtet überwiegend einen vergleichsweise guten und zufriedenstellenden Gesundheitszustand.[9]
- Viele ältere Menschen weisen einen vergleichsweise hohen Bildungsstand auf und wollen oftmals im Alter sowohl ihren geistigen Horizont erweitern, als auch ihr Wissen an andere vermitteln.
- Ein nicht zu unterschätzender Anteil älterer Menschen möchte im Alter eine produktive Tätigkeit außerhalb der Familie ausüben. Gleichwohl ist auch zu berücksichtigen, daß es Menschen gibt, die im Alter einen hedonistischen Lebensstil bevorzugen, und demzufolge keine Verpflichtungen mehr eingehen möchten.

11.4. Grundlagen einer alterpolitischen Konzeption

11.4.1. Prinzipielle Überlegungen

Eine Alterspolitik mit systemisch-evolutionärer Perspektive vertraut nur begrenzt darauf, daß politische Akteure durch ihre Handlungen bzw. Interventionen direkte Wirkungen erzielen und unmittelbar angestrebte Ziele erreichen können. Es erscheint deshalb sinnvoller, grundsätzliche Überle-

---

9 Allerdings treten - statistisch betrachtet - Krankheiten, vor allem chronische und psychische Erkrankungen sowie zunehmende Multimorbidität bei Personen im Alter von über 80 Jahren verstärkt auf.

gungen anzustellen, Bereiche von Interventionen zu definieren und Richtungen anzugeben, auf die diese abzielen können, als unabhängig vom jeweiligen historischen Kontext sowie dem Zustand und Verhalten der jeweiligen Systemumwelt Kataloge von Zielen und Maßnahmen zu formulieren, die dann bei ihrem konkreten Einsatz eventuell keine, geringe oder sogar den Intentionen entgegengesetzte Veränderungen hervorrufen. Es sollen deshalb an dieser Stelle einige richtungsweisende oder strategische Ziele benannt und allgemeine Ausführungen zu der Art alterspolitischer Interventionen und den Aufgaben und der Rolle des Staates gemacht werden, bevor in einem zweiten Abschnitt abschließend die Bereiche alterspolitischen Handelns benannt werden.

Im Hintergrund aller folgenden Überlegungen steht die Vision einer altersintegrierten Gesellschaft, wie sie an verschiedenen Stellen dieses Buches angesprochen wurde. Um daraus strategische Ziele und Prinzipien einer zukunftsorientierten Alterspolitik abzuleiten, können wir an jene Ziele anknüpfen, die in Kapitel 9 für die Pflegepolitik aufgeführt wurden:

Die Alterspolitik sollte darauf hinwirken, eine gesellschaftliche **Resolidarisierung** zu erreichen. Das bedeutet zum einen, wie dort ausgeführt, eine Umkehrung des dem Wolfahrtsstaat innewohnenden Trends, personale Solidarleistungen durch staatliche Leistungen und Sachleistungen durch monetäre Leistungen zu ersetzen. Es bedeutet zum anderen aber auch die **soziale und ökonomische Integration bzw. Reintegration** alter und älterer Menschen in die Netzwerke gesellschaftlicher Beziehungen und gesellschaftlicher Arbeitsteilung.

Dies impliziert zum Dritten die Umkehrung des Trends zur Ausdifferenzierung der Alten und zur Schaffung neuer Subsysteme, die deren Ausgrenzung zur Folge haben. Statt dessen sollte dieser Trend durch einen Trend zur **Verstärkung der Beziehungen und der Kooperation zwischen den Generationen** ersetzt werden.

Oberstes Prinzip sollte bei allen Maßnahmen die **Stärkung von Autonomie und Selbstverantwortung** der Alten sein. Alles, was die Abhängigkeit verstärkt, herbeiführt oder erhält, muß vermieden werden. Nur wenn die Kräfte der Selbsthilfe versagen oder unzureichend sind, sollte die Offenheit in Anspruch genommen werden.

Dem Prinzip der **Subsidiarität** soll auch in der Alterspolitik Geltung verschafft werden. Öffentliche Einrichtungen sollen die Selbsthilfe ergänzen, fördern und komplementieren. Öffentliche oder karitative Einrichtungen sollten auf allen Ebenen mit Selbsthilfeinitiativen zusammenarbeiten statt diese als Konkurrenz zu bekämpfen.

Bei der Wahl der Organisationsformen für alterspolitische Institutionen sollte das Prinzip der **Dynamisierung** gelten. Ziel sollte nicht die Herstellung oder Aufrechterhaltung eines optimalen Versorgungszustands sein sondern die Entstehung flexibler, dynamischer Organisationsformen, die auf neue Bedürfnisse rasch reagieren können und ihre Angebote entsprechend rasch umwandeln und erweitern können.

Ein allgemeiner **Katalog alterspolitischer Interventionen** könnte z. B. die folgenden Handlungen umfassen:

- Vorbilder, Paradigmen, Modelle entwickeln und propagieren;
- geeignete Entwicklungen fördern, unterstützen, anregen;
- Orientierungen über Alternativen und deren Implikationen geben, Diskussionen anregen etc..

Diese allgemein umschriebenen Interventionen wirken im Sinne der strategischen Ziele nicht direkt sondern eher indirekt. Außerdem sind sie nicht direktiv sondern erlaubend und fördernd. Für den jeweiligen Handlungskontext und Handlungsbereich sind sie zu konkretisieren und dem Prozeßcharakter alterspolitischen Handelns entsprechend zu gestalten. Darüber hinaus sollten im Sinne einer pragmatischen Alterspolitik von Seiten des Staates monetäre und gesellschaftliche Anreize implementiert werden, sowie Grenzen gesetzt, Regeln festgelegt und Sanktionen bestimmt werden, die mit dem zuvor aufgestellten Katalog alterspolitischer Interventionen kompatibel sind.

Für die **Aufgaben und die Rolle des Staates** als alterspolitischer Akteur ergeben sich aus dem oben Gesagten neue Überlegungen. Anstatt auf direktem Wege Maßnahmen zu ergreifen, sollte der Staat die gesellschaftlichen Teil- und Subsysteme dazu bringen, selbst im erwünschten Sinn tätig zu werden. Somit ist er für den rechtlichen und den ordnungspolitischen Rahmen verantwortlich, innerhalb dessen diese Systeme handeln. Zudem sollte und kann er dabei aber auch andere Rollen und Aufgaben übernehmen, wie z. B.:

- Diskurse zu alterspolitischen Fragen beginnen und moderieren;
- sich an Kooperationen beteiligen und hierfür die geeigneten Partner miteinander ins Gespräch bringen;
- den Aufbau von Wissensbanken betreiben etc.

Bei den hier genannten Vorschlägen handelt es sich um Maßnahmen, die indirekt wirken, die Systemautonomie wahren und stärken sowie Abhängigkeit vermeiden.

11.4.2. Bereiche alterspolitischen Handelns

Für die einzelnen alterspolitischen Bereiche bedeutet der oben beschriebene Paradigmenwechsel, daß an vielen Stellen die gesellschaftlichen und politischen Problemdefinitionen überarbeitet werden müssen.

Im Rahmen der **Versorgungsfunktion** sollten sowohl die demographische Entwicklung als auch der gesellschaftliche Wandel stärker berücksichtigt werden, insbesondere bei einer - u. E. notwendigen – Rentenreformpolitik. Hierbei ist es auch hilfreich, die Problembearbeitungsstrategien und Erfahrungen von anderen Ländern zu berücksichtigen, die kein beitrags- und umlagefinanziertes Rentensystem haben. Darüber hinaus sind auch andere Sicherungssysteme im Sinne von funktionalen Äquivalenten zu identifizieren und durch alterspolitische Interventionen zu unterstützen, die außerhalb der traditionellen Sozial- und Arbeitsmarktpolitik liegen.[10]

Neben der Bereitstellung von finanziellen Mitteln für die individuelle Lebensführung ist ebenfalls die Versorgung mit einer altersgerechten Infrastruktur zu nennen. Auch diese sollte der möglichst lang aufrechtzuerhaltenden Autonomie älterer Menschen dienen. Unter anderem zählen hierzu der Bau altersgerechter Wohnungen, die altersgerechte Umgestaltung vorhandener Wohnungen und die kompensatorische Nutzung moderner Technik, wie die bereits erwähnten "intelligent homes".[11] In die gleiche Richtung zielen Einrichtungen, die Behinderungen durch Bereitstellung von anderen Dienstleistungen auszugleichen versuchen. Zu erwähnen ist hier das "Essen auf Rädern" sowie Leistungen von Sozialstationen und Seniorengenossenschaften, Bürgerbüros und anderen sozialen Netzen.

Im Hinblick auf die auch die Versorgungsfunktion berührende **gesellschaftliche Leistungserstellung** wurde auf die Notwendigkeit und ebenfalls auf die damit verbundenen Chancen einer Übernahme neuer produktiver Tätigkeiten durch ältere Menschen hingewiesen. Diese Aktivitäten sind allerdings nur dann für die Subsysteme und das Gesamtsystem erfolgreich, wenn die Älteren Aufgaben übernehmen und ausüben, die ihrem Lebensalter angepaßt sind und die außerhalb des ersten Arbeitsmarktes liegen.

---

[10] Vgl. hierzu die Ausführungen im Abschnitt 5.4.

[11] Vgl. Abschnitt 5.5.3.

Eine ausschließliche Heraufsetzung des gesetzlichen Rentenzugangsalters ist u. E. nicht sinnvoll, denn erstens müßten die älteren Menschen, sofern sie keine Rentenkürzungen hinnehmen möchten, weiterhin Aufgaben wahrnehmen, für die jüngere Menschen u. U. besser geeignet sind. Zweitens würde sich dadurch das Problem der Arbeitslosigkeit verstärken. Drittens würden dadurch die Aufstiegschancen der jüngeren Erwerbstätigen behindert und es würde zu einem Konkurrenzkampf zwischen Jung und Alt um die relativ knappen Arbeitsplätze kommen. Insgesamt würde dadurch auch die befürchtete Vergreisung der Unternehmen gefördert. Deshalb ist die Übernahme anderer, dem Lebensalter angepaßter Aufgaben als Problembearbeitungsstrategie einer Heraufsetzung des Rentenzugangsalters vorzuziehen.

Im Hinblick auf die gesellschaftliche Leistungserstellung wurde auf die große ökonomische Bedeutung der Eigenarbeit zur Aufrechterhaltung einer selbständigen Lebensführung hingewiesen, sowie auf die hohen Kosten, die dann entstehen, wenn Eigenarbeit durch Leistungen und Dienste ersetzt werden muß, die von zu entlohnenden Dritten erbracht werden. Deshalb sind aus ökonomischer Sicht, aber auch unter gerontologischen Gesichtspunkten jene alterspolitischen Interventionen zu unterstützen, die darauf hinauslaufen, die Eigenständigkeit, Selbstbestimmung und Autonomie alter Menschen aufrechtzuerhalten und die Selbstversorgung zu ermöglichen. Das bedeutet z. B. die Bereitstellung einer entsprechenden Infrastruktur, die eine solche Autonomie auch dann noch ermöglichen kann, wenn altersbedingte Behinderungen die Handlungsfähigkeit einschränken.

Des weiteren ist, wie in Abschnitt 8.2 ausführlich beschrieben, ein Paradigmenwechsel in der **Gesundheitsversorgung** notwendig. Im Sinne des 'Salutogenesemodells' sollte eine ganzheitliche präventive und kurative medizinische Versorgung mit dem Ziel, ein Optimum an Funktionalität (im medizinisch-biologischen sowie im sozialen Sinne) bei den älteren Menschen zu erhalten bzw. bei Krankheit wiederherzustellen, praktiziert werden. Dadurch kann das Ziel „selbständiges Wohnen im Alter" eher realisiert werden, als durch die gegenwärtige Gesundheitspolitik. Finanziert werden sollte dies - aufgrund des Solidaritätsgedankens - weiterhin durch die GKV, wobei insbesondere wegen des medizinisch-technischen Fortschritts und der demographischen Entwicklung Rationalisierungs- und Rationierungsstrategien notwendig sind, die aber nicht ausschließlich zu Lasten der älteren Bevölkerung gehen dürfen.

Im Bereich der **Pflegefunktion** schließlich wird es darum gehen müssen, die Möglichkeiten der Selbstpflege zu stärken und zu fördern. Daneben sind alle Formen der Selbsthilfe zu unterstützen, in denen die weniger Alten die sehr Alten und die Gesunderen die weniger Gesunden unterstützen. Subsidiäre öffentliche Leistungen sollten die Selbsthilfe ergänzen und unterstützen statt sie zu ersetzen und zu schwächen.

Die hier erwähnten Vorschläge, und das sollte abschließend noch erwähnt werden, haben auch eine **sinnstiftende Funktion,** indem sie alte und ältere Menschen sozial und ökonomisch in den gesellschaftlichen Prozeß einbinden statt sie auszugrenzen und auf Randplätze in der Gesellschaft zu verweisen.

Werden alterspolitische Leitlinien in diesem Sinne im alterspolitischen Prozeß umgesetzt, kann u. E. der viel beschworene **'Generationenkrieg'** vermieden werden und ein produktives und gesellschaftlich befriedigendes Miteinander von jungen und alten Menschen ermöglicht werden. Davon werden letztendlich alle Subsysteme profitieren.

LITERATURVERZEICHNIS

Aaron, H. J.; Schwarz, W. B. (1984): The Painful Prescription - Rationing Hospital Care, Washington.

Alber, J. (1994): Soziale Integration und politische Repräsentation von Senioren, in: G. Verheugen (Hrsg.): Die wachsende Macht der Älteren, Köln, S. 145–168.

Alber, J.; Bernardi-Schenkluhn, B. (1992): Westeuropäische Gesundheitssysteme im Vergleich. Bundesrepublik Deutschland, Schweiz, Frankreich, Italien, Großbritannien, Frankfurt a. M., New York.

Albers, W. (1982): Soziale Sicherung - Konstruktionen für die Zukunft, Stuttgart.

Albers, W. u. a. (1981, Hrsg.): Handwörterbuch der Wirtschaftswissenschaften, Stuttgart.

Aldrup, D. (1980): Werturteilsstreit, in: HdWW, Bd. 8, S. 659-666.

Andel, N. (1992): Finanzwissenschaft, 3., überarb. u. erw. Aufl., Tübingen.

Andreas, H. (1994): Problemgeschichte der Gesundheitsökonomie in der Bundesrepublik Deutschland, Köln, Diss.

Antonovsky, A. (1987): Unraveling the mystery of health, how people manage stress and stay well, San Francisco.

Ariès, P.; Duby, G. (1993, Hrsg.): Geschichte des privaten Lebens, Bd. 5: Vom Ersten Weltkrieg bis zur Gegenwart, Frankfurt a. M.

Arnold, M. (1993): Steuer- oder Beitragsfinanzierung des Gesundheitswesens?, in: B. Schäfer (Hrsg.): Lebensverhältnisse und soziale Konflikte im neuen Europa, Frankfurt a. M., S. 510-545.

Bäcker, G. (1996): Leistung und Erfahrung. Altern in der Arbeitsgesellschaft, in: Funkkolleg Altern, Studienbrief 4, Studieneinheit 11, Tübingen.

Bäcker, G. u. a. (1989): Sozialpolitik und soziale Lage in der Bundesrepublik Deutschland, Bd. 1: Arbeit - Einkommen - Qualifikation, 2. Aufl., Köln.

Bäcker, G. u. a. (1989): Sozialpolitik und soziale Lage in der Bundesrepublik Deutschland, Bd. 2: Gesundheit - Familie - Alter - Soziale Dienste, 2. Aufl., Köln.

Bäcker, G.; Naegele, G. (1993): Alternde Gesellschaft und Erwerbstätigkeit. Modelle zum Übergang vom Erwerbsleben in den Ruhestand, Köln.

Baltes, M. (1996): Produktives Leben im Alter: Die vielen Gesichter des Alters – Resümee und Perspektiven für die Zukunft, in: M. Baltes; L. Montada (Hrsg.), Produktives Leben im Alter, Frankfurt a. M., S. 393-408.

Baltes, M. M. u. a. (1989, Hrsg.): Erfolgreiches Altern - Bedingungen und Variationen, Bern.

Baltes, M. M. u. a. (1996): Alltagskompetenz im Alter, in: K. U. Mayer; P. B. Baltes (Hrsg.): Die Berliner Altersstudie, S.525–542.

Baltes, M.; Montada, L. (1996, Hrsg.): Produktives Leben im Alter, Frankfurt a. M..

Baltes, P. B. (1996): Über die Zukunft des Alterns: Hoffnung mit Trauerflor, in: M. M. Baltes; L. Montada (Hrsg.): Produktives Leben im Alter, Frankfurt a. M. und New York, S. 29-68.

Baltes, P. B.; Baltes, M. M. (1992): Gerontologie: Begriff, Herausforderung und Brennpunkte, in: P. B. Baltes; J. Mittelstraß (Hrsg.): Zukunft des Alterns und gesellschaftliche Entwicklung, Berlin, New York, S. 1-34.

Baltes, P. B.; Mittelstraß, J. (1992, Hrsg.): Zukunft des Alterns und gesellschaftliche Entwicklung, Berlin.

Baumann, M. (1986): Demographische Entwicklung und Gesundheitswesen, Arbeitspapier Nr. 222 des Sonderforschungsbereichs 3 (Mikroanalytische Grundlagen der Gesellschaftspolitik) der Johann Wolfgang Goethe-Universität Frankfurt und der Universität Mannheim.

Bayrisches Staatsministerium für Arbeit und Sozialordnung (1986, Hrsg.): Ältere Mitarbeiter im Betrieb, München.

Beck, U. (1997): Die Seele der Demokratie. Wie wir Bürgerarbeit statt Arbeitslosigkeit finanzieren können; in: Die Zeit, Nr. 49 vom 28. 11. 1997, S. 7-8.

Becker, G. S.; Barro, R. J. (1988): A reformulation of the economic theory of fertility, in: Quarterly Journal of Economics, Bd. 103, S. 1-26.

Beck-Gernsheim, E. (1993): Familie und Alter: Neue Herausforderungen, Chancen, Konflikte, in: G. Naegele; H. P. Tews (Hrsg.): Lebenslagen im Strukturwandel des Alters, Opladen, S. 158-169.

Berthold, N.; Schmid, C. (1997): Der Generationenvertrag - ein Auslaufmodell?, in: List Forum für Wirtschafts- und Finanzpolitik, Bd. 23, Heft 2, S. 143-167.

Blind, A. u. a. (1969, Hrsg.): Sozialpolitik und persönliche Existenz, Berlin.

Boettcher, E. (1981): Genossenschaft I: Begriffe und Aufgaben, in: W. Albers u. a. (Hrsg.):Handwörterbuch der Wirtschaftswissenschaften, Bd. 3, Stuttgart, S. 540-556.

Bond, J. u. a. (1993, Hrsg.): Ageing in Society, 2. Aufl., London.

Borchelt, M. u. a. (1996): Die Bedeutung von Krankheit und Behinderung im Alter, in: K. U. Mayer; P. B. Baltes (Hrsg.): Die Berliner Altersstudie, S. 449-474.

Borscheid, P. (1989): Geschichte des Alters. Vom Spätmittelalter zum 18. Jahrhundert, München.

Borscheid, P. (1992): Der alte Mensch in der Vergangenheit, in: P. B. Baltes; J. Mittelstraß (Hrsg.): Zukunft des Alterns und gesellschaftliche Entwicklung, Berlin, New York, S. 33-61.

Börsch-Supan, A. (1997): Sozialpolitik, in J. von Hagen u. a. (Hrsg.): Springers Handbuch der Volkswirtschaftslehre, Bd. 2, Wirtschaftspolitik und Weltwirtschaft, S. 181-234.

Brandt, H. (1987): Therapie und Pflege kranker und hilfloser Heimbewohner, in: H. Brandt u. a. (Hrsg.): Stationäre Altenhilfe, Freiburg, S. 119-144.

Brandt, H. u. a. (1987. Hrsg.): Stationäre Altenhilfe, Freiburg.

Brech, J. u. a. (1994): Integriertes Wohnen: ein Modell für den sozialen Wohnungsbau, Darmstadt.

Breyer, F. (1990): Ökonomische Theorie der Alterssicherung, München.

Bucher, H. (1994): Die räumliche Dimension des Alterns, in: H.-U. Klose (Hrsg.): forum, demographie und politik, Heft 6, Alternde Bevölkerung - Wandel der Lebenswelten, Bonn. S. 53–77.

Bühl, W. L. (1990): Sozialer Wandel im Ungleichgewicht. Zyklen, Fluktuationen, Katastrophen, Stuttgart.

Büllingen, F. (1996): Telekommunikationsvermittelte Dienste in der dezentralen Altenhilfe, Bad Honnef.

Bundesminister für Arbeit und Sozialordnung (1990, Hrsg.): Forschungsbericht 200, Alterssicherung in Deutschland 1986, Bd. I, München.

Bundesministerium für Arbeit und Sozialordnung (1990, Hrsg.): Alterssicherung in Deutschland 1986, Bd. II: Rentner und Pensionäre, München.

Bundesministerium für Arbeit und Sozialordnung (1993): Nachberufliche Tätigkeiten älterer Menschen, Forschungsberichte Sozialforschung Nr. 229, Bonn.

Bundesministerium für Arbeit und Sozialordnung (1994, Hrsg.): Alterssicherung in Deutschland 1992 (ASID '92) Bd. I: Strukturdaten zur Einkommenssituation von Personen und Ehepaaren ab 55 Jahren, Bonn.

Bundesministerium für Arbeit und Sozialordnung (1997): Tabellen zur sozialen Pflegeversicherung, in: Bundesarbeitsblatt Nr. 6.

Bundesministerium für Familie und Senioren (1992, Hrsg.): 1. Teilbericht der Sachverständigenkommission zur Erstellung des 1. Altenberichts der Bundesregierung, Bonn.

Bundesministerium für Familie und Senioren (1993): Erster Altenbericht: Die Lebenssituation älterer Menschen in Deutschland, Bundesdrucksache 12/5897, Bonn.

Bundesministerium für Forschung und Technologie (1997): Deutscher Seniorenpreis Multimedia - Vermittlung von Medienkompetenz, Ausschreibung M2-77211-5, 30. Juni 1997.

Bundesministerium für Gesundheit (1998): Internet; http://www.bmgesundheit.de/gkv/gkvzahl/bei.htm

Büschges, G. (1988): Privater Haushalt und "Neue Armut", Frankfurt a. M.

Cahn, E. (1990): Service Credits: Eine neue Währung für den Wohlfahrtsstaat, in: R. G. Heinze; C. Offe (Hrsg.): Formen der Eigenarbeit, Opladen, S. 125-146.

Callahan, D. (1996): Aging and the Allocation of Resources, in: P. Oberender (Hrsg.): Alter und Gesundheit, Baden-Baden, S. 83-92.

Callahan, D. (1987): Setting Limits: Medicare Goals in an Aging Society, New York.

Cisek, G. (1993): Vision einer natürlichen Lebensarbeitszeit, in: R. Marr (Hrsg.): Arbeitszeitmanagement, 2. Aufl., Berlin, S. 39-57.

Cumming, E.; Henry, W. (1961): Growing old: The process of disengagement, New York.

Daniels, N. (1988): Am I My Parents' Keeper? An Essay on Justice between the Young and the Old, New York, Oxford.

Deppe, H.-U. (1983): Versuch einer qualitativen Synopse von Gesundheitssystemen in Westeuropa, in: H.-U. Deppe (Hrsg.): Gesundheitssysteme und Gesundheitspolitik in Westeuropa, Frankfurt a. M., S. 9-24.

Deppe, H.-U. (1983, Hrsg.): Gesundheitssysteme und Gesundheitspolitik in Westeuropa, Frankfurt a. M.

Deters, J. (1987): Pensionierungspolitische Alternativen: Ein problemorientierter Überblick derzeit praktizierter Modelle des Übergangs vom Erwerbsleben in den Ruhestand, Arbeitspapier Nr. 56/87 FU Berlin.

Deutsche Bundesbank (1993): Monatsbericht Oktober 1993, Frankfurt a. M.

Deutscher Bundestag (1988): Lebensbedingungen in den Städten und Dörfern des ländlichen Raumes, Drucksache 11/3007 vom 28. 9. 1988, Bonn.

Deutscher Bundestag (1994): Zwischenbericht der Enquete Kommission Demographischer Wandel: Herausforderungen unserer älter werdenden Gesellschaft an den einzelnen und die Politik, Drucksache 12/7876, Bonn.

Deutscher Bundestag (1994, Hrsg.): Kommissionsdrucksache 12/0201, Bonn.

Deutscher Bundestag (1998): Zweiter Zwischenbericht der Enquete-Kommission "Demographischer Wandel - Herausforderungen unserer älter werdenden Gesellschaft an den einzelnen und die Politik", Bundesdrucksache 13/11460, Bonn.

Deutsches Institut für Wirtschaftsforschung (1994, Hrsg.): Das Einkommen sozialer Haushaltsgruppen in Westdeutschland im Jahre 1992, in: DIW-Wochenbericht 45/94, S. 769-778.

Dinkel, R. H. (1989): Demographie, Bd.1, Bevölkerungsdynamik, München.

Dobias, P. (1980): Wirtschaftspolitik, Paderborn.

Dreßler, R. (1996): Einführung, in: Forschungsinstitut der Friedrich-Ebert-Stiftung, Abt. Arbeits- und Sozialforschung (Hrsg.): Weiterentwicklung der Gesundheitsreform (Gesprächskreis Arbeit und Soziales Nr. 59), Bonn, S. 7-22.

Eckart, K.; Grundmann, S. (1997. Hrsg.): Demographischer Wandel in der europäischen Dimension und Perspektive, Berlin.

Ehmer, J. (1990): Sozialgeschichte des Alters, Frankfurt a. M.

Eisen, R.; Edvartsen, T.; Mager, H.–C. (1992): Bleiben über 2 Millionen Pflegebedürftige "Pflegefälle"? Alternative Konzepte zur Absicherung des Pflegerisikos im Alter und die Soziale Dimension des EG-Binnenmarktes, in: Forschung Frankfurt (1992), Heft 4.

Eisen, R.; Mager, H.-C. (1998, Hrsg.), Pflegebedürftigkeit und Pflegesicherung in ausgewählten Ländern Europas, Endbericht über das Forschungsprojekt 'Pflegesicherung in der EG - Ein institutioneller und empirischer Vergleich unter Berücksichtigung der Möglichkeiten und Probleme einer Konvergenz', hektographiertes Manuskript, Frankfurt a. M.

Elwert, G. (1992): Alter im interkulturellen Vergleich, in: P. B. Baltes und J. Mittelstraß (1992), S. 260-282.

Ernst, H. (1994): Die unstillbare Neugier auf Sinn, in: Psychologie heute, Oktober 1994, S. 22–25.

Esenwein-Rothe, I. (1982): Einführung in die Demographie, Wiesbaden.

Fachinger, U.; Rothgang, H. (1995, Hrsg.): Die Wirkungen des Pflegeversicherungsgesetzes, Berlin.

Fachinger, U.; Rothgang, H.; Schneekloth, U. (1995): Resümee und Ausblick, in: U. Fachinger; H. Rothgang (Hrsg.): Die Wirkungen des Pflegeversicherungsgesetzes, Berlin, S. 297-320.

Feichtinger, G. (1990): Demographische Prognosen und populationsdynamische Modelle, in: B. Felderer (Hrsg.): Wirtschaft und Bevölkerung, Berlin, S. 71-92.

Felderer, B. (1990, Hrsg.): Bevölkerung und Wirtschaft (Schriften des Vereins für Socialpolitik, Gesellschaft für Wirtschafts- und Socialpolitik; N. F., Bd. 202), Berlin.

Fickel, N. (1995): Auswirkungen der Bevölkerungsentwicklung in der Bundesrepublik Deutschland auf die Ausgaben für Gesundheit: eine Simulationsanalyse, Frankfurt a. M., Diss.

Fieber, A. (1998): Ein institutioneller und empirischer Vergleich der Pflegesicherungssysteme im Vereinigten Königreich und in der Republik Irland, Frankfurt a. M., Diss.

Findlay, J. M. (1993): Sun City, Arizona: New town for old folks, in: J. M. Findlay (Hrsg.): Magic lands. Western cityscapes and American culture after 1940, Los Angeles, S. 160-213.

Findlay, J. M. (1993, Hrsg.): Magic lands. Western cityscapes and American culture after 1940, Los Angeles.

Fooken, I. (1997): Intimität auf Abstand. Familienbeziehungen und soziale Netzwerke, in: Funkkolleg Altern, Studienbrief 5, Studieneinheit 14.

Ford, G. (1997): Entstehungsgeschichte und Entwicklung der Palliativbetreuung im Vereinigten Königreich, in: Forschungsinstitut der Friedrich-Ebert-Stiftung, Abt. Arbeits- und Sozialforschung (Hrsg.): Sterben als Teil des Lebens. Humane Sterbebegleitung als gesellschaftliche Herausforderung - Ein internationaler Dialog (Gesprächskreis Arbeit und Soziales Nr. 74), Bonn, S. 17-33.

Frandsen, B. (1997): "Das ist für mich ein Lebenselixier". Immer mehr Menschen arbeiten gerne ehrenamtlich, in: Beilage - Magazin zur Frankfurter Rundschau, Nr. 272 vom 22.11.1997, S. "Freizeit und Familie".

Frankl, V. E. (1978): The unheard cry for meaning, New York.

Franz, W. (1991): Arbeitsmarktökonomik, Heidelberg.

Freud, A. M. (1995): Die Selbstdefinition alter Menschen: Inhalt, Struktur und Funktion; Studien und Berichte 61 des Max-Planck-Instituts für Bildungsforschung, Berlin.

Frey, B. S.; Kirchgässner, G. (1994): Demokratische Wirtschaftspolitik: Theorie und Anwendung, 2. völlig neu bearb. Aufl., München.

Friedan, B. (1995): Mythos Alter, Reinbek bei Hamburg.

Friedrich, K. u. a. (1994): Intraregionale und interregionale Muster und Prinzipien der Mobilität älterer Menschen in: Deutscher Bundestag (Hrsg.): Kommissionsdrucksache 12/0201, Bonn.

Fries, J. F. (1980): Aging, Natural death and the compression of morbidity, in: The New England Journal of Medicine, Vol. 303, S. 130-135

Fries, J. F. (1989 a). Erfolgreiches Altern: Medizinische und demographische Perspektiven, in: M. M. Baltes u. a. (Hrsg.): Erfolgreiches Altern - Bedingungen und Variationen, Bern, S. 19-26.

Fries, J. F. (1989): The compression of morbidity - near of far?, in: Mildbank Memorial Fund Quarterly, No. 67, S. 208-232.

Gäfgen, G.; Oberender, P. (1989, Hrsg.): Verteilungsziele und Verteilungswirkungen im Gesundheitswesen, Baden-Baden.

Gérard, V. (1993): Eine Geschichte des Geheimen, in: P. Ariès; G. Duby (Hrsg.): Geschichte des privaten Lebens, Bd. 5: Vom Ersten Weltkrieg bis zur Gegenwart, Frankfurt a. M., S. 153-339.

Gerok, W.; Brandstädter, J. (1992): Normales, krankhaftes und optimales Altern: Variations- und Modifikationsspielräume, in: P. B. Baltes; J. Mittelstraß (Hrsg.): Zukunft des Alterns und gesellschaftliche Entwicklung, Berlin, S. 356-385.

Gesellschaft für sozialwissenschaftliche Forschung und Publizistik (1995): Seniorenreport '94. Daten und Fakten zur sozialen Lage älterer Bürger in den neuen Bundesländern, Berlin.

Glastetter, W. (1992): Allgemeine Wirtschaftspolitik (Meyers Forum; Bd. 7), Mannheim.

Glismann, H. H.; Horn, E.-J. (1996): Das staatliche Rentensystem in Deutschland, in: WiSt - Wirtschaftswissenschaftliches Studium, Jg. 25, Heft 8, S. 397-403.

Gluchowski, P.; Mnich, P. (1993): Alter, Generationen und Parteipräferenzen, in: Aus Politik und Zeitgeschichte (Beilage zur Wochenzeitung Das Parlament) B43/93, S. 13–23.

Görres, S. (1996): Prävention und Intervention. Die gesundheitliche Versorgung im Alter, in: Funkkolleg Altern, Studienbrief 6, Studieneinheit 17, Tübingen.

Götting, U.; Haug, K.; Hinrich, K. (1994): The Long Road to Long-Term Care Insurance in Germany, Jnl. Publ. Pol., 1994, 14 (3).

Graf von der Schuldenburg, J.-M. (1989): Demographischer Wandel und Umverteilung via Gesetzliche Krankenversicherung, in: G. Gäfgen; P. Oberender (Hrsg.): Verteilungsziele und Verteilungswirkungen im Gesundheitswesen, Baden-Baden, S. 73-91.

Gronemeyer, R.; Buff, W. (1998): Mit der Fernbedienung in der Hand. Die Alten als Avantgarde der elektronischen Gesellschaft, in: Pro Senectute 1/98 S. 16-19.

Grunow, G. (1982): Hilfen zwischen den Generationen als Bezugspunkt der Sozialpolitik, in: F.-X. Kaufmann (Hrsg.): "Staatliche Sozialpolitik und Familie", München, S. 213-242.

Guillemard, W. (1992): Europäische Perspektiven der Alternspolitik, in: P. B. Baltes; J. Mittelstraß (Hrsg.): Zukunft des Alterns und gesellschaftliche Entwicklung, Berlin, S. 614-639.

Habermas, J.; Luhmann N. (1971, Hrsg.), Theorie der Gesellschaft oder Sozialtechnologie, Frankfurt a. M.

Haug, K. (1989): Seniorenbeiräte zwischen Partizipation und Kontrolle, in: Theorie und Praxis der sozialen Arbeit, 40. Jg., Heft. 6.

Hauser, R. u. a. (1981): Armut, Niedrigeinkommen und Unterversorgung in der Bundesrepublik Deutschland, Frankfurt, New York.

Hauser, R.; Hübinger, W. (1993): Arme unter uns, Teil 1, Ergebnisse und Konsequenzen der Caritas-Armutsuntersuchung, Freiburg i. Breisgau.

Hauser, R.; Wagner, G. (1992): Altern und Soziale Sicherung, in: P. B. Baltes; J. Mittelstraß (Hrsg.): Zukunft des Alterns und gesellschaftliche Entwicklung, Berlin, New York, S. 581-613.

Heimer, T. (1993): Zur Ökonomik der Entstehung von Technologien: eine theoretische und empirische Erörterung am Beispiel des Intelligent Home, Marburg, Diss.

Heinze, R. G.; Offe, C. (1990, Hrsg.): Formen der Eigenarbeit, Opladen.

Helmchen, H. u. a. (1996): Psychische Erkrankungen im Alter, in: K. U. Mayer; P. B. Baltes (Hrsg.): Die Berliner Altersstudie, S. 185-219.

Herder-Dorneich, Ph. (1994): Ökonomische Theorie des Gesundheitswesens: Problemgeschichte, Problembereiche, Theoretische Grundlagen, Baden-Baden.

Hergemöller, B. U. (1985): Weder – Noch. Traktat über die Sinnfrage, Hamburg.

Herl, M. (1998): Rentnerreform. Mit Modem und Maus wird der Rentner zum Renner, in: Konrad, der Mensch in der digitalen Welt, H2, S. 78-82.

Heuser, U. J.; Willeke, S. (1997): Lebenslänglich Probezeit, in: Die Zeit, Nr. 39 vom 19.09.1997, S. 13-16.

Höffe, O. (1992): Einführung in die utilitaristische Ethik: klassische und zeitgenössische Texte, Tübingen.

Höffe, O. (1997): Über den Umgang mit knappen Ressourcen, in: Der Freie Zahnarzt, Nr. 10/1997, S. 24-30.

Hoffmann, W. (1996): ...da kommt der Teilrentner! Betriebe prüfen die Chancen der Altersteilzeit. Die Skepsis überwiegt, in: Die Zeit, Nr. 10 vom 1.3.1996, S. 21.

Hohmeier, J. (1978): Alter als Stigma, in: J. Hohmeier; H. J. Pohl (Hrsg.): Alter als Stigma oder wie man alt gemacht wird, Frankfurt a. M., S. 10-31.

Hohmeier, J. (1997): Structural Change and Employment on the Health Care Service, in: M. L. Recalde de Bernardi (Hrsg.): Structural Transformation in Latin America and Europe. Learning from each other's experience, Córdoba, S. 77-95.

Homburg, S. (1997): Kapitaldeckung als praktikable Leitidee, in: Frankfurter Institut - Stiftung Marktwirtschaft und Politik (Hrsg.): Rentenkrise. Und wie wir sie meistern können, Bad Homburg, S. 61-85.

Horisberger; B.; van Eimeren, W. (1986, Hrsg.): Die Kosten-Nutzen-Analyse. Methodik und Anwendung am Beispiel von Medikamenten, Berlin.

Hummel, K. (1993): Gemeinwesenorientierte Altenarbeit - sozialpflegerische Entwicklungen, in : H.-U. Klose, (Hrsg.): forum demographie und politik, Zwischen Teilhabe und Rückzug, Heft 3, S. 90-109.

Hummel, K. (1995, Hrsg.): Bürgerengagement, Seniorengenossenschaften, Bürgerbüros und Gemeinschaftsinitiativen, Freiburg i. Br.

Husmann, J. (1996) Anmerkungen zur aktuellen Situation über die Zukunft der gesetzlichen Rentenversicherung, in: VDR (Hrsg.): Aktuelles Presseseminar des VDR, Frankfurt a. M. / Würzburg, S. 2-50.

Infratest Burke Sozialforschung (1995): Hilfe- und Pflegebedürftige in Heimen. Schnellbericht zur Repräsentativerhebung im Rahmen des Forschungsprojektes Möglichkeiten und Grenzen der selbständigen Lebensführung in Einrichtungen. Forschungsprojekt im Auftrag des Bundesministeriums für Familie, Senioren, Frauen und Jugend, Bonn.

Infratest Sozialforschung, Sinus und Becker, H. (1991): Die Älteren - Zur Lebenssituation der 55- bis 70jährigen, Bonn.

Jahoda, M. (1983): Wieviel Arbeit braucht der Mensch?: Arbeit und Arbeitslosigkeit im 20. Jh., Basel.

Jarchow, H.-J. (1990): Theorie und Politik des Geldes. I. Geldtheorie, 8. Aufl., Göttingen.

Joussen, K. (1993): Gesundheit im Alter, in: Der Landkreis Nr. 8/9, S.405-407.

Jürgens, H. W. (1988): Bevölkerung und Statistik, in: Bundeszentrale für politische Bildung (Hrsg.): Informationen zur politischen Bildung, Bevölkerungsentwicklung, Heft 220, 3. Quartal, S. 1-13.

Jürgens, H. W. (1994): Das Bild des älteren Menschen in den elektronischen Medien, in: H.-U. Klose (Hrsg.): forum demographie und politik, Heft 6, Alternde Bevölkerung - Wandel der Lebenswelten, Bonn. S. 157-175.

Kaldor, F. J. (1983): Unternehmerische Sozialpolitik, 3. Aufl., Köln.

Kaufmann, F.-X. (1982, Hrsg.): Staatliche Sozialpolitik und Familie, München.

Kirsch, G. (1990): Das freie Individuum und der dividierte Mensch. Der Individualismus - Von der Norm zum Problem, Baden-Baden.

Kirsch, G. (1993): Neue Politische Ökonomie, 3. Aufl., Düsseldorf.

Klie, T. (1996): Pflegeversicherung. Einführung. Lexikon. Gesetzestexte, Nebengesetze. Materialien, 3. Aufl., Hannover.

Klose, H.-U. (1992): Demographischer Wandel als Gestaltungsaufgabe, in: H.-U. Klose (Hrsg.), forum demographie und politik, Heft 1 Moderner Sozialstaat und alternde Gesellschaft, Bonn, S. 5-22.

Klose, H.-U. (1992, Hrsg.): forum demographie und politik, Moderner Sozialstaat und alternde Gesellschaft, Heft 1, Bonn.

Klose, H.-U. (1993, Hrsg.): Altern der Gesellschaft. Antworten auf den demographischen Wandel, Köln.

Klose, H.-U. (1993, Hrsg.): forum demographie und politik, Zwischen Teilhabe und Rückzug, Heft 3, Bonn.

Klose, H.-U. (1997): Demographische Trends und politische Aufgaben, in: H.-U. Klose (Hrsg.): forum demographie und politik, Heft 10, Bonn, S. 5-10.

Klose, H.-U. (1997, Hrsg.): forum demographie und politik, Alterung und kommunale Politik, Heft 10, Bonn.

Knappe, E. (1995): Auswirkungen des demographischen Wandels auf den Gesundheitssektor, in: P. Oberender (Hrsg.): Transplantationsmedizin: Ökonomische, ethische, rechtliche und medizinische Aspekte, Baden-Baden, S. 11-41.

Knopf, D. (1997): Früh beginnen. Perspektiven für ein produktives Altern, in: Funkkolleg Altern, Studienbrief 5, Studieneinheit 12, Tübingen.

Koch, G. (1990): Der ältere Mitarbeiter - Das ungenutzte Potential, Köln.

Kohli, M. (1992): Altern in soziologischer Perspektive, in P. B. Baltes; J. Mittelstraß (Hrsg.): Zukunft des Alterns und gesellschaftliche Entwicklung, Berlin, S. 231-259.

Kohli, M.; Künemund, H. (1996): Nachberufliche Tätigkeitsfelder. Konzepte, Forschungslage, Empirie, Schriftenreihe des Bundesministeriums für Familie, Senioren, Frauen und Jugend, Bd. 130.1, Stuttgart.

Kohli, M.; Neckel, S; Wolf, J. (1997): Krieg der Generationen? Die politische Macht der Älteren, in: Funkkolleg Altern, Studienbrief 7, Studieneinheit 20, Tübingen.

Kolb, J.; Trabert, L. (1996): Geringfügige Beschäftigung - notwendige Reformen und die Hürde der versicherungsfremden Leistungen, Diskussionspapier des Instituts für Wirtschaftsforschung Halle, Nr. 45, Halle.

Kortendieck, G. (1993): Gesundheitsökonomie und Wirtschaftspolitik: neoklassische versus österreichische Markttheorie dargestellt am Beispiel des Gesundheits- und Krankenversicherungswesens, Freiburg i. Br.

Krämer, W. (1992): Altern und Gesundheitswesen: Probleme und Lösungen aus Sicht der Gesundheitsökonomie, in: P. B. Baltes; J. Mittelstraß (Hrsg.): Zukunft des Alterns und gesellschaftliche Entwicklung, Berlin, S. 563-580.

Krämer, W. (1994): Statistik verstehen - eine Gebrauchsanweisung, 2. Aufl., Frankfurt a. M.

Krämer, W. (1996): Gesundheitsreform und ihre Folgen für das Alter, in: H. P. Tews (Hrsg.): Altern und Politik, Melsungen, S. 119-126.

Krämer, W. (1997): Wir kurieren uns zu Tode: Rationierung und die Zukunft der modernen Medizin, aktual. Aufl., Berlin.

Kreß, W. (1994): Stationäre Betreuung im Hospiz - Ersatzkassen übernehmen Vorreiterrolle, in: Die Ersatzkasse, Nr. 74, S. 285-290.

Krischer, W.; u. a. (1994): Untersuchung zur Umsetzung des §20 SGB V durch die Krankenkassen, Berlin.

Kruse, A. (1992): Altersfreundliche Umwelten: Der Beitrag der Technik, in: P. B. Baltes; J. Mittelstraß (Hrsg.): Zukunft des Alterns und gesellschaftliche Entwicklung, Berlin, New York, S. 668-694.

Kruse, A.; Lehr, U. (1990): Psychologische Aspekte des Alterns, in: L. Späht; U. Lehr (Hrsg.): Altern als Chance u. Herausforderung, Bd. 1: Aktives Altern, München, S. 80-96.

Kruse, A.; Lehr, U. (1996): Reife Leistung. Psychologische Aspekte des Alterns, in Funkkolleg Altern, Studienbrief 2, Studieneinheit 5, Tübingen.

Kucher, W. (1977): Die Wertung der Lebensalter bei den Naturvölkern, in: U. Lehr; H. Thomae (Hrsg.): Altern - Probleme und Tatsachen, Wiesbaden, S. 98-109.

Kuenheim, H. v. (1996, Hrsg.): ZEIT-Punkte, Keine Angst vor dem Alter, Bd. 1/1996, Hamburg.

Kühnert, S.; Niederfranke, A. (1993): Gerontologische Theorien, in: G. Naegele; H. P. Tews (Hrsg.): Lebenslagen im Strukturwandel des Alters, Opladen, S. 82-99.

Külp, B.; Schreiber, W. (1971, Hrsg.): Soziale Sicherheit, Köln.

Kuratorium Deutsche Altershilfe (1974): Gutachten über die stationäre Behandlung von Krankheiten im Alter und über die Kostenübernahme durch die gesetzlichen Krankenkassen, Köln.

Lampert, H. (1997): Krise und Reform des Sozialstaates, Frankfurt a. M..

Lang, E.; Arnold, K. (1986, Hrsg.): Vorbereitung auf das aktive Alter, Stuttgart.

Lehr, U. (1986): Ältere Mitarbeiter im Betrieb - Die Zukunft bewältigen mit oder ohne die Älteren, in: Bayrisches Staatsministerium für Arbeit und Sozialordnung (Hrsg.): Ältere Mitarbeiter im Betrieb, München.

Lehr, U. (1987): Subjektiver und Objektiver Gesundheitszustand im Lichte von Längsschnittstudien, in: U. Lehr; H. Thomae (Hrsg.): Formen seelischen Alterns. Ergebnisse der Bonner Gerontologischen Längsschnittstudie (BOLSA), Stuttgart, S. 130-159.

Lehr, U. (1990): Ältere Arbeitnehmer heute und morgen: Berufliche Leistungsfähigkeit und Übergang in den Ruhestand, in: L. Späth; U. Lehr (Hrsg.): Altern als Chance und Herausforderung, Bd. 1: Aktives Altern, München, S. 97-124.

Lehr, U. (1991): Psychologie des Alterns, Heidelberg, Wiesbaden.

Lehr, U. (1994): Kompetenz im Alter, in: U. Lehr (Hrsg.): Älterwerden: Chance für Mensch und Gesellschaft, München, S. 10-28.

Lehr, U. (1994, Hrsg.): Älterwerden: Chance für Mensch und Gesellschaft, München.

Lehr, U.; Thomae, H. (1987, Hrsg.): Formen seelischen Alterns. Ergebnisse der Bonner Gerontologischen Längsschnittstudie (BOLSA), Stuttgart.

Leu, R. E. u. a. (1986): Die quantitative Erfassung von Gesundheitszustand und Lebensqualität, in: B. Horisberger; W. van Eimeren (Hrsg.): Die Kosten-Nutzen-Analyse. Methodik und Anwendung am Beispiel von Medikamenten, Berlin, S. 153-248.

Levinsky, N. G. (1990): Age as a Criterion for Rationing Health Care, in: The New England Journal of Medicine, Vol. 322, S. 1813-1816.

Liefmann-Keil, E. (1969): Dienstleistungen im Gesundheitsbereich. Gibt es einen Pflegenotstand? in: A. Blind u. a. (Hrsg.): Sozialpolitik und persönliche Existenz, Berlin, S. 155-169.

Linden, M. (1996): Die Inanspruchnahme medizinischer und pflegerischer Hilfe im hohen Alter, in: K. U. Mayer; P. B. Baltes (Hrsg.): Die Berliner Altersstudie, S. 473-496

Lubitz, J.; Riley, G. F. (1993): Trends in Payments in the Last Year of Life, in: The New England Journal of Medicine, Vol. 328, S. 1092-1096.

Luhmann, N. (1971): Sinn als Grundbegriff der Soziologie, in: J. Habermas; N. Luhmann (Hrsg.), Theorie der Gesellschaft oder Sozialtechnologie, Frankfurt a. M., S. 25–100.

Luhmann, N. (1985): Soziale Systeme. Grundriß einer allgemeinen Theorie, Frankfurt a. M.

Mackenroth, G. (1952): Die Reformen der Sozialpolitik durch einen deutschen Sozialplan, Schriften des Vereins für Socialpolitik 4, Berlin. Wieder abgedruckt in: B. Külp; W. Schreiber (1971, Hrsg.): Soziale Sicherheit, Köln, S. 265-275.

Mager, H.-C. (1997): Pflegesicherung in der Bundesrepublik Deutschland, PflEG-Projekt-Forschungsberichte, Nr. 9, Frankfurt a. M.: PflEG-Projekt, Johann Wolfgang Goethe-Universität.

Mager, H.-C. (1998 a): Pflegebedürftigkeit: Dimensionen und Determinanten, in: R. Eisen und H.-C. Mager (Hrsg.), Pflegebedürftigkeit und Pflegesicherung in ausgewählten Ländern Europas, Endbericht über das Forschungsprojekt 'Pflegesicherung in der EG - Ein institutioneller und empirischer Vergleich unter Berücksichtigung der Möglichkeiten und Probleme einer Konvergenz', hektographiertes Manuskript, Frankfurt a. M., S. 17-85.

Mager, H.-C. (1998 c): Pflegesicherung in der Bundesrepublik Deutschland, in: R. Eisen und H.-C. Mager (Hrsg.): Pflegebedürftigkeit und Pflegesicherung in ausgewählten Ländern Europas, Endbericht über das Forschungsprojekt 'Pflegesicherung in der EG - Ein institutioneller und empirischer Vergleich unter Berücksichtigung der Möglichkeiten und Probleme einer Konvergenz', hektographiertes Manuskript, Frankfurt a. M., S. 255-348.

Marr, R. (1993, Hrsg.): Arbeitszeitmanagement, 2. Aufl., Berlin.

Mayer, K. U. (1992 a): Bildung und Arbeit in einer alternden Bevölkerung, in: P. B. Baltes; J. Mittelstraß (Hrsg.): Zukunft des Alterns und gesellschaftliche Entwicklung, Berlin, S. 518-543.

Mayer, K. U. u. a. (1992 b): Gesellschaft, Politik und Altern, in: P. B. Baltes; J. Mittelstraß (Hrsg.): Zukunft des Alterns und gesellschaftliche Entwicklung, Berlin, New York, S. 721-737.

Mayer, K. U. u. a. (1996): Wissen über das Alter(n): Eine Zwischenbilanz der Berliner Altersstudie, in: K. U. Mayer; P. B. Baltes (Hrsg.): Die Berliner Altersstudie, Berlin, S. 599-634.

Mayer, K. U.; Baltes, P. B. (1996, Hrsg.): Die Berliner Altersstudie, Berlin.

Meier, A.; Slembeck, T. (1998): Wirtschaftspolitik. Kognitiv-evolutionärer Ansatz, 2. Auflage, München.

Mertins, G. (1997): Demographischer Wandel in der EU, in: K. Eckart; S. Grundmann (Hrsg.): Demographischer Wandel in der europäischen Dimension und Perspektive, Berlin, S. 9-31.

Meyer, S.; Schulze, E.; Müller, P. (1997): Das intelligente Haus – selbständige Lebensführung im Alter. Möglichkeiten und Grenzen vernetzter Technik im Haushalt alter Menschen, Frankfurt a. M.

Meyer, T. (1993): Eine neue Kultur für eine Gesellschaft, die älter wird, in: H.-U. Klose (Hrsg.): Altern der Gesellschaft. Antworten auf den demographischen Wandel, Köln, S. 228-242.

Meyers großes Taschenlexikon (1987), 4. Aufl., Bd. 1.

Meyle, A. (1994): Seniorengenossenschaften - ein Weg aus der Misere, in: Ministerium für Arbeit, Gesundheit und Sozialordnung Baden-Württemberg (Hrsg.): Seniorengenossenschaften als Beispiel bürgerschaftlichen Engagements, Stuttgart, S. 45-46.

Miegel, M.; Wahl, S. (1985): Gesetzliche Grundsicherung, private Vorsorge - Der Weg aus der Rentenkrise (Schriften des Instituts für Wirtschafts- und Gesellschaftspolitik), Stuttgart.

Ministerium für Arbeit, Gesundheit und Sozialordnung Baden-Württemberg (1992, Hrsg.): Initiative 3. Lebensalter, Stuttgart.

Ministerium für Arbeit, Gesundheit und Sozialordnung Baden-Württemberg (1994, Hrsg.): Seniorengenossenschaften als Beispiel bürgerschaftlichen Engagements. Eine Dokumentation, Stuttgart.

Mittelstraß, J. (1992): Zeitformen des Lebens: Philosophische Unterscheidungen, in: P. B. Baltes; J. Mittelstraß (Hrsg.): Zukunft des Alterns und gesellschaftliche Entwicklung, Berlin, New York, S. 386-407.

Modigliani, F. (1966): The Life Cycle Hypothesis of Saving, the demand for wealth and the supply of capital, in: Social Research, an international quarterly of political and social Science, Vol. 33, S. 160-217.

Mydral. G. (1971): Objektivität in der Sozialforschung, Frankfurt a. M.

Myrdal, G. (1965): Das Wertproblem in der Sozialwissenschaft, Hannover.

Naegele, G.; Tews H. P. (1993, Hrsg.): Lebenslagen im Strukturwandel des Alters, Alternde Gesellschaft - Folgen für die Politik, Opladen.

Naschold, F.; de Vroom, B. (1994, Hrsg.): Regulating Employment and Welfare, Berlin.

Neckel, S. (1993): Altenpolitischer Aktivismus. Entstehung und Variation eines Politikmusters, in: Leviathan, Zeitschrift für Sozialwissenschaft, 21. Jahrgang, Heft 4, S. 540-563.

Negt, O. (1985): Lebendige Arbeit, enteignete Zeit. Politische und kulturelle Dimensionen des Kampfes um die Arbeitszeit, Frankfurt a. M.

Neumann, M. (1997): Vom Umlageverfahren zum Kapitaldeckungsverfahren: Optionen zur Reform der Alterssicherung, in: Frankfurter Institut - Stiftung Marktwirtschaft und Politik (Hrsg.): Rentenkrise. Und wie wir sie meistern können, Bad Homburg, S. 87-128.

O.V. (1975): Ausgaben für die Sozialhilfe überfordern die Kommunen, in: Frankfurter Rundschau, Nr. 6 vom 08.01.1975, S. 1.

O.V. (1993): Das Ruhestandsalter muß individuell vereinbart werden, in: Frankfurter Allgemeine Zeitung, Nr. 246 vom 22.10.1993, S. 15.

O.V. (1994): "Sinn ist nur als Ergebnis von Beziehungen denkbar", in: Psychologie Heute, Oktober 1994, S. 34-38.

O.V. (1995 c): Pflegeversicherung: Erste Klagen in Sachsen, in: Frankfurter Rundschau Nr. 24 vom 28.01.1995, S. 4.

O.V. (1995 d):Nachfrage nach Heimplätzen geht zurück, in: Frankfurter Allgemeine Zeitung, Nr. 200 vom 29.08.1995, S. 38.

O.V. (1995): "Gesundheitsreform entfaltet keine Heilkraft mehr", in: Frankfurter Rundschau, Nr. 194 vom 22.08.1995, S. 11.

O.V. (1995): 280.000 DM in jedem Haushalt, in: Frankfurter Allgemeine Zeitung, Nr. 39 vom 15.02.1995, S. 15.

O.V. (1996): Wenn sich die Pfleger gegenseitig die Patienten abspenstig machen, in: Frankfurter Rundschau, Nr. 210 vom 07.09.1996, S. 10.

O.V. (1997 c): Überschuß löst Streit um Beitragsgelder aus, in: Frankfurter Rundschau, Nr. 4 vom 06.01.1997, S 4.

O.V. (1997 d): Mängel bei den Pflegediensten, in: Frankfurter Rundschau, Nr. 298 vom 23.12.1997, S. 22.

O.V. (1997): Betriebsrenten: Versiegende Quelle, in: Die Zeit, Nr. 42 vom 10.10.1997, S. 28.

O.V. (1997): Neuordnungsgesetze, in: TK aktuell, Nr. 2/1997, S. 6-7.

O.V. (1998 a): Pflegeversicherung entlastet Sozialhilfe, in: Frankfurter Rundschau, Nr. 150 vom 05.06.1998, S. 13.

O.V. (1998 b): Transparenz bei den Pflegediensten, in: Frankfurter Rundschau, Nr. 77 vom 01.04.1998, S 34.

O.V. (1998 c): Heimleiter wollen keine "Entsorgung von Alten", in: Frankfurter Rundschau, Nr. 77 vom 01.04.1998, S. 22.

Oberender, A. (1995): Zur Reform der Gesetzlichen Krankenversicherung: eine ordnungspolitische Analyse unter besonderer Berücksichtigung des Leistungskatalogs, Freiburg i. Br., Diss.

Oberender, P. (1995, Hrsg.): Transplantationsmedizin: Ökonomische, ethische, rechtliche und medizinische Aspekte, Baden-Baden.

Oberender, P. (1996, Hrsg.): Alter und Gesundheit, Baden-Baden.

Offe, C.; Heinze, R. G. (1990): Organisierte Eigenarbeit. Das Modell Kooperationsring, Frankfurt a. M.

Olbrich, E. (1989): Erfolgreiches Altern aus funktionalistischer und interpretativer Perspektive, in: M. M. Baltes u. a. (Hrsg.): Erfolgreiches Altern: Bedingungen und Variationen, Bern, S. 314-318.

Olson jr., M. (1965): The Logic of Collective Action, Cambridge (Mass.). Deutsch: Die Logik des kollektiven Handelns, Tübingen 1968.

Oltmann, A.; Holtfuß, A. (1997): Virtuelle Nachbarn im Internet, in: H. Schilling (Hrsg.): Nebenan und Gegenüber, Nachbarn und Nachbarschaften heute, Schriftenreihe des Instituts für Kulturanthropologie und Europäische Ethnologie der Universität Frankfurt a. M., Bd. 59, S. 81–109.

Oswald, W. D. u. a. (1991, Hrsg.): Gerontologie. 2. Aufl. Stuttgart.

Otto, U. (1992): Wer sind die Seniorengenossenschaften? Die Mitglieder und ihre Einstellungen. In: Ministerium für Arbeit, Gesundheit und Sozialordnung Baden Württemberg (Hrsg.), Initiative 3. Lebensalter, Stuttgart, S. 216–253.

Palmore, E. (1985): Predictors of longevity difference, in: E. Palmore u. a. (Hrsg.): Normal Aging III, Durham, N. C., S. 19-28.

Peter, R. (1991): Amerikas Traum vom späten Glück für Senioren, in: Theorie und Praxis der sozialen Arbeit, Jg. 42, Nr. 9, S. 345-348.

Petersen, H.-G. (1989): Sozialökonomik, Stuttgart.

Pinzler, P. (1997): Warme Suppe, gute Laune. Ein Lagebericht zum "Tag des Ehrenamtes", dem 5. Dezember, in: Die Zeit, Nr. 50 vom 5.12.1997, S. 58.

Pöhler, K. (1993): Alterssicherung in Dänemark. Institutionelle Betrachtung des Kernsystems, (Diskussionspapier Nr. 20 der Johann Wolfgang Goethe-Universität Frankfurt, Fb. Wirtschaftswissenschaften), Frankfurt a. M.

Pohlmeier, W.; Ulrich, V. (1996): Die Nachfrage nach medizinischen Leistungen im Lebenszyklus, in: P. Oberender (Hrsg.): Alter und Gesundheit, Baden-Baden, S. 49-81.

Popper, K. R. (1984): Objektive Erkenntnis. Ein evolutionärer Entwurf, Hamburg.

Recalde de Bernardi, M. L. (1997, Hrsg.): Structural Transformation in Latin America and Europe. Learning from each other's experience, Córdoba.

Reggentin, H. (1997): Vor- und außerparlamentarische Beteiligung älterer Menschen auf kommunaler Ebene, in: H.-U. Klose (Hrsg.): forum demographie und politik, Heft 10, Alterung und kommunale Politik, Bonn, S. 99-121.

Reggentin, H.; Dettbarn-Reggentin, J. (1990): Wir wollen Unruhe in die Ratsparteien bringen. Seniorenbeiräte und -vertretungen in der Bundesrepublik (hrsg. von der Stiftung Mitarbeit, Beiträge zur Demokratieentwicklung von unten, Bd. 1.), Bonn.

Reis, C.; Dorenburg, H. (1985, Hrsg.): Selbsthilfe - Ausdruck sozialen Wandels, sozialpolitisches Programm, Herausforderungen für die soziale Arbeit?, Frankfurt a. M.

Reisman, D. (1993): The Political Economy of Health Care, London.

Rentsch, T. (1992): Philosophische Anthropologie und Ethik der späten Lebenszeit, in: P. B. Baltes; J. Mittelstraß (Hrsg.): Zukunft des Alterns und gesellschaftliche Entwicklung, Berlin, S. 281-304.

Rheingold, H. (1995): The Virtual Community. Homesteading on the Electronic Frontier, Los Angeles.

Riley, M. W.; Riley, J. W. Jr. (1992): Individuelles und gesellschaftliches Potential des Alterns, in: P. B. Baltes; J. Mittelstraß (Hrsg.): Zukunft des Alterns und gesellschaftliche Entwicklung, Berlin, New York, S. 437-459.

Rinne, H. (1994). Wirtschafts- und Bevölkerungsstatistik, München.

Rinne, K.; Wagner, G. (1995): "Droht ein Krieg der Generationen?" Empirische Evidenz zur Zufriedenheit mit der sozialen Sicherung, in: Sozialer Fortschritt 44, Jahrgang Heft 12, S. 288-295.

Ristau, M.; Mackroth, P. (1993): Latente und aktive Altenmacht, in: H.-U. Klose (Hrsg.): forum demographie und politik. Zwischen Teilhabe und Rückzug, Heft 3, Bonn, S. 110-136.

Ritter, U. P. (1995 a): Die Evolution von Wirtschaftssystemen, das Interdependenztheorem und die Poppersche Falsifikationsidee, in: A. Wagner (Hrsg.): Studien zur Evolutorischen Ökonomik. III. Evolutorische Mikro- und Makroökonomik, Berlin, S. 227-242.

Ritter, U. P. (1995 b): Thesen zu Überalterung, Lebensarbeitszeit, Altersgrenze und Ruhestand, in B. Schefold (Hrsg.): Wandlungsprozesse in den Wirtschaftssystemen, Marburg, S. 175-188.

Ritter, U. P. (1996, Hrsg.): Problems of Structural Change in the 21st. Century. National and Comparative Research from Argentinia, Brazil and Germany, Frankfurt a. M.

Ritter, U. P. (1997): Vergleichende Volkswirtschaftslehre, 2. Aufl., München.

Ritter, U. P. (1998): Karl Raimund Popper, In: Handbuch zur evolutorischen Ökonomik, Heidelberg, (in Vorbereitung).

Ritter, U. P.; Hohmeier, J.; Schädler, U. (1996): The Integration of Elderly People into the Workforce; in: U. P. Ritter (Hrsg.): Problems of Structural Change in the 21st. Century. National and Comparative Research from Argentina, Brazil and Germany, Frankfurt a. M., S. 45-67.

Rodenstein, M. (1988): Mehr Licht, mehr Luft. Gesundheitskonzepte im Städtebau seit 1750, Frankfurt a. M.

Rolf, G.; Wagner, G. (1992): Ziele, Konzepte und Detailausgestaltung des "Voll Eigenständigen Systems" der Altersvorsorge, in: Sozialer Fortschritt 41. Jahrgang, Heft 12, S. 281-291.

Rolf, G.; Wagner, G. (1994): Das Voll Eigenständigen Systems der Altersvorsorge - Genese und Stand der Diskussion, in: R. Hauser u. a. (Hrsg.): Mikroanalytische Grundlagen der Gesellschaftspolitik, Bd. 1, Berlin, S. 336-345.

Rolf, G.; Wagner, G. (1996): Alterssicherung in der Bundesrepublik Deutschland, in: Aus Politik und Zeitgeschichte (Beilage zur Wochenzeitschrift Das Parlament), B35/96, S. 23-32.

Roloff, J. (1996): Alternde Gesellschaft in Deutschland: Eine bevölkerungsstatistische Analyse, in: Aus Politik und Zeitgeschichte (Beilage zur Wochenzeitung Das Parlament), B35/96, S. 3-11.

Ronge, V. (1979): Bankpolitik im Spätkapitalismus. Politische Selbstverwaltung des Kapitals?, Frankfurt a. M.

Rosenberg, P. (1990): Das soziale Netz vor der Zerreißprobe? Ökonomische, technologische und demographische Herausforderungen, Frankfurt a. M.

Rosenberg, P. (1996): Ökonomische Entwicklung und materielle Situation der älteren Menschen in der Zukunft, in: H. P. Tews u. a. (Hrsg.): Altern und Politik, Melsungen, S. 81-92.

Rosenbrock, R. (1992): Gesundheitspolitik (Veröffentlichungsreihe der Forschungsgruppe Gesundheitsrisiken und Präventionspolitik im Wissenschaftszentrum Berlin für Sozialforschung, P92-207), Berlin.

Rosenmayr, L.; Rosenmayr, R. (1978): Der Alte Mensch in der Gesellschaft, Reinbeck bei Hamburg.

Rosenow, J.; Naschold, F. (1994): Die Regulierung von Altersgrenzen. Strategien von Unternehmen und die Politik des Staates, Berlin.

Rosenow, J.; Naschold, F. (1993): Ältere Arbeitnehmer - Produktivitätspotential oder personalwirtschaftliche Dispositionsmasse?, in: Sozialer Fortschritt 1993/6-7, S. 146-152.

Röthing, P. u. a. (1992): Sportwissenschaftliches Lexikon, Schorndorf.

Rott, C.; Oswald, F. (1989, Hrsg.): Kompetenz im Alter, Vaduz.

Rückert, W. (1992): Bevölkerungsentwicklung und Altenhilfe. Folgen der Bevölkerungsentwicklung für die Altenhilfe - von der Kaiserzeit über das Jahr 2000 hinaus. Schriftenreihe Forum des Kuratoriums Deutsche Altershilfe, Bd. 18, Kuratorium Deutsche Altershilfe, Köln.

Rückert, W. (1997): Von Mensch zu Mensch. Hilfe und Wege im Alter. Funkkolleg Altern, Studienbrief 7, Studieneinheit 18, Tübingen.

Sachße, C. (1989): Freiheit, Gleichheit und Sicherheit: Grundwerte im Konflikt, in: C. Sachße; H. T. Engelhardt (Hrsg.): Sicherheit und Freiheit - Zur Ethik des Wohlfahrtsstaates, Frankfurt a. M., S. 9-27.

Sachße, C.; Engelhardt, H. T. (1989, Hrsg.): Sicherheit und Freiheit - Zur Ethik des Wohlfahrtsstaates, Frankfurt a. M.

Sachverständigenrat für die Konzertierte Aktion im Gesundheitswesen (1995): Gesundheitsversorgung und Krankenversicherung 2000: Mehr Ergebnisorientierung, mehr Qualität und mehr Wirtschaftlichkeit; Sondergutachten 1995, 1. Aufl., Baden-Baden.

Sachverständigenrat für die Konzertierte Aktion im Gesundheitswesen (1990): Jahresgutachten 1990 - Herausforderungen und Perspektiven der Gesundheitsversorgung, Baden-Baden.

Sailer, D. (1986). Altern und Ernährung, in: E. Lang; K. Arnold (Hrsg.): Vorbereitung auf das aktive Alter, Stuttgart, S. 122-127.

Schachtschabel, H. G. (1983): Sozialpolitik, Berlin.

Schäuble, G. (1984): Theorien, Definitionen und Beurteilung der Armut, Berlin.

Schefold, B. (1995, Hrsg.): Wandlungsprozesse in den Wirtschaftssystemen, Marburg.

Schenke, K.; Schmähl, W. (1980): Alterssicherung als Aufgabe für Wissenschaft und Politik, Stuttgart.

Schettkat, R. (1982): Das Bruttosozialprodukt und die Produktion in privaten Haushalten, Berlin.

Schildbach, S. (1997): Bürgergeldmodell zur integrierten Grundsicherung, in: WiSt - Wirtschaftswissenschaftliches Studium, Jg. 26, Heft 1, S. 21-28.

Schilling, H. (Hrsg.): Nebenan und Gegenüber, Nachbarn und Nachbarschaften heute, Schriftenreihe des Instituts für Kulturanthropologie und Europäische Ethnologie der Universität Frankfurt a. M..

Schmähl, W. (1988): Beiträge zur Reform der Rentenversicherung, Tübingen.

Schmähl, W. (1986): Bevölkerungsentwicklung und soziale Sicherung - Auswirkungen demographischer Veränderungen auf die soziale Sicherung im Alter, bei Krankheit und Pflegebedürftigkeit - Ein Überblick, in: B. Felderer (Hrsg.): Bevölkerung und Wirtschaft (Schriften des Vereins für Socialpolitik, Gesellschaft für Wirtschafts- und Socialpolitik; N. F., Bd. 202), Berlin, S. 169-238.

Schmähl, W. (1987): Verkürzung oder Verlängerung der Erwerbsphase?, Tübingen.

Schmidbauer, H. (1997): Einführung, in: Forschungsinstitut der Friedrich-Ebert-Stiftung, Abt. Arbeits- und Sozialforschung (Hrsg.): Sterben als Teil des Lebens. Humane Sterbebegleitung als gesellschaftliche Herausforderung - Ein internationaler Dialog (Gesprächskreis Arbeit und Soziales Nr. 74), Bonn, S. 11-15.

Schmidt, R. (1995): Seniorengenossenschaften und die Modernisierung der Altenhilfe, in: K. Hummel (Hrsg.): Bürgerengagement, Seniorengenossenschaften, Bürgerbüros und Gemeinschaftsinitiativen, S. 169–186.

Schmidthals, O. (1990): Die Grauen kommen. Chancen eines anderen Alterns, Bamberg.

Schmitz, H. (1983): Vermeidung von Armut im Alter, München.

Schmitz-Scherzer, R. (1997): Grenzsituationen. Auseinandersetzungen mit Sterben und Tod, in: Funkkolleg Altern, Studienbrief 3, Studieneinheit 9.

Schneekloth, U. (1996): Entwicklung von Pflegebedürftigkeit im Alter, in: Zeitschrift für Gerontologie und Geriatrie, 29. Jg., Heft 1, S. 11-17. Entnommen aus: H.-C. Mager, (1997): Pflegesicherung in der Bundesrepublik Deutschland, PflEG-Projekt-Forschungsberichte, Nr. 9, Frankfurt a. M.: PflEG-Projekt, Johann Wolfgang Goethe-Universität.

Schneekloth, U.; Potthoff, P. (1993): Hilfe und Pflegebedürftige in privaten Haushalten, Schriftenreihe des Bundesministeriums für Familie, Senioren, Frauen u. Jugend, Band 20.2, Stuttgart.

Schneekloth, U.; Müller, U. (1995): Schnellbericht zur Repräsentativerhebung im Rahmen des Forschungsprojekts "Möglichkeiten und Grenzen selbständiger Lebensführung in Einrichtungen" im Auftrag des Bundesministeriums für Familie, Senioren, Frauen u. Jugend, München.

Schölkopf, M. (1994): Das Modell Seniorengenossenschaften: eine neue Form des nicht-professionellen Helfens, in: Ministerium für Arbeit, Gesundheit und Sozialordnung Baden Württemberg (Hrsg.): Seniorengenossenschaften als Beispiel bürgerschaftlichen Engagements, Stuttgart, S.111-114.

Schramm, A. (1996): Altern und Gesundheit aus Sicht der Geriatrie, in: P. Oberender (Hrsg.): Alter und Gesundheit, Baden-Baden, S. 11-28.

Schüller, H. (1995): Die Altenlüge. Für einen neuen Generationenvertrag, Berlin.

Schütz, R.-M.; Tews, H.-P. (1991): Ältere Menschen in Schleswig-Holstein. Ergebnisse einer Befragung (hrsg. vom Minister für Soziales, Gesundheit und Energie des Landes Schleswig-Holstein), Kiel.

Sidell, M. (1993): Death, Dying, Bereavement, in: J. Bond u. a. (Hrsg.): Aging in Society, 2. Aufl., London, S. 165-175.

Simmons, L. W. (1970/1945): The role of the Aged in Primitive Society, New Haven.

Smith, A. (1776; 1960): The Wealth of Nations, hier zit. nach Everymen's Library 412, London.

Sommer, B. (1994): Entwicklung der Bevölkerung bis 2040. Ergebnis der achten koordinierten Bevölkerungsvorausberechnung, in: Wirtschaft und Statistik 7/1994, S. 497-503.

Sozialdata (1980): Bund-Länder-Arbeitsgruppe.

Sozialpolitische Umschau (1994): Daten der Wirtschaftsrechnung, Nr. 404.

Späth, L.; Lehr, U. (1990, Hrsg.): Altern als Chance und Herausforderung, Bd. 1: Aktives Altern, München.

Stadié, R. (1987): Altsein zwischen Integration und Isolation. Empirische Ergebnisse zur Lebenssituation und Befindlichkeit alter Menschen, (hrsg. von H. J. Veen; P. R. Weilemann und Konrad-Adenauer-Stiftung, Forschungsbericht 60), Sankt Augustin und Melle.

Statistisches Bundesamt (1991 b, Hrsg.): Im Blickpunkt: Ältere Menschen, Wiesbaden.

Statistisches Bundesamt (1991, Hrsg.): Einkommens- und Verbrauchsstichprobe 1988. Fachserie 15, H. 2. Vermögensbestände und Schulden privater Haushalte, Wiesbaden (Unveröffent. Material, Stand: 15.04.1991).

Statistisches Bundesamt (1993, Hrsg.): Statistisches Jahrbuch 1993, Wiesbaden.

Statistisches Bundesamt (1994 a, Hrsg.): Fachserie 13, Reihe 3, "Sozialhilfe" 1993, Wiesbaden.

Statistisches Bundesamt (1994, Hrsg.): Statistisches Jahrbuch 1994, Wiesbaden.

Statistisches Bundesamt (1995 a, Hrsg.): unveröffentlichte Ergebnisse der EVS 1993, Fachserie 15, Heft 2, Vermögensbestände und Schulden privater Haushalte, Wiesbaden.

Statistisches Bundesamt (1995, Hrsg.): Fachserie 1, Reihe 4.1.1: Stand und Entwicklung der Erwerbstätigkeit, Wiesbaden.

Statistisches Bundesamt (1996): Statistik der Sozialhilfe - Ausgaben und Einnahmen 1994, Arbeitsunterlage, in: R. Eisen und H.-C. Mager (Hrsg.), Pflegebedürftigkeit und Pflegesicherung in ausgewählten Ländern Europas, Endbericht über das Forschungsprojekt 'Pflegesicherung in der EG - Ein institutioneller und empirischer Vergleich unter Berücksichtigung der Möglichkeiten und Probleme einer Konvergenz', hektographiertes Manuskript, Frankfurt a. M., S. 9.

Statistisches Bundesamt (1997): Empfänger(innen) von Hilfe in besonderen Lebenslagen 1994 (in) Deutschland, Arbeitsunterlage, in: R. Eisen und H.-C. Mager (Hrsg.): Pflegebedürftigkeit und Pflegesicherung in ausgewählten Ländern Europas, Endbericht über das Forschungsprojekt 'Pflegesicherung in der EG - Ein institutioneller und empirischer Vergleich unter Berücksichtigung der Möglichkeiten und Probleme einer Konvergenz', hektographiertes Manuskript, Frankfurt a. M., S. 9.

Staudinger, U. M.; Dittmann-Kohli, F. (1992): Lebenserfahrung und Lebenssinn, in: P. B. Baltes; J. Mittelstraß (Hrsg.): Zukunft des Alterns und gesellschaftliche Entwicklung, Berlin, S. 408-436.

Steinhagen-Thiessen, E. u. a. (1996): Der Zahn der Zeit. Körperliche Veränderungen im Alter, in: Funkkolleg Altern, Studienbrief 3, Studieneinheit 7, Tübingen.

Stephan, C. (1996): Droht ein Krieg der Generationen?, in: H. v. Kuenheim (Hrsg.): ZEIT-Punkte, Keine Angst vor dem Alter, Bd. 1/1996, Hamburg, S. 50-53.

Stitzel, M. (1987): Der gleitende Übergang in den Ruhestand. Interdisziplinäre Analyse einer alternativen Pensionierungsform, Frankfurt a. M., New York.

Streit, M. E. (1991): Theorie der Wirtschaftspolitik, 4., neubearb. u. erw. Aufl., Düsseldorf.

Tews, H. P. (1979): Soziologie des Alterns, 3. Aufl., Heidelberg.

Tews, H. P. (1991): Ältere Menschen in Schleswig-Holstein, Kiel.

Tews, H. P. (1993): Neue und alte Aspekte des Strukturwandels des Alters, in: G. Naegele; H. P. Tews (Hrsg.): Lebenslagen im Strukturwandel des Alters, Opladen, S. 15-42.

Theurl, E. (1996): Staat und Gesundheitswesen: Analyse historischer Fallbeispiele aus Sicht der Neuen Institutionellen Ökonomik, (Studien zur Politik und Verwaltung; Bd. 56), Wien.

Thon, M. (1995): Demographische Aspekte der Arbeitsmarktentwicklung - die Alterung des Erwerbspersonenpotentials, in: MittAB, Heft 3, S. 290-299.

Todaro, M. P. (1989): Economic development in the Third World, 4. Aufl., New York.

Tokarski, W. (1989): Freizeit- und Lebensstile älterer Menschen. Kasseler gerontologische Schriften 10, Kassel.

Tokarski, W. (1991): Freizeitgestaltung, in: W. D. Oswald u. a. (Hrsg.): Gerontologie. 2. Aufl. Stuttgart,S. 158–167.

Trojan, A.; Deneke, C. (1985): Selbsthilfegruppen. Systematische Übersicht und Anregung zur Unterstützung, in: C. Reis; H. Dorenburg (Hrsg.): Selbsthilfe - Ausdruck sozialen Wandels, sozialpolitisches Programm, Herausforderungen für die soziale Arbeit?, Frankfurt a. M., S. 38-52.

v. Haacke, B. (1997): Selbstsucht und Gier. Die Kommunitaristen wollen die Gesellschaft vor den Exzessen des Marktes retten, in: Wirtschaftswoche, Nr. 44 vom 23.10.1997.

v. Kardorff, E. (1989): Soziale Netzwerke. Konzepte und sozialpolitische Perspektiven ihrer Verwendung, in: E. v. Kardorff u. a., Zwischen Netzwerk und Lebenswelt – Soziale Unterstützung im Wandel, München, S. 27–60.

v. Kardorff, E. u. a. (1989, Hrsg.): Zwischen Netzwerk und Lebenswelt – Soziale Unterstützung im Wandel, München.

v. Kondratowitz, H. J. (1990): Sozialpolitik in Verlegenheit. Normative Unbestimmtheiten im gegenwärtigen Diskurs über das Alter, in: C. Sachße; H. T. Engelhardt (Hrsg.): Sicherheit und Freiheit. Zur Ethik des Wohlfahrtsstaates, Frankfurt a. M., S. 228-254.

Veil, M. (1990): Die graue Partei - Sprachrohr einer Altenbewegung? , in: O. Schmidthals: Die Grauen kommen. Chancen eines anderen Alterns, Bamberg. S. 121-134.

Veil, M. (1992): am modernen Frauenleben vorbei, Berlin.

Verband Deutscher Rentenversicherungsträger (1994, Hrsg.): VDR Statistik Rentenbestand am 31. Dezember 1993, Bd. 110.

Verband Deutscher Rentenversicherungsträger (1997): Internet; www.vdr.-de/stat/werte.htm.

Verbrugge, L. M. (1984): Longer Life but Woersing Health? Trends in Health and Mortality of Middle-aged and Older Persons, in: Mildbank Memorial Fund Quarterly, No. 62, S. 475-519.

Verheugen, G. (1994, Hrsg.): Die wachsende Macht der Älteren, Köln.

Verlagsgruppe Heinrich Bauer (1993, Hrsg.): Sie sind so jung wie sie sich fühlen - Die ältere Generation im Wandel, Reihe: Consumer Combination, Hamburg.

Wachtler, G. u. a. (1997): Die Innovationsfähigkeit von Betrieben angesichts alternder Belegschaften, Expertise im Auftrag der Friedrich-Ebert-Stiftung, Wuppertal.

Wagner, A. (1995, Hrsg.): Studien zur Evolutorischen Ökonomik. III. Evolutorische Mikro- und Makroökonomik, Berlin.

Wagner, G. u. a. (1996): Wirtschaftliche Lage und wirtschaftliches Handeln alter Menschen, in: K. U. Mayer; P. B. Baltes (Hrsg.): Die Berliner Altersstudie, Berlin, S. 277-299.

Wahl, S. (1988): Vermögen älterer Menschen, in: Bank und Information, Nr. 8/1988, S. 8-10.

Weber, M. (1904; 1968): Die Objektivität sozialwissenschaftlicher und sozialpolitischer Erkenntnis, in: M. Weber (Hrsg.): Gesammelte Aufsätze zur Wissenschaftslehre, Tübingen, S. 146-214.

Weber, M. (1904; 1968, Hrsg.): Gesammelte Aufsätze zur Wissenschaftslehre, Tübingen.

Weinert, F. E. (1992): Altern in psychologischer Perspektive, in: P. B. Baltes; J. Mittelstraß (Hrsg.): Zukunft des Alterns und gesellschaftliche Entwicklung, Berlin, New York, S. 180-203.

Weise, P. u. a. (1993): Neue Mikroökonomie, Heidelberg, 3. Aufl..

Werner, B.; Seidel, J. (1992): Demographie und Sozialmedizin I, in: Die Ersatzkasse (Hrsg.): Heft 72, S. 462-470.

Willke, H. (1993): Systemtheorie I. Einführung in die Grundprobleme sozialer Systeme, 4., erw. Aufl., Stuttgart, New York.

Winters, S. (1996): Die kollektive Vorsorge für den Pflegefall im Alter. Eine Untersuchung am Beispiel der gesetzlichen Pflegeversicherung in den Niederlanden, Frankfurt a. M.

Wittmann, H. (1990): Ältere Menschen als Bankkunden: eine Analyse des Seniorenmarktes der Banken und Diskussion möglicher Konsequenzen für das Marketing, (Europäische Hochschulschriften: Reihe 5, Volks- und Betriebswirtschaft, Bd. 1111), Frankfurt a. M.

World Bank (1994, Hrsg.): Adverting the old age crisis, Washington.

World Health Organization (1961): Constitutions of the World Health Organization, in its Basic Documents, 12. Aufl., Genf.

Zeman (1985): Gemeinschaftliche Altenselbsthilfe: Prozesse sozialer Integration im Alter (Beiträge zur Gerontologie und Altenarbeit, hrsg. vom Deutschen Zentrum für Altersfragen (DZA), Bd. 59), Berlin.

Zinn, K. G. (1976): Wirtschafts- und Wissenschaftstheorie. Erkenntnisse und Praxis für Betriebs- und Volkswirte, Berlin.

Zweifel, P. (1990): Bevölkerung und Gesundheitswesen: Ein Sisyphus-Syndrom?, in: B. Felderer (Hrsg.): Bevölkerung und Wirtschaft (Schriften des Vereins für Socialpolitik, Gesellschaft für Wirtschafts- und Socialpolitik; N. F., Bd. 202), Berlin, S. 373-386.

Zweifel, P.; Felder, S.; Meier, M. (1996): Demographische Alterung und Gesundheitskosten: Eine Fehlinterpretation, in: P. Oberender (Hrsg.): Altern und Gesundheit, Baden-Baden, S. 29-46.

PERSONENVERZEICHNIS

STICHWORTVERZEICHNIS

Von Ulrich Peter Ritter erschien in dieser Reihe

Vergleichende Volkswirtschaftslehre

2. durchgesehene und erweiterte Auflage 1997.
420 Seiten. Gebunden DM 68,--
ISBN 3-486-24283-0

„Das Buch schließt gerade aufgrund seines komparativen Ansatzes eine Lücke im deutschsprachigen wirtschaftswissenschaftlichen Sprachraum." - „ein schönes und unkonventionelles Buch ... außerordentlich anregend, teilweise spannend, und vielseitig in der Art. , in der die Probleme angegangen werden."

Dieses Lehrbuch trägt der Tatsache Rechnung, daß in der volkswirtschaftlichen Forschung und Beratung neben dem Systemvergleich als Partialvergleich und dem Vergleich wirtschaftlicher Phänomene der wirtschaftspolitische und der problemorientierte Vergleich zunehmend an Bedeutung gewinnen. Es versteht sich als Darstellung der Vergleichsformen und als praktische Anleitung zur eigenständigen Erstellung und Kritik von Vergleichen.

In der zweiten Auflage wurde das Lehrbuch um das Kapitel "Vergleich der Vergleichsarten" und um ein weiteres mit Lernfragen und Übungsaufgaben erweitert.

Aus dem Inhalt:
Zur Theorie und Methodik wirtschaftswissenschaftlicher Vergleiche. Der Vergleich von Wirtschaftssystemen. Der wirtschaftspolitische Vergleich. Der Phänomenvergleich. Der problemorientierte Vergleich. Vergleich der Vergleichsarten.